岩波講座　東アジア近現代通史　第5巻

新秩序の模索　1930年代

岩波講座

東アジア近現代通史

5 新秩序の模索

1930年代

岩波書店

刊行にあたって

「韓国併合」一〇〇年(二〇一〇年)と辛亥革命一〇〇年(二〇一一年)を迎える東アジアは、今新しい時代に突入しようとしている。かつて中国は、清帝国崩壊後の混迷に乗じた日本の侵略によって亡国の危機にあった。しかし、今や驚異的な発展をとげ、日本が東アジアにおいて第一の経済大国であった時代は終わりを告げた。そして、世界経済の相互依存関係が強まるなかで、国民国家を超えたネットワークが東アジア各地の社会や文化を急速に変貌させつつある。

その一方、ソ連崩壊と冷戦構造の解体が地域統合を加速させたヨーロッパとは異なり、分断国家さえ存在する東アジアでは、植民地主義や戦争・冷戦の傷跡がなお癒えず、かえって歴史認識問題や領土問題が発生し、対立感情がかきたてられている。各国の歴史学は自国史の枠組みにとらわれ、「和解と協力の未来」を構想し得るような歴史認識を構築することは、依然として困難な課題であり続けている。グローバリゼーションの進展が、皮肉にも「閉ざす力」として機能し、ナショナリズムを鼓吹している状況もある。

そのような政治的・知的状況にある今だからこそ、侵略と闘争、支配と抵抗の局面を見すえつつも、和解と協力を展望しうる、一国史をこえた東アジア地域史の視座が求められている。本講座は、このような問題意識の上に立ち、新時代の歴史認識に向かって開かれた、二一世紀における東アジア近現代史のアカデミック・スタンダードを示すことを目指す、東アジア通史の初めての試みである。

本講座では、東アジア諸国が盛期を過ぎ動揺を見せはじめる一八世紀末頃を起点とし、冷戦構造が揺らぎ共同体構想が模索される現代にいたるまでの東アジア世界を追う。ここでいう東アジアとは、東北アジアや東南アジアはもとより、極東シベリアや南アジアなども包摂している。各巻は、通史・通空間論題・個別史／地域史の三部から構成され、現時点における研究の到達点を、全体と個別の両面にわたって読者に分かりやすく示してゆく。別巻では、アジア研究の来歴と展望を語り、通史ではカバーできない主題や新たに浮かび上がってきた課題などを考究する。

本講座が、未来に向けた歴史認識と国境や民族を超えた対話の可能性を切り開く出発点となることを願っている。

二〇一〇年八月

和田春樹
後藤乾一
木畑洋一
山室信一
趙　景達
中野　聡
川島　真

目　次

刊行にあたって

通史　新秩序の模索　一九三〇年代……山室信一　1
一　危機と模索の三〇年代　4
二　生活「改新」運動と農村秩序の再編　7
三　植民地における抵抗と自治・独立への模索　12
四　帝国日本の戦時体制化　17
五　日中戦争と中国の政治空間　25
六　広域秩序の模索とクロスボーダーの人流　34

通空間論題　中華民国・中華ソヴィエト共和国・国民参政会
――「党治」から「憲政」への模索……西村成雄　47
はじめに　48
一　第一の「党治型」国家・政府制度――中華民国国民政府の正統性根拠　49
二　一九三一年六月「訓政時期約法」をめぐる政府危機　52

三　国民政府権力の垂直的・水平的正統性　54
四　第二の「党治型」国家・政府制度
――中華民国「正統性」への挑戦と「中華ソヴィエト共和国」　58
五　一九三六年五月五日「中華民国憲法草案」と憲政移行プログラム　61
むすび――「国民参政会」の新政治経路　66

植民地期朝鮮の女性……宋連玉　73
はじめに　74
一　植民地都市と新女性　76
二　女子教育と植民地女性政策　82
三　植民地近代法と新たなジェンダー規範　85
四　植民地経済と女性の就業状況　89
おわりに　94

コミンテルンとアジア……石川禎浩　栗原浩英　99
はじめに　100
一　コミンテルンと中国　100
二　コミンテルンとインドシナ　111

個別史／地域史

I　世界恐慌とアジアにおける国際関係

世界大恐慌と通貨・経済の構造変動……………………杉原　薫　130
はじめに　130
一　「金の足枷」からの解放　132
二　東アジアの工業化とその限界　139
おわりに　147
一九三〇年代台湾のアジア域内における貿易と移民……………林　満紅（藤原敬士訳）　151
はじめに　151
一　太平洋航路の著しい成長　153
二　アジア各地との運輸・貿易の拡大　154
三　台湾をめぐるアジア内部における人的移動　162
おわりに　167
日本のイスラーム・プロパガンダとインドネシア・ムスリム………小林寧子　173
はじめに　173
一　一九三〇年代のイスラーム世界　174
二　日本のイスラーム・プロパガンダをめぐるムスリムと蘭印政府　181
むすびにかえて——日本軍侵攻前夜のインドネシア　192
アメリカの東アジア経済政策……………………大石　恵　195
はじめに　195

一 ワシントン体制の動揺 196
二 米中経済の接近 199
三 アメリカの貿易拡大政策 202
四 銀問題の拡大 205
五 日中戦争初期の米中関係 207
おわりに 208

個別史／地域史

II 権力と抵抗——植民地統治の変容

台湾議会設置請願運動についての再検討……周 婉窈（若松大祐訳） 216
はじめに 216
一 台湾議会設置請願運動の概略 218
二 自治か、独立か 231
おわりに——ポスト・コロニアルにある泥濘の路 235

朝鮮の地域社会と民衆……板垣竜太 242
はじめに 242
一 一九三〇年代の朝鮮社会 243
二 植民地下の政治と生活 250
おわりに 259

日中和平交渉と傀儡政権……劉傑 262
はじめに 262
一 戦争目的の設定と和平の可能性――満洲事変との比較の視点から 263
二 戦争目的の変更と和平交渉の二路線 271
三 和平工作交渉が生み出した傀儡政権 277
おわりに 281

「民族協和」と「自治」――「在満朝鮮人」問題を中心に……田中隆一 285
はじめに 285
一 満洲事変以前 287
二 満洲国統治と「間島自治」 289
三 東亜連盟運動における朝鮮問題 292
四 中国共産党の民族政策と在満朝鮮人問題 294
五 民族区域自治と延辺朝鮮族自治州の成立 296
おわりに 298

個別史／地域史

Ⅲ 構想と主体――文化と社会の地平から

一九三〇年代インドにおける「国民国家」の模索――国民・宗教・女性……粟屋利江 310
はじめに 310

一　市民的不服従運動とインド統治法　310
二　国民国家形成への始動とコミュナリズム（「宗教」対立）　316
三　女性の権利とナショナリズム　323
おわりに　328

在日朝鮮人社会の成立と展開……………………………………樋口雄一　331
はじめに　331
一　植民地支配下の朝鮮人農民渡航　334
二　帝国本国内の朝鮮人生活　336
三　戦時統制・動員下の朝鮮人　341
おわりに　345

フィリピン独立と国民文化の模索…………………………内山史子　349
はじめに　349
一　米国植民地下の国家形成　350
二　フィリピン独立法の成立　353
三　フィリピン・コモンウェルスの発足と一九三五年憲法　356
四　コモンウェルスの教育政策と国民文化　359
五　一九三〇年代の社会と文化　362
おわりに　365

タイの立憲革命と文化変容……玉田芳史　369
はじめに　369
一　近代国家形成と絶対王政　370
二　民主主義とナショナリズム　376
三　政治とナショナリズム　382

トピック・コラム
満鉄の「国際性」と「閉鎖性」　加藤聖文　42
西安事件と蔣介石・張学良　家近亮子　124
魔都上海——欲望都市の誕生　劉　建　輝　212
中国農村調査と家族・村落　笹川裕史　302
排日教科書と歴史認識問題　砂山幸雄　388

人物コラム
徳　王　森　久男　44
エドガー・スノーとニム・ウェールズ　江田憲治　126
宇垣一成　宮田節子　304
溥儀と溥傑　江夏由樹　306
鮎川義介と甘粕正彦　井口治夫　390

通史

新秩序の模索　一九三〇年代

山室信一

世界恐慌で幕を開けた一九三〇年代は、三一年九月に満洲事変、三七年七月に盧溝橋事件が起き、三九年九月のドイツのポーランド侵攻によってヨーロッパでは第二次世界大戦へと突入していく危機の時代となった。それは恐慌への対策として進んだブロック経済圏の形成に対し、「持たざる国」としての日本やドイツなどが、ヴェルサイユ・ワシントン体制を打破することを「新秩序」の形成として正当化し、国際秩序の再編成を要求するものでもあった。

他方、世界恐慌の打撃を受けたアジア世界においては、ビルマの農民大反乱やインドにおける「塩の行進」に象徴される非暴力運動、ベトナムのゲティン・ソヴィエト樹立、フィリピンのサクダル蜂起など、多彩な形態をとる抵抗運動が噴出した。さらに、資本主義体制の危機に直面するなか、生活世界の「改新」から始まって国家改造、東アジア広域秩序構想、そして国際政治・経済体制の改編など様々なレベルで新たな秩序のあり方が模索されたのが三〇年代でもあった。

また、生活世界の「改新」は、次第に総力戦体制に向けて女性を含めた総動員体制の編成へと変容していき、朝鮮や台湾では皇民化運動が進められたが、そこでは「人的資源」確保のために社会保障の整備が進むという事態も生んだ。そして、日中戦争の全面化のなか、抗日態勢をめぐるせめぎ合いやクロスボーダーの人的交流のなかで新たな政治空間が形成されていくことになった。

年表

一九三〇	1・11 日本、金輸出解禁。1・21 ロンドン海軍軍縮会議開催。2・3 ベトナム共産党結成。3・12 ガンディー、「塩の行進」を開始。4・22 ロンドン海軍軍縮条約に調印。4・25 統帥権干犯問題おこる。5・11 中国、中原大戦の開始。5・30 中国の間島で朝鮮人武装蜂起。10・27 台湾・能高郡(現在の南投県)霧社で抗日蜂起(12・26終息)。12・16 中共軍に対する第一次包囲攻撃戦。12・22 ビルマにおける農民大反乱(三二年三月に終息)。
一九三一	3・5 ガンディー・アーウィン協定。不服従運動の停止。9・18 柳条湖事件、満洲事変勃発。9・21 英、金本位制を停止。11・7 中華ソヴィエト共和国臨時中央政府(瑞金)樹立。12・13 日本、金輸出再禁止。
一九三二	1月 ガンディー、不服従運動を再開。1・7 米国務長官スティムソン、満洲事変に関し不戦条約違反を不承認と声明。1・28 上海で海軍陸戦隊、中国軍と交戦開始。五月に停戦(第一次上海事変)。3・1 満洲国、溥儀を執政として建国宣言。4・26 瑞金の中華ソヴィエト政府、対日宣戦を布告。5・15 五・一五事件。6・24 シャム人民党、絶対王政に反対しクーデタ。7・21 オタワで英帝国経済会議開催。9・15 日本、満洲国を承認。10・1 国際連盟、リットン報告書を日本政府に通達。12・10 シャム、恒久憲法制定。12・12 中ソ国交回復。
一九三三	1・30 ナチス、政権掌握。2・23 関東軍、中国の熱河省に侵攻開始。2・24 国際連盟、満洲国不承認などを可決。3・4 ローズヴェルト、米大統領に就任。3・27 日本、国際連盟脱退を通告。5・31 塘沽停戦協定、締結。6・12 ロンドンで世界経済会議開催。10・14 ドイツ、軍縮会議・国際連盟脱退を通告。
一九三四	2・19 蔣介石、新生活運動を提唱。3・23 アメリカ、タイディングス＝マクダフィー法成立。フィリピンに一〇年後の独立付与。7・15 中華ソヴィエト政府、「北上抗日宣言」発表。9・18 ソ連、国際連盟加入。10月 中共軍主力、瑞金を脱出し、長征開始。12・3 日本、ワシントン海軍軍縮条約破棄を決定。

一九三五	**3・16** ドイツ、再軍備を宣言。**6・10** 梅津・何応欽協定締結。**6・27** 土肥原・秦徳純協定締結。**7・25** 第七回コミンテルン大会開催、人民戦線テーゼ採択。**8・1** 中国共産党、「抗日救国のために全同胞に告げる書」(八・一宣言)を公表。**8・2** 英国王、インド統治法裁可(三七年四月一日施行)。**10・3** イタリア、エチオピア侵攻。**11・3** 中国、幣制改革実施。**11・15** フィリピン、コモンウェルス発足。**11・25** 日本、冀東防共自治委員会を設立。**12・9** 北京などで反日学生デモ。**12・11** 中国、宋哲元を委員長に冀察政務委員会を設置。
一九三六	**1・15** 日本、ロンドン軍縮会議を脱退。**2・26** 二・二六事件。**3・7** ドイツ、ラインラント進駐。**3・12** モンゴル人民共和国とソ連、相互援助議定書を締結。**5・5** 満洲で朝鮮の祖国光復会結成。**5・13** モンゴルの徳王、内蒙古自治政府を樹立。**6・1** 中国で全国各界救国連合会、国民政府に連共抗日を要求。**8月** 関東軍防疫部編成(四一年、七三一部隊に改編)。**11・25** 日独防共協定調印。**12・12** 西安事件(—**12・26**)。
一九三七	**4・1** ビルマで統治法施行、イギリス直轄領となる。**7・7** 盧溝橋事件。**8・13** 上海で日中両軍交戦(第二次上海事変)。**8・21** 国民党、ソ連と中ソ不可侵条約締結。**10・1** 朝鮮で「皇国臣民の誓詞」配付。**9・23** 第二次国共合作成立。**11・20** 国民政府、重慶への遷都宣布。**11・22** 関東軍、内蒙古に蒙疆連合委員会を結成。**12・13** 日本軍、南京占領。**12・14** 北支那方面軍、北平(北京)に中華民国臨時政府を設立。
一九三八	**1・16** 日本、国民政府を相手にせずと声明(第一次近衛声明)。**2・26** 朝鮮で陸軍特別志願兵令、公布。**3・28** 中華民国維新政府、南京に成立。**4・1** 日本、国家総動員法公布。**7・6** 中国で国民参政会第一次大会開催。**7・29** 張鼓峰で日ソ両軍交戦。**10・27** 日本軍、武漢占領。**11月** 援蔣ビルマルート完成。**11・3** 日本、東亜新秩序建設を表明(第二次近衛声明)。**12・16** 興亜院設置。**12・22** 日本、日中国交調整の三原則を提示(第三次近衛声明)。
一九三九	**3・11** 中国、「国民精神総動員綱領」公布。**5・3** 日本軍、重慶を無差別爆撃。**5・12** ノモンハン事件発生(**9・17** モスクワで停戦協定)。**6・24** シャムが国号をタイに改称。**7・26** アメリカ、日米通商航海条約破棄を通告。**8・23** 独ソ不可侵条約締結。**9・1** ドイツ軍、ポーランド侵攻。第二次世界大戦へ。**9・1** 蒙古連合自治政府成立(主席・徳王)。**12・26** 朝鮮総督府、「朝鮮人の氏名に関する件」公布(「創氏改名」、四〇年二月一一日施行)。

一　危機と模索の三〇年代

一九二〇年代は、社会主義と資本主義の対立やドイツなど敗戦国での復仇思想が広がるなど危機が醸成された時代であったが、民族自決思想や「新女性」の登場など旧来の桎梏《しっこく》からの解放への希望が高まった時代でもあった。国際秩序においても集団安全保障体制としての国際連盟が生まれ、軍縮条約や不戦条約が締結されるなど国際協調が基調とみなされた一〇年であった。そして、「繁栄の時代」を迎えたアメリカに牽引され、相互依存関係を強めた世界経済の成長によって、大量生産・大量消費に支えられた新しいライフスタイルが植民地を含めて普及しつつあった。

これに対し、世界恐慌のなかで幕を開けた三〇年代は、三一年の満洲事変を皮切りとして国際紛争や内戦が相次ぎ、終《つい》にはヨーロッパにおいて第二次世界大戦が開戦するに至った危機の時代であった。二〇年代に追求された経済的利益拡張と政治的国際協調とのつながりが断たれ、各国で外交と経済と軍事とが一体化する体制に突入していった。

しかしながら、三〇年代を世界恐慌から始まって一直線に第二次世界大戦に至った時代と短絡的にみることはできない。また、ドイツや日本の経済的危機がそのまま軍事的拡張行動を促したのでもなかった。なぜなら、ドイツはヒトラー政権下で奇蹟と呼ばれる恐慌克服を果たし、日本は三二年後半には政府の財政拡張・為替切り下げによる輸出増加策によって世界に先駆けて不況を脱していたからである。対立を深めていた日中関係においてもイギリスの対日宥和策を背景に、協調的経済外交も模索されていた[木畑 二〇〇二]。また、満洲事変後、アメリカは日本の軍事的拡張を警戒してはいたが対日投資は増加し、日本はアメリカから機械・石油・棉花などを輸入する一方で対東南アジア向け工業製品の輸出を増大させるなど、日本・アメリカ・東南アジアの経済的連関は深まっていたのである。

このように三〇年代は危機の時代ではあったが、危機が認識された限りにおいてその原因の考察とともに、ローカルな次元における生活の改新から始まって、ナショナルな次元では経済的危機克服のための「国家改造」そして戦争遂行に対応するための総動員体制の編成、リージョナルな次元での相互依存経済関係への対応と広域秩序の創出、そしてグローバルな次元における「ファシズム」と統一戦線との角逐といった相互に関連する各レベルにおいて、山積する難題を解決するための挑戦が試みられていった。「非常時」や「新秩序」が声高に叫ばれた危機噴出の時代は、それぞれのレベルで新たな秩序によって危機を脱しようとした模索の時代でもあった。しかし、その模索と混迷のなかで自らの危機を他者の犠牲のうえに回避しようとする軍事的拡張が自存自衛の方途とされたことによって危機はさらに増幅され、軍事力の激突によってしか解決を見出せない時代へと突入していくことになる(なお、本巻が対象とする三〇年代のうち第六巻通説と重複する時期の諸問題については多くを省いたため、併せて参照戴きたい)。

世界恐慌と金本位制度の崩壊

二〇年代の世界資本主義にとって課題となったのは、巨額の賠償金を課されてインフレに襲われていたドイツ経済を再生させ、イギリスやフランスなどに賠償金を支払わせることであった。それによってイギリスなどは大戦中に負った債務をアメリカに返済する必要があった。そのため二四年に賠償金軽減・アメリカ資本による借款などのドーズ案が作成され、それによってドイツ経済は回復に向かい金本位制に復帰した。そして、二五年以降、ドイツはアメリカからの借款によって経済を立て直して英仏などに賠償金を支払い、それをもって英仏などがアメリカに債務を支払うというサイクルが生まれた。こうして世界経済は二五年から二九年にかけて「相対的安定期」と称されるに至った。

しかし、「繁栄の二〇年代」として活況に沸いていたアメリカでは二七年頃から自動車、電機製品などが過剰生産となったため政府は金利を下げて景気を刺激しようとしたが、株価の上昇を招いて二八年半ばから熱狂的な株式ブームが起きた。アメリカ政府は金利を引き上げて鎮静化を図ったが、株式ブームは収まらず、高い利子と証券投機を求めて海外資金が流入することになった。さらにヨーロッパに投資されていた資金が回収されるなど、資本が集中したことでアメリカ経済のバブルが膨らみ、二九年一〇月二四日の「暗黒の木曜日」を契機にそれが弾けたのである。株価暴落によって企業の設備投資は低下し、大量の失業者が生まれた。預金高が減った銀行はヨーロッパでの融資を引き上げ、新たな貸し付けを停止したためヨーロッパでは金融恐慌となって銀行の休業が相次ぎ、三一年九月にはイギリスが金本位制の停止に踏み切った。金本位制の中軸であったイギリスが金本位制を放棄したことによって、六〇年近く理想的な国際通貨制度とみなされてきた金本位制度と自己調整的市場に支えられてきた世界経済は、大きな構造転換を迫られる「革命の三〇年代」(カール・ポランニー)に入ったのである。

こうしたなかアメリカをはじめ諸国が均衡財政を重視して緊縮財政策を採り、増税を断行したため景気はさらに冷え込んでいった。この背景には第一次世界大戦後のドイツのハイパーインフレの記憶からインフレ政策への警戒心が強く、財政不均衡を各国政府が威信を損なうとして恐れたことがあった。国家が有効需要を喚起し、完全雇用政策に道を開くケインズ理論が受容されるまで、政府支出の拡大は恐慌をさらに悪化させると信じられていたのである。

経済ブロックの形成

各国が独自で不況を脱することができないまま、国際間協調による恐慌克服を目的として三三年六月、六十数カ国が参加して世界経済会議が開かれたが失敗に終わったため、恐慌は長期化することになった。

この世界経済におけるヘゲモニー空位時代において、イギリスはじめ各国が自衛策として採ったのがブロック経済化であった。イギリスは三二年七月、オタワで帝国経済会議を開催して自由貿易体制からカナダ、インドなど帝国内での特恵貿易制度に移行するとともにスターリング(英ポンド)によって決済を行う通貨・経済圏を設定することで、資源の自給と商品市場を確保しようとした。イギリスはこのブロックにタイやアルゼンチンなどの帝国外諸国も含み込み、ドイツはオーストリア、バルカン諸国などによる中欧ブロックからマルク圏へ、フランスは金ブロックからフラン圏の形成へと進み、アメリカはラテンアメリカ諸国と貿易協定を結び、オランダは金にリンクしたギルダーを蘭印の通貨に連動させるなど、三〇年代において世界はブロック化の傾向を強めていった。ブロック経済圏は、圏外に対する輸出拡大を図る反面、関税引き上げや貿易許可制・割当制などを採って輸入を制限するものであった。

こうした自由な世界貿易を否定する動きは三〇年代半ばから高関税政策の修正により少しずつ是正されたが、ナチス・ドイツの台頭とともに自給自足圏の形成を求める軍事ブロックとしての衝突を招くことになったのである。

二　生活「改新」運動と農村秩序の再編

「日本を今日の悲境に立たしめたのは、実に昭和五年の金解禁だった」〔石橋　一九五一、三三五―三三六頁〕と石橋湛山は戦後に回想したが、まさに昭和五年すなわち一九三〇年は日本にとって転回点となった。正貨の流出は、三〇年一月から五月までに二億二〇〇〇万円に達して金融は逼迫した。物価は暴落して失業者が溢れ出し、大凶作に見舞われた東北地方などが悲惨な状況に陥ったため、三一年一二月には金輸出再禁止が決定された。外交では幣原喜重郎外相が三〇年五月、中国の関税自主権を承認する方針をもって日中関係の改善を模索していた。しかし、ロンドン海軍軍縮条約締結をめぐって統帥権干犯問題が起きるなど、国益追求とそのための軍事的拡張が三〇年代の基調となっていった。三二年の血盟団事件や五・一五事件、三六年の二・二六事件などは、満蒙・中国における対外的危機感とその克服のための膨張欲求(それは白人支配からのアジアの解放として正当化された)と、その対外的膨張に不可欠となる強兵の基盤である農村が窮乏化していることへの対内的危機感から、現体制の破壊を要求するものであった。

さらに植民地で相次いで起きた抵抗運動は、日本の帝国統治を震撼させた。朝鮮では一九二九年一一月から三〇年三月にかけて、全羅南道光州で日本人学生の非行への抗議をきっかけとして光州学生運動が起こった。運動には学生約五万四千人のほか労働者や農民、抗日団体の新幹会などが参加し、三・一運動以来、最大規模の高まりをみせた。植民地的奴隷教育撤廃や、社会科学研究の自由獲得などのスローガンが掲げられたことから、背景に社会主義思想の普及があるとみた朝鮮総督府は四万人近くの警官・軍隊を動員して鎮圧した。また、満洲では朝鮮人独立運動家が三〇年五月、延吉・竜井など間島の主要都市や鉄道沿線で一斉に蜂起し（間島五・三〇蜂起）、以後も抵抗を続けていた。

台湾では二一年以来、議会設置運動が続いていたが、三〇年八月に台湾地方自治連盟が結成されたことによって、請願そのものは三四年まで続いたものの、実質的には形骸化していった〔若林 二〇〇一〕。そして一〇月、モーナ・ルーダオに率いられたタイヤル族が日本人一三四名を殺害した霧社蜂起が起きた。台湾総督府は四千人に及ぶ軍隊と警察官を動員し、機関銃・ガス弾などを使って掃討作戦を行い、六四四人の死者を出した。翌年四月には投降していた二三〇名が再び蜂起、さらに蜂起した部落が警察の教唆によって別の部族に襲撃される事件も起きたため、遠隔地に強制移住させられている（第二霧社事件）〔アウイ 一九八五〕。霧社蜂起については、「我等は台湾の革命的蕃人の暴動を被圧迫弱少民族の帝国主義に対する闘争と看なければならぬ……印度、安南、ビルマ、フイリッピン、朝鮮、台湾は台湾に於ける今度の暴動を契期《ママ》として、より一層堅固な同盟がなくてはならぬ」（蘇慕紅「台湾における民族革命について」『プロレタリア科学』三一年一月一日、一二三頁）として、アジア被圧迫民族の連携が必要であるとの主張が現れていた。

こうしてアジアのつながりの中で捉えられつつあった抵抗運動や蜂起、そして頻発する労働争議や小作争議に対応するためにもローカルな日常生活の場における新秩序としての更正運動や生活改善運動が課題となったのである。

日本における農山漁村経済更正運動

昭和恐慌に襲われた日本は工業分野で三三年には恐慌前の水準に回復し、三五年には重化学工業の生産額が軽工業のそれを上回る産業構造の転換が生じていた。しかし、農業が回復局面に入ったのは三六年になってからであり、恐慌の間に農工業間の格差が拡大していた。そのため、三二年六月からは農村救済請願運動が全国的に開始され、橘孝三郎らの自治農民協議会が四万二千名の署名を集めるなど政府に対策を迫った。この解決に向けて家庭次元からの社会改造プログラムとして、三二年九月から四三年まで実施されたのが農山漁村経済更正運動であった。この運動は農林省主管であったが、内務省の国民自力更正運動や文部省の教化運動と連携することによって、国民生活全般に及ぶこととなった。具体的には経済更正指定町村を設定したほか、村レベルでの産業組合(農協の前身)と部落レベルでの農事実行組合を組織化し、これに在郷軍人会・婦人会・青年団などを動員し、「隣保共助」の精神に基づいて生産や販売の合理化、生活の改善や勤倹貯蓄によって農村経済の更正を図ろうとするものであった。この運動によって産業組合は発展し、機関誌『家の光』は三〇年一月号の四万七千部から三六年一月号の一二二万部へと激増していった。

そこで主な課題となったのは、「欧州戦後の好況時代に於ける農民の生活費の膨張が今日の様に農民の生活を困窮たらしめている」[協調会 一九三四、はしがき]と指摘されたように、産業構造の改革というよりも消費をいかに節減させるかにあった。この他、教育現場では郷土教育運動や生活綴方運動が進められ、愛郷心の育成によって愛国心を発揚させることが強調された。これらの運動のなかで地域のリーダーとなる村の「中心人物」と部落の「中堅人物」の養成が進められたことが、国民総動員への地ならしとなった。

朝鮮における農山漁村振興運動

こうした恐慌克服のためのローカルな場での生活「改新」運動は、三一年に農産物価格が二八年の三分の一に低落し、小作争議の参加者が三〇年には一万三〇一二人と二〇年代後半の二―四倍に達していた朝鮮でも実施された。

三一年六月、朝鮮総督に就任した宇垣一成《うがきかずしげ》は、この危機を朝鮮人自身の勤勉と倹約という自力更正によって解決させるために、三二年九月に農山漁村の自力更正委員会を設置し、翌年から農山漁村振興運動を開始した。これは「更正指導部落」を選定し、各戸ごとに営農と生活を改善する農家更正五カ年計画を立てさせ、家計簿を記入させることなどを通して農産物増産、家計節約、高利借金の整理を行わせようとしたものであった〔松本 一九九八〕。また、農家女性が「内房に蟄居《ちっきょ》」して屋外での生産活動に携わらないことを批判して「農村婦人指導要領」を作成し、農業労働にあたらせた。この運動の成果は地域ごとに異なるが、単位面積あたりの米の収量増加と、冬作や畜産などによる副収入の確保などによって農村経済は立ち直りをみせ、また改良井戸や共同婚葬要具の設置など村落共有施設も改善された。しかし、その成果はあくまで農民自身の労働強化と節約そして資金供出によって達成されたものであった。

この運動を通じて各戸に対する個別指導が強化され、総督府の行政力が末端まで浸透していった点で戦時総動員体制の基盤となったが、そのなかで宇垣によって提唱されたのが「心田開発」であった。そこでは「国体観念の明徴」「敬神崇祖の信仰心の涵養」「報恩・感謝・自立の精神養成」が目標として掲げられた。これは日本における国体明徴運動の朝鮮への適用であり、皇民化運動における一面(村)一社という神社建立と神社参拝の強制につながっていった。また「健全なる信仰心」による「思想の醇化」は、「社会連帯の思想や貧富、智愚相補ふの美俗」を培い、「半島を楽園化」することであると強調されたが、これによって階級間対立を融和し、相互扶助によって村ぐるみの農家更正を達成しようとするものであった〔朝鮮総督府 一九三七、六七七頁〕。しかしながら、振興運動によっては小作者の農地獲得と農村人口の過剰という問題は解決できなかった。そこで総督府が解決策として三七年から採ったのが満洲への農業移民政策であった。三七年から四四年末までに朝鮮から集団開拓民として政策的に満洲国に送出されたのは二万一六三二戸で、個人での移民も多数にのぼった。振興運動によって改めて浮上した農村過剰人口という問題は、中国農民の土地を奪うという形で解決が図られた。朝鮮人の満洲移民政策は日朝満一体化による食糧自給圏確立という総力戦体制形成の一環であったが、それは中朝間の新たな民族的対立を生む要因になったのである。農村振興運動は三七年の日中戦争以後にはスローガンが「自力更正」から「生業報国」へと変更され、四〇年には日本における新体制運動に呼応した朝鮮の「国民総力運動」に吸収されていった。

なお、農村における生活改良運動は、既に二〇年代前半から朝鮮人自身の実力養成運動として着手されていた。二九年からは朝鮮日報社の「生活改新運動」として、三一年からは東亜日報社による「ヴ・ナロード運動」として進められた。「生活改新運動」は消費節約・虚礼廃止や文字普及運動として展開されたが、三五年に総督府によって禁止された。また、「ヴ・ナロード運動」は帰省学生が農民と生活しながらハングルの識字教育や生活改善などを指導して民族意識の高揚を図るものであったが、同じく三五年に総督府によって中止させられている。

中国における郷村建設運動と新生活運動

このような農村での危機克服のための生活改良運動は、中国においても郷村建設・合作社運動として展開された。農村復興事業として二〇年代後半から始まった郷村建設運動は、山東省鄒平《すうへい》県で郷村建設研究院を設立した梁漱溟《りょうそうめい》によって唱導された。新儒家として、また日本の二宮尊徳を敬愛していたことで知られる梁は北京大学でインド哲学を講じていたが、「世界の未来文化は中国文化の復興にある」として農村社会を立て直すことが新秩序の創出につながり、西洋文明に第三の道を指し示すことになると考えていた〔梁 二〇〇〇〕。梁の郷村建設運動は、農村が国共両党の戦闘や日中戦争の戦場となったこともあって、農民救済にはそれほどの成果はあげえなかった。なお、梁は三九年に統一建国同志会を組織し、四一年には中国民主政団同盟に参加して、国民党の一党独裁体制に反対していった。

これに対し晏陽初《あんようしょ》は農村を中国における弱さの源泉から希望の源泉に変えるためには農民教育が不可欠だとして、識字・農事教育のために陶行知らと北京に中華平民教育促進会と中国郷村建設学院を設立していた。また、河北省定県を拠点に合作社を組織し、科学的農法や衛生観念の普及に一定の成果を挙げ、日中戦争期には湖南・江蘇省をはじめ中国各地で郷村建設を指導した。戦後は台湾をはじめ、タイ、ガーナなどで農村建設に従事し、農村改造促進会の設立に係わっている。六七年にはフィリピンのカビテに国際農村改造学院を設立して院長となった［宋 二〇〇〇］。

中国ではまた蔣介石によって儒教的理念を基幹とする新生活運動が、三四年から四九年まで続けられた。公務員や教師などを動員し『新生活運動章則』などの大量のパンフレットを配付した運動は、秩序ある生活スタイルの普及に主眼があり、戦時体制化を目的としたものではなかったとされる［段 二〇〇六］。しかし、三八年の四周年記念日に蔣介石は運動を「民族抗戦の最大の武器」と意義づけ、三九年の記念日には戦地服務団の組織化、婦人の抗戦工作への参加などを工作課題として設定していたように、国共内戦のなかで農村に根拠地を広げていた共産党に対抗して階級的調和を強調し、抗日戦力培養のために支持基盤強化を図る側面をもっていた［石浜 一九四二／大塚 一九四二］。それゆえに共産党も、自らの「三大規律・八項注意」が新生活運動と一致するものであることを強調していたのである。

国民政府は三九年三月、国防最高委員会の下に精神総動員会を設置し、同業組合や学校を単位として軍事や経済活動における統合に活用しようとした。儒教道徳の強調は、日本文化に対する優位性を示すとともに、外来思想である社会主義に対して伝統保持を訴える意義をもっていた。こうして新生活運動は国民精神総動員運動に変容していったが、識字率上昇や婦女指導委員会に導かれた女性の労働参加などで成果を収めたことも否定できない。

三 植民地における抵抗と自治・独立への模索

世界恐慌は、宗主国を通して世界経済と緊密に結びついていた植民地にも大きな転機をもたらした。各地域における影響は、生産品の種別や土地所有形態の違いなどによって異なるものの、多くが世界商品としての一次産品輸出に特化されていた植民地の貿易額は大幅に落ち込んだ。三〇年代後半には回復に向かったものの、恐慌による生活条件の悪化は植民地統治への不満を爆発させる発条となった。さらに宗主国が苦境に陥っていたことはアジアの諸民族にとって自立に向けて挑戦の機会を与えることともなった。こうして南アジア、東南アジアでは、抑圧を跳ね返すための蜂起、独立や自治の要求が現れ、さらに独立後の国家のあり方が三〇年代を通して追求されていったのである。

インドにおける非暴力不服従運動

インドでも恐慌によって輸出が激減し、商品過剰となって農産物価格が下落したが、インド政庁は鉄道や灌漑などへの投資を控えるなどデフレ政策を採ったため、景気はさらに冷え込んだ。こうしたなか国民会議派は、活動の目的は自治領ではなく完全独立であり、必要と認めた場合にはガンディーの下で不服従運動を開始するとの決議を採択して一九三〇年を迎えた。そして一月、ガンディーはルピーの対スターリング換算比率の引き下げ、地租の最低五〇％引き下げ、塩税廃止などの一一項目要求を提示し、三月からはイギリスの塩専売法を無効化するための「塩の行進」を開始した。行進が進むなか、恐慌の打撃を受けた女性を多く含む農民たちが断食、商店閉鎖《ハルタール》、イギリス行政への非協力などを具体的方法とするサティヤーグラハによる非暴力不服従運動に参集した。非暴力不服従運動には多くの女性が参加したことによって男性と対等な参政権を獲得していく一歩となった。また外国布ボイコットがインド全土に広がったことによりイギリス綿布の輸入は激減し、それに代わって国産布の生産と普及が進んだ。

そして、三四年にガンディーが会議派からの引退を表明し、三五年インド統治法によって州議会選挙が日程にのぼると会議派は議会中心主義の政党活動に重点を移し、資本家との同盟関係を深めていった。他方、三四年には会議派社会党が組織されるなど、インドでは資本主義の成長に対抗して社会主義勢力も台頭していった。こうして新たな指導者となったJ・ネルーによる社会民主主義的な政策が会議派の中にも支持を広げていき、三八年にはネルーを議長として国家計画委員会が組織されて、独立後の国家路線にもつながっていくこととなった。

ビルマにおける農民大反乱とタキン党

英領ビルマでは二〇年代から農民の経済的窮乏化が進んでいたが、恐慌の影響による米価暴落はラングーン(現、ヤンゴン)を中心とする下ビルマ地方の小作農民を直撃し、インド人などの不在地主への土地集中が進んだ。こうした中、三〇年一二月サヤー・サンを指導者として下ビルマで起きた蜂起は、大反乱となって広がった。農民たちは「仏教王」などの未来の理想的統治者像と「あるべき社会秩序」像を打ち出すことによって、三二年三月に最終的に敗北するまで抵抗運動を展開していった〔伊野 一九九八〕。

ビルマではまた三〇年五月、ラングーンの港湾労働者のストライキをめぐって反インド人暴動が起きたが、その直後、「我らのビルマ協会」通称タキン党が結成されイギリスからの独立運動を指導していくこととなった。タキン党は社会主義思想とビルマ民族・文化中心主義とを融合させたコウミーン・コウチーン思想を党是に掲げ、三八年から三九年にかけて「ビルマ暦一三〇〇年の反乱」と呼ばれる反英ゼネストを指導した。コウミーン・コウチーン思想とは、「我が王、わが種族」を意味するが、帝国主義を生む資本主義国家としてのイギリスから独立した国家として、帝国主義とも資本主義とも異なるビルマ独特の社会主義国家の建設をめざすものであった。タキン党内の社会主義思想の影響を受けた人々によって党内党とも言えるビルマ共産党が三九年二月に、また相前後して人民革命党が組織されている。タキン党からは日本軍による援蔣ルート遮断工作に応じて南機関に加わり、独立義勇軍を率いた後に抗日闘争や戦後の対英独立交渉に主要な役割を果たしたアウンサンや独立後の初代首相ウー・ヌなどを輩出したため、ビルマ独立運動の主流とみなされがちである。しかし、三〇年代後半のビルマにおける新秩序の模索はビルマ統治法下での下院に議席をもつビルマ団体協議会などによって担われていた事実も無視できない〔根本 二〇一〇〕。

ビルマは三七年にインド帝国から分離されて直轄植民地の英領ビルマとなり、英国王によって任命された総督が三権の頂点に立つことになった。そして総督の下に上下両院が設けられ法案提出権をもつことになったが、下院選挙においては男子普通選挙が導入され、女子には制限つきながら初めて選挙権が付与された。また、下院多数党から総督が指名した首相とその内閣によってビルマ政庁の行政に関与できることとなって「行政の現地化」が図られたが、ビルマ団体協議会系の政治家の権力抗争による不安定な連立内閣であったため、政策実現は捗らなかった。しかし、インド人不在地主に対する小作料軽減や協同組合の拡充、保健衛生や教育関係予算の増額を図るなどの試みが、日本軍が占領する四二年五月まで続けられたのである。

インドネシアの「捨てられし者」とパリンドラ

インドネシアでは二六、二七年のインドネシア共産党の蜂起において一万人以上が逮捕され、千人余が西イリアンに流刑となって独立運動は抑圧された。しかし、スカルノの指導下に二七年にインドネシア国民党(PNI)が結成され、将来実現すべき国家にインドネシアの名を与えて民族独立運動を展開していた。三〇年代に入るとインドネシア国民党が解散し、インドネシア労働者同盟やシャフリルなど国民教育協会などの指導者やハッタなどが逮捕されたため、独立運動は国外でも展開されていった。独立運動家はボーヴィン・ディグール収容所などに収容されて「捨てられし者」と呼ばれることになった。そのため、三五年一二月にはブディ・ウトモなどの民族主義団体が合同して大インドネシア党(パリンドラ)を結成し、ウトモやタムリンの指導下で独立よりも自治獲得をめざしていった。

こうして蘭印政庁の弾圧対象は共産主義者からインドネシア独立運動家へ移っていき、三一年には報道統制令が制定されてインドネシア人発行の紙誌が集中的に発行停止処分にあった。しかし、三六年以降は反日キャンペーンを繰り広げていた華人発行紙が主たる規制対象となった。それは日本の経済的進出が華人と衝突を招いていたうえに、中国大陸における日中関係の悪化に対応して華人による反日気運が高まっていたこと、それに対し蘭印政庁が日本との摩擦を避けたことを反映したものであった［山本 二〇〇二］。

ベトナムにおけるゲティン・ソヴィエト運動と人民戦線内閣

ベトナム経済は米・ゴム・石炭などの生産によって世界市場にリンクしていたため恐慌によって価格は急落していったが、生産調整が難しい産品に依存する経済構造の下で生産量は殆ど変わらなかった。そのため、所得や賃金の大幅な減少をもたらしただけでなく、失業者が激増することとなった。こうした苦境を打開すべく、労働者と農民によるストライキやデモが最も大きな高まりをみせたのが一九三〇年であった。三〇年中の北・中部におけるストライキやデモの参加者数は五〇万人におよび、三〇年にはインドシナ史上初のメーデーが開催された。そして、これらの行動がフランス政庁によって弾圧されたことに対する抗議行動がゲアン省やハティン省に広がっていった。これに対しフランス政庁が機銃掃射などによって制圧を図ったため、両省では自衛団が組織され、さらに大飢饉に対応する必要から地主の土地や米などを没収して困窮農民などに分配するゲティン・ソヴィエトが設立された。しかし、ゲティンに呼応するソヴィエト運動が起きなかったこと、飢饉とフランス軍の介入によって農民層が分裂したことなどによってゲティン・ソヴィエトは崩壊し、三一年末には指導者の多くがタイに亡命した［桜井 一九七七、一一九―一二二頁］。

その後、三六年五月にフランスで社会党首レオン・ブルムが人民戦線内閣を組閣するとインドシナ共産党もフランス帝国主義打倒と土地再配分というスローガンを撤回し、植民地議会拡大などの要求を掲げた。このためフランス総督も一三〇〇人の政治犯を釈放するなどの改善策を取った。共産党は合法組織となり、民主党などとも連携して植民地議会で勢力を伸ばしたものの、三八年四月にフランス人民戦線政府が崩壊するとフランス共産党は非合法化され、インドシナ共産党も弾圧を受けて指導者の多くは中国との国境地帯に亡命を強いられることとなった。

フィリピンの蜂起と「社会正義」・「経済調整」計画

フィリピンではアメリカとそれを支える地主層による支配体制に対して異議を唱える農民運動が二〇年代から起っており、二九年にはフィリピン社会党が、三〇年にはフィリピン共産党が結成されるに至った。ルソン島中部ではこうした政党と小農層を中心とする農民運動が結びついた反乱が三〇年代に続発した。三一年にはペドロ・カローサに率いられた千年王国的民衆運動であったコロルムがタユグの町役場を襲撃して鎮圧されたものの、裁判では反米独立と土地分配をアメリカに要求していった。また、三三年に結成されたサクダル党は三五年五月に米軍基地撤廃などを要求する、アメリカ統治下で最大規模の蜂起を指導したが鎮圧された。

三五年一一月にコモンウェルスが発足すると、ケソン大統領が二つの計画を掲げて対米関係の維持と解消で揺れる危機の時代の乗り切りを図った。計画の一つは労働者・農民運動の高まりによる社会不安を鎮静化させるための「社会正義」計画であり、二つめがアメリカに依存する植民地経済構造からの自立をめざす「経済調整」計画であった。そして、三八年にはタガログ語が国語に指定され、普通選挙による公選や女性参政権が実現するなど、国民国家形成への模索が続けられていった。しかし、比米間の関係をいかに再構成していくのかについて、アメリカの方針は三九年にヨーロッパで戦争が勃発するまで定まらなかった。中国市場において軍事的拡張を進める日本に対峙することを考慮すれば、フィリピンを維持しておくことは日本に対する「外交的武器」となりえたからである。

四　帝国日本の戦時体制化

アメリカの中国研究者オーエン・ラティモアは中国東北部（以下、歴史的用語として満洲と記す）と蒙古をヨーロッパのバルカンにも比すべきアジアにおける「紛争の揺籃《ゆりかご》」と呼んだ。その空間にも世界恐慌の影響は及び、日露戦争や対華二一カ条要求によって日本が得たとみなしていた排他的特権としての満蒙権益は危機に直面することになった。その満蒙権益の象徴的存在でもあった満鉄（南満洲鉄道株式会社）は、世界市場向け商品であった大豆と石炭の輸送量の減少によって、三一年度は開業以来初の赤字に転落していた。さらに張学良政権による日本権益回収政策と産業振興策の推進は、満蒙権益の危機として喧伝されていった。この「生命線・満蒙の危機」を背景に三一年九月、柳条湖事件によって満洲事変（九・一八事変）が起こされ、帝国日本は戦時体制の形成に向けて動き出した。

満洲事変と満洲国

柳条湖事件は関東軍の謀略によるものであり、満蒙領有計画自体は二九年以降、関東軍参謀の石原莞爾《いしわらかんじ》らによって着想され軍中央にも同調者を得ていた。石原らの目的は満洲を領有することによって対ソ・対米戦争に対応するための軍需物資を満洲で集積するとともに、事変を起爆剤として軍部が主導権を握り、日本国内の政治・経済構造を総力戦体制に変革するという「国家改造」に主眼があった。国家改造を掲げたクーデタ計画は三一年三月に未発に終わり（三月事件）、さらに柳条湖事件直後にも計画が発覚して首謀者が拘禁されている（一〇月事件）。この国家改造への要求は、国際的には軍縮を要求するワシントン体制に対する不満と世界恐慌下で困窮する国民や満洲権益の危機を解決できない既成の政治体制の変革を求める少壮将校や大川周明などとも呼応するものであった。

さらに、関東軍の満洲領有をめざす軍事行動は、朝鮮統治の攪乱要因であり続ける間島地域の朝鮮人独立運動を壊滅させるという目的において朝鮮軍とも通じるものがあった。そのため、朝鮮軍司令官林銑十郎は奉勅命令（天皇の裁可を経た命令）を受けないまま独断で軍を越境させていた。このように関東軍と朝鮮軍が命令もないままに対外戦争を開始したことは、陸軍刑法では司令官に死刑を適用すべき重罪であった。しかし、軍事的成功が世論に歓迎されるなかで天皇が追認したことは、現地軍の「独断専行」への歯止めを欠くこととなった。満洲事変は政府や天皇の認可がないままに起こされた対外戦争であったという点で異例な戦争であったが、同時に事前に英米などの諸国の了解を得ていなかった点でも、それまでの日本の対外戦争と異質のものであった。そのため、政府は不拡大方針を表明したが、関東軍は軍事行動を満洲全域に拡大していった。これに対し第一次五カ年計画遂行中であったソ連は日本との対決を回避し、アメリカは不戦条約に反する現状変更を承認しないとするスティムソン・ドクトリンを三二年一月に発表したにも拘らず、実際には具体的措置を採らなかった。イギリスも自国権益が集中していた上海での日本軍の軍事行動（第一次上海事変）が短期で終了したことから、日本に厳しく対処しなかった。そのため当初は国際問題化することを警戒していた政府も関東軍の行動を容認するに至った。しかし、満蒙領有には国際的反発を招く恐れがあったため、張景恵ら現地中国人の自発的行動による中華民国からの分離独立した国家という形態をとって満洲国を建国することとし、清朝最後の皇帝であった宣統帝・溥儀を執政（三四年三月、皇帝）という元首に据えた。

他方、中国共産党の掃滅を優先課題としていた蔣介石は、不抵抗主義を採って両国の衝突が拡大することを避けることを張学良に指示していた。蔣介石が不抵抗主義を採った理由としては、武器売却契約を結んでいた日本政府と陸軍中央が関東軍を抑制すると考えたこと、また軍事力の関係から国際的圧力によって満洲侵略を防ぐしかないと判断したことなどが挙げられる［黄 二〇一一、第三章］。そして、中国の提訴を受けた国際連盟は三二年にリットン調査団を派遣したが、日本は満洲における中国の主権確認と日本軍の撤退を求める勧告が採択されたことに反対して三三年二月に国際連盟から脱退し、直後に熱河省を満洲国に編入していった。

統治様式の遷移と統治人材の周流

こうした満洲事変から満洲国建国に至る経過は、軍部に「速戦速決」戦略による成功体験という幻想を与え、その後の東アジアにおける日本の軍事行動と占領地域における政権工作の祖型となった。そして、満洲国は戦時体制化に向けた統治様式の実験場となり、そのための統治人材が台湾・朝鮮・中国・日本を周流することとなった。

満洲国では統治様式として政権や国家の首位には現地の有力者を就け、次位や顧問に日本人を登用し、その日本人を軍部が「内面指導」するという方式を採ったが、これはその後の占領地支配で踏襲された。そうした軍事支配をカムフラージュするために一国一党制の協和会が設立され、各種の協議会を通じて「下情上通」する民主的組織であることが強調された。しかし、実際にはナチスに倣った、衆議は尽くすが最終決定は統括者が下すという「衆議統裁」方式による上意下達の機関として機能した。この方式が朝鮮の国民精神総動員朝鮮連盟(後に国民総力朝鮮連盟)へ、日本の大政翼賛会へと遷移し、さらに台湾の皇民奉公会、関東州の興亜奉公連盟そして南洋群島大政翼賛会へと連鎖していった。もちろん、協和会は「民族協和」、「王道楽土」という建国理念を体現するものとして軍事支配に対する一定の抑制力をもったが、その後は北京における新民会など占領地の宣撫機関に要員をリクルートする役割を果たした。なお、日中戦争によって中国各地に「自治政権」が樹立されると、その「建設工作」のために統治人材が派遣されたが、満洲国から華北への官吏派遣は一年余で「その数約五百名の多きに上ってい」(『満洲国現勢・康徳六年版』一九三九年、六二頁)たとされる。

「民族協和」という思想は国民政府の三民主義などの民族自決思想への対抗として発想されたが、これによってイスラームやモンゴルをも包含することになり、建国の翌年に松井《まつい》石根《いわね》らが大亜細亜協会を設立したようにアジア主義の空間対象を一挙に広げる意義をもった。関東軍は満洲国建国直後から内蒙古を中華民国から分離独立させる計画を立てていたが、その工作対象となったのが国民政府に対して「高度自治」を要求していた徳王(ドムチョクドンロプ)であった。盧溝橋事件後、日本軍は三九年に蒙古連合自治政府を設立させたが、察南・晋北を包含したことによってモンゴル人は三%という圧倒的少数住民となった。関東軍が内蒙古を支配下に置いたのは、次の段階で青海、新疆にまで勢力を延ばし、三六年に日独防共協定を締結していたドイツと結んでソ連を挟撃するためであったという〔内蒙古 一九九〇、一三頁〕。三九年に起きたノモンハン事件(ハルハ河戦争)も、その構想と無縁ではなかった。

さて、満洲国建国の課題は「内地及植民地と満蒙とを一体化して企画経済の下に統制を実行する」(関東軍参謀部「満蒙開発方策」三二年一二月)こと、すなわち計画経済と統制経済を導入して帝国日本を「高度国防国家」として建設することにあった。関東軍の要請によって組織された満鉄経済調査会は、日満一体の自給経済圏をめざす国家統制案の策定などに携わり、満鉄調査部の宮崎正義らはソ連の計画経済を参照して「産業開発五カ年計画」などのプランを作成し、この方式は日本でも採用された。もちろん、日本で統制経済が重視される契機となったのは、三一年に制定された重要産業統制法と工業組合法であり、その導入にあたってはドイツのカルテル学説の商工官僚への影響もあったし、ソ連の五カ年計画や三一年アムステルダムで開催された社会経済計画化会議での議論が参考にされていた〔白木沢 一九九九〕。ただ、満洲国では日本に先駆けて国家総動員法や米穀管理法や国土計画などを制定し、それらを総括した総務長官であった星野直樹が企画院総裁として、また総務庁で実務を担った岸信介や椎名悦三郎をはじめとする「革新官僚」たちが帰国後に統制行政を遂行していった事実も無視できない〔山室 二〇〇四〕。

国民精神総動員と皇民化そして戦時女性

満洲事変以後、日本では「準戦時体制」への移行が進んだが、総体としての日本帝国が一挙に総動員体制に向けて動き出すのは盧溝橋事件が転機であった。事件直後の三七年八月、近衛文麿内閣は「国民精神総動員実施要綱」を決定し、その推進機関として一〇月に国民精神総動員中央連盟を設立した。連盟は「挙国一致・尽忠報国・堅忍持久」というスローガンを浸透させるために、国民精神総動員週間や興亜奉公日などを設定して精神総動員を進めていった。三八年からは愛国公債購入、貯蓄報国などの運動が推進され、これらの運動は宮城遥拝、神社参拝などとともに朝鮮や台湾でも実施された。

朝鮮と台湾における精神総動員は「内鮮一体」や「内台一体」を標榜した皇民化運動として展開された。日中戦争を遂行していくための大陸兵站《へいたん》基地として位置づけられた朝鮮では三七年一〇月から「皇国臣民ノ誓詞《せいし》」の斉唱が強いられ、三八年二月には徴兵制の前提として陸軍特別志願兵令が制定された。そして、第三次教育令の改正によって朝鮮語は正課から除外され、一千カ所の日本語講習所を設置して日本語を徹底使用することが指示された。また、三九年六月、国民職業能力申告令を公布して技術労働者数を把握するとともに、農村では三九年から朝鮮増米計画を実施した。朝鮮精神動員運動では概ね一〇戸を単位とする愛国班が組織され、四一年には班員数四六〇万余人に達した。

台湾では三六年末から皇民化運動が始まっていたが、三七年、小林躋造《こばやしせいぞう》総督は皇民化・工業化・南進基地化を統治三原則として掲げ、南方進攻の兵站基地としての振興を図った。皇民化の具体的課題としては日本語常用、国旗掲揚などが、また「生活改善」としては風呂場や便所の設置、時間厳守などが、さらに戦時体制への対応としては戦時体制諸法令の遵守、物資・軍夫の応召に対する率先実行などが要求された。三七年に軍夫募集が始まった台湾では二月から州庁が「国語常用家庭」の認定に着手し、四〇年からは「改姓名」が導入された。

ところで、総力戦体制の構築においては「人的資源」の育成と動員のために、国家による生命と健康の管理が重要な政策課題となる。そのため日本では生活困窮者救護を目的に三六年に方面委員が法制化された。三八年一月には戦争を遂行していくために不可欠な「健民健兵」を育成することを目的に厚生省が設置され、四月には国民健康保険法が公布されて、個人商店主や農漁民などにも医療機会を保障することとなった［藤野　二〇〇三／鍾　一九九八］。また、動員兵士が後顧の憂いなく出征するための軍事援護制度として、軍事扶助法(三七年制定)、恩給法(三八年改正)、傷兵院法(三九年制定)などの法整備が行われた。さらに三八年には中国からの帰還将兵による性感染症の蔓延を防ぐため、主に私娼を対象とする公立専門病院を設置する花柳病予防法が施行された。

さらに、総動員体制において兵士の動員と並んで重要な課題となったのは、女性をいかに体制内化していくかであった。軍国の母は「健民健兵」を産み育て、兵士として出征させるために絶対不可欠の存在だったからである。そのため未婚者に対しては人口増殖のための早婚多産が奨励され、「産めよ殖せよ」の子宝報国・多産報国が勧められた。さらに女性は食糧生産や軍需生産における徴用の対象でもあり、戦場に女医や看護婦さらには「慰安婦」として動員するためにも不可欠であった。そのためにも母性と子どもの健康維持が課題となり、三七年四月には保健所法が制定されて全国四九カ所に保健所が設置され、保健婦によって結核予防と乳幼児の保育指導などが行われることになった。また、三七年三月には出生率が急減したことや経済的理由で増加していた母子心中問題を解決するために、母子保護法が制定された。これによって満一三歳未満の児童養育によって困窮する母や祖母に対して生活・養育・生業・医療の扶助が行われたが、扶助を受けても最低生活を維持できないのが実情であった。戦争の長期化とともに母子保護法は軍人遺族対策としての機能も担うこととなり、四〇年上半期には全国で九万八五四一人が対象となっていた。

このように日中戦争の長期化に伴って、日々戦死していく兵士を補充する体制が整備され、減少する「人的資源」を拡充していくための医療や年金などの社会保障が充実するという逆説が生まれた。その意味で三〇年代は、戦争状態 warfare が福祉 welfare を促進するという社会改造の模索時代でもあったのである。

戦時動員と婦人団体

女性の戦時動員においては婦人団体が重要な役割を担った。婦人団体の戦争協力として注目を集めたのは、満洲事変後に結成された大阪国防婦人会であり、同会は白い割烹着《かっぽうぎ》で兵士を湯茶などで接待したことから全国的に知られ、三二年一〇月には全国組織として大日本国防婦人会が設立された(三四年には朝鮮でも活動を開始)。発足時四〇名だった会員は三四年には約五四万人、四二年には公称一千万人に達した。国防婦人会は職場や会社でも組織され、結婚報国などを目標に掲げて活動した。また、「兵隊さんは命がけ、私たちは襷《たすき》がけ」を合い言葉に朝鮮支部でも銃後家庭の強化を進めていた愛国婦人会も「婦人報国運動」として軍人遺族の職業教育に着手した。国民精神総動員運動の推進力となったのは、これらの婦人団体であり、三八年二月には「皇民としての子女の養育」などの「家庭報国三綱領」と「毎朝皇大神宮を拝し、皇室の御安泰をお祈り致しませう」をはじめとする「実践十三要目」が策定され、日常的実践が図られた。また、二〇歳未満の女性は、大日本女子連合青年団に組織された。そして、四二年二月、愛国婦人会・大日本婦人連合会・大日本国防婦人会を統合して、会員数一九三〇万人を越す大日本婦人会が組織された。

このような婦人団体は植民地にも組織されたが、満洲国では満洲事変後に在満日本人女性が組織した全満婦人団体連合会や、大日本国防婦人会と大日本愛国婦人会が存在しており、これらの団体の統合が課題となったため、三四年一一月に関東軍が支援して満洲帝国国防婦人会が組織された。しかし、基本的には在満日本婦人と中国人官吏・協和会関係者の婦人を中心とするものであった〔劉 二〇〇五〕。

台湾では愛国婦人会の台湾支部が結成されていたが、末端組織として学校や同窓会を基盤に未婚女性を対象に作られた女子青年団があり、勤労訓練や国防訓練に動員された。隣保団体としては保甲婦女団が慰問や配給監督などに従事したほか、振興会が主婦部や女子青年部などを作って集会訓練などを行った。しかし、これらの活動に参加した女性の目的は子どもを日本人と同じ小学校や名門中学に入れることや物資不足の中で「国語常用家庭」として配給の優遇を受けることであり、積極的に戦争を支持したものではなかったと指摘されている〔遊 二〇〇五〕。台湾では四二年、大日本婦人会台湾支部が設置され、皇民奉公会の外郭団体として位置づけられた。なお、台湾からも看護婦などが徴用されて戦場に送られた（朝鮮については、第六巻庵逧由香論文および〔河 二〇〇一〕参照）。

五　日中戦争と中国の政治空間

三三年二月、関東軍は長城線までが満洲国の領土であるとして熱河省に軍を進め、五月には北平（北京）・天津地区を脅かすに至った。このため国民政府は同月塘沽《タンクー》停戦協定を結ぶことを余儀なくされ、満洲事変はひとまず終結した（このため日中戦争を一五年戦争とみるか、盧溝橋事件以後の八年戦争とみるかが分かれる）。この協定によって国民政府は満洲国を事実上承認したこととなり、緩衝地帯として冀東《きとう》（河北省東部）地区が設定されることになった。しかし、「日満ブロック」だけでは鉄・石炭など軍需資源の確保と日本製品販売においては限界があるとみた関東軍は、「北支に於ける帝国の経済的勢力の扶植並びに日満支経済ブロックの結成」を唱えるに至った。そして、三三年一〇月には「帝国指導の下に日満支三国の提携共助を実現し、これより東洋の恒久的平和を確保し、惹て世界平和の増進に貢献するを要す」との閣議決定がなされた。ここに三〇年代を通じて日本が追求していくことになる「日満支ブロック」が東洋平和ひいては世界平和に貢献するための広域秩序構想として現れ、日中対立を激化させていくことになった。

華北分離工作と「安内攘外」策

塘沽停戦協定によって長城線以南に非武装地帯を設けた日本軍はさらに華北五省（河北・察哈爾《チャハル》・綏遠《すいえん》・山西・山東）を国民政府から分離して日本の支配下に置くという華北分離工作を進めていった。そして、三五年六月、梅津・何応《かおう》欽《きん》協定によって河北省から国民党部・中国軍など撤退させ、土肥原・秦徳純《しんとくじゅん》協定によって察哈爾省から第二九軍など撤退させたうえで、一一月には殷汝耕《いんじょこう》に冀東防共自治委員会（後、冀東防共自治政府）を設立させた。日本は冀東地区で密貿易を進めたため、市場価格は混乱し、国民政府の関税収入に打撃を与えた［内田 二〇〇六］。しかし、国民政府は睦隣敦交令《むつりんとんこうれい》を発令して抗日運動を禁止し、公使館を大使館に昇格させるなどの対日友好策を採った。こうした日本軍と国民政府の動きに対しては、抗日と防共自治政権反対を掲げた北京での学生運動(一二・九運動)や翌年の上海における全国各界救国連合会の結成など、抗日気運を高揚させることとなった。三五年八月には中国共産党が内戦停止・抗日統一戦線結成を呼びかける抗日救国宣言を発表していたが、蔣介石は抗日よりも共産党を討伐することを優先させる「安内攘外《あんないじょうがい》」の方針を満洲事変以後、採っていた。この政策は国家財政統一や工業生産増加などの成果を挙げていたため、即時抗日論よりも現実的であるとして一定の支持を得ていた。三四年一〇月、共産党討伐戦に勝利した蔣介石は対日戦を意識してドイツ軍事顧問団に作戦準備活動を要請するとともに、資源委員会を中心に四川や貴州などで奥地重工業建設に着手し、三五年一一月には幣制改革によって通貨統一を図り、英ポンドにリンクさせた。また、アメリカの銀買い上げ策に対抗して銀本位制を廃止し、管理通貨制に移行するなど抗戦力の拡充を図っていた。そして、三六年一二月の西安事件によって蔣介石も内戦停止と共同救国に合意し、国共合作に向けて動き出したのである。

盧溝橋事件と日中戦争

こうした幣制改革成功後の事態や抗日気運の激化に対処すべく、日本でも三七年前半には佐藤尚武《さとうなおたけ》外相によって中国と対等な関係での国交調整や対ソ・対英関係の改善を図る和協外交の方針が示され、四月の四相会議「対支実行策」では華北分離工作が否定されるなど、日中関係は大きな転機を迎えていた。しかし、六月に広田弘毅《ひろたこうき》外相と交代したことによって佐藤外相による和協外交が頓挫した直後の七月七日、盧溝橋事件が勃発した。盧溝橋事件の発端は、日本軍部隊への発砲と兵士が一時行方不明となったという偶発的なものであったが、日本軍の謀略・計画であるとする説とそれを否定する説とが対立している[秦 一九九六]。ただ、三六年四月、日本政府は華北在留の日本人保護と共産党軍に対する警戒を理由として支那駐屯軍を一七七一人から五七七四人に増強しており、日本軍が三六年九月に

「北支那占領統治計画」などを作成していた事実もある〔永井 二〇〇七、第一章〕。また、事件前に北京は日本軍と殷汝耕軍の包囲下にあって、盧溝橋だけが北京と外界を結ぶルートとなっており、日本軍が四月以来付近で軍事演習を続けていたことは北京包囲を目的とするものという観測が出ているなかで軍事衝突が起きたのである。

日本政府は「戦争の不拡大と現地解決方針」を表明し、一一日には停戦協定が結ばれた。しかし、同日に増派を決定して威圧する姿勢を取ったため、中国側の強い反発を招いて戦争拡大の原因となった。そして七月中には北京、天津を占領し、事変の「速戦速決」を図るべく八月には上海を攻撃した（第二次上海事変）。国民政府は八月一四日に「自衛抗戦声明書」を発表して、領土も放棄せず侵略に対しては自衛権をもって応じるとした。これに対し日本政府は一五日に「支那軍の暴戻《ぼうれい》を膺懲《ようちょう》し、以て南京政府の反省を促すため、今や断固たる措置をとる」との戦争目的を表明し、首都の南京などを占領していったことにより全面戦争となっていった。ただ、日中両国ともにアメリカの中立法や不戦条約の適用を回避するために宣戦布告を行わず、国際法上の戦争ではない事変という形態を取って戦われた。

占領地では南京虐殺事件など日本軍による掠奪や虐殺などが頻発したが、九月に山西作戦で戦死した「軍神」杉本五郎中佐は「一度《ひとたび》敵地を占領すれば、敵国民族なる所以を以て殺傷して飽くなし、略奪して止る所を知らず。悲しむべし、万端悉く、皇軍面目更になし……斯《か》くて今次の戦争は帝国主義戦闘にして、亡国の緒戦と人謂《い》わんに、誰人が何んと抗弁し得るものぞ」〔杉本 一九三八。なお、この部分は検閲により伏せ字で公刊された〕と記していた。

戦線の膠着化と傀儡政権

日本では首都である南京を占領すれば中国が降伏すると考えて南京陥落を祝ったが、国民政府は漢口（その後は重慶）へと首都を移して抵抗を続けた。蒋介石はこの戦争を持久戦になるとみて、四川省を根拠地とすれば「日本軍が四川に至るには三年を要し、その間抵抗を通じて敵の兵力を内地に吸引すればするほど有利になる」〔黄編 二〇〇四、四八九頁〕として、空間をもって時間に換える長期消耗戦に持ち込むことで勝利を獲得できると展望していた。

他方、「対支一撃論」しかなかった日本は、長期戦化を恐れてドイツの駐華公使トラウトマンに和平斡旋を依頼した。ドイツは三六年一一月に日本と防共協定を結んでいたが、国民政府軍に軍事顧問団を派遣するとともに軍需品や工業製品を輸出しタングステンなどの資源を輸入していたこともあって、戦争の長期化によって中国の対ソ依存が強まる事態を警戒していた。トラウトマン和平工作は日本側が南京入城後に条件を変更したことによって頓挫したため、日本政府は三八年一月「爾後《じご》国民政府を対手《あいて》とせず、帝国と真に提携するに足る新興支那政権の成立発展を期待し、これと両国国交を調整して更正新支那の建設に協力せんとす」との近衛声明(第一次)を発表した。近衛声明にいう「対手とせず」とは、「国際法上新例を開いて国民政府を否認すると共に、これを抹殺せんとする」主権の抹殺を意味するものであった。また、「新興支那政権」とは日本占領地域に作られた中華民国臨時政府、中華民国維新政府、蒙疆連合委員会などを指していたが、この声明によって日本は国民政府との和平の方途を自ら閉ざすことになった。この結果を受け、ヒトラーは日独提携を重視して中国への軍需物資輸出を停止し、五月には軍事顧問団を撤退させた。

日中戦争に対してアメリカのローズヴェルト大統領は平和愛好国が協力して侵略的国家を隔離する必要性があるとして日本を批判したが、日本への軍需物資輸出禁止措置を取ることはなく、対日制裁は行われなかった。一方、蔣介石は抗日戦争を維持していくために英・米・ソを関与させることが必須の条件であるとの外交戦略を採っていたが、ソ連も日本の対ソ侵攻を防ぐためには中国の抗戦を必要とみて、三七年八月に中ソ不可侵条約を結んで対中援助を強めた。ソ連は空軍義勇隊を派遣したほか、一億ドルの借款を通じて軍用機や戦車などの武器を供給した。そして、三七年一一月に日本が日独伊防共協定を結んだことは、枢軸体制への対抗(反ファシズム)路線と抗日戦争が結びつけられる契機となり、アメリカなどによって中国への義勇空軍の派遣、軍需物資や借款の供与が強められていった。

三八年一〇月の武漢会戦を経て国民党が奥地の重慶に移って以後、戦線は膠着状態に入り、攻めあぐんだ日本軍は占領地域に傀儡政権を立てて抗日勢力を封じ込める政策を採らざるをえなくなった。近衛内閣は三八年一一月に戦争目的を東亜新秩序建設にあると声明(第二次近衛声明)したうえで、一二月には対日和平を模索していた汪精衛に日満華三国による善隣友好・共同防共・経済提携の三原則を和平基本方針として示し(第三次近衛声明)、四〇年三月に各地の傀儡政権を統合する新国民政府を南京に樹立させた。日本軍は占領地区に中国連合準備銀行、中央儲備銀行などを設立し、北支那開発株式会社、中支那振興株式会社という二大国策会社の傘下に多くの子会社を設立して在来の中国企業を改編した。また、占領地域では軍用票による強制買い付け、労働力の強制徴用などが行われた。

こうして、「速戦速決」の方針によって開始されたはずの戦争は泥沼化し、六一万から一〇五万人におよぶ日本軍が広大な中国大陸に釘付けとなっていった。日本は戦局を打開すべく三九年二月に海南島を占領し、六月には天津の英仏租界を封鎖するなどの行動に出た。しかし、これによってイギリスやアメリカの態度は硬化し、日米通商航海条約は破棄されて四〇年一月に失効した。以後、戦略物資の禁輸・資産凍結などの対日経済圧迫が強まったことから日米の対立は深まり、その打開策として北部仏印へと進駐したことによってさらに対立の度を高めていったのである。

複合政治空間としての中国

こうして日中戦争が展開していった三〇年代の中国は、日本と対峙すべく中国をいかなる国家として建設し国際社会の中でいかなる位置を占めるのかが課題となった。そこでは国民党と共産党の抗争を基軸としつつ、両党の一党独裁的支配から距離を置く非政党的な政治勢力、そして少数民族という多様なアクターが競合し、さらには世界各地に広がった華僑・華人も抗日戦争を支える重要な主体として活動していた。

国民党では蔣介石が、党軍指揮の実績という軍権をもって、党員歴では優位にたつ汪精衛や胡漢民そして孫文の長男・孫科らのグループとの間で党権と政権の掌握をめぐって権力闘争を続けた。他方、共産党は都市での暴動工作を重視する李立三《りりつさん》路線が三〇年には失敗に終わり、各地の党組織は崩壊の危機に直面した。そのため国民党の支配が及ばない井岡山《せいこうざん》などに革命の根拠地を築き、紅軍（共産党軍）とともにソヴィエト権力を組織し、農民に土地分配などを実行して支持を広げていく方針に転じていた。こうしたソヴィエト権力の浸透を防ぐため、国民党軍は根拠地を包囲して撃滅する囲剿《いそう》作戦を三〇年から三四年まで五次にわたって敢行した。これに対し、共産党は瑞金《ずいきん》に三一年一一月、毛沢東を主席とする中華ソヴィエト共和国を創立して各地に根拠地を作るなど、中国には正統性を主張する二つの国家が競存することになった。また、周縁地域ではあったが三三年一一月にカシュガルに東トルキスタン・イスラーム共和国が建設された。建国綱領では政府の担当者に「現代科学を熟知する」ことを要請し、政府運営を合議制にするなど、反漢族革命であるとともに社会革命をめざしたものであった。しかし、政府内の対立と省政府軍の攻撃を受けたことによって、三四年二月に崩壊してしまった。

このほか内モンゴルでは徳王が日本軍と提携して独立を図り、チベットについてはダライ・ラマ一三世が中国の宗主権を認めたため、三一年にはチベット駐京弁事処を置くことが決定された。そして、三五年には西康建省委員会が設立され、三九年にはチベット東部に西康省が正式に成立した。四〇年にダライ・ラマ一四世が即位すると、国民政府はラサに蒙蔵委員会駐蔵弁事処を置いて間接支配を強化していった。

抗日戦争へのスタンス

抗日戦争に対しては、共産党が三二年四月に抗戦を宣告したが、反蔣介石を掲げていたうえに、富農や中小資本家、知識人などを最も有害な敵とみなすコミンテルンの「中間階級主要打撃論」に従っていたために、それらの抗日勢力と共闘することはなかった。しかも、三四年の国民党軍による第五次囲剿攻撃によって江西などのソヴィエト区を放棄した紅軍は、陝西省に向けて大移動（長征、西遷）を強いられることになった。

他方、第五次囲剿戦に勝利して国民党の指導権を握った蔣介石は、満洲事変以降、「絶交せず、宣戦せず、講和せず、締約せず」という原則に沿った対日政策を採っていた。蔣介石は日本との全面対決を避けつつ時間を稼ぐことで、日本の軍事行動がアメリカやソ連との戦争を引きおこすと判断していた〔黄 二〇一一、一四九—一五〇頁〕。そして何よりも中国自らが抗戦力を備えるためには経済建設が必須の要件と考えていた。蔣介石はその資金を借款と公債発行で処理しようとしたために反対も多く、批判者を暫定反革命治罪法などの治安立法で弾圧するとともに、C・C団や藍衣社などの特務機関のテロによって排除していった。

このような国民党の専制的支配や国共両党による内戦に対する批判から、非政党的な民主派政治勢力が生まれ、抗日戦線の第三の軸となっていった。三三年一月には国民党の政治的抑圧を批判する蔡元培・宋慶齢・胡適《こせき》・魯迅らが民権保障大同盟を組織し、三四年五月には宋慶齢らによって「中国人民対日作戦基本綱領」が公表され、全ての中国人民が武装蜂起して日本帝国主義と闘うことを訴えた。さらに三五年三月には宋慶齢らが四〇余りの抗日団体を結集して国民禦侮《ぎょぶ》自救会を結成したが、蔣介石は五月に解散命令を出した。三五年一二月、日本軍による華北分離工作や傀儡政権工作に対して学生の反対運動が起こると、これに呼応して文化界救国会や婦女界救国会などの抗日救国会が上海など各地で組織された。こうした抗日救国運動の高まりを受けて、三六年五月には上海で沈鈞儒《しんきんじゅ》や章乃器《しょうだいき》らによって全国各界救国連合会が設立され、国民政府に内戦停止と抗日統一政権樹立を要求していった〔菊池 一九八七〕。このような抗日救国と統一戦線を要求する運動は、いずれの要求についても消極的であった蔣介石に対する批判に他ならなかったため、蔣介石は学生運動禁止令や治安維持緊急治罪法を公布して運動を弾圧し、沈鈞儒ら全国各界救国連合会の指導者七人を三六年一一月に逮捕するに至った〔抗日七君子事件〕。これらの組織は何よりも民族的危機に連帯して対処することを課題としていたが、国共両党とは異なり軍事力を欠いていたため、国共両党による抗日民族統一戦線の結成を国民世論によって実現するしかなく、そのためにも言論・結社などの自由を要求していたのである。

第七回コミンテルン大会と抗日民族統一戦線

このように多くの団体から要求されていた抗日民族統一が実現する契機となったのが、三五年七月から開催された第七回コミンテルン大会で反ファシズム人民戦線戦術路線が採択されたことであった。共産党は二八年の第六回コミンテルン大会で決定された「中間勢力主要打撃論」に拘束されて、満洲事変以降の政治情勢に対応した勢力結集ができなかった。しかし、第七回大会においてファシズムこそが主要敵であり、これに対抗するためには広範な中間勢力を結集することが緊急の任務であるとする統一戦線戦術へと転換することとなった。同時に、民主主義や自由、愛国主義などをプラス・シンボルとして重視するという価値転換も行われたが、これは中国共産党に民族統合論という新たな政策選択を与えるものであった〔加藤 一九九一〕。この方針転換はヒトラーの脅威に対抗するために英米と提携する必要性を認識したソ連が各国の共産主義者に民主主義者と協調することを要求したものであり、大会に出席していた陳紹禹《ちんしょうう》(王明)らは「抗日救国のために全同胞に告げる書」(八・一宣言)を出して抗日勢力の結集を訴えた。そして、三六年九月、長征をほぼ終えた紅軍は「逼蔣《ひっしょう》抗日」すなわち蔣介石に抗日統一戦を逼《せま》る方針に転じたのである。

こうした共産党の方針転換にもかかわらず、蔣介石は共産党の根拠地に対する総攻撃を東北軍の張学良と西北軍の楊虎城らに指示していた。しかし、八・一宣言を支持していた張学良らは三六年一二月、西安を訪れた蔣介石を監禁して内戦停止・一致抗日の実行を迫った。そして、周恩来や宋美齢らの斡旋によって蔣介石が掃討作戦停止と政府改組を表明したことにより、共産党も「連蔣抗日」に転じることとなった。このときスターリンは蔣介石を失って中国が混乱すれば日本が矛先をソ連に向けると危惧し、中国共産党に蔣の釈放を指示していた。この西安事件によって国民党も三七年二月に「容共抗日」の方針を承認し、抗日民族統一戦線結成と第二次国共合作に向けて動き出した。

このように抗日統一戦線への動きが進んでいた三七年七月、盧溝橋事件が起きた。これに対処すべく共産党はソヴィエト政府の取り消しと紅軍の国民党軍への改編を提案し、九月には第二次国共合作による抗日統一戦線が成立した。これによって中華ソヴィエト共和国は国民政府の地方政府である陝甘寧《せんかんねい》辺区政府となり、紅軍が国民政府軍指揮下の八路軍と新四軍に改組されて軍事費も一部支給されることとなった。そして、三八年七月には抗日戦争に国民の総力を結集するために「戦時国会」とも称される国民参政会が開設された。国民参政会は諮問機関に過ぎなかったものの、国民党・共産党・中国青年党・国家社会党・社会民主党、梁漱溟《りょうそうめい》などの郷村派、そしてモンゴルやチベットで職務を執った経験者などから構成されており、当時の中国の政治空間を反映したものであった。

しかし、三九年になると各地で小競り合いが続くなど国共関係は再び悪化し、四一年一月には新四軍の部隊が安徽省(略称は皖)の南部で国民政府軍に攻撃されて八千人余が戦死した皖南《かんなん》事件が起きたことにより、国共合作は有名無実となった。しかしながら、盧溝橋事件が起きた当時四万人程であった共産党の党員数は四五年四月には一二一万人に達したとされるなど、抗日戦争を通じて共産党は党勢と支配地域を拡大していった。

こうして日中戦争を通じて中国の政治空間の布置図は大きく変貌していったが、それは同時に中国とアジアや欧米とのつながりの変容を促すものでもあった。三九年八月、蔣介石は重慶を訪れたインドのネルーと会談し、国民会議派は医療使節団を派遣していた[大形 一九八二]。さらに三九年一〇月、蔣は東アジアでの戦争をヨーロッパの戦争に連結させて勝利に導くことを強調したが、それは取りも直さず日本も日中戦争の解決においてアジアとヨーロッパとの関係を考慮せざるをえないことを意味していた。

そして、日中戦争と太平洋戦争が結びついたことにより、戦前には主権国家としての国権回復を課題としていた中国が英・米・ソと並ぶプレゼンスを獲得していったのである。

六　広域秩序の模索とクロスボーダーの人流

第一次世界大戦後、欧米との協調を基本にアジアで権益拡張を図ってきた日本にとって、三〇年代は欧米とアジアに対する関係を問い直すことが強いられた「世界変局」の時代であり、東アジアにおける広域秩序構想が様々に提起された。また、中国にとっては主権尊重や領土保全を掲げるワシントン体制も、日本の満洲権益を認めるなど列強が中国で権益を保持し続ける限りでは、自立のために打破すべき体制であった。三〇年代の広域秩序論は、戦争終結の模索であると同時に欧米が主体となって構築した既存の国際秩序や東アジア秩序に対する異議申し立てでもあった。そして、戦争の中で進んでいたクロスボーダーの人流は、東アジア空間を基底から変容させつつあったのである。

広域秩序構想と広域経済圏の双面性

三二年から三三年にかけて雑誌『改造』に「墓標に代へて」を連載した尾崎行雄は、国際的信義を無視した傀儡国家満洲国を痛烈に批判しながらも同時に植民地領有を合法化している国際法体制そのものを改編していく必要性を強調し、国際連盟を改造して国際裁判所とその執行機関としての国際警察を備えた世界連邦を設置することを提案していた。戦争違法化を前提にしていた国際連盟に対する批判は、方向性は異なるものの満洲事変前後に頂点に達していた。国際連盟はイギリスなどの国益に奉仕する連盟に過ぎず日本は最初から加盟すべきではなかった、加盟さえしていなければ満洲問題でこづき回されることもなかった、という思いが広がっていたのである〔松岡　一九三三、九六頁〕。

そもそも欧米の利益しか眼中にない国際連盟は東アジア国際関係を律するためには不適合であるという懸念は、日本の満蒙政策を批判していた吉野作造にもあり、「中華民国との関係に開拓の余地、大いに残されて居るを遺憾」としながらも、日中満三国の緊密な協同の下で国際連盟主義に対抗する東洋モンロー主義を確立することを唱導していた(「東洋モンロー主義の確立」『中央公論』三三年一二月号、巻頭言)。こうした東アジアの実情に即した広域的機構を設置すべきだとする構想は、国際連盟規約第二一条がモンロー主義を明記していたこともあって、蠟山政道や神川彦松などの国際政治学者によっても提起されていた。そこには主権国家を前提としていた国際連盟に東アジアでは日本、中国、タイしか加盟していないという事情もあった。

こうした国際連盟の改造論であれ、東洋モンロー主義的広域機構であれ、その後の東亜協同体論や東亜連盟論であれ、東アジアで広域秩序を構想していくにあたっては中国の自立と日本との協調なしには不可能であった。石原莞爾や宮崎正義らが唱導した東亜連盟論は、天皇を盟主としてはいたが、盟邦国家の政治的独立と対等な連合が大前提となっており[宮崎 一九三八]、そうであるがゆえに汪精衛政権内では孫文の大亜細亜思想に通じるものとして一定の支持者を得、朝鮮人連盟員が独立を要求する根拠となりえたのである。そしてそれ故にまた、四一年一月には「肇国の精神に反し皇国の主権を晦冥《かいめい》ならしむる虞《おそ》れある如き国家連合理論」を禁止する閣議決定の対象となったのである。

また、膠着化した日中戦争を打開するために近衛内閣が表明した東亜新秩序の理論的支柱となった東亜協同体論は、三木清や尾《お》崎《ざき》秀実《ほつみ》をはじめ政治学の蠟山政道、社会学の新明正道、経済学の加田哲二や「広民族」論の高田保馬などから提起されたが、その論拠は一様ではなかった。しかし、「またもし日本が欧米諸国に代つて支那に帝国主義的支配を行ふといふのであれば、東亜協同体の真の意義は実現されない」(三木清「東亜思想の根拠」『改造』三八年一二月号、一二頁)と主張されたように抗日民族統一戦線に現れている中国の民族意識を認識し、日本の排他的ナショナリズムを克服して軍事的拡張を停止することが前提であった。そのためには中国の統一と日本国内の資本主義の矛盾を解決する改革が不可欠となる。しかしながら、東亜新秩序の前提となる中国の新政権のありかたについて、三九年六月の五相会議で決定した「中国新中央政府樹立方針」では「支那将来の政治形態はその歴史および現実に即する分治合作主義に則る」ことを前提としており、統一中国との対等な協同体としての東アジア新秩序による戦争終結が国策として追求されることはなかった。そのため蔣介石なども東亜協同体論を日本の併呑主義の隠れ蓑にすぎないとして一蹴していたのである。

このように日中戦争が継続するなかで、構想としての広域秩序論は挫折していった。しかし、東南アジアにおける貿易に着目する限り、三〇年代は華僑の通商ネットワークを通じて日本製品の販路が拡大し、それまで欧米諸国に独占されてきた工業品市場に浸透していった時代でもあった［籠谷 一九九九］。そのため、インドや蘭印などで摩擦が起き、日印会商や日蘭会商が行われたものの問題は解消しなかった。ただ、より巨視的にみれば、日本からの輸入の急増は東南アジアの経済循環を大きく混乱させるものではなく、安価な日本製品の流入は東南アジアにおける実質賃金の低下を緩和し、イギリスやオランダによる貿易・海運事業とも補完性をもっていた。さらに、自動車産業のゴム需要などに応じるアメリカへの原材料輸出と日本からの工業製品の輸入急増によって、東南アジアでは「対米輸出と対日輸入によって経済の循環軌道が太平洋を一巡するという一種の三角分業体制」［加納 一九九五、五四頁］が生まれ、アメリカ→東南アジア→日本→アメリカという戦後に再現される決済構造ができつつあった。

しかし、その事態はまた日本が東南アジアにおいて排他的に資源と市場の確保をめざすことで、アメリカとの対立を激化させる要因となるものであった。フィリピンでは三〇年代を通じて繊維製品を中心に高価なアメリカ製に対して低品質ではあれ廉価な日本製品が浸透し、大衆消費文化を生み出していた。その反面、二〇年代以降の永住型移民の増大に対してはダバオの農業者を中心に警戒感が高まり、ダバオ州は新日本州とも呼ばれ、「第二の満洲国 Manchukuo」という意味合いを込めて Davaokuo という言葉も生まれた。日本人移民の増大に対してはアメリカも警戒し、三三年の独立法案に拒否権を行使したフーヴァー大統領は日本移民を「武力をもたない潜在的軍事侵入」とみなしていた［清水 二〇〇一］。形式上は独立国でも日本の傀儡となることを意味する「第二の満洲国」化への警戒は、汪精衛政権の周仏海財政部長やタイのピブーン首相なども表明していた。三〇年代における中国や東南アジアへの日本の進出は広域経済圏を生み出したが、アメリカ・イギリス・オランダとの経済的対立を深化させ、現地の人々からも危惧を抱かれる両面性をもっていたのである。

クロスボーダーの人流と東アジア空間の変容

世界恐慌に始まり、世界戦争へと突入していった三〇年代は、ナショナリズムの高揚によって国家や民族間の対立が激化し、国境などのボーダーが障壁として高まった時代としてイメージされやすい。しかしながら、独立運動の高揚や交戦状態になったこと、さらに共産党が非合法化されたことなどによって国境を越えて人々の交流が進んだのも三〇年代であった。フィリピンでサクダル党を組織したベニグノ・ラモスは三四年から三八年まで日本に亡命してアメリカからの独立運動への支援を求めて活動している。インドネシア共産党のタン・マラカは二二年国外追放となって四二年に帰国するまで広州、シンガポール、フィリピンなど一一カ国を行き来していたし、ホー・チ・ミンは四一年初めに三〇年ぶりに故国の土を踏むまでモスクワや中国各地を転々としていた。

日本でも労農党委員長であった大山郁夫が三二年に、妻の柳子が三八年にアメリカに亡命し四七年に帰国している。プロレタリア美術家同盟に参加していた岩松淳(八島太郎)も妻光子とともに一九三九年アメリカに亡命し、日本兵士への投降ビラなどを制作する反戦活動を続けた。また、三四年のソヴィエト作家同盟大会で日本代表として小林多喜二の虐殺などについて報告を行った土方与志《ひじかたよし》は妻子とソ連に亡命し、伯爵の爵位を剝奪された。しかし、佐野碩《さのせき》と共に三七年には国外追放となってパリに移住した。土方夫妻は四一年に帰国して治安維持法違反で検挙され、ソ連で演出家メイエルホリドの指導を受けた佐野は三九年にメキシコに亡命して「メキシコ演劇の父」と称され、その地で六六年に没した[岡村 二〇〇九]。しかしながら、スターリン大粛清の嵐が吹き荒れた三〇年代後半、「労働者の祖国」

とも呼ばれたソ連に地上のユートピアを夢みて亡命した人々を待ち受けていたのは、苛酷な粛清や強制労働であった。三八年一月には新劇女優の岡田嘉子が杉本良吉と樺太国境を越えてソ連に亡命、杉本は三九年にスパイとして処刑され、嘉子は一〇年近く幽閉された。演劇人がソ連に亡命したのは共産主義思想への共鳴とともにメイエルホリドの指導を受けるためであったが、杉本の強要された供述がメイエルホリドを粛清する口実の一つとされた。共産党弾圧から逃れるためソ連に亡命した日本人は片山潜をはじめ少なくなかったが、スターリン粛清のなかで「日本のスパイ」との罪状などで処刑された日本人は、野坂参三に密告されたモスクワ日本共産党代表の山本懸蔵、その山本に告発された伊藤政之助や国崎定洞など九〇名を越えるとの推定がある〔加藤 一九九四ほか〕。

ソ連への亡命は多くの無惨な結末を生んだが、日中戦争の敵国であった中国では反戦活動に携わる日本人も少なくなかった。エスペランチストであった長谷川テルは、対日抗戦放送を通して反戦と中国解放を訴えていた。また、共産党軍の捕虜となった日本人兵士によって「覚醒連盟」が組織され、その後は延安など各地に反戦同盟が結成された。さらに、魯迅に私淑した作家の鹿地亘《かぢわたる》は、重慶に入って日本人捕虜などによる日本人民反戦同盟を組織し、延安などに支部を設けた。反戦同盟は一九四〇年の成立大会宣言において「中国抗戦を軸とする朝鮮・台湾等の東亜諸民族の光輝ある解放戦と呼応協同し、東洋平和の奠定《てんてい》に邁進《まいしん》する闘争を通じて我々は実現さるべき自由・平等・友愛に基づく将来の東亜諸民族連結の靭帯《じんたい》たらんとする」ことを訴えており〔鹿地亘資料調査刊行会 一九九四、五八頁〕、総本部責任者には池田幸子・長谷川テル・前野恭子などの女性も加わっていた。

そして、この反戦運動が呼応協同しようとした対日抗戦を軸とする朝鮮民族の解放戦部隊は、国民党や共産党の支援を受けて、離合集散を繰り返しながら中国各地で組織されていた。金九らの大韓民国臨時政府は国民政府と行動をともにして本拠地を上海から重慶に移したが、黄埔《こうほ》軍官学校卒業生で国民政府とも緊密な関係があった金元鳳（金若山）らは朝鮮民族革命党や朝鮮義勇隊を編成していた。そして、四一年一二月に国民党政府が対日宣戦を布告すると臨時政府も宣戦布告し、光復軍として対日戦に参戦した［中央研究院 一九八八］。また、中国共産党とのつながりが強かった武亭や崔昌益らは、延安などから北上して華北朝鮮独立同盟などを結成し、抗日闘争を展開していった。中国東北部では満洲事変以後、中国共産党が満洲省委員会に抗日遊撃隊の創設を指示し、楊靖宇《ようせいう》を軍長とする東北人民革命軍などの抗日部隊が編成された。そして、三五年の八・一宣言を受けて抗日部隊は東北抗日連軍に再編されたが、このうち三六年五月に在満韓人祖国光復会結成に加わった金日成、崔庸健、金一などが戦後の北朝鮮で中枢を担うことになったのである［和田 一九九二］。他方、「鮮満一如」の呼号の下、関東軍が育成した満洲国軍には間島特設部隊という朝鮮人部隊が創設されたが、満洲国軍軍官学校から日本の陸軍士官学校に留学した朴正煕などが戦後の大韓民国国軍や維新政権を首導することになった。

　このほか、日本はアジアで孤立することを避けるために、また文化工作の一環として、三〇年代には中国、満洲国、モンゴルのみならずアフガニスタン、ビルマ、タイ、インドネシアなどアジア全域から留学生を招請したが、その受け入れには善隣協会や国際文化振興会、国際学友会さらには新興亜会、日本タイ協会などの機関があたった。また、四三年からは南方特別留学生が招致されることになったが、その中からアセアン事務総長となったウマルヤディをはじめとして戦後日本と東南アジアの架け橋となった人々が輩出している［山室 二〇〇二］。日本の占領によって欧米への留学の機会を奪われた人々にとって、戦争は日本との交流を促すという事態を生んでいた。

　こうして戦火の中で生まれた様々なクロスボーダーの人流が、戦後東アジアを形成する底流となった。その意味で新秩序を模索した三〇年代は、戦後世界を用意しつつあったとみなすこともできるであろう。

　危機《クライシス》の時代とは、まさに岐路《クライシス》の時代でもあった。だが、その新生の前には第二次世界大戦という更なる惨害が待ち受けていたのである。

【文献一覧】

アウイ・ヘッパハ著、許介鱗編　一九八五『証言霧社事件――台湾山地人の抗日蜂起』草風館
伊野憲治　一九九八『ビルマ農民大反乱（1930-1932年）――反乱下の農民像』信山社
石橋湛山　一九五一『湛山回想』岩波文庫版、一九八五年
石浜知行　一九四二『重慶戦時体制論』中央公論社
内田尚孝　二〇〇六『華北事変の研究』汲古書院
内蒙古アパカ会・岡村秀太郎編　一九九〇『特務機関』国書刊行会
大形孝平編　一九八二『日中戦争とインド医療使節団』三省堂
大塚令三編　一九四二『支那の新生活運動』敏傍書房
岡村春彦　二〇〇九『自由人 佐野碩の生涯』岩波書店
籠谷直人　一九九九「一九三〇年代の華僑通商網と日本」『岩波講座 世界歴史19』
鹿地亘資料調査刊行会　一九九四『日本人民反戦同盟資料』第四巻、不二出版
加藤哲郎　一九九一『コミンテルンの世界像――世界政党の政治学的研究』青木書店
加藤哲郎　一九九四『モスクワで粛清された日本人』青木書店
加納啓良　一九九五「国際貿易から見た二〇世紀の東南アジア植民地経済」『歴史評論』第五三九号
河かおる　二〇〇一「総力戦下の朝鮮女性」『歴史評論』第六一二号
菊池貴晴　一九八七『中国第三勢力史論――中国革命における第三勢力の総合的研究』汲古書院
木畑洋一　二〇〇一「イギリス帝国の変容と東アジア」秋田茂・籠谷直人編『一九三〇年代のアジア国際秩序』渓水社
協調会農村課編　一九三四『農村生活改善の話』協調会
黄自進　二〇一一『蔣介石と日本――友と敵のはざまで』武田ランダムハウスジャパン
桜井由躬雄・石澤良昭　一九七七『世界現代史7　東南アジア現代史Ⅲ』山川出版社
清水元　二〇〇一「東南アジアと日本」『岩波講座　東南アジア史6』岩波書店
鍾家新　一九九八『日本型福祉国家の形成と「十五年戦争」』ミネルヴァ書房
白木沢旭児　一九九九『大恐慌期日本の通商問題』御茶の水書房

杉本五郎 一九三八 『大義』平凡社。伏せ字引用は、皇国史観研究会、復刊版、二〇〇七年に拠る。
宋恩栄編著 二〇〇〇 『晏陽初――その平民教育と郷村建設理論』鎌田文彦訳、農山漁村文化協会
段瑞聡 二〇〇六 『蔣介石と新生活運動』慶應義塾大学出版会
朝鮮総督府 一九三七 『朝鮮施政に関する諭告、訓示並に演説集――自昭和二年四月至昭和一二年三月』
永井和 二〇〇七 『日中戦争から世界戦争へ』思文閣出版
根本敬 二〇一〇 『抵抗と協力のはざま――近代ビルマ史のなかのイギリスと日本』岩波書店
秦郁彦 一九九六 『盧溝橋事件の研究』東京大学出版会
藤野豊 二〇〇三 『厚生省の誕生』かもがわ出版
松岡洋右 一九三三 『青年よ起て――世界変局と大和民族の使命』日本思想研究会印刷所
松本武祝 一九九八 『植民地権力と朝鮮農民』社会評論社
宮崎正義 一九三八 『東亜聯盟論』改造社
山本信人 二〇〇二 「インドネシアのナショナリズム」『岩波講座 東南アジア史7』岩波書店
山室信一 二〇〇一 『思想課題としてのアジア――基軸・連鎖・投企』岩波書店
山室信一 二〇〇四 『増補版・キメラ――満洲国の肖像』中公新書
遊鑑明 二〇〇五 「受益者か、それとも被害者か」早川紀代『植民地と戦争責任』吉川弘文館
劉晶輝 二〇〇五 「満洲国における婦人団体」鈴木晶子訳、早川紀代『植民地と戦争責任』吉川弘文館
梁漱溟著、アジア問題研究会編 二〇〇〇 『郷村建設理論』池田篤紀・長谷部茂訳、農山漁村文化協会
若林正丈 二〇〇一 『台湾抗日運動史研究・増補版』研文出版
和田春樹 一九九二 『金日成と満州抗日戦争』平凡社
黄自進編 二〇〇四 『蔣中正先生対日言論選集』財団法人中正文教基金会・台北
中央研究院近代史研究所編 一九八八 『国民政府与韓国独立運動史料』中央研究院近代史研究所・台北

トピック・コラム

満鉄の「国際性」と「閉鎖性」

加藤聖文

満鉄(南満洲鉄道株式会社)は、日露戦争の結果、帝政ロシアが満洲に敷設した東清鉄道(辛亥革命後に東支鉄道、中国側では中東鉄路、満洲国時代は北満鉄路とも呼ばれた)南部支線の一部(旅順―長春)を母体として日本によって設立された国策会社である。株式会社という民間企業だが、実態は日本による大陸政策の推進機関であった。

一九〇六年一一月に満鉄は誕生したが、それに先立つ九月に一般向けの株式公募が行われた。わずか一年前には、鉄道経営に悲観的な日本政府では日米共同経営案(ハリマン計画)が取り上げられるほどだったが、社会の反応は大きく、満鉄株には一〇七七倍を超える応募者が殺到した。二〇世紀以降の日本の近代は満洲を抜きに語れないと筆者は考えているが、その結びつきの強さは、満鉄を通して始まっていったといえよう。

さて、当時の日本企業の資本金としては破格の二億円にのぼった満鉄の株式であるが、公募対象は日本人だけではなかった。外国人株主が認められないなかで例外扱いであったのは清国人であり、清国政府の応募も可能であった。清国領内で活動する企業であるから、清国人にも門戸が開かれていることを国内外にアピールすることを、日本政府は十分意識していたのである。しかし、それはあくまでも建前であって、実際は株式の五〇%を日本政府が保有して主導権を握っていたため(このことは非公表であった)、清国政府が応募することはなかった。

満鉄はこのように、清国(後には中国)との共同経営の可能性を当初から否定して誕生した企業であった。こうした経営の閉鎖性は清国だけではなく、米国に対しても同様に向けられたが、皮肉なことに満鉄社内では、米国からの資本導入は悲願であった。これは日本政府が出資した一億円分の資本金は現金ではなく現物出資(ロシアから譲渡された鉄道路線や施設など)であったため、開業当初から資金不足に悩まされていたのが理由であった。

企業としての満鉄は、外資――とくに米国――からの資本導入によって経営の拡大を図ろうとした。しかし、創業期の米国資本導入は成功せず、車輛の輸入に止まった。第一次世界大戦後には、ニューヨークに事務所が置かれ、満鉄中興時代(山本条太郎総裁)に本格的な資本導入が計画されたが、緊張が高まりつつあった日中関係の影響を受けて失敗に終わった。ちなみに、満洲事変後の満鉄改組の結果生まれた満業(満洲重工業開発株式会社)も米国からの資本導入を試みるが、これも日中関係が影響して失敗した。満洲をめぐる日米中三カ国の関係は、対立と協調両面が常に存在し、その中心には満鉄がいたのである。

　ユーラシア大陸の東に位置し、国際的な主力商品である大豆を産する満洲を活動の舞台とする満鉄は、欧米との繋がりを常に意識していた。資本導入だけではなく、欧米での積極的な広報活動やヤマトホテルに見られるヨーロッパ的ホテル経営、さらには社員の海外留学制度から現地中国人の技術者養成にいたるまで、ミクロレベルでは日本という枠組みを超えた企業活動と人材養成は他の日本企業には見られなかったものである。社員の構成も、戦時中には非正規職員(雇員・傭員)が多いものの中国人社員が日本人社員を上回り、一九四四年では日本人社員(朝鮮人を含む)約一四万人に対して中国人社員は二六万人にも達していた。満鉄の終末期は、中国人社員への依存度が格段に高まっていたのである。

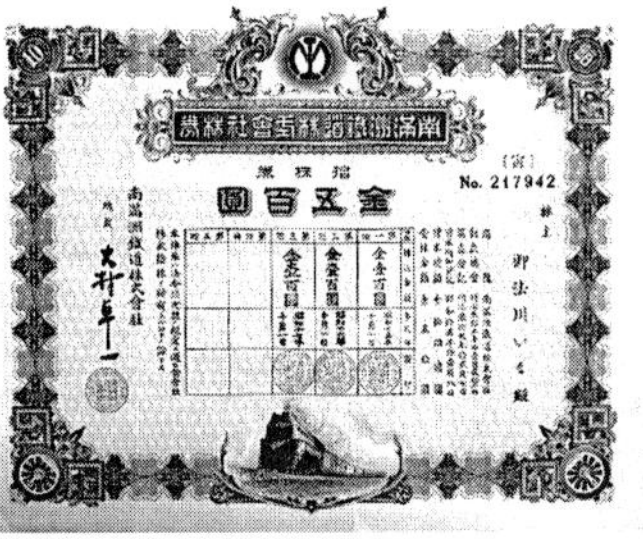

満鉄の株券．1940 年の第三次増資の際に発行されたもの．特急あじあ号がデザインされている(満鉄会提供)．

　しかし、マクロレベルでは、資本が海外に開放されることもなく、経営陣も最後まで日本人だけであった。このように企業活動の国際性と経営の閉鎖性という相反する性質を満鉄は誕生から消滅まで抱えていた。ある意味において、「大日本帝国」でありながら、「日本」という枠組みを超えられなかった近代日本のすがたを満鉄は象徴しているといえよう。

　一九四五年八月の敗戦によって満鉄はソ連軍に接収され、経営は中ソ合弁の中国長春鉄路(中長鉄路)に引き継がれた。実質的にはソ連主導であったが、中国側を経営に参画させ、一九五五年の解散によって中ソ友好を演出したという点で、ソ連は巧妙であった。

　日露によって南北に分割された満洲には、南満は満鉄、北満は東支鉄道が両国の国策推進機関として存在し、対立と共存の関係にあった。このうち東支鉄道は、ロシア革命後、建前上は中ソ共同経営となり、満洲事変によって北満に日本の勢力が及ぶとソ連から満洲国へ売却され、満鉄が経営するところとなった。東支鉄道は、満鉄と比べて広報活動や中国人技術者養成でも遅れていたが、ソ連(ロシア)は、国策として徹底的に活用した点で、中途半端な国策を求めた日本と著しい対照をなしていたといえよう。

　東アジアのなかでこれからの日本はどうあるべきか、そのことを考える上で、満鉄の歴史は私たちに重い教訓を投げかけてくるのである。

人物コラム

徳王

森 久男

徳王（ドムチョクドンロプ）はジンギスカン第三十代目の子孫で、一九〇二年に内蒙古シリンゴル盟西スニト旗の世襲王公・旗長の家に生まれた。徳王は内蒙《ないもう》高度自治運動の指導者として有名で、一九三三年に百霊廟会議を開催し、翌年に蒙古地方自治政務委員会（蒙政会）を設立した。のち、徳王は関東軍の内蒙工作に協力し、一九三六年に蒙古軍政府を組織して、綏遠事件の中心人物となった。盧溝橋事件後、徳王は蒙《もう》疆《きょう》政権主席に就任し、一九四五年に日本の敗戦を迎えた。

清朝は蒙古人の強大な軍事力を恐れて、蒙地を複数の盟・旗に分割した。清朝期、漢族農民による草原の開墾がすすんだ。辛亥革命後、中華民国政府は綏遠・チャハル・熱河に特別区を設置し、盟旗の封建制（王公の政治的特権）の存続を認めたが、漢族農民による開墾が続いて、蒙漢両民族の矛盾は激化した。一九二八年、南京国民政府は全国を統一し、綏遠・チャハル・熱河の特別区を廃止して、省を設置したので、盟旗制度の法的根拠が失われ、蒙古人の生存権は危機に瀕した。草原で遊牧する牧畜民には教育の機会がなく、政治的観念がなかったが、漢族化した農耕地域で生まれ、都会で近代的教育を受けた平民出身の蒙古知識青年は、ジンギスカン時代の栄光とは対照的な自民族の衰退に直面して、民族主義的情熱を高める一方、盟旗の封建制に批判的であった。

徳王は蒙古の衰退に強い危機感を抱き、その根源は盟旗制度によって蒙古が分断され、蒙古人に政治的統一が存在しない点にあると考えた。一九三二年、徳王は蒋介石と会見し、南京国民政府への請願を通じて蒙古人の自治権拡大を目指したが、南京での政治活動は実を結ばず、蒙地に戻って自治をやろうと考えた。徳王が内蒙自治を呼びかけるや、失意に苦しむ蒙古知識青年は続々と徳王のもとに結集した。徳王はみずからの王公身分を利用して盟旗王公の政治力を結集する一方、民族主義的な蒙古知識青年の支持を得て、彼らの変革思想を吸収しながら、分裂した盟旗を統一して内蒙古の政治的統一を目指した。

徳王は蒙古知識青年と蒙古自治問題を研究する中で、各盟旗が団結して内蒙自治を実行するという結論を得た。一九三三年七月、徳王はシリンゴル・ウランチャブ・イクジョウ三盟の各旗代表を集めて、第一回百霊廟会議を開催し、南京国民政府に内蒙高度自治を求める通電を行った。一〇月、第二回百霊廟会議が開催され、徳王は南京国民政府に内蒙古自治政府の設立を要求した。南京国民政府は内政部長黄紹雄一行を百霊廟に派遣し、一一月に蒙古側と内蒙自治交渉を行った。

統一自治政府の樹立をめぐって、双方の交渉は難航したが、蒙古側が譲歩して両者間に妥協が成立した。

一九三四年四月、蒙古人の統一自治組織として、百霊廟蒙政会が成立したが、財政難から行政費・保安隊経費が不足して、組織存続の危機に見舞われた。同年九月、徳王の側近韓鳳林が北平憲兵第三団の特務によって拉致・暗殺される事件が発生するや、徳王は蔣介石に頼って自分の勢力を拡充できないと判断した。当時、関東軍は特務機関網を拡充して、内蒙工作の本格化を企図していたので、徳王は日本の力を利用して実力を蓄えようとした。

百霊廟会議を開催した頃の徳王

一九三五年一〇月、蒙政会第三回委員会総会で対日協力の路線が採択された。一九三六年二月、徳王は関東軍の協力を得て、西スニト旗で蒙古軍総司令部を設立し、五月に蒙古軍政府を樹立した。徳王は関東軍参謀田中隆吉中佐の政治的影響を受けて、蒙古軍の拡充と蒙古建国を目指した。一一月、蒙古軍政府の支配地域を綏東方面に拡大しようとして、綏遠事件が発生したが、失敗に終わった。綏遠事件の際、中国国内では援綏運動が広範に燃え広がり、抗日世論の台頭を招いて、一九三七年七月の盧溝橋事件の導火線となった。

一九三五年末、蔣介石は蒙政会が生存のために「日本と協力」することを黙認している。盧溝橋事件後、関東軍はチャハル・綏遠・晋北を軍事占領し、蒙疆三自治政府を樹立した。徳王は蒙古連盟自治政府（のち、蒙古連合自治政府）主席に就任して、対日協力の道を歩んだ。のち、蒙古独立の夢が破れた徳王は、重慶への脱出を求めたが、蔣介石はこれを承認せず、「現地で軍民の訓練にあたり、将来に備えよ」と指示を与えた。終戦後、汪兆銘政権の関係者は漢奸裁判において厳しく処罰されたが、蒙疆政権の関係者は一人も処罰されなかった。中華人民共和国の成立後、一九五〇年に徳王はモンゴル人民共和国から中国へ強制送還され、内蒙古第一の戦犯として張家口で長い間牢獄に繋がれた。一九六三年の釈放後、徳王は回顧録（森久男訳『徳王自伝』岩波書店、一九九四年）を口述してのち、一九六六年にこの世を去った。

徳王は内蒙高度自治運動の指導者として有名である一方、関東軍の内蒙工作や蒙疆政権に協力した「蒙奸」（民族裏切り者）という批判も存在している。しかし、徳王の内面に沿って、その政治行動の動機を考察すれば、彼は生涯を通じて蒙古人の自決・自治のために奮闘した、悲劇の政治指導者であったと評価することができる。

通空間論題

中華民国・中華ソヴィエト共和国・国民参政会
――「党治」から「憲政」への模索

西村成雄

一九三〇年代中国の政治的景観は、二つの「党治型」国家体制の並存に特徴があった。一つは、三一年六月国民会議によって「訓政時期約法」が制定され中国国民党訓政体制として再定義された中華民国であり、もう一つは、三一年一一月中国共産党による「中華ソヴィエト共和国」の樹立であった。もちろん、対外的対内的に正統性をもつ中央政府は、国民政府が担っていた。

中国国民党は孫文の訓政から憲政への移行プログラムを、三六年五月「中華民国憲法草案」として公布し憲政準備に入った。しかし、盧溝橋事件後その実施は延期された。抗日政治体制として第二次国共合作が実現し、中央レベルでは、三八年国民参政会が組織され、事実上の多党派間協議機関として、憲政を模索する媒介的新政治経路としての機能を果たした。

中共の国家構想も一九三八年には中華民国憲法草案に言う「三民主義共和国」に収斂したが、一九四〇年には「新民主主義国家論」を提起した。その後、四四年には国民参政会を舞台に民主党派を含む「聯合政府」構想をもって、国民党一党訓政体制に対抗し、新たな政治的分岐が明確となった。この矛盾が戦後の憲法制定権力をめぐる政治的対立にまで接続した。

はじめに

一九一二年に樹立された中華民国の政治サイズは、ほぼ清朝の版図を継承するものであった。この領域を統治する中華民国という立憲共和制の政治体制は、中国国民党によって一九二八年、共和制を維持しつつ、中国国民党という特定の政党のみが専一的に国家と政府を指導する「党治型」国家・政府体制＝「党国体制」として再定義された。その意味では、共和国家としての中華民国という政治的正統性を外形的に維持しつつ、その内容としては中国国民党の政治的正統性を樹立するという政治変動を経過した。

この新たな正統性原理は、孫文のいう「以党治国」論であり、中国国民党によって国を治めるとするところにあった。孫文は一九二三年一〇月一〇日、「今後、党をもって国を治めんとすれば、ロシア人に倣《なら》うべきだ」と強調し、一九二四年一月の中国国民党第一回全国代表大会では、ロシア革命の成功は「党を国の上に置く」ことによって獲得できたのだとした［広東省社会科学院歴史研究室ほか編 一九八六a／一九八六b］。同時期、孫文の「国民政府建国大綱」は、三民主義を党の主義として国民政府樹立を推進し、建設の三段階を軍政時期、訓政時期、憲政時期に区分し、順次政治的に発展するプログラムを提起した。

孫文の国家・政府構想には、孫文死後の後継者たちの間で解釈権をめぐる、政治的矛盾を生みだす余地をもつ多義性が含まれていた。たとえばそのひとつに、一九三一年前半期に顕在化した蔣介石と胡漢民の間での、訓政時期の「以党治国」論の正統性を「約法」という法律的形式をもって国家レベルで制定すべきかどうかをめぐって、二つの「政府」を生みだすような政府危機すら生じていた。こうした政治的矛盾にもかかわらず、孫文のいう「以党治国」という非競合的政治体制としての「党治」のあり方は、その後の主流的中国国民党勢力の間で共有される政治的基盤であった。
そこで、まずこうした中国国民党による「党治型」国家・政府の政治制度形成を政治的正統性根拠の源泉をさぐる角度からとらえておこう。

一　第一の「党治型」国家・政府制度――中華民国国民政府の正統性根拠

中国国民党の軍事部門である党軍を中心とする北伐戦争勝利の現実と、国民政府との関係は、日本側中国政治研究者の同時代史的分析によっても、次のようにとらえられていた。つまり、訓政時期の政府の「統治権を行使するものは国民党に外ならぬのである。而して其然る所以の根拠は、革命に由ったものであると云ふ以外には之を索むることが出来ない」として、その政治的正統性根拠を孫文の時代を含めた中国国民党の「革命の歴史」に求めていた〔及川一九三三、四五〇頁〕。こうした認識から党と政府の関係をみるとき、国民党主流派を形成していた蔣介石らは、党レベルの共通認識を国家や政府レベルのそれにどのように変換し、中央政府の正統性として国民に認知させるのかが重要な政治課題だと考えていた。

中国国民党主流派蔣介石らは、一九三〇年の党内権力(党権)をめぐる闘争で、最終的に反蔣介石グループの汪精衛や閻錫山、馮玉祥を「中原大戦」で軍事的に圧倒し、同年一一月には中国国民党第三期四中全会を開催し、党内権力掌握の正統性を確認した。蔣介石は、国民政府主席として行政院長を兼任することとなった。そして、孫文の主張していた「国民会議の招集」という政策課題を正式に提起し、一九三一年五月五日に「国民会議」を開催するとした。その目的は、一九二八年一〇月制定の中国国民党レベルの「訓政綱領」を、国家レベルの国民会議で「正式に議決」し、国家建設プログラムに「訓政」の正統性を定着させることにあった。

この政治過程は、蔣介石グループとそれに反対する胡漢民グループの間で、孫文「国民会議構想」解釈権と「訓政時期約法」の制定可否をめぐる深刻な矛盾と対立を生み、一九三一年をとおして、ついには国民政府レベルの正統性をめぐる分裂という事態を招くにいたった。蔣介石は、一九三一年三月一日、胡漢民を南京近郊湯山に幽閉した。これに対し、胡漢民派の国民党内広東グループは、五月二七日広州に「中国国民党中央執行監察委員非常会議」を組織し、二八日「国民政府」を樹立した。党内権力(党権)と政府権力(政権)、さらに党軍権力(軍権)をめぐる蔣介石ら南京派と、幽閉されていた胡漢民ら広東派との間で、汪精衛グループなどをも含めて正統性獲得争いが展開した。しかし、中華民国レベルの「国家の正統性」はいずれの政治勢力とも承認していた。こうした政治的矛盾のなかで、蔣介石主導下の国民会議が三一年五月五日から一七日まで南京の国立中央大学内の国民会議議場で開催された〔中国第二歴史檔案館編 一九九四b、一四一―二五八頁/金 二〇〇九、第三章、第四章〕。

ここで、この国民会議開催にいたる代表選出の過程をみておきたい。なぜなら、国民会議代表選出過程は、「中華民国訓政時期約法」制定の正統性を担保するからである。しかも、三一年五月一二日の第四次会議で通過した「訓政時期約法」に示された訓政体制の合法性は、その後の中国政治の変容と変動にもかかわらず、一九四六年の「中華民国憲法」制定まで、中国国民党および蔣介石権力にとって法的根拠となっていた。国民会議代表の選出のため、一九三〇年一二月二九日の国民党中央常務委員会は「国民会議代表選挙法」を決定し、国民政府に三一年一月一日公布させた。代表の定員は五二〇名で、職能別社会団体代表として「農会、工会、商会・実業団体、教育会・大学・自由職業団体」の四選出母体と、政治団体として唯一「中国国民党」、および蒙古、西蔵、華僑から選出されると規定した。こうした産業別職能単位を選出母体とする制度の直接的起源は、一九二四年に孫文の提起した「国民会議」構想にあった。

国民会議代表選出の選挙法規は、その後、各省市各団体の定員配分が定められ、国民党代表の選出選挙法も規定され、三一年二月には「国民会議代表選挙総事務所」と「各省市事務所」が組織された。これらは、蔣介石グループの主導で、各省市に所属する職能別単位からの選出がすすめられていたことがあきらかであった。そうした事態に対する批判に対し、蔣介石はこう記していた。「国民会議の議案は自由提案、自由決議でなければならず、制約を加えず、訓政時期約法を制定する。各省党部の選挙は絶対自由であり、従来のように事前に名簿にマルを付して決定しない」［『蔣介石日記』一九三一年二月一五日、王編註 二〇〇四、一三二―一三三頁］。

しかし、遼寧省の事例では、張学良の側ですべて候補者を決定し、信任投票の形式をとっていた。もちろん、そこには矛盾があり、教育部管轄大学としての東北大学からの選出にあたって、学生の投票結果が張学良のリストとは異なる事態が生じた。しかし、最終的には張学良の決定によるという選挙実態であった［寧 一九九九、二八九―二九二頁］。政治的代表としての内実は、地方政府という形態のもとでの地域政治権力の代表であり、国民党からの代表選出も中央党部のコントロール下にあったことは明白であった。福建省代表に関する資料によれば、職能別に選出された一二名の代表のうち一―二人のみが非党員で、国民党代表二名定員を加えると圧倒的多数は国民党員であった。国民会議代表メンバーの国民党への集中は、訓政下における政治的権力配分の結果であった［徐 一九九二、二二三頁］。ただ、選挙制度の全国的導入という点では、国民政府レベルの政治的委任－代表関係の創出という最初の試みであった。

こうして、五月一二日の国民会議第四次会議で、出席代表四七〇名、出席中央執行・監察委員・国民政府委員三一名、さらに列席者六七名のもとで「中華民国訓政時期約法」は可決された。そこで、この段階の国民党内における国家・政府構想の交錯と、その制度化にかかわる政治的矛盾の激化過程を、正統性獲得をめぐる党内闘争の視点からとりあげてみよう。

二　一九三一年六月「訓政時期約法」をめぐる政府危機

一九二八年六月、第二次北伐を完了させた蔣介石は、その党軍指揮の実績という「軍権」をもって、党歴では優位にたつ汪精衛や胡漢民、それに孫文の長男孫科らのグループとの間で「党権」および「政権」の掌握をめぐる権力の再配分闘争に入っていた。一九二九年三月に開催された中国国民党第三期全国代表大会は、中華民国国民政府を中央政権として樹立したもとでの、党権掌握をめぐるひとつの到達点であると同時に政治的亀裂の公然化でもあった。

蔣介石の党権掌握意図に対し、一九三〇年七月一三日汪精衛、閻錫山や馮玉祥らは「中国国民党中央党部拡大会議」を北平に組織し、九月一日には「国民政府組織大綱」を制定、閻錫山が「国民政府主席」に就いた。この間、中原大戦と呼ばれる反蔣戦争が展開した。ここに、拡大会議派は反蔣介石権力として新たな正統性を主張する「党・政・軍」機構を組織したことになる〔山田 一九八〇、二六四―二七七頁／趙 二〇〇六、第四章〕。

拡大会議派の主導する「国民党中央党部」は、一九三〇年一〇月二七日南京の国民政府に対抗して、その政治的正統性を担保する基本法として『中華民国約法草案(太原約草)』を制定した。全八章二一一条からなる「約法草案」は、中原大戦での戦況が不利なもとで、北平から閻錫山支配下の太原で開催された拡大会議において採択され発表されたが、拡大会議は崩壊した。これに対し、蔣介石派は拡大会議派と同じ政治的課題を提起することによって、それに対抗する政治的選択をおこなった。その意味で、蔣介石派による「中華民国訓政時期約法」の制定は、「太原約草」から遅れながらも一九三一年五月に全国民を政治的に代表するという形式をもった「国民会議」を開催したことで、拡大会議派を軍事的に制圧するとともに、政治的にも委任‐代表関係の制度化という事実をもって優位にたつこととなった。この「訓政時期約法」が国民党主流派による国家・政府構想とその制度化を意味するものとなった。

しかし、これら主流派と非主流派の二つの国家・政府構想を対比してみると、山田辰雄の指摘するように、太原「約法草案宣言」では、明確に訓政時期を中央党部の指導下にあるものとして制度設計し、約法制定によってこそ政府の「専制」と「個人独裁」を防止できるとした。現状認識としても、三〇年以来の「大軍閥による中央支配と小軍閥による地方割拠の悪習を除く」ことが必須だとしていた。明らかに「大軍閥」蔣介石への批判が含意されていた。

さて、蔣介石の主導する国民会議開催とそこでの「訓政時期約法」の制定過程は、同時に、胡漢民派による南京国民政府の正統性否認と、広州での五月二八日「国民政府」樹立という政治変動の展開と並行していた。これは、拡大会議派「国民政府」の崩壊後における新たな政府レベルの対抗的権力の誕生であった。

一九三一年五月二七日付広州の「非常会議宣言」は、蔣介石に対し「訓政を名目として個人独裁を実行している」と批判し、二八日付の「国民政府宣言」では、蔣介石を孫中山総理の「叛徒賊子」だとした。国民政府としては「蔣氏が今後政府名義であれ、いかなる方式あるいは名目であれ、内債外債を発行したとしても、それらはすべて無効である」ことを宣言し、その中央政府としての正統性を否認した。

中国政治空間内の政府レベルにおける、一九三〇年の北平・太原「国民政府」、三一年の広州「国民政府」へとつづく変動は、政権担当者蔣介石への政治的挑戦であった。しかし、北平・太原「国民政府」は軍事的に圧服され、広州「国民政府」も、三一年九月一八日の満洲事変を経過するなかで、政治的妥協をとげ、同年一二月一五日の蔣介石の下野と、その後の胡漢民派による国民党西南党部・西南政務委員会、さらには西南軍事委員会の組織化がなされた。

三二年一月一日には、南京の国民政府は西南派に支持された孫科によって担われることとなった。しかし、外交、内政、財政問題をめぐる党内外の政治的矛盾のなかで、一カ月もたたぬ三二年一月二八日には、汪精衛の行政院、蔣介石の軍事委員会という政権と軍権をそれぞれ代表する蔣汪「連立政権」が形成された。その枠内で孫科も立法院院長に就任し、むしろ蔣介石への対抗という意味をもって積極的に、「憲政」への移行の必須条件としての「憲法」制定活動にとりくむこととなった。この蔣汪「連立政権」は、一九三五年一一月の汪精衛刺殺未遂事件による汪の政治的下野まで約四年間維持された。

一九二八年一〇月一〇日の中華民国国民政府樹立後の三年間は、中国国民党による国家・政府構想の制度化をめぐる党内権力闘争という歴史的段階を経過しつつあった。その政治的争点のひとつが、訓政時期の約法制定問題であった。蔣介石からみれば、拡大会議派との矛盾は、政府レベルの主導権をめぐる問題として軍事的に決着をつけたうえで、約法制定への方向性を明確化した。胡漢民派との矛盾はむしろ国家構想レベルの「約法不要論」と対抗するなかで、湯山事件という胡漢民幽閉措置によって、南京国民政府の国家的正統性を担保する「訓政時期約法」の政治的プラットフォームを構築することとなった。この新たな政治的プラットフォームが、満洲事変と翌三二年一月二八日の「上海事変」の影響をくぐりぬけたもとで、どのような展開を示すことになるのか、次に国民党内主流派の運用する国家・政府権力の実態とその特徴に言及してみよう。

三　国民政府権力の垂直的・水平的正統性

政治的支配の正統性は、権力の社会への浸透力を示す垂直的正統性と、自己の国家的領域と考えられる境界域にまで強弱はあれ影響力の行使を示す、当該権力の領域化過程としての水平的正統性とに区分できる。

まず、政治的支配の根拠となる垂直的正統性原理がどのように提起されていたのかについてみておこう。

中国国民党による「党治」がはじめて法制度化されたのは、一九二五年広州で出された「国民政府組織法」第一条にある「国民政府は中国国民党の指導監督を受け、全国の政務を掌握し処理する」に求められる。つまり、中華民国国民政府の国家・政府は、専一的に中国国民党の指導監督下に置かれるとしつつ、執行権力の「中華民国」に対する優位が前提されていた。この規定は南京国民政府の組織以後もそのまま継承されてきた。

さらに、孫文の「以党建国」「以党治国」論は、胡漢民、孫科の一九二八年「訓政綱領説明書」にいうように、「本党は民衆のために政権を奪取し、民国という一切の国家体制を創立」し、「本党はこの国家体制のなかで訓政の機能を促進し、人民自身が政権（right of control）としての選挙権、罷免権、レファレンダム権、イニシアティヴ権を確実に運用しうるようにする」ことを意味していた。したがって、党と人民との関係性は「本党は終始政権の保母を自任し、その精神と目的は完全に三民主義の具体的実現にあり」「政権を国民に返還することを」めざしているとする。訓政時期の「党治」は、党によって創出された政府である以上、国民政府が「党に責任を負う」というのは当然のこととなる。

では、なぜ「党治」は、人民の政治的権利を代表しうるとする正統性があるのか。すでに一九二八年一〇月、中国国民党レベルの政治綱領としての「訓政綱領」で、「中国国民党全国代表大会は国民大会を代表して政権を行使する」と規定し、これら訓政綱領六カ条はそのまま、三一年六月の「中華民国訓政時期約法」に組みこまれ国家レベルの事実上の憲法規範として「中華民国国民」に適用された。「党治」の正統性を主張するためには、すでにふれた被治者からの何らかの同意が必要であり、政治的代表権限の授権形式としての「国民会議」が必要であった。

もちろん、法制上の規定としては、憲法制定後の選挙によって開催される予定の、人民による政権行使の場である「国民大会」の権限を、中国国民党全国代表大会が「代表して政権を行使する」としており、なぜ「代表」しうるのかは、孫文以来の革命運動という歴史的正統性が「代表の資格」を担保すると考えられていたからであった。そこには「代議制」の制度的保障はなかった。しかも、「代表」しうるとする中国国民党は、授権者である人民を「訓政」する過程を通して、「保母」として「後見人」としての役割を担うものであった。ここには、孫文の人民観ともいうべき、「先知先覚」「後知後覚」「不知不覚」の三大社会グループの区別の論理があった〔広東省社会科学院歴史研究室ほ

か編 一九八六b、三二四頁〕。「先知先覚」は国民党指導者であり、「後知後覚」は国民党員、そして「不知不覚」は人民であるとするもので、そこに人民自身の政治的権力行使にいたる訓練過程を設定し、それを指導する後見人的役割を国民党に与えたことになる。国家・政府権力機構は、こうした「党治」の政治的属性を制度化したものであり、すべては中国国民党による一元的権力の掌握を「公的」に保障するものとして制度設計されることとなった。

党が中央政府機構を直接に指導監督する「党政関係」は、一九二八年「訓政綱領」で「中央執行委員会政治会議（中政会）」として制度化された。この「中政会」条例は、三一年六月に中央執行委員会「政治会議条例」として一部修正されて、蔣介石ら三二人と前年一一月の中原大戦の政治的配当を得た張学良ら六人の計三八人が政治会議委員に任命された。条例第八条は「政治会議の決議は、直接国民政府に接受させ執行させる」と規定した〔中国第二歴史檔案館編 一九九四a、四二―四四頁〕。国民政府が、国民党中央委員会に責任を負うことはいうまでもない。

すでにふれたように、一九三一年という国内外の政治的環境の激変した時代にあって、国民党内の党権をめぐる矛盾は、九月一八日の満洲事変をはさんで南京（寧）、広州（粤）、上海（滬）という政治的分裂状況を呈していた。しかし、満洲事変後の党内政治の再調整は、同年一二月一五日の蔣介石（中華民国国民政府主席兼行政院長）の下野によってひとつの転換をむかえた。その結果、孫科を行政院長とする新政権が三二年一月一日南京に組織され、国民政府主席には林森が就任した。

これより先、三一年一二月二五日には、六月に制定されていた「中華民国国民政府組織法」が修正され、従来の国民政府主席の権力は「中華民国の元首として、対内的対外的に国民政府を代表する」のみとなり、実際の行政上の政治責任は負わないとされた。同時に陸海空軍総司令も兼職できないこととなった。国民政府主席による五院の責任者任免権も削除された「虚権元首 titular head」となった〔中国第二歴史檔案館編 一九九四a、一一八頁〕。

こうして、一九三一年一二月段階の党内政治は、権力の再配分を再制度化するなかで、蔣介石への権力集中を排除する方向へ傾斜した。三二年一月二八日の孫科政権崩壊後の権力再配置も、まず行政院長に汪精衛、軍事委員会委員長兼参謀総長に蔣介石という「政権・軍権の二元体制」に移行した。このような国民党の国家・政府権力掌握過程は、垂直的正統性の確保という視点からとらえられるものであった。

と同時に、この段階の国家・政府構想の重要な一環を構成するのが、中央権力の水平的正統性の増大という「中央化」過程にあった。政権掌握勢力は、自らの正統性を政府レベルに延伸し、さらに中華民国という国民国家レベルの中央－地方関係の正統性にまで到達させる政治的統合への意思をもっている。しかし、現実にはすでにそこに歴史的に役割を果たしてきた地域権力の勢力が存在し、それとの対応関係のなかで中央の政治的正統性が受容される濃淡強弱が生じうる。そこから、権力と地域社会の相互浸透性の濃淡強弱を示す四類型を抽出できるだろう。

まず、国民党による国民政府権力を掌握する蔣介石勢力が、自らの直轄党治を実現している東南五省（江蘇、浙江、安徽、江西、福建）を基盤とする、第一の類型。第二の類型は、南京国民政府の正統性を承認しつつも独自な軍事力を掌握する地方実力派勢力との「軍党合作政権」、満洲事変前東北地域、山西、河北、山東、湖南、さらに反蔣介石派としての広東・広西の西南派の領域。第三の類型は、中華民国の正統性は承認するが国民政府とは外形的政治関係をもつにすぎない地域的軍事勢力の支配する「軍治政権」、雲南、四川、貴州、青海などの領域。第四の類型は、内外の政治的条件によって、中華民国の国家的正統性を否認することもあるが、かつての歴史的中華世界という政治共同体の枠組に組み込まれつつ、一定の統合を保持する新疆、西蔵、内蒙古などの領域となろう。

こうした中央政治権力による地域権力に対する「中央化」は、近代的国民国家化の視点からいえば、均質的政治統合の意思と行動を意味するが、その過程はきわめて複雑かつ多様性をもつものであった。

たとえば、第一類型は、いうまでもなく直轄支配であったが、中央－地方関係の定型化のなかで、中央政府は東南五省をその財政的基盤としていた。その場合も、垂直的正統性の浸透力や規制力はやはり国民党の社会的組織力によって担保されており、その作用には濃淡強弱があったのはいうまでもない。また、中国共産党勢力の支配地域である江西省などへの軍事的包囲攻撃政策の具体化は、一九三〇年末から一九三一年の満洲事変にかけての時期からはじまっており、まさに国民党「党治」下の国民政府をめぐる政府危機のまっただなかで展開していた。ここに、国民政府形成期の政治的不安定性と不確定性が如実に示されていたといえよう。しかし、この政治権力を支える中国社会は近代国民国家への形成過程を辿りつつあった。たしかに、領域的割拠現象を担ったかにみえる第二、三、四類型の地域的軍事権力も、一九一二年以来の中華民国の共和政治体制と一九二八年国民党による中華民国国家体制の「党治」化という再定義を経るなかで、中国国民党という政治的重心から離脱して、独自の新国家を構想したり創設したりすることができないほど、中華民国政治の正統性という歴史の磁場に組みこまれていた。

これに対し、中華民国の正統性に挑戦する地域権力の典型として、中国共産党の「革命根拠地」形成があった。その「党治型」国家・政府構想の制度設計の特徴をとらえてみよう。

四　第二の「党治型」国家・政府制度
——中華民国「正統性」への挑戦と「中華ソヴィエト共和国」

一九三一年は中国政治空間内の激動という点できわめて濃縮された歴史的展開を示した。中華民国国民政府形成期の不安定性のなかで、中華民国という国家体制そのものの正統性を否認する中国共産党勢力が、南京国民政府の社会的経済的基盤である東南五省のうち、江西省で「革命根拠地」を形成し、ついに三一年一一月七日のロシア革命記念日に江西省瑞金《ずいきん》で「中華ソヴィエト共和国臨時政府」を樹立した。

この国家は、対外的にソ連からも国家承認を与えられたことはなかったが、ひとつの国家体制を中華民国と対抗的に形成した。もちろん、対外的正統性は確保されないにせよ、対内的正統性を確保しつつその再生産が一定程度持続することとなった。一九三〇年三月段階で、「紅軍」は一三個軍編成で六万余人となり、全国八省（湖北、湖南、河南、安徽、江西、広西、広東、福建）一二七県に大小一五地域の革命根拠地という「紅色政権」を樹立していた〔中共上海市委党史研究室 二〇〇六、二四四頁〕。こうした一定の根拠地形成を背景にして、コミンテルンの指示のもとに上海の中共中央は、三〇年二月には紅軍と根拠地の統一的指導のために「全国ソヴィエト区域代表大会」の開催を決定し、各ソヴィエト区や紅軍の代表者定数も決定した。

この中共の動向に対し、蔣介石は三〇年一〇月中原大戦で反蔣勢力に勝利したもとで、中共の根拠地への包囲攻撃を開始し、三〇年一一月から三一年九月にかけて軍事作戦を展開した。この「囲剿《いそう》」政策は「中華民国訓政時期約法」の制定過程や西南派「国民政府」の出現と並行して展開していた。

上海の中共中央は、予定より一年遅れとなったが、一九三一年一一月七日から二〇日にかけて瑞金で「中華ソヴィエト第一次全国代表大会」を六一〇名の代表参加のもとに開催し、「中華ソヴィエト共和国臨時中央政府」を樹立し、「憲法大綱」などを制定した。「中華ソヴィエト共和国の最高権力機関は、全国労農兵ソヴィエト代表大会」であり、大会閉会時の権限は中央執行委員会にあるとする。三一年一一月の大会は、中央執行委員に毛沢東、朱徳、周恩来など六三人を選出した。この「憲法大綱」制定過程は中共中央レベルの起草によるものであり、中国共産党の指導性は当然前提されたものであった。「中華ソヴィエト共和国」という国家レベルの統治構造は、「党治」にあった。各地方レベルの党と政府の関係も「党政不分（党と国家行政の融合）」を基本的特徴としていた。しかし、当時の文献ではこうした現状に示される「代表性」のあり方を改善すべきだとしていた。つまり、「非党員労農兵分子」を参加させる必要性を提起したり、ソヴィエト地域での選挙は「党の指名や派遣制度を防止すべきで、民主選挙を行うべきで、いかなる請け負い形式にも反対である」という意見も出されていた〔王 二〇〇五、第二章〕。

各レベルのソヴィエト政権は中共の武装力を背景として樹立されたことから、当然のこととして「以党代政（党が国家行政を代行する)」現象があらわれることとなり、ソヴィエト政府の機能と権威は中共のそれには及ばないという、中共の歴史的「正統性」に基づく政治的優位という特徴が付加され、毛沢東も当時「封建時代の独裁的専断の悪習慣が大衆や一般党員の頭にしみこんでいる」と批判するとともに、「党の主張や方針は宣伝を除いて、執行時には必ず政府組織を通すべきであり、国民党が直接政府に命令するような誤った方法は避ける必要がある」と主張していた〔黄・陳 二〇〇九、一二九—一四五頁〕。現実の党組織あるいは執行権力が「国家」や「憲法」に優位していた。

こうした歴史的な各ソヴィエト地域権力の形成史とともに、ロシア革命以来の政治的委任‐代表関係の認識と理論そのものが、中国共産党の「一党制」への傾斜を強めていた。レーニン段階の国家論と前衛政党論が、中国の歴史的文脈における「独裁的専断」論と結びつく傾向性をもっていた。また、孫文のいう「先知先覚」による「使命観」にもとづく先天的に正統性が付与されているとする代表意識とその行動様式、さらには公然化されない潜在的暗黙の非制度的ルールも共有していたと考えられる。

さて一九三四年一〇月に、国民政府の軍事的圧力のなかで「中華ソヴィエト共和国」は、江西の革命根拠地から撤退した。完全な崩壊という事態を回避しつつ、一年後の三五年一〇月に陝西省北部の呉起鎮という革命根拠地に到達した。その後、三五年一二月「中華ソヴィエト人民共和国」と名称を変更し、国家の性格を労働者・農民に限定されない、より広いカテゴリーとしての「人民共和国」政治体制に再編した。これによって、抗日戦争の本格化という政治環境の変動に柔軟に対応しうる経過をたどった。これは、三五年八月のコミンテルン反ファシズム統一戦線政策にも対応していた。三七年九月の第二次「国共合作」段階では、この中華ソヴィエト人民共和国は廃止され、中華民国と国民政府の政治的正統性を承認したうえで、地方政府としての「特別行政区(辺区)」に再定置された。

このようにみてくると、一九三一年にいたる中国政治空間内の国家・政府構想とその制度化には、中国国民党による「党治」と中国共産党による「党治」という政治的正統性の起源の「同型性 isomorphism」を確認できるだろう。

その意味では、一九二〇年代国民革命過程の政治的凝集物としての二つの「武装政党」が、自らの支配領域で自らの政治的正統性を主張するという共通性を持つこととなった。たしかに、中国共産党の「中華ソヴィエト共和国」は、国家承認されるという対外的正統性をもちえなかったにせよ、中華民国の正統性に挑戦するひとつの「地域軍事権力」としての特徴をそなえていたと考えられる。つまり、中共の領域支配権力が独自の国家・政府構想を制度化していた点に、先にふれた第二、三、四類型の地域軍事権力とは区別される特徴をもち、その後も中央政府としての国民党国民政府との対抗関係を保持しえた理由もそこにあったといえよう。中国共産党の「党治型」国家・政府構想と制度化を、一九三〇年代前半期中国政治空間における中国国民党蔣介石派の第一の国家構想と対比的に、第二の国家構想という理由でもある。なお、三三年一一月から翌年一月にかけて李済深ら反蔣グループは、福州で「中華共和国人民革命政府」を樹立し、中華民国の正統性を否認する国家構想を提起したが、国民政府軍に鎮圧されていた（福建事変）。

ところで、周知のように、国民党の孫文以来の党イデオロギーには「憲政」への移行理論が含まれていたのであり、一九三〇年代半ばには第三の国家構想としての「憲政型」制度設計が提起されることとなる。

五　一九三六年五月五日「中華民国憲法草案」と憲政移行プログラム

中国国民党主流派としての蔣介石は一九三一年一二月に下野していたが、西南派の支持する孫科の政権運営のゆきづまりという政府危機のなかで、三二年一月二八日には、汪精衛との「連立政権」によって権力を掌握した。しかし、この間に日本軍による東北三省の軍事占領が展開し、これに抵抗する抗日運動はリージョナル・イシューをこえて新たなナショナル・イシューとしての政治的焦点を構成しつつあった。

三二年一月二八日の日本海軍陸戦隊と中国軍との衝突を契機とした「上海事変」が展開するなかで、三月一日の国民党第四期二中全会は「国難会議」の開催を決定し、「御侮《ぎょぶ》(対日)、綏靖《すいせい》(対中共)、救災(対長江大規模水害)」を議題とするとした。ところが、四月に開催された洛陽での国難会議では「予定どおりの訓政終結、国民大会の召集、憲法制定、国民大会開催前の中央民意機関設立」などの意見が出され、しかも孫科は「抗日救国綱領草案」を発表し、立法院での「憲政法案」の起草や憲法の制定を主張した。目的は、民族的力を集中し抗日救国の使命を貫徹するところにあった。抗日と国内政治体制改革が結びつけられたところに新たな政治的経路の創出があった。三二年一二月の国民党第四期三中全会では、立法院での憲法草案の起草を決定した。ここでは、三五年三月に国民大会の開催と憲法の議決もプログラムされた〔栄主編 一九八五、一八〇—一八一頁〕。三三年二月、立法院は三六人の起草委員を任命し、院長の孫科が憲法草案起草委員会の委員長となり、張知本と呉経熊を副委員長とする体制をとった。翌三四年一〇月、立法院は一二章一七八条の「中華民国憲法第一次草案」を公表した。

第一次草案は、約一年後の三五年一一月に開催された中国国民党第五期全国代表大会で第二草案としてまとめられ、憲法制定権力としての「国民大会の召集」とそこでの憲法草案公布日程を決定した。さらに、第二草案を審査する委員会の審議を経て、三六年五月五日「憲法草案」を公布した。これが五月五日に公布されたため「五五憲草」と呼ばれる憲法草案で、憲法制定プログラムとしては同年一一月一二日に「国民大会」を開催し、国民大会代表の選挙も一〇月一〇日までに実施するとされた〔栄主編 一九八五、三八四—三八五頁〕。

この草案制定過程で、蔣介石は憲法草案起草への関与を強め、たとえば一九三四年三月一四日、南昌に孫科や呉経熊を呼び出し、三月一日公表の「憲法草案初稿」における総統の権限が「虚権元首 titular head」で実質的に「内閣制」に傾斜していると、批判を加えたとされる。孫科は、蔣介石と会見する直前の三月五日に「元首と行政首長」を区分することの妥当性を主張していたが、会談後の初稿修正のなかで総統権限は強化され、内閣制ではなく「実権元首 real head」化していた。あきらかに、総統権限の強化が国家・政府構想として具体化されるにいたった。ただ、この段階ではなお胡漢民らからの「軍権統治」批判を考慮して「現役軍人は総統、副総統に当選することはできない」(第五四条)とする規定は残されていた[張 二〇〇五、第三章]。しかし、「五五憲草」では削除された。

つまり、一九三六年五月五日の「中華民国憲法草案」公布の一カ月ほど前の四月九日、蔣介石は、南京から武漢へ移動する逸仙艦で憲法草案に関し次のような「決定」を下し、孫科をはじめ関係者に伝えた[王編註 二〇〇八、三二一—三二五頁]。すなわち、「憲草議訂にあたり考慮すべき点」として、「現在訓政工作はなお徹底的に完成していないにもかかわらず、いたずらに目前の事態に迫られて、繰りあげて憲政開始の挙」に出ている、したがって現在は「正常な憲政と過渡期の憲政を兼ね備える」必要があること、を強調した。蔣介石に同行していた陳布雷の同日の日記によれば、より具体的に蔣介石の「決定」を伝えている[陳 出版年不明、一二〇頁]。

(一) 国民大会以外に民意機関、たとえば議会などは設置しない。
(二) 国民大会は三年に一度開催とし、五分の二か三分の一以上の同意で大会を開催できる。
(三) 総統は緊急命令権をもつべきで、任期は六年とする。
(四) 立法、監察両院の委員の半数は選挙で、半数は政府の指名提案とする。

ここには、国民大会を唯一の民意機関とし、総統権力という執行権の強化を意味する総統と行政首長の兼任が主張されていたことが明らかであった。しかし、蔣介石も中国国民党の共通の政治的議題としての憲法草案策定から自由ではなく、さらに広く社会的「憲政」要求という政治的圧力を受けとめざるをえない状況に置かれていた[趙 二〇〇六、第三章]。

「中華民国憲法草案」第一章総綱第四条は、中華民国の領土規定として、各地域名を列挙することで、とりわけ東北四省(遼寧、吉林、黒龍江、熱河)を明記することで、満洲事変以来の東北要因のもつナショナル・イシューとしての政治的意味が可視化された。さらに、第二章人民の権利義務の第八条は「中華民国人民は法律上一律に平等である」こと、第九条「人民は身体の自由を有し、法律に依らなければ逮捕、拘禁、審問、処罰されず」とし、第一一条から一六条までは居住、言論著作出版、通信、信教、集会結社などの自由をもつとしつつも、「法律に依らなければ」という法律制定による裁量が可能となる規定となっていた。このような制約をもつ草案にもかかわらず、「憲政型」制度設計としての性格を備えていたことは確認できるだろう。

一九三六年憲法草案は、すでにふれた権力中枢にかかわる「総統権限」の強化を伴いながら、少なくとも満洲事変以来の民族的矛盾の激化を背景に、新たな政治制度の経路創出を要求する社会的運動の政治的圧力を、減圧しながらではあるが反映していた。ここに、訓政時期から憲政時期への政治的移行をめぐる、中国国民党の「党治型」国家・政府制度との矛盾があった。

と同時に、中国共産党の「党治型」国家・政府制度も、「五五憲草」の出された同じ五月五日には、中華ソヴィエト人民共和国中央政府主席毛沢東と中国人民紅軍革命軍事委員会主席朱徳の連名で、南京国民政府、軍事委員会、各党派各団体、新聞社、「亡国奴となることを願わぬ同胞」などに宛てて「(国共の)停戦和議、一致抗日」を通電し、内戦の停止を訴え、九月一日には中共中央として「抗日反蔣」というスローガンを「逼蔣抗日《ひっしょう》」に転換し、蔣介石打倒ではなく蔣介石に逼《せま》って抗日させる方向を明確にした。同時にそこでは全中国の統一された民主共和国の樹立と、普通選挙での全国的国会の召集、国防政府と抗日連合軍の組織化、さらに全国的民主共和国の樹立後は、ソヴィエト区はその一部となり、ソヴィエト区の代表は全国的国会に参加するという構想を提示した。これらの新たな国家・政府構想の提起は、八月二五日付の中国国民党書簡のなかでもくわしく説明され、「中華民国憲法草案」や「国民大会組織法及代表選挙法」をとりあげて、その代表選出者は「貴党および貴党政府の少数の官員」でしかないと批判し、「全国抗日救国代表大会(国防会議)」と「中華民主共和国と国会」の組織化こそが必要だと強調していた〔中央檔案館

編 一九九一、二〇―二二、八三―八四、八九―九九頁〕。全面的抗日政治への移行という条件のもとで、中国共産党は新たな国家・政府構想の制度設計をも視野に入れ、中国国民党、国民政府そして蔣介石の権力を打倒論ではない「統一戦線」の対象とする方向へ移行しつつあった〔田中 二〇〇二〕。

中国国民党の側も、党権、政権、軍権の蔣介石個人への集中をはかりながら、孫文の政治発展論にもとづく「憲政」への移行プログラムを「憲法草案」として設定した。さらに、憲法制定権力である「国民大会代表」選出の選挙法を制定し、選挙を実施する方針を確定した。その時、一九三六年一二月一二日、西安で「蔣介石監禁」という事件がおこった。西安事件と呼ばれる中国政治の大変動は、少なくとも満洲事変以後の中国社会の政治的潮流がナショナル・イシューとしての「抗日」の方向へ明確に動きつつあったことの反映であった〔西村 一九九六、第五章〕。一二月二五日、張学良は蔣介石とともに南京に赴き、西安事件は平和解決をみるにいたった。中国共産党はこの解決過程で重要な役割を果たしていた。三七年二月の国民党第五期三中全会は「赤禍根絶に関する決議案」を二一日に採択し、中共勢力の軍隊、ソヴィエト政権、階級闘争を根絶するとした。しかし、西安事件をくぐりぬけた政治空間の文脈においては、それはすでに「反国家、反民族」でなければ政治的に共同しうるとする条件を提示したことを含意していた。これより先、三七年二月一〇日付で中共中央は、国民政府に対する武装顛覆活動の停止、ソヴィエト政府の特別行政区(特区政府)への改名、紅軍の国民革命軍への改名、地主の土地没収政策の停止などを国民党三中全会に伝えていた〔中央檔案館編 一九九一、一五九―一六一頁〕。

一九三七年七月七日の盧溝橋事件は、さらに国民党と共産党が政治的に共同しうる基盤を拡大した。九月には第二次国共合作という、中華民国の政治的正統性を前提にしたより大きな政治的プラットフォームを創出することになった。中国国民党は、盧溝橋事件によって、すでに準備しつつあった国民大会代表(議員)の選出を中断せざるをえないとする理由を得た。憲法制定会議としての国民大会開催は「抗日戦争」のもとで延期となった。しかし、抗日のためにどのように国内の政治制度を再編するのかという政治的課題はますます重要度を増し、社会各階級、各階層の要求は継続的な政治的圧力として作用していた。

むすび――「国民参政会」の新政治経路

一九三八年三月末中国国民党臨時全国代表大会は、政治報告で「抗戦期間、全国の人力物力財力を集中させねばならず、……そのためには全国的に民意を集中させねばならない。……国民大会がなお召集しえぬ段階では、国民参政機関をもつことで全国の才智を集中し国是を共に謀ることが可能である」と決議した。さらに、「抗戦建国綱領決議案」第一二条で「国民参政機関を組織」することを決定、四月七日の国民党第五期四中全会は「国民参政会組織条例」を決議し、次のように参政員の選出を規定した〔栄主編 一九八五、四九六―四九七、四八四―四八八、五一七―五二〇頁〕。

第一条で「国民政府は抗戦期間中、広く意見を集め全国の力を団結させるために、特に国民参政会を設置する」とし、参政員は男女三〇歳以上であることとし、次の四類型の選出母体から選出するとした。総定員は一五〇名で、(甲)各省市公私機関または団体で三年以上勤務し、信望ある人員から八八名、(乙)蒙古・西蔵地方の公私機関または団体で勤務し、信望ある人員から、蒙古四名、西蔵二名を選出、(丙)海外僑民で三年以上居留し信望ある人員六名を選出、(丁)各重要文化団体あるいは経済団体で三年以上勤務し、信望ある人員五〇名を選出、と規定した。あきらかに、職能別選出であり、これは一九三一年の国民会議の経路を継承していたといえよう。この参政員は選出母体からの推薦で最終的には国民党中央委員会の決定によるものとされた。

一九三八年七月の国民参政会開会式では、蔣介石によって「国民参政会はもちろん議会ではない」と明言されたし、一九四一年三月にも「国民の立場しかなく、党派の立場はない」とも言われたように、基本的には諮問会議であった。

いうまでもなく、「五五憲草」にいう国民大会ではなかったが、国民の側からみれば抗日戦争に対応する政治的委任－代表関係のひとつの制度化であった。政治的代表という意味では、事実上(丁)項の参政員には、中国共産党、中国青年党、中国国家社会党、救国会派、郷村建設派、職業教育派、第三党(一九四七年に中国農工民主党)、致公党などが加わるひとつの新たな政治的舞台を形成していた。第一期国民参政会の二〇〇名定員の全類型を党派別に列挙すると、国民党八二名(四一%)、共産党七名(三・五%)、青年党七名(三・五%)、国社党一一名(五・五%)、救国会八名(四%)、郷村派三名(一・五%)、職教派三名(一・五%)、第三党一名(〇・五%)、無党派七八名(三九%)であった。そのうち、女性参政員は一〇名(五%)であった。国民参政会組織条例では、職権として決議権、建議権、諮問権、調査権(四一年三月第二期から)の四権があり、とくに政府への建議権が行使された。

こうした国民参政会内の政治的活動のなかで、国民党多数派に対抗する必要性が生じることによって、その他の少数政党政派間の政治的協調と調整が活発に展開し、戦争中の中国政治空間に新たな制度的経路が形成されていった。この制度的経路のなかで、三党三派(第三党、青年党、国社党、職教派、郷建派、救国派)の連合体として一九四一年三月には中国民主政団同盟(のちの民主同盟)が組織され、四〇年代中国政治の民主化に大きな役割を担うこととなった。重慶を政治的中心とした中央レベルとならんで、各省市レベルでも「臨時参議会」が組織され、参議員選出基準も国民参政会とほぼ同じで、年齢が二五歳以上とされ、各省市所属県市から選出されることとなった。地方レベルの参議会は基層社会の動向を反映して、中央レベルの政治動向にも影響を与えうる政治的アクターとしての役割を担うものでもあった。三九年九月の国民参政会第一期第四次会議では「国民大会の召集と憲政実施決議」が、共産党、青年党などによって提出され可決された[重慶市政協文史資料研究委員会・中共重慶市委党校編 一九八五、五九三頁]。しかし蔣介石は、基本的に訓政時期約法の制度変更はありえないと強調していた[西村・国分 二〇〇九、第二章]。

しかしながら、国民参政会という新たな政治的委任－代表関係の経路創出は、国民党の訓政体制の根幹にふれる

「党治の廃止」論すら提起されるという現実を生みだした。中国国民党にとっては、支配の正統性の根拠はやはりお一九三一年制定の「訓政時期約法」にあるとしつつ、政治的社会的圧力のなかから組織された「国民参政会」の導入によって一定程度の民主化の推進を強制されていた。

政治的社会的圧力の対応手段としての導入が、政治的民主主義そのものを目的とする社会的諸勢力によって新たな意味を賦与される事態を生みだしていた。その源泉は、あきらかに一九三六年「五五憲草」に示されたように、憲法制定権力として制度設計された国民大会の開催という政治プログラムにあり、現存制度としての「訓政体制」のある種の変容が迫られていた。その限りで蔣介石も中国国民党の新たな国家・政府構想としての「五五憲法草案」に順応せざるをえなくなっていた。

国民参政会に象徴される政治制度の新経路は、もちろん中国国民党主導になるものであったが、それは「五五憲草」の示す「憲政型」制度設計に収斂する特徴をもつとともに、中国共産党側も国民参政会を媒介として自己の国家構想の「五五憲草」への収斂現象があった。すなわち、三八年一〇月の中共第六期拡大六中全会での毛沢東報告「新段階を論ず」で明確に述べていたように、中共としていかなる国家を樹立するのかに答えて「三民主義共和国を樹立する」とし、孫中山先生のいう真の三民主義の中華民国であり、ソヴィエトでもなく、社会主義でもない国家だとした〔中央檔案館編 一九九一、六二三―六二五頁〕。これは「五五憲草」第一条の「中華民国は三民主義共和国である」と規定していたことと対応していた。

しかし、中国共産党側の新たな国家・政府構想も、ちょうどこの頃、毛沢東によって「新民主主義論」（公表は一九四〇年一月）が準備されつつあった。国民政府特区としての抗日民主根拠地をモデルとした「革命的諸階級による聯合独裁」としての「新民主主義国家」が構想されていた。それは、三八年一〇月段階の「新段階を論ず」で展望していたような、国民政府を中央政府として認めたうえで「三民主義共和国」を構想するのではなく、全国政権としての新たな民主的変革を経た、つまり訓政体制の廃止を前提とした国家・政府構想であった。しかも、地方レベルの特区ではすでに「革命的諸階級による聯合独裁」権力が地方参議会の議員選出とその政府過程で実現していたとする論理をもっていた。ここに、中国共産党は、「三民主義共和国」ではない「新民主主義国家」構想を提起しつつ、現実の中華民国の地方政府としての抗日根拠地という地方レベルの政治的課題を、重慶の中央政府に対する改革圧力として補給しつづけることとなる。中国共産党側は、四〇年一月以降、「新民主主義論」にもとづく国家・政府構想によって、「五五憲草」的憲政から離脱し、「新民主主義的憲政」論へと移行することとなった。

ほぼ一九四〇年にいたる「憲政型」国家・政府構想の制度設計は、中国国民党および中国共産党にとっても、一九三〇年代中国社会空間における政治的収斂現象のなかにあったといえるだろう。一九三〇年代の二つの「党治型」国家・政府制度は、全社会的な抗日政治空間のなかに整序されるなかで、国民参政会という政治経路を媒介に「憲政型」国家・政府構想に収斂しつつあった。しかし、その再分岐が明確になるのは、一九四四年九月段階の国民参政会における「聯合政府」構想と訓政体制維持構想との対立に示されることになる。この矛盾は、戦後の憲法制定権力をめぐる政治的対立にも接続することになる。

【文献一覧】

味岡徹 二〇〇八 『中国国民党訓政下の政治改革』汲古書院

家近亮子 二〇〇二 『蔣介石と南京国民政府』慶應義塾大学出版会

池田誠 一九八三 『孫文と中国革命』法律文化社

石川忠雄 一九五八 『中国憲法史』慶応通信

石川忠雄 一九六四 「中華民国訓政時期約法の制定と蔣介石」『法学研究』第三七巻第七号

石島紀之 二〇〇四 『雲南と近代中国』青木書店

岩谷将 二〇〇七 「訓政制度設計をめぐる蔣介石・胡漢民対立」『アジア研究』第五三巻第二号(四月)

内田尚孝 二〇〇六『華北事変の研究』汲古書院
及川恒忠 一九三三『支那政治組織の研究』啓成社
樹中毅 二〇〇五「レーニン主義からファシズムへ——蒋介石と独裁政治モデル」『アジア研究』第五一巻第一号(一月)
サルトーリ、G 一九八〇『現代政党学Ⅰ、Ⅱ』早稲田大学出版部
田中仁 二〇〇二『一九三〇年代中国政治史研究』勁草書房
中央大学人文科学研究所編 二〇〇五『民国後期中国国民党政権の研究』中央大学出版部
中央大学人文科学研究所編 二〇一〇『中華民国の模索と苦境一九二八—一九四九』中央大学出版部
西村成雄 一九九一『中国ナショナリズムと民主主義』研文出版
西村成雄 一九九六『張学良』岩波書店
西村成雄 二〇〇四『二〇世紀中国の政治空間』青木書店
西村成雄・国分良成 二〇〇九『党と国家——政治体制の軌跡』岩波書店
西村成雄・佐々木智弘 二〇一一『二〇世紀中国政治史研究』放送大学教育振興会
野村浩一 一九九七『蒋介石と毛沢東』岩波書店
野村浩一 二〇〇七『近代中国の政治文化』岩波書店
水羽信男 二〇〇七『中国のリベラリズム』東方書店
光田剛 二〇〇七『中国国民政府期の華北政治 一九二八—三七年』御茶の水書房
宮澤俊義・田中二郎 一九三六『中華民国憲法確定草案』中華民国法制研究会
平野正 一九八三『中国民主同盟の研究』研文出版
深町英夫編 二〇〇九『中国政治体制一〇〇年』中央大学出版部
山田辰雄 一九八〇『中国国民党左派の研究』慶応通信
山田辰雄 二〇〇七『中国近代政治史』放送大学教育振興会
横山宏章 一九九六『中華民国史』三一書房
栄孟源主編 一九八五『中国国民党歴次代表大会及中央全会資料』下冊、光明日報出版社・北京
王怡 二〇〇六『憲政主義——観念與制度転換』山東人民出版社・済南

王穎 二〇〇五 『新民主主義革命時期選挙制度研究』 中国社会科学出版社・北京
王奇生 二〇〇三 『党員、党権與党争』 上海書店出版社・上海
王正華編註 二〇〇四 『事略稿本 蔣中正総統檔案』 第一〇巻、国史館・台北
王正華編註 二〇〇八 『事略稿本 蔣中正総統檔案』 第三六巻、国史館・台北
黄国華・陳延湘 二〇〇九 『蘇維埃時期中国共産党執政経験研究』 四川出版集団・四川人民出版社・成都
金以林 二〇〇九 『国民党高層的派系政治』 社会科学文献出版社・北京
胡漢民 一九三六 「中国之立憲問題」 『三民主義月刊』 第七巻第六期、記念胡先生専号
広東省社会科学院歴史研究室・中国社会科学院近代史研究所中華民国史研究室・中山大学歴史系孫中山研究室合編 一九八六
a 『孫中山全集』 第八巻、中華書局・北京
広東省社会科学院歴史研究室・中国社会科学院近代史研究所中華民国史研究室・中山大学歴史系孫中山研究室合編 一九八六
b 『孫中山全集』 第九巻、中華書局・北京
徐矛 一九九二 『中華民国政治制度史』 上海人民出版社・上海
銭端升等 二〇〇八 『民国政制史』 上・下冊、世紀出版集団・上海人民出版社(初版一九四五―四六年)・上海
孫宏雲 二〇〇五 『中国現代政治学的展開』 三聯書店・北京
中央檔案館編 一九九一 『中共中央文件選集』 第一一冊、中共中央党校出版社・北京
中共上海市委党史研究室 二〇〇六 『一九二一―一九三三 中共中央在上海』 中共党史出版社・北京
中国第二歴史檔案館編 一九九四a 『国民党政府政治制度檔案史料選編(上)』 安徽教育出版社・合肥
中国第二歴史檔案館編 一九九四b 『中華民国史檔案資料匯編』 第五輯第一編、政治(一)、江蘇古籍出版社・南京
重慶市政協文史資料研究委員会・中共重慶市委党校編 一九八五 『国民参政会紀実』 上巻、重慶出版社・重慶
張晋藩 二〇〇四 『中国憲法史』 吉林人民出版社・長春
張軍民 二〇〇五 『対接與衝突――三民主義在孫中山身後的流変』 天津古籍出版社・天津
趙金康 二〇〇六 『南京国民政府法制理論設計及其運作』 人民出版社・北京
陳紅民 二〇〇三 『函電裡的人際関係與政治』 三聯書店・北京
陳布雷 (不明) 『陳布雷先生従政日記稿様』 第一冊、東南印務出版社

鄭正来・郝雨凡主編 二〇〇八 『中国人文社会科学三十年』 復旦大学出版社・上海
寧恩承 一九九九 『百年回首』 東北大学出版社・瀋陽
白永瑞 二〇〇九 『思想東亜――韓半島視角的歴史與実践』 台湾社会研究雑誌社・台北
付春楊 二〇〇七 『民国時期政体研究（一九二五―一九四七年）』 法律出版社・北京
楊天石 二〇〇七 『蔣介石與南京政府』 中国人民大学出版社・北京
Eastman, Lloyd 1974, *The Abortive Revolution: China under Nationalist Rule 1927–1937*, Harvard University Press.
Tien, Hung-mao 1972, *Government and Politics in Kuomindang China 1927–1937*, Stanford University Press.
Beetham, David 1991, *The Legitimation of Power*, Palgrave Macmillan.
Eastman, Lloyd. *et al.* 1991, *The Nationalist Era in China 1927–1949*, Cambridge University Press.
Nathan, Andrew 1985, *Chinese Democracy*, I. B. Tauris & Co., Ltd.
Pye, Lucian 1992（new edition）, *The Spirit of Chinese Politics*, Harvard University Press.
van de Ven, Hans 2003, *War and Nationalism in China 1925–1945*, Routledge.

通空間論題

植民地期朝鮮の女性

韓国、台湾では一九九〇年以来、民主化の影響を受け、近現代女性史への関心が高まっている。韓国では韓国社会の軍事主義と家父長制を批判するという観点からセクシュアリティを問題にした新女性研究がとくに盛んである。新女性という社会勢力は一九一〇年代に生まれ、三〇年代に大衆化するが、植民地という空間で新女性がもたらした思想と行動、外見などがどのような意味を持ち、それが植民地権力の政策をどう変えたのか、あるいはどう回収されてしまったのか、マジョリティである農村女性たちの人生とどうかかわるのかを本稿で探りたい。新女性の対極にあるのは「慰安婦」であるが、植民地支配が女性間の深刻な亀裂を生みだしただけでなく、植民地近代を享受したかのような新女性の内面にも分裂をきたしたことを二人の女性を登場させてトレースしたい。過剰ともいえる新女性研究と「植民地近代論」女性版との関係を植民地主義批判の視座から見るようにした。対比的視点から台湾にも若干言及した。

宋連玉

はじめに

肥えた田畑が日本の奴らにとられるなんて、なんてことだ、アリランアリラン。畑は掘り返されて道路になり、家は壊されて停車場になり、アリランアリラン。口の立つ奴は監獄に行き、仕事のできる奴は共同墓地に行き、アリランアリラン。子どもの産める女《アマ》は春を鬻《ひさ》ぎ、丈夫な奴は賦役に行き、アリランアリラン。

右の民謡は釜山からおよそ六〇キロメートル西に位置する昌原で採集されたものである。釜山、昌原が編入されている慶尚南道は植民地期を通じて人口総数の上位第四位に位置し、朝鮮全体の約一割の人口を擁していた地域である。この民謡は制作年、作者ともに不明だが、植民地期にこの地域一帯で庶民の心情を掬いあげるものとして広く愛唱された［申編　一九七五］。

本稿は、韓国で近年クローズアップされている「新女性」、とりわけ自由恋愛やセクシュアリティの男女平等を唱えた女性たちと、右の民謡に歌われている「女」の実存、ひいては「慰安婦」たちの運命までがどのように結びつくのか、あるいは隔たっているのかを念頭に置きながら、植民地期朝鮮の女性像をトータルに描こうとするものである。またこの時期に日本へ渡ってくるようになった朝鮮人女性の日常生活にまで想像力を及ばせてみたい。

「新女性」とは植民地期の朝鮮、台湾において一九二〇年代に新たな社会勢力として登場した女性たちをさす。彼女たちは伝統社会に存在しなかった近代式の学校教育を受け、ファッションなどの外見から、思想、結婚、人生まで旧来の価値観とは異なる新しい道を模索しようと努力した。

韓国における女性史研究は朝鮮戦争直後から始まるが、当初は女性の教養領域とされてきた美術や音楽などの文化史に関心が集中していた［梨花女子大学校　一九五四］。五〇年代には女性史を志す研究者は多くはなかったが、一九六〇、七〇年代には朴正熙政権の近代化路線を受けて近代化を実現した女性の発掘と、朴政権の軍事独裁政治を批判する民主化運動の進展を受け、民族運動や労働運動との関わりにおける女性史研究が進められるようになった。

軍事独裁政権との長い闘いの結果、一九八七年に民主化宣言が発表されると、ジェンダー問題への関心が一気に高まった。性差別是正の運動とその成果としての法整備、女子大学を中心とする高等教育機関での女性学科の開設、経済発展の影響を受けて女性研究者が増加するなどにより、女性学研究の環境は飛躍的に整備された。

歴史学では家父長的なジェンダー規範に抵抗した新女性、社会主義陣営の女性像、親日派として総動員体制に協力した女性にも関心が向けられるようになった。軍事政権下での政治的・思想的制約からいずれも研究できなかった対象だが、米国でフェミニズムを学んだ女性研究者たちの影響もあって、軍事主義を支えてきた家父長制文化を内在的に批判する観点から従来のタブーに挑む研究が進められた。

近代表象のアイテム分析をする微視的研究から社会学を駆使した言説分析まで多様な蓄積がなされる中で、とりわけセクシュアリティに言及した新女性に関心が集中している感がある。台湾においても経済発展と一九八〇年代後半の政治的民主化を受け、植民地期の女性史研究が盛んになったが、韓国と同様に一九九〇年代に入って新女性研究が活発に行われている。

韓国では新女性のセクシュアリティ論は帝国のジェンダー秩序を根幹から批判するものだという高い評価がなされるほどに、女性史、あるいは女性学研究においての新女性研究は「過剰」である[金 二〇〇九]。それらの中にはそれまで蓄積されてきた植民地期の人権運動ともいえる民族運動や労働運動における女性史研究との断絶があるばかりか、帝国と植民地との構造的枠組みを問わない微視的研究、ひいては「植民地近代(性)論」の女性版とも言えるようなものまで登場しているが、植民地期朝鮮における新女性は女性人口総数から見ると圧倒的少数である。その一方でマジョリティであった農民女性やそこから周辺化され、いまなお歴史認識のカギとなっている「慰安婦」は植民地期朝鮮社会を映し出す陰画として存在する。

一　植民地都市と新女性

それでは近年脚光を浴びている新女性とは誰をさすのか。台湾では、纏足の旧慣から脱し、日本による新式教育を受けた人々、主として高等女学校卒業生で構成される集団であり、狭義には高等女学校の在校生、卒業生をさすが、広義には「内地」留学により高等教育を受けた者や初等教育を受けた者も含まれると定義している〔洪　二〇〇二〕。朝鮮ではこれまでの議論における公約数的定義としては、新教育（朝鮮内および日本や米国での近代教育）を受けているか、受けた女性で、それをもとに職業に就いたり、社会運動に関わったり、近代的家庭を営む女性たちの総称とされている〔井上　二〇〇二〕。金庚一《キムキョンイル》はさらに踏み込んで、ジェンダー規範における伝統的価値と近代的価値との関係性から定義すべきだと問題提起している〔金　一九九八〕。

『新女性』というタイトルの雑誌が一九二三年から出版されていることに表れているように、新女性が広く朝鮮社会の関心を集めたのは二〇年代以降のことである。新女性には社会主義思想を受容し、女性解放と階級解放を結び付けようとした女性群、一九三〇年以降女性のエンパワーメントのために女子教育事業を進めた女性群、自由恋愛とセクシュアリティの両性平等を主張した女性群などがいるが、韓国ではとくにセクシュアリティの平等を唱えた羅蕙錫《ナヘソク》が新女性研究の中心的存在として関心を集めている。

羅蕙錫（一八九六―一九四八）は一九一三年に東京女子美術学校に留学するが、郷里での宗族《そうぞく》的ジェンダー規範に反発していた彼女は、『青鞜』の平塚らいてうや与謝野晶子の女性解放思想に強いインパクトを受ける。離婚後に書いた「新生活に入って」（『三千里』一九三五年二月）という文章で「貞操は道徳でも法律でもなく、単なる趣味である」と主張したのも、与謝野晶子たちの挑発的な言辞をまねたものである。留学生が日本経由で朝鮮に伝えたイプセン、エレン・ケイの著作や思想、少し遅れて伝えられたコロンタイやベーベルの近代フェミニズムはその影響を受けた新たな社会勢力としての新女性を形成する。新女性のキーワードは、都市、近代教育、自由恋愛、恋愛結婚、一夫一婦制、近代的装い、職業婦人などである。

女子留学生によって先導された新女性のファッションは、和洋韓混合の植民地独特のスタイルを生み出した。もっとも流行した服装は、宣教師や新女性たちのアイディアで一九一〇年代から改良が重ねられてきた民族衣装である。女性の社会進出に伴い活動しやすい丈の短いチマ(スカート)が考案され、胸を締めつけてきた紐の代わりにチョッキのような胴着を縫い付けた。一九センチだったチョゴリ(上着)の丈は逆に長くなった。庶民女性の伝統的身体観は乳房を露わにしても素足を隠すものだったために、この改良衣装はファッション革命とも言えるものだった。すなわち農作業中の母親の授乳の便宜を図った短い上着を長くすることで、乳房は生命を育む生物的母のシンボルからセクシュアリティを表象する近代的身体へと変化したのである。改良された民族衣装に断髪、日傘、靴、ショールなどの近代化アイテムを加えた折衷型のファッションが女学生の間でひろまり、やがて大衆化した。衣装の色もカラフルになるが、これは植民地権力が洗濯の手間を省くために推進した色服奨励策とも符合する。

和服は、台湾では日常着として普及しなかったが、特別な日に晴れ着として若い女性に着用された[台湾女性入門編纂委員会 二〇〇八]。朝鮮では、独立運動に関わった朝鮮女性が日本滞在中、官憲の監視を逃れるための政治的装いとして和服を着ることはあっても、朝鮮社会で広く受容されることはなかった。総動員体制下、朝鮮女性が集団で神社参拝を強要される場面では、チマ・チョゴリという民族衣装のいでたちだが、これは皇国臣民化に成功したという事実を効果的に可視化する。

近代化の波が女児の名前に及ぼした最初の変化として、キリスト教を信仰する家庭では、漢字音を借りた洗礼名を命名することが開化期に流行した。例えば美利士（メリッサ）、活蘭（ヘレン）、愛施徳（エスター）などがそうである。それに対し、親日派官僚の家庭では貞子、淑子、順子など、「子」が末尾に来る折衷型の命名をした。一九三〇年代には洗礼名は初期ほど広がらず、むしろ「子」の付く名前が庶民の階層にまで時代とともに広がっていった。同様に西洋式に夫の姓を名乗る女性も現れたが、これも広く受容されることはなかった。

新女性は、それまで妓生《キーセン》の専有文化だった美術、音楽、文学から専門的技能に至るまで近代教育機関で学び、新しいファッションに身を包んで歩く近代文明の広告塔となった（**図1**、**図2**）。

近代知識や技能を元手に社会進出したのは、いわゆる職業婦人と呼ばれる新女性だった。学校教師、新聞記者、事務職、百貨店などの店員、産婆、医師、看護婦、タイピスト、交換手、美容師、キリスト教系組織のスタッフ、まれ

図1　植民地近代と伝統の折衷ファッション
出典：梨花七十年史編纂委員会編『梨花七十年史』1956年

図2　『東亜日報』読者投稿による新女性と旧女性．コメントは新女性に対してシニカルである（左：『東亜日報』1924年6月11日，右：同15日）．

には女性パイロットまでが登場する。これらの職業は**表1**の公務・自由業にほぼ該当し、一九一七年から四二年の間に人口増加比を超える増加率を示すが、これは社会進出する新女性の相対的増加を表している。しかし絶対数から見ると彼女たちは全期を通じて女性人口総数の〇・二%から〇・三%にしか当たらないほどの少数であった。職業婦人ということばが一般化する一九三〇年代には、中等教育を受ける女性の増加と経済不況によるパイの縮小とで新女性の就職の機会は少なく、それですら日本留学経験者に占有された。日本留学経験者(六四人)へのインタビュー結果から、七〇%が専門職に就いているという結果が出ているが、彼女たちの出身家庭は、農業従事者が七五%を超えていた一九三八年の時点にあって、農業が三五・八%、全体の六四・二%が都市に住む第二次、第三次産業に属する職業にあった[朴 二〇〇五]。補足すれば、地主階級もいるが、多くは時代の変化に適応し、事業に成功した家庭出身者が多いのであろう。

表1　朝鮮人女性の就業状況(1917年度を100とした推移)

	1917(年度)	1920	1925	1930	1935	1940	1942
農林・牧畜	3,045,357(人)						
	100	97	111	112	105	103	110
漁・製塩	29,305						
	100	78	114	134	98	112	171
工業	42,067						
	100	89	100	86	73	81	130
商・交通	135,378						
	100	89	110	110	101	104	106
公務・自由	16,042						
	100	102	167	192	159	183	268
その他	60,598						
	100	68	141	190	210	212	286
無業	133,751						
	100	63	93	134	147	179	229
芸娼妓・酌婦	2,114						
	100	165	133	231	310	453	377
女性総人口	8,065,039						
	100	102	113	120	130	141	158

(注)『朝鮮総督府統計年報』各年版の「戸口　現住戸口職業別表」より作成．芸娼妓・酌婦は同年報「警察取締営業其他」に基づく．1917年度上段の実数は主業者のみ挙げている．1938年から計上されている鉱業従事者は省略した．

　産婆は伝統社会にも存在する生業だが、朝鮮・台湾ともに総督府の衛生政策・教育制度のもとで、総督府公認の資格を有する女性だけが社会進出し、経験豊かな無資格者は駆逐されていく。朝鮮の場合、一九三七年の朝鮮人産婆は四二一人、産婆一人当たり女子数は六二一〇人、それに対し在朝日本人産婆は一四三三人、

表2　平壌府の女性への出版物頒布状況
（1929年末現在）

（単位：人）

内容	内地人（日本人）	朝鮮人
政治	8	1
法律	—	—
経済	6	4
四書五経類	4	3
小説（政治）	3	—
（宗教）	4	54
（忠義武勇）	12	4
（恋愛）	35	240
（探偵）	15	1
（伝説）	16	20
（家庭）	111	43
（滑稽お伽噺）	23	9
（その他）	13	16
宗教及びこれに類するもの	5	150
社会主義に関するもの	—	2
医事	1	5
実業	27	5
教育	12	4
歌謡	10	36
伝記	5	3
語学	9	—
普通学	20	25
族譜	—	—
その他	62	—
計	401	625

朝鮮総督府『調査資料第三十四輯 生活状態調査(其四)平壌府』1932年，226-228頁より．

産婆一人当たり女子数は五八八人という開きがあり、朝鮮の近代産婆業は日本人に占有されていたと言える［河 二〇〇二］。

看護婦も総督府公認の有資格者が従事したが、公立病院で勤務することの難しさや婦長昇進が困難であること、民族差別から来る待遇の違いなどは朝鮮・台湾に共通して言えることである。このような差別に対して、その多くが中上層階層出身者だったために必ずしも植民地統治の差別性に敏感ではなかったとされる［游 二〇〇二］。台湾でのエリート層を対象に限定的に資源を投入する植民地政策が階層化を助長した［洪 二〇〇二］結果と言えるだろう。

一九三〇年代、経済不況とともに戦争の跫音が近づいてくると、都市部の公領域から社会運動が姿を消し、急進的な性平等論も排斥される。新女性の先駆者で理想的な近代家族を作った羅蕙錫であったが、自己の婚姻外恋愛を理由に夫から離婚を言い渡されると、朝鮮社会の性差別を告発する「離婚告白書」（『三千里』一九三四年八・九月号）を発表する。帝国側に幅広い人脈をもっていた彼女だが、ジェンダー規範を脅かす大胆な告発がもとで社会的バッシングを受け、二〇年代の新女性像を牽引してきたスーパースターは地に堕されるのである。

多くの新女性は羅蕙錫の失墜から時代の変化を敏感にかぎわけ、女性解放よりも近代的消費文化を、不安定な自立よりは安全な結婚を選ぶ。宗族社会を基盤とし、母、嫁は存在しても妻は存在しない朝鮮では日本経由で入ってきた良妻賢母思想を賢母良妻という用語で受容したが、都市部で単婚家族を成す新女性の出現を背景に三〇年代には一時良妻賢母という用語も並行して受容される。しかし良妻賢母という言葉は社会的に定着せず、核家族が一般的になった今日でも広く使われているのは賢母良妻である。

表2は一九二九年末の平壌府の女性(日本人一万二七六九人、朝鮮人六万一八二七人)を対象にした出版物頒布状況を調査したものだが、日本人は家庭、朝鮮人は恋愛を選好するといった対照的な結果が示されている。日本人女性が良妻賢母思想の内面化により堅実な家庭経営に関心を向けるのに対し、朝鮮人女性は女性抑圧の重圧から一時的に逃避するための恋愛(幻想)に関心・興味が集中していると解釈できよう。また経済的自立が困難な状態にあって、結婚に直結する恋愛はもっとも現実的な就職活動でもあった。**表3**の新聞雑誌購読者調を見ると、平壌在住の日本人女性のかなりの部分が良妻賢母主義へ導く婦人誌を日本「内地」から取り寄せて購読しているのに対し、日本語読解力、経済的余裕のなさも働いて、朝鮮人女性の購読者はごく少数であることが判明する。

表3　平壌の女性誌購読者調
(1929年末現在)

(単位：人)

	内地人(日本人)	朝鮮人
『料理の友』	30	5
『家事研究』	1	—
『婦人世界』	320	3
『婦人公論』	100	—
『婦人倶楽部』	590	9
『婦人の友』	41	1
『令女界』	55	—
『婦女界』	560	8
『婦人画報』	32	3
『主婦の友』	770	14
計	2,499	43

朝鮮総督府『調査資料第三十四輯　生活状態調査(其四)平壌府』1932年，229-234頁より．

植民地権力は一九三二年からの農村振興運動(農振運動)で「農村中堅婦人」の養成を図り、そのために女子教育を重視するようになる。近代教育に与る女性の数が相対的に増加し、新女性の新奇性が失われると、一九一〇年代から使われてきた新女性という言葉の社会的意味が失われる。同時に、新女性の持つ反伝統的イメージを払拭するために、「現代女性」という言葉が一九四〇年代に作り出される。

現代女性という言葉が使われた時期は戦時動員体制期に重なり、期待される女性像の変化とともに伝統的価値に生きる旧女性が再評価され、女学生の間でもつま先に触れるくらいの長いチマが復活する。

一九三〇年代半ばに都市で流行した断髪やパーマは農村の若い女性にまで波及するようになるが［井上 二〇〇二］、植民地権力は華美なファッションを戒め、労働に適した実用性を求める中で、色もカラフルなものから暗色を奨励する。農村ではチョゴリとモンぺという和韓折衷の労働着が考案されるが、このいでたちは一九七〇年代のセマウル（新農村）運動にまで引き継がれた。

二　女子教育と植民地女性政策

次に新女性が受けた近代教育とそれと関連する女性政策について見てみたい。

植民地権力は民族差別を前提にした近代教育を施行した。一九一一年の第一次教育令で朝鮮人は日本人より二歳上の八歳から就学するようにし、修学年限も二年短い四年制にしたが、第三次教育令（一九三八年）までの教育目標は体制に従順な農民、もしくは良妻賢母の育成にあったと言える。

女子教育については、第一次朝鮮教育令第一五条で女子高等普通学校に対し、「婦徳ヲ養ヒ国民タルノ性格」を陶冶し、その生活に有用な知識と機能を教えるとし、伝統的女性像に近代的装いをした植民地女性像が提示されたが、実際に教育を受けることができたのは圧倒的に男性で、女性は近代教育から排除された。一九二〇年代の普通教育においてですら進学率のジェンダー格差は大きかったが、このような格差は戦時体制に移行して女性労働力が必要になり、女性教育に注目するまで変化の兆しは見られなかった［金 二〇〇五／二〇一〇］。

植民地権力は伝統的なジェンダー規範を利用し、政策的に性差別をシステム化していく。具体的な女子初等教育振興策をとらないだけでなく、一九三〇年代になっても就学促進のための女性教員の増員・配置等の振興策もとられなかった。初等教育機関の教員の男女比は日本で六対四であったのに対し、朝鮮では八六対一四であった[金 二〇一〇]。さらに朝鮮在住の日本人の初等教育就学率と比較すると日本人は一九二〇年に九九%を超えるが、朝鮮人は一九二九年で男は二八・四%、女は六・一%と常態的な不就学を呈した[金 二〇〇五]。就学率の男女格差は、総督府が朝鮮の性差別的な規範を口実に女子を教育から排除した政策にその理由を求められるが、朝鮮人家父長の異民族の教育への不信感、女性の実生活において非実用的な近代教育への忌避なども内在的要因として挙げられる。

宇垣一成が朝鮮総督になった一九三一年から総督府機関誌などで朝鮮女性に関する記事が増えるのは、農振運動の成功のために女子教育の必要性を痛感したためである。農村に根強く残る男女有別意識から女性指導者による女性教化の必要性を認め、一九三五年に京城女子師範学校を創立する。羅蕙錫とも親交のあった柳原吉兵衛が「内鮮融和」のために朝鮮人女子学生を奈良女子高等師範学校へ熱心に留学斡旋したのも、皇国女性を育成する女性リーダーを必要としたからである。

第三次教育令以降は男には植民地兵士、女には皇国女性の育成を教育目的におき、女性の戦時動員と関連して女子初等教育は拡充されたものの、植民地期末期に至っても就学率は男性の半分にも満たなかった。大部分が農村出身の在日朝鮮人女性にあって、初等教育を受け、日本語の読み書きができるだけでも解放後の民族組織の指導的地位に就けたが、このことからもいかに女子が近代学校教育から疎外されたかが想像できよう。

前述の新女性と呼ばれた人は中等教育(一九一一年から女子高等普通学校、一九三八年から高等女学校)以上の教育機関で学んだ人びとをさすのだが、その中等教育機関は都市に所在していた。一八八六年に開設された梨花学堂に続き、私立女学校が順次開設され、続いて公立女学校も一九〇八年の漢城女学校を嚆矢として、平壌、全州、大邱、釜山、光州の順に開校される。女子高等普通学校は一九二〇年代半ば、一九三〇年代末に増加し、一九四二年には三三校が開設されていた。しかしこの時期、日本では小学校(就学率一〇〇%)を卒業した女性の四人に一人が女学校に進学したことを勘案すれば、植民地近代教育の実態がとくに女性にとって貧困、かつ差別的だったかが理解できよう。しかも一九三〇年代末から一九四〇年代初頭にかけて新設された女子中等教育機関のほとんどは公立の形態で、植民地権力の統制を受けるものだった[金 二〇〇四]。

台湾でも植民地期の女子教育が一部の女性の社会進出を促したが、良妻賢母主義と皇民化政策が教育内容を制約し、中等・高等教育はないがしろにされた。植民地権力側の纏足廃止運動も国防訓練と結びついた皇民化運動の展開につながる。女子初等教育においても朝鮮同様、台湾総督府が極めて消極的だったことが明らかにされている[游 二〇〇七]。

開化期以降、女性の実力養成のために自主的に開設された草の根の教育は、一九三〇年代には『東亜日報』などの民族紙による文字普及運動として展開されたが、この運動が拡大するにつれ総督府の圧力を受けることになり、植民地権力側の学校教育に回収されてしまう。女子教育の必要性を痛感する女性指導者たちは植民地権力に妥協することでしか女子教育の活路が見出せず、権力に奉仕する良妻賢母、もしくは皇国女性の養成を目標に掲げる。こうして近代教育を受けた朝鮮人女性は朝鮮人男性を兵士に送り出す皇国の母として、非識字の女性は男性が欠けた労働現場を埋める非熟練労働力として、あるいは兵士に「性的慰安」を与える存在として役割が与えられ、互いに分断された。

今日、韓国で近代女性教育のパイオニアとされる女性たち、例えば金活蘭《キムファルラン》、黄信徳《ファンシンドク》、高凰京《コファンギョン》、朴仁徳《パクインドク》、李淑鍾《イスッチョン》、宋今璇《ソングムソン》などが例外なく親日派として、あるいは戦争協力者として批判されているが、総督府の皇民化教育政策に同調しない女子教育機関の開設・存続がいかに困難だったかを物語るだけでなく、数少ない女性リーダーたちに植民地権力からいかに強い圧力が加えられたかを窺い知ることができよう。

三　植民地近代法と新たなジェンダー規範

朝鮮民事令

身分、生活程度、学歴、居住地などの諸条件によらず、すべての女性に関わるのが家族法である。

植民地権力は「併合」直後の一九一二年に朝鮮民事令を制定し、その後一九二一年、二二年と改定し、次いで戦時動員体制下の一九三九年の改定を経ながら、帝国日本の支配に見合う近代家族への改編を図ってきた。

一九一二年の「朝鮮民事令」第一一条では、能力、親族および相続に関しては慣習によると規定した。しかし慣習の解釈は、地域や時代の動態的変化を無視したものだった。例えば済州島や咸鏡道のような非儒教的な地域で、女性が経済活動をし、性差別も緩やかだった慣習は考慮されず、両班《ヤンバン》階層のジェンダー規範が慣習の根拠とされた。よって両班階層の再婚を賤しむ観念などを「慣習」として認定した。植民地権力によって「慣習」という不文法と、日本の旧民法の選択的借用が「朝鮮の慣習」という名で成型され、儒教のジェンダー規範が日本の民法に内在する性差別を合理化する機制として利用された［梁鉉娥 二〇〇七／洪 二〇〇五］。すなわち一九一〇年代は、両班の家族規範を大義名分にして植民地的近代家父長制へ移行する地ならしをする期間であった。

次に一九一五年の民籍法改正により、抽象的なイエ概念が移植され、朝鮮の家族秩序の中枢であった祭祀相続は家督相続制の下位に位置付けられ、一九二二年の朝鮮戸籍令で戸主制が強制移植されることになる。また日本の民法では認められていた廃嫡制度は朝鮮では禁止されるなど、男性中心の家系継承に固定され、法制化された。これは親日層となりうる両班男性を包摂するために、その利益を擁護したのであり、不安定な事実主義より登録主義原則を確立することで植民地近代家族制の確立を図ったのである。

一九二二年の改定では、法的な一夫一婦制度が明文化され、妻の地位は認定される。これは植民地支配に見合う核家族改編への基礎作業にあたる。同時に妻を無能力とみなし、妻の固有財産に対する夫の管理権を認め、妻の夫への経済的隷属を規定した。また姦通罪においては、夫は妻の姦通で離婚請求ができたが、妻は夫が姦通罪で処罰された時にだけ離婚請求ができるように両性不平等が明文化された。すなわち従来の男女有別という曖昧な規範から男女差別への近代的システム化へと移行したのである。

婚姻許可年齢については、甲午改革(一八九四年)で男子二〇歳、女子一六歳と決められたが、一九〇七年に男満一七歳、女満一五歳と引き下げられた事実を民事令では追認した。さらに結婚と協議離婚においては、年齢に関係なく父母の同意を要した点は日本より戸主や父母の強い権限を認めることになった。結果的には民事令の制定は相続法や親権行使の面で朝鮮王朝時代よりも家父長制を強調するものとなった。植民地支配の問題点を家父長制に一任し、個人の自由より家族単位の統制を優位に置き、それをもとに植民地統治を容易にしようとした。また女性にとっては家庭での貢献度にかかわらず義務だけが求められ、権利が制約される法となった。宇垣一成総督が一九三五年末に行った演説「朝鮮婦人の覚醒を促す」で、朝鮮女性は大家族制度のもとで人間であることも自覚できないまま一方的に貞操義務が課せられ、子産みの道具として扱われてきたと表象されたが、済州島のような非儒教的な地域で経済活動の中心にいた妻たちは、植民地近代法の下で無能力者として窮屈な暮らしを求められることとなった。

植民地権力は早婚も朝鮮の慣習の否定的側面と強調したが、むしろ総動員体制下で朝鮮の家父長たちは挺身隊などへの「娘供出」から娘を守ろうと婚姻を急いだのであり、植民地支配の構造が生んだ現象であった。

一九三九年の民事令改定で導入された養子制度は、直系男子の不在により家督継承が不安定になる宗族制度を、安定的なイエ制度に改編しようとしたものである。兵士の安定供給のために伝統的家父長への孝から天皇への忠へと朝鮮人の心性を変えることもねらった。植民地支配に協力する新たな親日層、中堅人物の利益擁護を図りながら、植民地支配に見合う近代的な核家族への改編を意図するものであった。

植民地型公娼制

一九一六年に公娼制、すなわち国家的性管理システムが朝鮮に導入された。日本では公娼許可年齢が一八歳であったのに対し、朝鮮では一七歳、台湾では一六歳とされた。この植民地における年齢の差は日本人にも適用された。日本人女性は居住地が日本内地・外地にかかわらず賃金・教育において台湾人、朝鮮人より優遇されたが、娼妓となるような貧民女性はこの限りでなく、居住地域によって差別された。これは売春業者の植民地誘致を促すものであった。もちろん朝鮮に住む日本人娼妓と朝鮮人娼妓が同じ待遇にあったのではなく、朝鮮人は前借金や花代、さまざまな待遇面で民族差別を受けていた。平壌における芸妓、娼妓の稼ぎ高を見ると、日本人は朝鮮人の三倍である［朝鮮総督府一九三二］。また許可年齢に設けられた一年ないしは二年という差は、帝国内の貧民女性の「流通」を促し、帝国内人身売買のネットワークを形成した。

朝鮮では一九一六年の性売買のシステム化にあたって「貸座敷娼妓取締規則」と「芸妓酌婦芸妓置屋取締規則」が制定されたが、「貸座敷娼妓取締規則」では貸座敷営業者と娼妓に関するものが一つにまとめられ、日本以上に業者に有利に作られている。日本の「娼妓取締規則」には廃娼を娼妓の権利として明記しているが、朝鮮の規則では業者の利益を損なわない範囲で規定されている。次に娼妓は夫のいない者に限られる。三番目に芸妓酌婦の年齢制限が設けられていない。四番目に娼妓には許可証と健康診断書の携帯義務、芸妓酌婦には許可証の携帯義務と健康診断証の提出義務を課している。朝鮮における日本人遊郭は一八七六年の釜山開港以来存在したが、とくに日露戦争期には憲兵隊が管理したり、軍隊の要請に応じて民間業者が開設するなど、軍「慰安所」的な性格をもつものも出現した。このような歴史的経緯をもつ朝鮮での遊郭は、植民地権力やそれを支える業者に有利な内容となっており、植民地型公娼制と規定できるものである。

　娼妓の資格として夫のいない者と規定したのは、妻と娼妓のあいまいな境界を分断し、結婚制度と公娼制度を明確に線引きすることで、近代家族制を確立しようとした。こうして植民地権力に従順な良妻賢母像と、その範疇に入れない、兵士や単身労働者を「慰安」する女性とに分断されたのである。二者の境界が曖昧だった従来の「売春婦」観は、この明確な分断と新女性たちの恋愛思想によって、いっそう卑賤視されるようになる。

　一方、他民族支配を受けて傷ついた朝鮮人家父長の側では、女性の「貞操」に民族的誇りを求め、家父長制を強めることで娘を公娼制からも植民地権力の支配政策からも守ろうとした。

　一九一六年に制定された「芸妓酌婦芸妓置屋営業取締規則」には芸妓・酌婦の許可年齢の明記はないが、各道の訓令で許可年齢をはじめとする具体的な内容が取りきめられた。一九一〇年代にはおおむね酌婦の許可年齢は日本人で一八歳、朝鮮人で一六歳だったが、一九二〇年代以降は多くの地域で民族にかかわらず娼妓と同じ一七歳とした。東京での芸妓資格は満一四歳以上だが、尋常小学校修了者に限って与えられていた。朝鮮では芸妓(妓生を含む)になって歌舞音曲を学ぶには、黄海道は一三歳以上、全羅北道では一二歳以上と決められたが、時期や地方によって規定がなかったり、内容に違いがあったために、人身売買業者たちはこのグレーゾーンを悪用して少女の人身売買に利用した。

　一九二〇年代に朝鮮各道で次々と「仲介取締規則」が制定され、罰則条項を細かく定めるのも、誘拐などの不法な手段で女性を人身売買する事件が跡を絶たなかったからである。しかし日本は「婦人及児童の売買禁止に関する国際条約」(一九二一年)に加入し、二七年には二一歳という下限年齢を受け入れたが、植民地を適用除外地域としているので、「仲介取締規則」が実効性のあるものとはならなかった。

　遊郭経営が不振になり、カフェやバーの全盛時代を迎えると、一九三四年に警務局で「カフェ営業取締内規標準」を取り決め、女給にまで性病検診の義務を課した。朝鮮の公領域から社会運動が姿を消しても、妓生や女給の生活闘争が続いたのは彼女たちが植民地近代の暴力性を肌で感じ取っていたからであろう。日本の敗戦直前まで植民地都市のシンボルともいえる歓楽業が繁盛し、カフェが遊郭にとってかわる中で、貧民女性たちは都市へと吸収された。

四　植民地経済と女性の就業状況

農業

新女性はソウルなどの都市部に出現したが、大多数の朝鮮人女性の生活基盤は農村にあった。帝国日本にとって朝鮮の農業は重要であっただけに、朝鮮人総人口の約八割を占める農民の運命も、帝国日本の植民地政策に直接左右されることとなった。

一九二〇年からの産米増殖計画は日本の米不足を補うために進められたが、増産した米生産量を上回る量の米を輸・移出した。その結果一人当たりの米消費量、農業人口一人当たりの収入はともに減少した。産米増殖計画の過程で地主制が強化され、小作人の権利は弱くなった。その上、化学肥料の購入や水利事業費などの負担が貧農や中農の家計を圧迫した。

冷涼で乾燥気候の朝鮮の在来農法において、稲作農業では男性労働力に依存する部分が大きい。産米増殖計画はそのような米生産偏重のモノカルチャーへと構造変化をもたらし、それにより畑作収入が減少し、実質農業所得は停滞したのである。またモノカルチャーにより否定された地方の特産物生産、たとえば伝統的な工芸や織物などのモノづくりも、近代化の波に洗われ、それを担ってきた女性労働の機会を奪う結果をもたらした。

植民地権力は、中国侵略の兵站基地である朝鮮の農家経済を安定させるために農振運動を始めるのだが、色衣普及などの生活改善事業とともに農家経済更生計画が提示され、困窮を打開する生活力を女性に求めた。また一九三五年からは、農政に不満をもつ農民を束ね、徴兵制に応じさせるためにも天皇制イデオロギーが注入された。

　農政の中心を地主から農民に向け、中堅人物を養成しようとした農振運動だが、農民間の経済格差は広がり、地主小作関係を縮小することはできなかった。一九三八年には全農民の六一%となった零細農民（一町歩〈約一ヘクタール〉未満耕作）は、やがて農村から遊離し、都市に行き、商工業に仕事を求めたり、肉体労働に従事したり、海外に仕事を探して出ていくしかなかった。一九三六年の府域拡大で面積では横浜に次ぐ帝国日本の第六位、人口においては第七位に浮上したソウル（京城）は、没落農民を吸収し、一九四二年には朝鮮人住民の四%が土幕民《トマンミン》というバラック住まいの貧困層であった［橋谷 二〇〇四］。南部の農民は日本へ向かったが、一九三〇年の時点での在日朝鮮人総数は四一万九〇〇九人、女性比率は二九%だったが、一九四〇年では一二四万一一七八人、そのうち女性は四〇%と増加している。郷里から出たことのなかった多くの女性たちが、満洲、日本をはじめとする帝国の支配領域にはじき出され、家族との絆を断たれていった。

　次に農業従事者の男女比から女性の状況がどう変化したのかを探ってみよう。一九一七年から四二年の間の農業人口の絶対数は増加しているが、総人口に占める割合は男女ともに一九一七年から少しずつ減少し、一九三〇年の男性八〇・四%、女性八〇・七%が一九四二年には男性六七・七%、女性六八・六%と変化している。統計年報では農業人口を「主業者」と「其ノ他ノ業務ヲ有スル者」、「無業者」別に分類しているが、男性の場合、「主業者」が農業従事者に占める割合は一九一九年の五六・三%をピークに少しずつ減少し、一九四二年には四六・五%となっているのに比し、女性は一九一八年、一九二七年の四五・八%をピークに増減を繰り返しながら一九四二年には三八・三%となっている。農業従事者の「無業者」は男女ともに一貫して増えており、一九四二年の男性四九・八%に比べ、女性は五八・九%と高い数値を示す。また農業従事者の男女比は一九一七年には男性五一・三%、女性四八・七%に対し、一九四二年には男性四九・九%、女性五〇・一%とわずかながら逆転している。この数値は、離農するものが増加しながらも、農村内に無業状態で留まらざるをえない状況がとくに女性に顕著に表れていることを示す。植民地農政が生み出した貧困と農民間格差は女性の暮らしを襲いながら、農村での女性過剰人口を形成したのである。

左翼から親日派に転向した農業経済学者の印貞植ですら、全羅道、慶尚道の農業経済が急激に破綻しているさまを、瓦屋根がブリキ、ブリキから藁葺きに変わり、草葺きの中から都会から来た「奸商」に売られる娘の姿が見られると表現している［印 一九四〇年］。冒頭の民謡は印のこの記述を傍証する。

前述したように朝鮮での米生産労働は男性労働に大きく依存するために、労働の担い手の家長が病気などになると労働の継続および生計維持は困難になるが、とくに小作人の場合は労働の継続が不可能になれば即、路頭に迷うことになる。中高年女性の就職がきわめて困難な社会で、民法上無能力者とされた妻は生きるために再婚の口を探すしかなく、残された娘たちは口減らしのために他人の家に送られ、子守奉公などをした。「慰安婦」にされた女性たちの多くは農村での家族崩壊から生み出されている［宋 二〇一〇］。

農業以外の産業

次に農業以外の産業はどのような変化をたどったのかを見てみたい。

工業においては、日本の対朝鮮投資は、とくに一九四〇―四五年の間に集中的に行われたが、朝鮮人経営の工場規模は零細化が進行する。一九四〇年代に重工業生産額が軽工業生産額を上回り、一九三八年に六〇万人いた工場労働者が急増する中で、労働力構成は幼年・女性から成年男性に比重が大きく移る。

朝鮮の一人当たり国内総生産で見ると、一九一一年の七七七ドルは一九三七年には一四八二ドルとピークに達するが、日中戦争以後は減少傾向に向かい、一九四五年には六一六ドルに急落する。この数値は在朝日本人と朝鮮人の平均値なので、朝鮮人の平均値を割り出すと数値はさらに下回る［許粋烈 二〇〇五］。

ベーベルの『婦人論』(一八七九年)を一九二五年に『婦人解放と現実生活』というタイトルで朝鮮に紹介した裵成龍は、植民地経済を次のように評価する[裵 一九三三]。すなわち、朝鮮人の生活は、物価高騰や小作料の引き上げが農産物価格や賃金を上回ることで実質的に収入が減少し、都市において工場が増設されても失業者数が増え、耕地面積が増加しても大農場経営と日本人の移入により、朝鮮人小作者が農村から離散する結果をもたらしている。大資本の下に発展を遂げてもそれは朝鮮人を除外した発展にしかならない、と結んでいる。

女性の就業状況

このような経済状況にあって、民族とジェンダーの複合差別を受ける朝鮮人女性はどのような就業状況におかれたのだろうか。まず一九三〇年に行われた国勢調査をもとに在朝鮮日本人女性と朝鮮人女性を比較してみよう。

朝鮮人女性の就業人口(本業)を千分比(小数点以下四捨五入)で見ると、無業六七二、農耕二三六、蚕業二二、紡織一九、商業一〇、接客業九、家事使用人九、その他の有業七、となっている。統計数値として表れていないが、教師や医療従事、運輸関係なども少しずつ増えていく。しかし、圧倒的多数は農業を本業とするか、その家族としての補助労働に従事していたことになる。

これに対し、在朝鮮日本人女性は、無業八〇三、接客業五六、商業四四、農耕二三、家事使用人一四、医療一二、通信七、蚕業六、教育五、被服製造四、飲食嗜好品製造四、官吏雇用員三、となる。朝鮮人女性に比べ無業者比率がはるかに高いが、それは在朝鮮日本人の朝鮮における経済的優位からすると、扶養される家族としての無業であり、朝鮮人女性のそれとは異なる意味合いをもつものである。職種においては日本人女性の方が多様だが、有業者中では教育や医療といった専門職と接客業の比率が高い。これは在朝鮮日本人女性の多くが都市部に居住し、女性間の階級格差が日本「内地」より大きいことを示す[宋 二〇〇二]。

次に植民地期を通じて、朝鮮人女性の就業構造がどのように変化するのかを見てみよう。

表1は「主業者」に限った統計だが、一九一七年から四二年の間の女性の就業状況を見ると、漁・製塩業、公務・自由業、その他、無業が人口増加率を上回る増加を示す。芸娼妓・酌婦の増加率は他のどの職業よりも大きいが、この指数の変化に一九三〇年代以降の植民地近代の内実が凝縮されていると言えよう。しかもこの数値には性売買業の周辺にいた女性や、朝鮮外に連れ出された女性は加えられていないので、実際の数値はさらに高いものとなる。

工業は、商・交通業、農林・牧畜業に次いで減少を示すが、これは前述のように重工業政策に転換して工場から女性労働者が排除されたためである。一九二〇年代に日本の繊維産業が朝鮮進出をし、高収益をあげたが、それは工場法がないなど、植民地権力のバックアップのもとで廉価な幼年女工の労働力を多量投入したためである。それでも労働力は買い手市場で、忠清北道にあった郡是《ぐんぜ》の工場などでは一九二九年の求人広告で集まった二三〇〇人の応募者から、普通学校卒業程度の学歴を有する三三〇名の女子労働者を採用している。日本人家庭で働く「女中」ですら日本語理解力が求められたために、識字教育を受けていない大部分の朝鮮人女性にとっての就職は絶望的だった。「慰安婦」にされた女性たちが「工場で働ける」という甘言にいとも簡単に騙されたのも、このような過酷な現実から来る焦燥感があったからである。しかも運よく工場労働に就いても空腹は満たせず、安定した職場とは言えなかった。一六歳の時に光州の製糸工場で働いた元「慰安婦」はひもじさに苦しみ、工場の監督と警官らしい日本人に条件のよい工場へ転職できると誘われ、「満洲」牡丹江の「慰安所」に送られている。

重工業部門からは女子労働者がはじかれたが、朝鮮の兵站基地化のもとで鉱業に従事する女性は増加する。統計年報には一九三八年から鉱業従事者数が計上されるようになるが、一九四二年の女性主業者は三万七八八二人である。ちなみに在朝日本人は一〇九五人である。男性労働者との割合で見ると、女性労働者は三〇年代前半に二・三％だったのが四三年には七・三％に増加している。女子の坑内労働禁止や深夜業禁止、産休など、母性保護に関する規定が朝鮮では定められず、労働許可下限年齢も日本より低いなど、労働条件も民族差別による過酷な内容だった〔河 二〇〇二〕。

総動員体制で鉱業での女性従事者は増加したものの、全体の女性就業者比率は人口増加率と比較すると減少している。統計年報から女性主業者を人口総数で割ると、一九一七年四二・九%、一九三〇年四〇・八%、一九三五年三五・六%、一九四二年三二・四%と女性が働く場を失い、逆に無業者数の比率が増加していることが判明する。

帝国日本が朝鮮に一定の産業化と近代化をもたらしたとしても、ジェンダー的視点からすると貧困化し、経済不況に陥るたびに公務・自由業などでも男性が女性の職場を奪っていく。ちなみに働く女性の年齢別では一五歳から三〇歳が四〇%近く、それに次いで四〇歳代が多いのも植民地朝鮮の特徴としてあげられる〔金 二〇〇四〕。

おわりに

新女性のシンボルとなっている羅蕙錫は、女性の自我実現については饒舌でも植民地主義には寡黙だった。その彼女も一九一九年の三・一独立運動に参加し、五カ月もの間、獄につながれている。この頃は新女性といえども民族共同体の運命に共苦する感性を失うほどには女性の分断は進んでいなかった。

総動員体制期に戦争協力した黄信徳も姉の影響で三・一独立運動に間接的に関わっている。その後、近代家族の実現やセクシュアリティに関心を寄せた羅蕙錫と異なり、黄信徳は日本女子大学校に留学中、山川菊栄の思想的影響を受け、朝鮮で女性統一戦線「槿友会」の実現(一九二七年)に奔走する。民族運動と女性解放運動を結ぶ運動の理念は黄自身が立てたものである。しかし一九三〇年代初めに女性統一戦線の試みが挫折し、社会主義陣営が公領域から姿を消すと、キリスト教系の女性たちが識字教育や女性啓蒙を担う。黄信徳も『東亜日報』の記者を務めながら、雑誌

『新家庭』に近代家族に関する啓蒙的文章を多く寄稿する。やがて非識字者が多い朝鮮の現実を打開するために女子教育事業を起こし、学校開設の認可を得るために、帝国日本の戦争協力に加担していく。

植民地権力が「韓国併合」直後に依拠しようとしたのは地主層であった。民事令で彼らの両班的規範を受容し、親日派として帝国側に引き寄せようとした。この地ならし作業の後で、都市の新興勢力や農村の中堅人物を軸に近代家族の改編を進めようとする。改正民事令はこのために一夫一婦制確立をめざす。しかし近代家族と言っても、新女性が要求した男女平等が実現するものではない。権力側は新女性の主張を宗族社会の解体に利用しながら、性差別のシステム化を図ったのである。公娼制においても性売買と結婚制度とを峻別し、結婚と非婚の女性を法律で分断した。

植民地権力の女性政策のターゲットは、当初は親日派である上層階層の妻や娘に向けられたが、一九二〇年代は近代教育を受けたエリート女性に移る。女性問題が労働問題と並んで重要な社会問題として浮上すると、近代家族を核にした社会改編のために、新女性の要求をくみ上げ、利用する。総督府からすると植民地権力の官僚の妻である羅蕙錫の主張は、男子血統継承にこだわる宗族社会を解体するのに好都合だった。やがて農振運動の時期になると、権力の関心は初等、中等教育で良妻賢母主義を学んだ女性群に拡大する。農村の疲弊から家族を救う女性の頑張りに期待したのである。羅蕙錫の性の平等を求める告発は、近代家族を脅かす危険思想として退けられるしかなかった。

総動員体制になると、徴兵や徴用に反対しない「皇国の母」が期待されるが、男女有別の慣習が根強く残る農村社会で黄信徳や金活蘭のようなエリート女性の仲介役が求められたのである。しかし大部分の女性たちの賢母良妻主義は帝国に奉仕するものではなく、険悪な世相から家族を守ろうとするものであった。

非識字におかれた女性は男性不在の農村や労働現場での非熟練労働力としてだけ期待され、日本のように「産めよ殖やせよ」は求められなかった。むしろ人口増加を抑制するために結婚年齢を引き上げることが協議され、早婚「慣習」は後進性の象徴として批判された。

植民地近代法は家父長制を強化したが、家父長の不在や崩壊家族の貧しい娘たちは、植民地都市の退廃の下で肥大した性売買業に吸引された。インフラ整備した鉄道は貧民女性を遠隔地に運び、米や資源、労働力を運ぶ植民地ルートは「慰安婦」を徴集するにあたって活用された。

「慰安婦」被害者の多くは学校教育から排除されたために日本語を解せず、「言葉通じないし、どこがどこかわからない」(宋神道の証言)ので騙されても無力だった[西野・金 二〇〇六]。そんな彼女たちを待ち受けていたのは、植民地都市の闇であり、帝国の版図に広がる軍事主義の暴力であった。彼女たちが植民地期の朝鮮人であること、屋台骨である家長の死亡や病気により家庭が崩壊したということ、貧しさに性差別が加わり非識字の状態におかれたということ、などが「慰安婦」サバイバーの共通点として挙げられる。

台湾の元「慰安婦」と比較すると、朝鮮人「慰安婦」と異なる、興味深い特徴を見出すことができる。すなわち、多民族社会の台湾でマジョリティである漢族の場合は、貧困な階層出身で幼いときにすでに養女に出されていた人が多いのに比し、先住民族の場合は両親と同居していた女性が多い。彼女たちは夫や婚約者が日本兵として出征中に「慰安婦」にされている。漢族では「慰安婦」にされた主要な要因として階級が浮かび上がるが、先住民族の場合は民族が要因となっている。これは帝国日本が台湾統治に民族による重層的差別構造をつくったことを窺わせる。

朝鮮では旧女性にも新女性にも属せない、植民地支配による新たな「賤民」の創出、すなわち公娼、酌婦、女給、「慰安婦」というそれぞれの名のもとに性を収奪され、いまなおその過酷な体験に苦しむ女性たちがいる。

三・一独立運動では民族共同体の運命に共苦していたエリート女性たちは、「慰安婦」にされる女性たちの受難に同時代に声をあげることはなかった。階層、経済格差、教育、都市と農村、近代の貞操観念などが複合的に働いて、同じ朝鮮人女性でありながら分断され、エリート女性には「慰安婦」は見えない存在となっていた。

しかしながら植民地近代の恩恵を受けたかのように思えるエリート女性たちもまた、内面の葛藤に苦しまざるを得なかった。黄信徳は一九四五年の民族解放後、帝国日本への戦争協力が糾弾されることを恐れ、政治的には右派に属し、個人史の空白を抱えながら生きた。

また、植民地期に徴兵や徴用、あるいは生活苦からの出稼ぎで故郷を遠く離れ住むことになった朝鮮人の中には、その後冷戦構造下に置かれ、二度と故郷の土を踏めなくなったケースも少なくない。文字に蒙く言葉に疎い人びとが異郷に暮らす困難は筆舌に尽くしがたいものがある。ここ日本に移り住んだ在日朝鮮人女性たちも複合差別に苦しみながら、シスターフッドを育てながら生き延びてきた。今日もなお数万単位の人びとが「朝鮮籍」という無国籍状態でディアスポラ化しているが、それはとりもなおさず植民地主義がいまもなお続いていることを物語るものである。

【文献一覧】

井上和枝 二〇〇二 「韓国「新女性」と「近代」の出会い」『日韓歴史共同委員会報告書二〇〇二—二〇〇五(近現代)』日韓文化交流基金

印貞植 一九四〇 『朝鮮の農業地帯』生活社

河かおる 二〇〇一 「総力戦下の朝鮮女性」『歴史評論』六一二号

金富子 二〇〇五 『植民地期朝鮮の教育とジェンダー』世織書房

金富子 二〇一〇 「ジェンダー史・教育史から見た植民地近代性論」『歴史学研究』八六七号

金庚一 二〇〇二 「植民地期朝鮮の〈新女性〉」『歴史評論』六二四号

洪郁如 二〇〇一 『近代台湾女性史』勁草書房

洪郁如 二〇一〇 「植民地台湾の『モダンガール』現象とファッションの政治化」『モダンガールと植民地近代』岩波書店

朱徳蘭 二〇〇五 『台湾総督府と慰安婦』明石書店

宋連玉 二〇〇二 「旅券記録に見る女性人口移動」『世界の日本研究』国際日本文化研究センター

宋連玉 二〇一〇 「朝鮮人「慰安婦」の被害から見る植民地主義」『証言　未来への記憶』明石書店

台湾女性史入門編纂委員会(編訳) 二〇〇八 『台湾女性史入門』人文書院

朝鮮総督府 一九三二 『生活状態調査 平壌編』
朝鮮総督府 『朝鮮総督府統計年報』各年版
西野瑠美子・金富子 二〇〇六 『証言 未来への記憶 アジア「慰安婦」証言集Ⅰ』明石書店
橋谷弘 二〇〇四 『帝国日本と植民地都市』吉川弘文館
朴宣美 二〇〇五 『朝鮮女性の知の回遊』山川出版社
柳本通彦 二〇〇〇 『台湾先住民・山の女たちの「聖戦」』現代書館
游鑑明 二〇〇一 「日本統治期台湾の女性と職業」『歴史評論』六一二号
游鑑明 二〇〇七 「日本統治期における台湾新女性のコロニアル・モダニティについて」『国民国家形成とジェンダー』青木書店
吉見義明 一九九五 『従軍慰安婦』岩波書店
李憲昶 二〇〇四 『韓国経済通史』法政大学出版局
梁鉉娥 二〇〇七 「植民地時期韓国家族法から見た家父長制の国家制度化と「慣習」問題」『日韓歴史共同委員会報告書二〇〇七―二〇一〇（近現代）』日韓文化交流基金
申東漢編 一九七五 『抗日民族詩集』瑞文堂・ソウル
梨花女子大学校 一九五四 『韓国女性文化論叢』梨花女子大学校・ソウル
金秀珍 二〇〇九 『신여성、근대의 과잉』소명출판・ソウル
金庚一 一九九八 「한국근대 사회의 형성에서 전통과 근대」『사회와 역사』五四・ソウル
金庚一 二〇〇四 『여성의근대 근대의여성』図書出版、푸른 역사・ソウル
洪良姫 二〇〇五 「植民地期 親族慣習의創出과日本民法」『精神文化研究』一〇〇・ソウル
許粹烈 二〇〇五 『開発없는 開発』은행나무社・ソウル
裵成龍 一九三三 『朝鮮経済의現在와将来』漢城図書株式会社・ソウル

通空間論題

コミンテルンとアジア

石川禎浩
栗原浩英

モスクワで養成された幹部を現地に帰還させた上で、彼らを通じて現地の共産党組織をモスクワから指導しようとするコミンテルンの世界革命戦略は、アジアにおいても中国を中心に一九二〇年代以降本格化する。そして、中国を中継拠点としながら、東南アジア各地においても共産主義運動が展開されることとなった。本章でとりあげる中国とインドシナでは、コミンテルンの世界革命戦略が実践に移される過程で、国益擁護と共産主義運動の齟齬、モスクワから現地に至る長大なロジスティクスの確保の難しさ、モスクワで養成された指導幹部と現地の共産主義者との対立、階級対決路線の有効性などの問題が表面化し、世界革命の限界が明らかになっていった。しかし、その一方でコミンテルンによってもたらされた理論や党組織原理は、モスクワに留学した経験のない現地の共産主義者によってコミンテルン解散後も継承されることになるのである。

はじめに

コミンテルンは人類が、一つの目的のために民族や国家、階級を超えて団結することが可能なのかという命題に挑戦した史上稀な試みであった。一九二〇年代以降、その活動が始まると、コミンテルンの世界革命戦略の限界が相次いで表面化するに至った。しかも、困難な状況の中で運動が紆余曲折を経ながらも継続し、一定の発展をみせたのは、レーニンが期待したヨーロッパではなく、中国を中心としたアジア地域であった。本章においては、中国とインドシナをとりあげることにより、一九二〇年代から四〇年代にかけて、コミンテルンが世界革命戦略の実現に際して直面した具体的な問題を考察する。

これらの地域においては、一九四三年コミンテルンが解散した後も、中国共産党とインドシナ共産党は活動を継続し、遂には中国とベトナムで国家権力を掌握するまでになり、今日に至るまで権力を維持し続けている。コミンテルンとの歴史的関係は肯定的にとらえられるものの、愛国主義が強調され、社会主義の一国化が進むという、コミンテルンが想定した世界革命とは程遠い体制が存続しているが、一九二〇年代から四〇年代にかけて顕在化したコミンテルンの世界革命戦略の問題点を考察することは、社会主義の現状を理解することにも資するであろう。

一　コミンテルンと中国

一九二〇年代のコミンテルンと東アジア

ロシア共産党の主導により、一九一九年にモスクワで設立されたコミンテルンは、一九四三年の解散に至るまで、長期にわたって世界政治、特に各国における社会主義運動に極めて大きな影響を与えた。その影響は、コミンテルン結成当初に想定された欧米資本主義先進国へのそれもさることながら、コミンテルンの関心が植民地などの民族独立運動へと次第に転じていったことに伴い、アジア諸地域の社会運動・革命運動にも及んでいくことになった。とりわけ、中国の場合は、コミンテルンにとっての中国がその革命理論の主要な実験場となったため、中国共産党(以下、適宜「中共」と略称)が被った影響は、実に多大であった。その影響は、中共の活動の進展がしばしばコミンテルンとの協調体制が密だった時よりも、むしろそうでなかった時に著しかったように、必ずしもプラスのものばかりだったとは言えないが、コミンテルンを抜きにしては、一九二〇年代以降の中国革命史を記述できないほど、その存在が巨大だったことだけは確かである。

中国にたいするコミンテルンの活動は、「半植民地」状態の中国にあっては、民族解放運動こそが当面の任務であるという認識だけでなく、中国を東方の緩衝地帯にすべく、反帝国主義的な親ソ政権の樹立を期待したソ連外交ともあいつながるものであった。その具体的な方策が、当時の中国国民党を最有力の民族独立勢力と見なして、中共をそれに協力させること、すなわち国共合作の推進による国民革命である。国共合作の方策は、誕生して間もない中共の党勢発展に大いに寄与するとともに、ソ連からの資金援助・軍事援助を受けた国民党が一九二六年夏に開始した北伐の快進撃の大きな要因となった(1)。

国共合作開始時(一九二三年)、五百人ほどに過ぎなかった中共党員は、北伐が武漢・南京・上海など長江流域に達するころ(一九二七年三月)には六万人近くに達した。ただし、北伐の過程で次第にあらわとなった国民党との軋轢、とりわけ中共勢力の増大に危機感を強めた蔣介石(国民革命軍総司令)らとの対立も、それに伴って顕在化していくことになる。コミンテルン側(その駐華代表のボロディン M. Borodin、ロイ M. N. Roy ら)も、台頭する蔣介石の勢力への警戒感をもってはいたが、コミンテルンの活動に強い影響力をもつスターリンは、蔣との対決をよしとしなかった。蔣介石の実力を評価する彼は、蔣に譲歩をしてでも、国共合作の維持とその統一戦線による全国政権樹立を願ったのである。周知のように、スターリンの期待は、一九二七年四月に蔣介石が上海で公然と中共弾圧に踏み切ったこと(その日付から四・一二クーデターと呼ばれる)によって見事に裏切られ、スターリンは一転して、蔣と同一歩調を取らなかった武漢の国民党政権(汪精衛)と中共との協力継続に望みを託すに至った。だが、汪精衛なら急進的な社会革命にも賛同するはずだと踏んだモスクワ側の目論見も、その急進方針(いわゆる「スターリンの五月指示」)に驚いた汪精衛が中共と手を切るに及んで、もろくも潰えてしまった[石川 二〇〇〇]。蔣のクーデターからわずか三カ月後のことである。

スターリンは、一九二七年に起こったこうした一連の不首尾を、強弁によって乗り切ろうとした。おりからモスクワでは、共産党・コミンテルンを舞台としたトロツキー L. Trotsky との権力闘争が最終局面を迎えており、トロツキーらは中国革命の認識・指導をめぐってスターリンにいどみかかっていたからである。スターリン・トロツキーの対立を背景とした中国問題の政争化は、中共の政策に大きな影を落とした。国共合作の崩壊によって、事態が中共にとっての「敗北」に終わった時、その責任の所在は、モスクワではなく、中共指導部、すなわち陳独秀の「日和見主義路線」に帰され、彼は中共総書記の地位を追われることになったのである。他方スターリンは中共にたいして、今や革命情勢は変化したという理由で、かつてトロツキーが唱えたソヴィエトの樹立による革命運動の深化を命じることで事態を乗り切ろうとした。これ以後も、コミンテルンの時々の指示や情勢判断に従った――時として現実にそぐわない――路線・方針を遂行した結果、それが失敗に終わると、モスクワではなく中共指導部の責任が問われ、そのたびに指導者が批判され、交替させられるといった事態が続くことになる。

コミンテルンの影響とは

中共は、組織面ではコミンテルンの中国支部であり、結党以来コミンテルンの強い影響下に置かれていた。当然に両者の間には、指示や報告のやりとりが頻繁に行われただけでなく、中国にはコミンテルン代表が駐在して中共の活動を指導していた[李 二〇〇八]。また、中共幹部も学習や会議出席のために、しばしばモスクワを訪れる必要があった。多言語コミュニケーション能力を曲がりなりにも有していた知識人が――より多くの労働者出身の人材を党指導部に登用するよう、コミンテルンが繰り返し求めたにもかかわらず――党内で重きをなしたゆえんである。

中共の場合で言えば、初期における張太雷・瞿秋白、その後における王明(陳紹禹)などの台頭は、彼らの外国語能力やそれに付随するコミンテルン代表との緊密な関係と切りはなして説明することはできない。例えば、ロシア語に堪能な瞿秋白を重用したボロディンに対して、それに不満を覚える中共幹部の中には、「ボロディン同志はこれまでわが党の日常活動に意を払ったことなどなく、わが党に対する態度は、あたかも通訳供給機関に対するが如くである」[蔡 一九二六]という声さえ聞かれるほどだった。同様の事態を、離党後の陳独秀は一九二九年に、中共はいまや「スターリンの蓄音機」に成り下がってしまったという言葉で表現した[陳 一九二九]。「通訳供給機関」にせよ、「蓄音機」にせよ、こうした表現は、中共がコミンテルン支部であることに起因する組織的制約が、常に言語的制約とともに立ち現れるという中共とコミンテルンの関係性を如実に示していると言えよう。

一九二〇年代後半から三〇年代前半にかけ、コミンテルンと中共中央とのやりとりは、上海の租界に置かれたコミンテルン執行委員会極東局を通じて行われた。コミンテルンからの指示などは、極東局を通じて翻訳・伝達され、他方で週に一度の割合で開かれた中共指導部の会議記録なども、随時英語・露語などに翻訳された上で極東局に提出された。ただし、極東局と中共中央の連携は、その交渉に言語の壁があったこともあり、相互の文書伝達が遅滞することもしばしばだったようである。さらに、一九二〇年代末から中共の活動が上海を遠く離れた農村部で展開されるようになると、中央と地方との連絡不調が加わり、コミンテルンや中共中央からの指示が農村根拠地の末端に届くまで、半年以上の時間がかかる事例も見受けられるようになった〔高橋 二〇〇六、一一七—一一八頁〕。また、極東局と中共中央の関係自体も決して一枚岩ではなく、時には両機関がコミンテルン中央にたいして、それぞれ相手方にたいする批判や処分を求めるようなことも起こっている。

一方、モスクワのコミンテルン中央には、東方書記局が置かれ、中共コミンテルン駐在代表団のメンバーがその活動に加わった。一九三〇年代に入り、国民政府と租界当局の治安強化によって、上海での極東局・中共中央の活動が難しくなるにつれ、このコミンテルン駐在代表団が対外的に中共中央の代役をつとめる傾向が強まった。それを体現したのが、ソ連で教育を受けた「留ソ派」の代表格・王明である。モスクワでは、一九二一年に設立された東方勤労者共産主義大学（クートゥフ／ＫＵＴＶ）のほか、国共合作時期には中国人革命家を養成する学校（孫逸仙大学——孫逸仙は孫文のこと）が設立され、多くの若者が学んでいた。王明をはじめとして、博古《ボーグ》（秦邦憲）・洛甫《ルオフ》（張聞天）らロシア風の別名を持つ留ソ派は、純粋のボリシェヴィキを任じ、国内の党中央で、あるいはコミンテルン駐在代表団で重きをなすようになった。かつて国共合作の末期に、スターリンは不甲斐ない中共に言及して、「わたしは中国共産党の中央委員会にあまり多くのことを要求したくはない。それに過大な要求をしてはいけないこともわかっている。しかし簡単なやさしい要求がある。それはコミンテルン執行委員会の指令を達成することだ」〔L. T. Lih *et al.* 1995, p. 140〕と語っていたが、それから四年ほど後、すなわち一九三〇年代初頭には、モスクワの意向、すなわち「国際《インター》路線」に忠実な中共指導部が形成されたのである。

当時の共産党における「国際路線」あるいは「国際」の語の重みを、今日の感覚で説明するのは難しい。戦前の日本軍を題材にした映画などには、上官が「畏れ多くも」、もしくは「かしこくも」の語を発するやいなや（そのあと「今上陛下におかれては……」と続く）、その場にいる全員が一斉に背筋をピンと伸ばすシーンがよく出てくる。譬えは悪いかも知れないが、共産党における「国際」の語の神聖さやその権威の重みはこれに近いと言ってよい。一九三〇年に時の中共指導者・李立三が、ソ連を巻き込んだ革命戦争も辞さずとして都市部への積極攻勢に打って出て失敗した時、彼に貼られたレッテルは「反国際路線」の誤りを犯したというものだった。モスクワに召致された李は、その後一五年もの間、ソ連に抑留されることになる。反「国際」の罪過の重みはそれほどのものなのである。

共産主義運動とナショナリズムの相剋

コミンテルンが中共の主要任務をソヴィエト革命の遂行と規定した一九二七年から一九三五年の期間、中共はそれを農村部での武装闘争の中に組み込み、蔣介石を筆頭とする国民党政権(国民政府)の打倒を最優先課題とした。周知のように、この時期(とりわけ一九三一年のいわゆる「満洲事変」の後)は、日本の中国侵略がより深刻になった時期ではあったが、日本の侵略に立ち向かうには、売国奴たる国民党政権をまず打倒しなければならない、というのが当時の中共の姿勢であった。

こうした中共の態度は、国民政府の進めるナショナリズム・主権回復の矛先がソ連を向いた時には、ソ連擁護としてあらわれた。すなわち、一九二九年に張学良が国民政府の意向を背景にして、ソ連が中国東北に持っていた中東鉄道の権益の実力回収に乗り出し、それが張軍とソ連軍との軍事衝突に発展(中東鉄道事件)、国内に反ソ機運が高まると、中共はそれを、帝国主義と国民政府との結託によるソ連侵攻戦争の先触れだと見なし、「労働者階級の祖国ソ連を守れ」と訴えるキャンペーンを展開したのである。いうまでもなく、コミンテルンの指示によるものである。だが、ナショナリズムの声に抗うこの理屈が、国内世論の支持を受けることはなかった。先に紹介した陳独秀の中共批判(スターリンの蓄音機)は、この時になされたものである。ちなみに、この間トロツキーの革命論に傾倒するようになった陳独秀は、中共を除名された後、トロツキスト派の活動を本格化させることになる。だが、ソ連・コミンテルン流の共産主義運動が世界的に大勢を占める状況の中では、彼らトロツキストの運動は、内部対立や官憲による弾圧もあり、結局ごく小規模なものに止まった。

中東鉄道事件に見えるように、労働者の国際連帯を掲げる中共の、さらにはコミンテルンの方針は、実質的には「労働者階級の祖国」たるソ連を守れというロジックにすり替えられ、さらに転じてソ連の国益擁護、極東におけるソ連の安全保障という文脈に沿って実行されることが多かった。いわば、中国のナショナリズムには拒否反応を示す一方で、ソ連のナショナル・インタレストには親和的だったのである。かくて、一九三一年の満洲事変とその後の「満洲国」の樹立により、ソ連が極東で日本の脅威にさらされた結果、ソ連の極東政策に変化が生じると、コミンテルンの方針もそれに連動して変化していくことになった。ソ連の変化とは、中国東北で隣接するに至った日本(満洲国)を直接に刺激せぬよう努める一方で、極東での日本の圧力に対して、中国が対峙することを期待していくようになる、とまとめることができる。かつて張学良軍との交戦すら辞さずに断固確保した中東鉄道を、満洲国に売却した(一九三五年三月)のは前者の一例であり、中国(国民政府)との国交回復(一九三二年一二月)は後者のねらいを内包するものであった。

このようなソ連の対外政策は、中国東北部での抗日闘争にたいするコミンテルンの指導方針を、それまでの共産系単独主義から幅広い反日勢力との共闘主義へと変えることにつながったと考えられる。すなわち、東北の党組織を指導することに限界のあった中共中央に代わって、コミンテルンは一九三三年以降、非共産系の抗日部隊との連携を指示していくようになるのである。周知のように、一九三五年のコミンテルン第七回世界大会が反ファシズム統一戦線の方針を掲げるのと前後して、モスクワの中共代表団は同年八月一日付けでその中国版にあたる「八・一宣言」を出すわけだが、それに至る前段階として、中国東北部でのこうした抗日統一戦線の試行があったのだった。

目をモスクワのコミンテルン中央組織に転ずれば、東方書記局など地域別の書記局が、それぞれの地域を管掌する責任者を明確にする書記局(個人書記局)へと改編されていったのが、同じく一九三五年のことだった。東アジアで言えば、中国を担当したのがディミトロフ G. Dimitrov の書記局であり、日本・朝鮮・インドなどを担当したのがクーシネン O. Kuusinen である。コミンテルンの最高指導者、すなわちコミンテルン執行委員会書記長のディミトロフ自らが、中国のみを管轄する書記局の責任者をつとめたのは、ソ連の国益擁護という観点からスターリンが東方では中国を特に重視していたことと無関係ではあるまい〔栗原 二〇〇五、一八四頁〕。ディミトロフと王明は、中国での革命運動をソヴィエトの拡大を目指すものから、抗日民族統一戦線方針へと転換させる上で、大きな役割を果たすことになる。

この新方針は、おりから一年余りの大移動(長征)を経て陝西省北部に到達したばかりの中共中央に、使者を通じて伝達され(一九三五年一一月)、中共の革命根拠地に関する認識に質的転換をもたらした。つまり、共産党は根拠地の存在を、ソヴィエト革命の推進によってではなく、一致抗日の点で共闘できる周辺の政治・軍事勢力(具体的には、陝北の根拠地を包囲していた張学良の軍)との連携によって、政治的に保証するという新たな発想を持つことが可能となったのであった〔田中 二〇〇二、二二頁〕。読者はあるいはこう問うかも知れない。日本の侵略がすでに現実のものなのだから、党の路線を「抗日」に切り替えるのは当たり前ではないか、なぜにコミンテルンの方針変更を待たねばならないのか、と。今日的な常識から言えば、確かにもっともだが、やはり中共はコミンテルンの支部であるということの重みをあらためて考えねばなるまい。共産主義運動の総本山コミンテルンの権威とは、かくも強いものなのである。

ちなみに、長征以来途絶していたモスクワと中共の無線通信が正式に回復したのは、一九三六年六―七月のことである。ただ、それはそれでモスクワが、再び党の大小の活動に口出しすることを意味してもいた。その一例が、西安事変が起こったさいのソ連・コミンテルンの対応である。一九三六年一二月、中共討伐の督戦のために西安を訪れた蔣介石が、張学良によって監禁されるという大事件が起こったさい、コミンテルンは中共にたいして、張の意図が如何なるものであるにせよ、その行動は抗日統一戦線の結成を阻害し、日本の侵略を助長するだけだと指摘し、事態の平和的解決を強く求めた。実はその年の夏、中共は張学良に中共入党の意思があること、中共としてはそれを受け入れたい旨をコミンテルンに伝えていたが、コミンテルンからの回答は「強く不安を覚える」「張学良を確かな同盟者と見なすことはできない」という否定的なものだった〔中共中央党史研究室第一研究部 二〇〇七、二四一―二四四頁〕。それゆえ、西安事変が勃発したさい、ディミトロフは当初、張の行動を中共との共謀によるものではないかと疑い、中共に平和的解決を働きかけたのである〔中共中央党史研究室第一研究部 二〇〇七、二六三頁／I. Banac 2003, pp. 41–42〕。「反蔣抗日」ではなく、蔣介石を含めた統一戦線を結成するよう求めるコミンテルンの強い意向もあり、中共は事態の処理を、蔣への説得、交渉による解決に転換していくことになった。周知のように、内戦停止・一致抗日を受け入れた蔣介石が釈放されることにより、西安事変は中国で抗日統一戦線が形成される上で、大きな転換点となるのである。

コミンテルンと東アジアの社会科学研究

東アジアにたいするコミンテルンの影響は、革命運動への政治的指導にとどまるものではない。革命運動を指導するにあたっては、革命の対象となる当該地域の社会にたいする歴史的・社会科学的分析が不可欠とされ、さらにソ連にとって東アジアは未知の世界であったことも手伝い、コミンテルンの指導者・理論家は同時にアジア問題の研究者であることを要請された。中国を例に挙げれば、それが資本主義段階にあるか否かによって、当然に革命運動の課題や対象が異なることになるから、それがアジア的な、あるいは中国的な生産様式の有無などをめぐる社会科学的な探究を促したのは、ある意味で当然であった。

なかでも、マルクスが断片的に書き残した「アジア的生産様式」をめぐっては、中共の農業問題綱領策定にも関わったマジャール Liudvig Mad'iar らをはじめとして、一九二〇年代末から三〇年代にかけて論争がおこり、さらにそれは中国社会性質論戦や中国社会史論戦といったテーマに拡散しながら展開していった。中国での論戦には、中共系知識人だけでなく、非中共系知識人たちも参加した。中国における本格的なマルクス主義理論研究や社会科学研究は、これらの論戦をつうじてようやく始まったということも可能である。周知のように、同時期の日本では、講座派・労農派によるいわゆる日本資本主義論争が起こったが、この論争もコミンテルンの進めるアジア地域の革命運動の方針と強い連関性を持つものであり、論争の展開は中国での論戦関係者にも影響を与えた。地域的特殊性を強調するアジア的生産様式論自体は、一九三一年以降それを否定する学説・見解がスターリン体制下のソ連で支配的となったため、共産党系知識人が主張することはなくなったが、戦後もおりに触れて、アジアを対象とする社会科学研究の主要問題の一つとして論じ続けられている。コミンテルンに代表される戦前の国際共産主義運動の学術研究への影響は、コミンテルンの解散後もなお大きかったのである。

中国の社会性質などをめぐる論戦には、中国はすでに資本主義化されており、それゆえにその革命は社会主義革命でなければならない、と主張するトロツキスト派も加わっていた。三〇年代の中共(系知識人)にとって、マルクス主義の言辞を振りかざして中共のスターリン(ソ連、コミンテルン)追従を批判するトロツキスト派は——その勢力の小ささにもかかわらず——断固粉砕せねばならない「革命の裏切り者」の筆頭であった。それゆえ、一九三〇年代後半に中共が国民党を含む抗日民族統一戦線の構築を掲げたさいにも、トロツキスト派だけは、日本の侵略に奉仕する民族の裏切り者(漢奸)であるという理屈で、彼らを排除し続けた。おりからソ連(コミンテルン)で進行した「大粛清」は、中共においては「反トロツキスト闘争」の形で伝播し、党内の潜在的裏切り者の摘発・粛清がトロツキスト狩りに名を借りて行われる事態となったのである。

毛沢東の中国共産党とコミンテルン

抗日戦争勃発後、中共は国民党との協力体制(第二次国共合作)のもと、日本との戦いを最重要課題としたが、党内ではそれと並行して毛沢東による指導権の確立が進んだ。コミンテルンも一九三〇年代後半には土着派・毛沢東の指導力を高く評価するに至り、それをあと押しした。中共の「指導的機関にあっては、毛沢東を頭とする指導のもとで〔諸事の〕解決を行うべきである」というディミトロフの中共あてメッセージ(一九三八年九月伝達)はその代表的なものである。毛沢東はこの直後の一〇月に開かれた中共六期六中全会で、初めて党中央を代表して政治報告を行い、その権威を印象づけることになる。毛にとっても、コミンテルンの支持は指導権確立に欠くことのできないものであった[楊 二〇〇五、八四—八五頁]。

国共合作の維持による抗日戦争の完遂は、コミンテルンの方針でもあり、日本軍を中国にくぎ付けにしておきたいソ連の強い意向でもあったが、一方で中共(毛沢東)は、合作の維持が中共の独立性を揺るがしかねない場合には、国民党への妥協を肯んじなかった。国民党への妥協ゆえに煮え湯を飲まされた第一次国共合作の教訓があったからである。こうした中共の姿勢は、時として中共が抗戦に不熱心であるかのように受けとられ、コミンテルンはしばしば中共にたいして、党の精力を国民党とのさや当てに費やすよりも日本との戦いに振り向けるべきだと警告している。ただし、両党の軋轢が強まる中、国民党との対決は早晩避けられないと考える毛沢東は、この点ではコミンテルンに従順ではなかった。一九四〇年代初めの整風運動によって並ぶ者のない権威を党内で確立しつつあった毛沢東は、自らの情勢判断への確信と指導者としての自信を深めつつある中で、コミンテルン解散の報を聞くことになるのである。

一九四三年のコミンテルンの解散によって、毛沢東の指導する中共は、名実ともに自立した共産主義政党としての歩みを始める。それは往々にして、ソ連型の共産主義とは異なる毛沢東の党の時代の始まりと見なされるが、党の運営形態を見た場合には、スターリン型政党の要素を多分に継承した党であったということを看過してはなるまい。すなわち、毛沢東は整風運動にあたって、スターリンの党組織論・歴史観を高く評価し、彼の業績や『ソ同盟共産党(ボ)歴史小教程』に依拠する形で、中共の一枚岩化を推し進めたのだった。いわば、整風運動は、ソ連で進行したスターリン崇拝を、そのスターリンの役割を毛沢東に置き換えることによって推進した試みと見ることができるのである。以後、ソ連の共産党に範をとった党の運営スタイルは、人民共和国樹立への過程でより確固としたものになっていく。コミンテルン時代に培われたこうした党組織原理の問題は、ソ連型共産主義と異なる共産主義運動がアジアでは構想・想像されずに終わったことの意味とあわせて、なお検討されなければならないだろう。

(石川禎浩)

二　コミンテルンとインドシナ

コミンテルンとインドシナの接点の形成

コミンテルンは一九三〇年代前半まで、モスクワにあるその中枢が派遣した指導要員や連絡要員を介して、現地の共産党組織に対する指導を行ったり、中枢と現地党組織との意思疎通を図ったりするという体制をとっていた。それが文書や資金の移動も伴ったことは言うまでもない。コミンテルン中枢とインドシナの革命運動との接点が形成されるのは、中国やインドネシアに比べるとやや遅れ、一九二〇年代半ば以降のことであった。こうした接点の形成にあたり、フランスと中国が果たした役割は重要であった。

宗主国であるフランスの存在は、何らかの理由でインドシナから渡仏した人間の中から、最も早く共産主義思想に接触して、実践運動に参加する者が出現したという点で重要である。このような人々は後にモスクワに渡り、アジアをはじめとする東方諸国の指導幹部養成学校ともいうべき東方勤労者共産主義大学(クートゥフ)で教育を受けるか、あるいはコミンテルン中枢の組織で活動することになる。彼らはコミンテルンの指導要員(以下モスクワ留学幹部と総称)として、インドシナへの帰還をめざすが、フランス植民地当局により革命運動が激しく弾圧されていたインドシナに潜入して活動することは困難を極めた。そこで重要性を帯びてくるのが、インドシナに近接し、政治活動の自由の余地があった中国であった。香港、広州などに拠点を設営して、そこからモスクワ留学幹部がインドシナ現地の活動家を指導するという方式が、一九二〇年代後半から三〇年代後半にかけて、往々にして採用されることになった。

グエン・アイ・クオック Nguyen Ai Quoc(後のホー・チ・ミン)は最も早い時期から、共産主義思想に接した人物であった。グエン・アイ・クオックは渡仏後、一九一九年にフランス社会党に入党して活動していたが、一九二〇年にレーニンの「民族植民地問題テーゼ第一草稿」に接するに及んで、民族独立と同胞の自由獲得の道を知り、涙を流すほどに感激して、レーニンとコミンテルンに対する信頼を深めたと述懐している[HCMTT-10, tr. 127]。そして、フランス共産党に入党した後、一九二三年にパリを離れ、モスクワに赴き、クートゥフで教育を受けることになる。その後、一九二四年から二七年にかけて、コミンテルンから孫文政権支援のために派遣されたボロディン顧問の随行員として広州に滞在する機会を得た。

当時、広州にはフランス植民地当局の弾圧を逃れて、アンナン(現在のベトナム)から脱出してきた民族主義者の一群があった。このような状況に着目したグエン・アイ・クオックは一九二五年、ベトナム青年革命会を創設して、広州に亡命中の民族主義者の結集を図ると同時に、政治訓練学校を開設して将来の共産党指導者の養成をめざした。政治訓練校の在籍者は七五名であったといわれ、その大部分は同校を修了するとアンナンに帰還して現地で革命活動に入っていったが、チャン・フー Tran Phu や、レ・ホン・フォン Le Hong Phong のように、政治訓練校修了後にモスクワのクートゥフに留学して、将来の指導幹部となるべく教育を受けるというケースも少数ながらみられるようになった。こうした事情を反映して、一九二六年には、クートゥフに「インドシナ人」四名が在籍していたことが確認される[栗原 二〇〇五、五六、六一頁]。

以上のような広州におけるグエン・アイ・クオックの活動は、まさにミニ・コミンテルンとでもよぶにふさわしいものであった。一九二〇年代後半になると、広州を中核にして、インドシナと広州（インドシナ－シャム－広州、インドシナ－広西－広州）、さらには広州とモスクワを結ぶ革命活動家の移動ルートが形成されるに至ったことがわかる。これに加えて、古くからのインドシナと宗主国フランス、フランスとモスクワを結ぶルートも依然として存在していた。広州における幹部養成活動は、一九二七年蔣介石による共産党弾圧のために、終止符を打たざるをえなくなるが、グエン・アイ・クオックの播いた共産主義思想の種は、一九二九年、インドシナにおける複数の共産主義組織の誕生という形で結実することになる。

世界革命の阻害要因1——ロジスティクスの確保と理論

一九三〇年に入り、グエン・アイ・クオックの自主的な判断に基づくベトナム共産党の結成（二月）、コミンテルン中枢の意に沿う形でのインドシナ共産党への移行（一〇月）という重大な事件が続くが、その過程でコミンテルンが前提としていた世界革命戦略の内包する限界がすぐに露呈することになった。中枢から遠く離れた現地党組織を、モスクワ留学幹部を現地に帰還させた上で指導するというコミンテルンの世界革命路線が機能するためには、中枢と現地党組織間の意志疎通が円滑に図られること、換言するならば、コミンテルンとしてのロジスティクスの確保が必要不可欠であった。しかし、当時は現在のように通信手段や交通手段が発達していなかった上に、現地の活動家たちは多くの場合、官憲による弾圧にさらされながら、困難かつ危険な環境の下での活動を強いられた。香港・モスクワ間で文書のやり取りに要した日数は確認しうるだけでも、最短で片道二週間程度を要しているが、例えばモスクワのコミンテルン執行委員会が作成したインドシナ共産党結成に関する極めて重要な文書（一九二九年一一月二八日付）が、香港におけるベトナム共産党結成の時点（一九三〇年一月六日）までに、グエン・アイ・クオックの手元には到達していなかったという有様であった［栗原 二〇〇五、一二八頁］。コミンテルン中枢とは党名も綱領も異なる共産党をグエン・アイ・クオックが結成した一因は、このようなモスクワと現地間のロジスティクスの機能不全にあった(2)。

また、モスクワ留学幹部の安全と活動を確保するのも著しく困難であった。クートゥフで養成されたチャン・フーは、一九三〇年四月、ハノイへの帰還を果たし、名実ともにコミンテルン中枢の意にかなうインドシナ共産党の実体化に尽力することになる。同年一〇月の同党第一回中央委員会総会で、初代書記長に選出されたものの、翌三一年四月にサイゴンで逮捕されてしまう。ほどなくして、チャン・フーは獄死し、インドシナ共産党の組織も壊滅的な打撃を被ることになった。一九三〇年以降、香港を拠点にして、上海、東北タイ、マレーシア、シンガポールで活動していたグエン・アイ・クオックも、一九三一年六月に香港で逮捕され、一年余におよぶ獄中生活を余儀なくされた後、インドシナに帰還することなく、三四年、モスクワに戻っている。

モスクワ・インドシナ間のロジスティクスに関わる問題は、一九三二年から三五年にかけてコミンテルン中枢の主導で進められたインドシナ共産党指導部の再建過程においても、表面化することになった。コミンテルン中枢は、インドシナ共産党海外指導委員会を一九三四年、マカオに設置し、モスクワ留学幹部のレ・ホン・フォンとハー・フイ・タップ Ha Huy Tap をその主要なメンバーとして任命した。マカオを拠点にしてインドシナ現地の活動家と接触しながら、党の再建を指揮するという体制がとられたが、この時浮上したのは、インドシナとモスクワとの間をどのようなルートで結ぶのかという問題であった。

インドシナのように、南北に長い領域を擁する場合、共産党の中核を北のトンキンにおくのか、あるいは南のコーチシナにおくのかでは、モスクワとのロジスティクスは変わってくる。当時、モスクワ留学幹部間には大きく二つの考え方があり、その一つがグエン・アイ・クオックのようにトンキンを重視するものであり、もう一つがハー・フイ・タップのようにコーチシナを重視するものであった。前者の立場では、トンキンに連なる中国の位置が、モスクワとの連絡において重要性を増すことはいうまでもない。グエン・アイ・クオックに限らず、コミンテルン中枢にも中国共産党を経由してモスクワとのロジスティクスを維持しようとする姿勢が強かった。これに対し、後者の立場によれば、地理的には中国よりもシンガポールなどの方が近く、中国経由のモスクワとのロジスティクスは絶対に必要というわけではなくなる。

ハー・フイ・タップが作成したと推定される、第一回党大会における「南太平洋支部」設置に関する提案(一九三五年三月二〇日付)は、実現されることなく終わったとはいえ、モスクワとインドシナ間のロジスティクスに内在する問題を反映したものといえるだろう。これは、「南太平洋にコミンテルン東方部の支部を設置して、インドシナ、シャム、マラヤの三共産党の指導にあたるとともに、これらの党をコミンテルン東方部(モスクワ)の直接指揮下に置く」という提案で、中国共産党を経由せずに、モスクワからの直接指導を提唱した点で画期的であった[3]。この背景には、ハー・フイ・タップ自身がマカオとモスクワ間の劣悪な連絡状況に不満を覚えていたことのみならず、中国での生活に馴染むことができないという個人的な事情も存在していた。なお、「南太平洋」の設置地点としては、コミンテルンのロジスティクスを担当していたオムス(国際連絡部)の現地組織が存在していたシンガポールが想定されていたのではないかと推測される[歴史学研究会 二〇〇六、二九一頁]。

世界革命の阻害要因2——階級概念の有効性

インドシナ共産党結成時点で、現地に導入されたコミンテルンの普遍的な革命路線の妥当性も直ちに問われることになった。前述したように形成期のインドシナの共産主義運動の中核を担った人々は、フランス植民地支配打倒や祖国の独立といった民族主義・愛国主義を、実践活動参加の契機としてもっていた。グエン・アイ・クオックの著書『革命の道』(一九二七年)やその起草になるベトナム共産党の「簡略綱領」(一九三〇年)には、階級や出自を問わず、目的で一致できる人間を多数結集しようとする思想が濃厚に表出している。これに対し、当時のコミンテルン中枢は第六回世界大会(一九二八年)で採択された階級対決路線に依拠していた[VKDTT-1, tr. 13-81; VKDTT-2, tr. 6, 88-103]。階級対決路線は、社会を多数の階級に細分化し、革命の原動力となりうる階級と革命に敵対する階級、すなわち共産党にとっての敵対勢力と支持勢力を峻別することをその大きな特徴としていた。

チャン・フーがハノイ帰還後に作成したインドシナ共産党「政治綱領」は、この階級対決路線を忠実に反映したものであり、インドシナ現地における実践活動にも大きな影響を及ぼすこととなった。それは、一九三〇年から三一年にかけて誕生間もない共産党が関与したアンナン(現在のベトナム中部)のゲアン・ハティン地域における村落自治政権の樹立(いわゆる「ゲティン・ソヴェト運動」)という事件において顕在化することになった。一九三〇年九月以降に形成された村落自治政権の中核ともいうべき農会には、当初、地主や富農など、階級対決路線の観点からすれば敵対的な階級の構成員も参加しており、その反仏民族主義的・愛国主義的な一面が表出していた。しかし、インドシナ共産党指導部は一九三〇年一〇月の第一回中央委員会総会前後から、地主や富農を農会から締め出したり、「富農・地主・富裕な手工業者およびその子弟」を党内から排除したりするという階級対決に依拠した方針を明らかにするとともに、それを実行に移したため、党員間の信頼関係が揺らぎ、フランス植民地当局による弾圧と相まって、村落自治政権の崩壊につながる大きな要因となった[歴史学研究会 二〇〇六、一五九―一六一頁]。それは、とりもなおさず、インドシナに階級という概念を適用することの有効性が問われたことを意味していた。

世界革命の阻害要因3——モスクワ留学幹部と土着共産主義者の関係

コミンテルン中枢の現地党組織に対する指導が機能するためには、ロジスティクスの確保に加えて、モスクワ留学幹部が現地で威厳を保ち、現地の活動家から尊重されることも重要な前提であった。ここで現地の活動家すなわち、土着共産主義者の存在について考える必要があるだろう。土着共産主義者とは、基本的に現地での活動に従事し、モスクワのクートゥフに留学した経験やコミンテルン中枢での活動経験をもたない共産主義者を意味する。土着共産主義者は国際性がなく、母国語しか解することができない共産主義者であるといってもよいが、当然ながら少数のモスクワ留学幹部に比べると、党組織の大多数を占めていた。したがって、いくらモスクワ留学幹部といえども、土着共産主義者の支持を獲得しないことには、党組織から浮き上がった外様的な存在と化す危険性は多分にあった。しかし、現実にはハー・フイ・タップのような有能な指導者でさえ、土着共産主義者と中枢との板挟みになって苦悩していた。ハー・フイ・タップは、一九三六年六月三〇日付のグエン・アイ・クオックあての書簡で、次のように不満を漏らしている。

われわれは責任者だから生活がいかに苦しくとも耐えることができるし、常に喜んで耐えているが、協力者にとっては耐えがたいことだ。彼らはわれわれと少しの間活動すると、組織からの脱退を申し出る。下部組織はいつもわれわれに手紙をよこして、金が少ないといっては非難する。彼らは私が『銀行』だと思いこんでいるようだ。活動は極めて困難だ。コミンテルンは党の提案を解決していない。下部組織は下部組織で、今日金がないと文句を言うかと思えば、明日はなぜ巡回指導要員を派遣して来ないのか、どうしてロシアに人を送らないのか、人を中国に送って訓練しないのは冷淡だと文句を言う［栗原 二〇〇五、一五八―一五九頁］。

ここからは、土着共産主義者が世界革命などという崇高な理想に突き動かされていたことを読み取ることはおよそ不可能である。彼らにとってコミンテルンは極めて具体的かつ実利的な「打出の小槌」と認識されていたのであろう。なお、ハー・フイ・タップによれば、当時のコミンテルン中枢のインドシナ共産党に対する資金援助は年額で二千米ドルであったという。それが、海外指導委員会にとってどのくらいの価値があったかといえば、協力者の旅費と若干の手当を賄うので精一杯であったという［栗原 二〇〇五、一五九頁］。

さらに、インドシナ共産党の場合、モスクワ留学幹部間の対立が、土着共産主義者と前者の関係をより複雑なものとしていた。それを物語るのが、一九三五年のコミンテルン第七回世界大会で採択された人民戦線戦術をインドシナに導入する過程で生じた党内対立であった。コミンテルン中枢における階級対決路線から人民戦線戦術への転換は、ソ連国家防衛の必要から発した恣意的な性格をもつものであったが、レ・ホン・フォンはこの新路線を忠実にインドシナ共産党にも適用しようとする方針を、一九三六年七月に上海で開催された海外指導委員会の会議で提起した。この方針には、従来非合法形態で活動してきた組織を公然化させようとする、現地の党組織にとっては死活に関わる内容が含まれていた。この方針を携えて、サイゴンに帰還したハー・フイ・タップは、実際の状況を把握した後、インドシナでは結社の自由が存在しない以上、レ・ホン・フォンのように非合法組織の存続に反対するのは「夢想」であり、「ばかげた理論」であるとして海外指導委員会に反旗を翻すに至り、レ・ホン・フォンを「解党主義者」と非難するまでになった[栗原 二〇〇五、二一二頁]。

非合法組織の存続をめぐるハー・フイ・タップと海外指導委員会との対立は、その後一年にわたり続き、サイゴンに近接したザディンで開催された拡大中央委員会総会(一九三七年八―九月)で、海外指導委員会の方針が漸く承認されることになった。しかし、海外指導委員会の方針が総論として承認されたとはいえ、個別の案件となると例えば、反帝青年団(共産青年団)の処遇に関し、非合法部分を維持しようとするハー・フイ・タップの見解に賛成した者が、拡大中央委員会総会参加者一三名中八名、これに反対する者が五名であったという票決結果が残されている[栗原 二〇〇五、二一四頁]。この結果はハー・フイ・タップが、土着共産主義者たちの支持を得ていたことを示しているといえるだろう。

このように、モスクワ留学幹部間の対立によって、インドシナ共産党指導部が深刻な事態にあった時、コミンテルン中枢からその解決に向けた指示が届くことはなかった。世界革命に懐疑的なスターリンの下で、一九三五年に機構改編を経たコミンテルン中枢は明らかに世界革命への熱意を失いつつあった。アジアを含む広範な地域の共産党を管轄していた東方書記局もこの機構改編の中で廃止されていた。こうした状況の中で、一九三八年三月にハー・フイ・タップ書記長に代わり、インドシナ共産党史上、土着共産主義者として初めてグエン・ヴァン・クー Nguyen Van Cu が書記長に選出されるという事件が起きた。反目していたハー・フイ・タップとレ・ホン・フォンが、いずれも指導部内には残留した事実や、グエン・ヴァン・クーの採用した路線が、コミンテルン中枢の人民戦線戦術を是認した内容のものであったことからすれば、グエン・ヴァン・クー書記長の誕生という事件を直ちにコミンテルン中枢の威信の低下とみなすことはできないが、コミンテルン中枢にとって未知の人物が、その許可もないままに書記長に選出されたことは、現地党組織の自立化が進展したことを物語っているのは確かであろう。

コミンテルンがインドシナ共産党に遺したもの

フランスで一九三八年一一月に人民戦線政府が崩壊すると、インドシナ共産党に対する弾圧が再開された。一九三九年九月以降四〇年二月までにハー・フイ・タップ、グエン・ヴァン・クー、レ・ホン・フォンを含む党指導者が次々に逮捕され、サイゴンを拠点とする党中央委員会は再び壊滅状態に陥ることになった。その後、同党の再建は、一九四〇年以降、場所を北のトンキンに移し、その中でも広西との隣接地域を軸にして、チュオン・チン Truong-Chinh らトンキンを地盤とする土着共産主義者と、一九三八年にモスクワを離れた後、二年余にわたる中国(広西、雲南)での活動を経て四一年にトンキンへの帰還を果たしたグエン・アイ・クオックとの連合体によって推進されることとなる。そしてこの連合体が基礎となって、コミンテルンが解散した後にベトナム労働党(共産党)の指導部を構成し、国家権力を掌握してベトナム民主共和国(一九四五年九月成立)さらにはベトナム社会主義共和国(一九七六年六月成立)の運営にあたることになる。

この連合体は土着共産主義者が大多数を占めていたが、コミンテルン解散後もその影響から完全に自由になることはなかった。一般に、インドシナの土着共産主義者には自らの実践活動の正統性をコミンテルンの政策や路線、理論によって権威付けしてもらおうとする傾向があった。それは、早くも一九二九年にインドシナで複数の共産主義組織が、コミンテルン中枢による承認を得ようと競った時から表面化していた。また、グエン・ヴァン・クーが書記長就任後に採用した路線も、コミンテルン中枢に極めて忠実な内容をもっていた。チュオン・チンも、コミンテルン中枢と隔絶された状況の下で開催されたインドシナ共産党第七回中央委員会総会(一九四〇年)で、同党が成長することができたのはコミンテルンの指導によるものであるとの謝辞を表明している。四一年の第八回中央委員会総会でグエン・アイ・クオックに書記長就任の要請があったのも、土着共産主義者たちが自らの行動にコミンテルンによる権威付けを必要としていたという事情と不可分であったものと思われる。

グエン・アイ・クオック自身は前述したように、階級対決よりは民族的な団結を重視する思想の持ち主であり、その才能は一九四五年のベトナム民主共和国独立、フランスに対する抵抗戦争(一九四六—五四年)の過程で大いに発揮された。しかし、ベトナム民主共和国が国家としての体裁を整え始めると、チャン・フーの「政治綱領」に象徴される階級対決的観点は息を吹き返し、一九五〇年代の土地改革や農業集団化の過程、さらにはその後の社会主義化の過程で、社会構成員個人のアイデンティティを無視して、階級的な出自に基づいて、その人間性までを判定しようとする思考を生み出すに至った。一九八六年にドイモイが開始されて以降、党内でもホー・チ・ミンの「民族大団結」的観点が高く評価されるのと軌を一にして、チャン・フーの「政治綱領」に対して否定的な言及がなされるようにはなったが、階級概念は完全に放棄されるまでにはなっていない[Dang Cong san Viet Nam 2006, tr. 116–117]。

以上のような理論面での影響に加えて、コミンテルンの解散はモスクワと各国共産党との断絶を意味するものではなかった[Firsov 2007, s. 484]。インドシナ共産党に関してみれば、ソ連共産党とのネットワークは一時的に途絶していたものの、一九五〇年以降回復したほか、コミンテルンの関与の下で形成された中国、マラヤ、タイ各共産党など近隣の共産党間のネットワークは潰えることなく存続した［原 二〇〇九］。

とりわけ、グエン・アイ・クオックが長年にわたる中国における活動の中で、毛沢東、周恩来、劉少奇など、中国共産党の指導者と親交を深めたことは、後にベトナム民主共和国と中華人民共和国間に闘争経験を共有する指導者間の信頼関係を基盤とする「同志でもあり兄弟でもある」という独特な党・国家関係を形成させることにもつながった。こうして中国がベトナム民主共和国の後方となり、さらにはその先にはソ連が連なっていたことは、まさにコミンテルンが設営したロジスティクスが、はるかに安全な環境の下で再建されたにも等しかった。これはベトナム民主共和国が一九五〇年代から七〇年代にかけてフランスとの抵抗戦争や超大国米国を相手とした戦争に耐えて存続することのできた大きな要因となった。また、グエン・アイ・クオックもホー・チ・ミンとして党と国家の最高指導者に就任した後も、一九六〇年代にはほぼ毎年のように広西や広東などで療養するなど、中国南部はその人生においても重要な意味をもつことになったのである。

（栗原浩英）

（1） 中国革命（中共）へのソ連・コミンテルンの物質的援助（資金提供）はコミンテルンが解散して後も続いた。その詳細については、［楊 二〇〇四］参照。
（2） グエン・アイ・クオックが一九三〇年一月にインドシナで活動していた複数の共産主義組織を統合する形で、香港で結成したのはベトナム共産党であったが、コミンテルン中枢が予定していたのはインドシナ共産党の結成であった。
（3） 「コミンテルン東方部」とは正確には、一九二七年から三五年にかけて、アジアを中心とする地域の共産党を管轄していたコミンテルン執行委員会東方書記局を指す。

【文献一覧】

石川禎浩 二〇〇〇 「国共合作の崩壊とソ連・コミンテルン――いわゆる「スターリンの五月指示」をめぐって」『五十周年

記念論集』神戸大学文学部
栗原浩英 二〇〇五 『コミンテルン・システムとインドシナ共産党』東京大学出版会
高橋伸夫 二〇〇六 『党と農民――中国農民革命の再検討』研文出版
田中仁 二〇〇二 『一九三〇年代中国政治史研究――中国共産党の危機と再生』勁草書房
原不二夫 二〇〇九 『未完に終わった国際協力――マラヤ共産党と兄弟党』風響社
歴史学研究会 二〇〇六 『世界史史料』一〇、岩波書店
蔡和森 一九二六 「関於中国共産党的組織和党内生活向共産国際的報告(一九二六年二月一〇日)」『中央檔案館叢刊』一九八七年第二・三期
中共中央党史研究室第一研究部訳 二〇〇七 『聯共(布)、共産国際与中国蘇維埃運動(一九三一―一九三七)』中共党史出版社・北京
陳独秀 一九二九 「告全党同志書」、任建樹ほか編『陳独秀著作選』第三巻、一九九三年、上海人民出版社・上海
楊奎松 二〇〇四 「共産国際為中共提供財政援助情況之考察」『社会科学論壇』二〇〇四年第四期
楊奎松 二〇〇五 『毛沢東与莫斯科的恩恩怨怨』江西人民出版社・南昌
李穎 二〇〇八 「共産国際負責中国問題的組織機構的歴史演変(一九二〇―一九三五)」『中共党史研究』二〇〇八年第六期
Banac, I. ed. 2003, *The Diary of Georgi Dimitrov 1933–1949*, New Haven.
Dang Cong san Viet Nam 2006, *Van kien Dai hoi dai bieu toan quoc lan thu* X, Ha Noi, Nxb Chinh tri quoc gia.
Firsov, F. I. 2007, *Sekretnyie kodyi istorii Kominterna. 1919–1943*, Moskva, Kraft+.
HCMTT-10. *Ho Chi Minh toan tap, tap 10*, Ha Noi, Nxb Chinh tri quoc gia, 1995.
Lih, L. T. *et al.* eds. 1995, *Stalin's Letters to Molotov 1925–1936*, New Haven.(岡田良之助ほか訳『スターリン極秘書簡』大月書店、一九九六年、一八四―一八五頁)
VKDTTP-1. *Dang Cong san Viet Nam, Van kien Dang toan tap*, tap 1, Ha Noi, Nxb Chinh tri quoc gia, 1998.
VKDTTP-2. *Dang Cong san Viet Nam, Van kien Dang toan tap*, tap 2, Ha Noi, Nxb Chinh tri quoc gia, 1998.

トピック・コラム

西安事件と蔣介石・張学良

家近亮子

蔣介石の一九三七年一二月一二日の「日記」は、「今日は西安事変の記念日である」から始まっている。その前日の一一日、蔣は廬山《ろざん》において日本軍に包囲された南京を放棄するための「南京退出宣言」を作成した。一二日の「日記」には「このような国家的危機を招いた最大の原因」が西安事件にある、と綿々と綴られている。「もし、事変がなければ……」という蔣の嘆きが切々と伝わってくる。

西安事件は一九三六年一二月一二日、西安郊外の華清池で起きた。華清池は唐の玄宗皇帝の保養地であったが、宮殿式建築の華清宮には蔣介石の執務室として五間庁が作られ、蔣は好んでこの地を訪れていた。蔣は一一日、西安市内から華清池に赴き、夜将校たちを招いて会議を開いた。その中にいたのが、事件の首謀者である楊虎城と張学良の二人であった。その時、楊は国民革命軍第一七路軍(西北軍)を率い、張は東北軍を率いていたが、三五年一〇月からは「西北剿匪総司令部」の副総司令を兼任していた(総司令、蔣介石)。二人は陝西省でともに活動することが多く、また共産党軍(紅軍)との接触も多かったのである。楊は以前から当地での共産党の抗日運動を保護し、蔣と対立していた。

張学良は東北を支配していた奉天軍閥・張作霖の長男であった。父・作霖は、蔣介石率いる北伐軍の北京への進軍に追われて鉄路で東北へ戻る途中、日本の関東軍によって一九二八年六月四日に爆殺された。その後、張はわずか二七歳の若さで東北を支配し、東北軍を統帥することになったのである。張は二八年一二月、いわゆる「易幟《えきし》」(国民党の旗をかかげ、忠誠を誓う)を行い、国民政府に合流する。その後、三〇年の「中原大戦」(反蔣戦争)では蔣介石側に立ち、蔣の信頼を得る。蔣は一四歳年下の張を可愛がり、目をかけていた。三一年の満州事変において「不抵抗主義」をとった張は、その後、蔣の「安内攘外」(まず国内を統一してから、外敵と戦う)政策推進を担うようになり、共産党に対する「囲剿《いそう》」(共産党軍を殲滅する)作戦の先頭に立つ。

しかし、中国では次第に全国レヴェルで抗日運動が活発化する。そのような中、国民党に追われて長征を余儀なくされた共産党は、一九三五年八月一日にコミンテルン中共代表が起草した「抗日救国のため同胞全体に告げる書」(「八・一宣言」)を一〇月一日、パリの『救国時報』紙上に発表し、蔣介石に「一致抗日」を呼びかけた。その年の一二月九日には北平で大規模な抗日救国の学生運動が起きるなど、抗日を求める社会の気運は高まっていった。この動きに大きな影響を受けた張は、三六年四月九日、極秘に延安を訪ねて周恩来と会談をし、抗日で連携することを決定した。その後、張は数回にわたって蔣介石に剿共の停止、抗日への転換を迫る。しかし、蔣はあくまでも「安内攘外」を主張し、これを受け入れなかった。そのため、張は楊とともに「兵諫」(武力に訴えていさめる)に踏み切ることを決心する。

一二月一二日朝五時、張学良軍が華清宮を包囲した。銃声に気づいた蔣介石は寝室の裏窓から山に逃げ込み岩の間に隠れるが、兵士に発見され、拘束されて西安市内の新城大楼に幽閉された。事件が起きたことを張から知らされた毛沢東は周恩来を派遣し、蔣に「一致抗日」を承諾させる調停にあたらせた。「蔣介石日記」によると、この時蔣は死を覚悟し、遺言を書いていた。また、張がこのような行動に出た原因は、自分の張に対する対応に問題があったのではないかという反省もみられる。蔣は、楊はあくまでも強硬な態度をとったが、張の目的は純粋に抗日にあり、最終的には蔣の救済に向かったことを評価している。

華清宮と事件発生時に蔣介石が逃げ込んだ裏山

蔣介石は、一二月二四日、周恩来との間に「一致抗日」の協定が成立し、解放される。その陰には妻・宋美齢の活躍があった。蔣は、命をかけて自分を救出にきた美齢にその後深い信頼を寄せるようになる。蔣と美齢は二五日、西安から洛陽に飛んだが、その時張も同行していた。張はその後一二月三一日、軍事法廷で「懲役一〇年、公民権剥奪五年」の判決を受けるが、一九三七年一月、蔣は特赦を出して、自らの管理下に置くことを決定する。この決定の背後には、張に対する蔣介石の「同情」と「反省」があった。その後、蔣は自らの故郷である浙江省奉化県渓口鎮に施設を建て、張を幽閉する。その後も蔣は張を手元に置き、中華民国の台湾移転後は、張も台北に居住する。張は六四年には『西安事変懺悔録』を出版し、自らの行動を総括した。

西安事件に対する歴史評価は、分かれる。共産党はこれを愛国的行動として高く評価するが、国民党には張学良たちの行動は深慮遠謀に欠けていたと批判する傾向がある。いずれにしても、蔣介石が「日記」で吐露したように、西安事件がなかったら、中国の、そして日中関係の歴史は異なった方向に向かった可能性は高い。その意味で、西安事件は歴史の転換点となった重大事件といえるのである。

人物コラム

エドガー・スノーとニム・ウェールズ

(Edgar Snow, Nym Wales)

江田憲治

エドガー・スノー(一九〇六―七二)は、アメリカ合衆国ミズーリ州に生まれた。ジャーナリスト輩出で知られるミズーリ大学新聞学科に一年学び、その後ニューヨークで働いた彼は、一九二八年、中国行きの船に乗り込んだ。世界一周の「貧乏旅行」をめざしたのである。もっともそのとき彼は、世界各地で活躍する大学の先輩記者宛の紹介状を手にし、いくつかの新聞・雑誌に原稿を送る手筈をつけていたから、彼の「旅」はジャーナリストとしてのそれでもあった。事実、上海に到着した彼は、大学の先輩が編集する英字週刊誌に職を得、アメリカやイギリスの有力メディアの駐在記者となった。彼は、当初の国民党政権への幻想を振り払い、最初の著書『極東戦線』(一九三四年)では、満洲事変取材と第一次上海事変の実体験をもとに、蔣介石らの不抵抗政策を非難し、日本の侵略を糾弾した。

この間、彼は、ユタ州生まれで合衆国上海総領事の個人秘書を勤めていたヘレン・フォスター(一九〇七―九七)と知り合い、恋に落ちた。ペンネームのニム・ウェールズ(エドガーが、ギリシア語で「名」を意味するニムと、彼女がウェールズ系であることから考えた)で知られる彼女は、作家としての成功を望み、中国を訪れていた。だからこそ四九年まで続く結婚生活にあって二人はそれぞれ独自の執筆活動を行ったのだが、以下の三つのことで二人は「協同」し、それらは中国現代史に大きな足跡を残している。

第一に、エドガーとニムは、一九三五年、居を移していた北京で、日本の華北侵略に反対し、抗日救国を求める学生たちに出会った。二人は、安全な会合場所(自宅)を提供し、デモへと学生たちを励ました。デモ前日には外国記者配布用に宣言文を英訳し、そして一二月九日の大規模デモの隊列に加わるのである。エドガーもニムも、この一二・九運動に「火をつけた」のは自分たちだと語っている。

第二に、エドガーとニムは、中国共産党の根拠地・陝北ソヴィエトに入った最初と三人目の外国人ジャーナリストであった(二人目はアグネス・スメドレー)。エドガーは一九三六年、毛沢東に長時間のインタビューを行い、中共の苦闘の歴史と、抗日と革命をめざす指導者や兵士たちの姿を生き生きと描いた『中国の赤い星』を翌年出版する。そして同年、ニムは、エドガーが会えなかった朱徳らを取材して『赤い革命の内部』(一九三九年)を書き、朝鮮人革命家キム・サン(張志楽)からの聞き書きでその「自伝」『アリランの歌』(一九四一年)を発表した。彼らの著作は欧米人の中共イメージを一新し、大きな注目を集めることになる。

そして第三に、日中戦争開始後の三八年、ニムは日本の攻撃が及ばない内陸部に、分散しながら連携する小規模工場群を設立、難民や失業者を構成員とする「工業合作社」(協同組合)で運営するというアイデアを思いついた。二人は、共通の友人ルウイ・アレーらと上海で工業合作社促進委員会を設立し、国民政府と渡り合いながら三〇万人もが参加した運動を支援、海外に紹介して援助金獲得に寄与した。

これらの「協同」でエドガーとニムは、中国の対日抗戦を欧米社会にアピールし、同時に「歴史の証言者」となったのである。しかし二人は「知らなかった」ことを当然「証言」

エドガー・スノー(1928年)

ニム・ウェールズ(1930年代半ば)

できなかったし、「知っていた」が書かなかったこともある。

たとえば二人は、一二・九運動を政党と無関係なものと考え、自分たちの役割を強調したのだが、今日の研究では運動での中共党の「指導」的役割は否定できないと考えられている。また工業合作社の実現の背景には、第三勢力(救国会派)の主張と実践があり、第三勢力こそがその一大原動力であった(菊池一隆『中国工業合作運動史の研究』)。そして、エドガーもニムも、中共指導者たちを真摯で快活で、ユーモアさえ見せる、毛沢東を中心にまとまる人々として描いたが、それは王明や張国燾《ちょうこくとう》らとの党内対立について、彼らが口をつぐんでいたためである。

さらにエドガーは、西安事件について、『中国の赤い星』刊行後の三七年一一月に「知った」ことを、その後の改訂版でも書かなかった。このとき彼は上海で「X」と会見し、驚くべきことを聞く。毛沢東はスターリンの電報で蔣介石の釈放を「指令」されたというのである。「毛沢東は悪態をつき、足を踏みならして怒りました。指令を受け取るまで、共産党は蔣を公判にかけ、西北抗日防衛政府を樹立する計画でいたのです」(小野田耕三郎他訳)、と。「X」(=宋慶齢)によるこの「電報」の受信と陝北への転送については疑問が残るが、毛らが事件当初、蔣を人民裁判にかける(中央軍の西安本格攻撃の際は殺害)方針を決め、南京に対抗する西安政権樹立を検討、その後ソ連・コミンテルンの意向で方針を「平和解決」へと方針転換したことは、確かである(楊奎松『西安事変新探』)。それにしても、スノーは自ら「知っていた」ことを、二〇年後の『中共雑記』(一九五七年)まで書かなかったのである。

個別史／地域史

I　世界恐慌とアジアにおける国際関係

個別史／地域史Ⅰ

世界大恐慌と通貨・経済の構造変動

杉原　薫

はじめに

本稿の課題は、世界大恐慌がアジアに与えたインパクトを、東アジアの対応の特徴に焦点を当てて論じることである。

一九二九年のウォール・ストリートの株価崩落に発する恐慌の影響は文字通り世界的だった。ＧＤＰの収縮は基本的には欧米先進国に限定されていたが、貿易の縮小は世界のほとんどの地域に及んだ。西ヨーロッパ諸国は、スターリング圏、フランスなどの金ブロック、マルク・ブロックに分裂し、世界最大の地域貿易圏（西ヨーロッパの域内貿易圏）は大混乱に陥った。アメリカが膨大な金準備を蓄積し、安定を求める外国資本を吸収したことも、世界貿易の決済のための国際流動性を確保することを難しくした。国内の対応を見ると、アメリカと西ヨーロッパ諸国では高い失業率と経済の全面的収縮のなかで、積極財政政策による回復が図られた。流動性を増やすための低金利政策・インフレ政策も登場し、国家の市場への介入が強まった。そして、こうした国際的対応と国内の対応の結節点をなしたのが、国際金本位制から管理通貨制への移行であった。

他方、非ヨーロッパ世界では恐慌は基本的には欧米から波及したものとして現れた。もちろん、他律的であっても、凶作などのローカルな要因と重畳することもあったし、生活水準が低く、生存基盤の確保がむずかしいところでの不況の影響がより深刻だった可能性は高い。先進国の第一次産品需要が急減したことの直撃を受けた地域では、アジアでも、ラテンアメリカやアフリカと同様にその影響は深刻であった。日本でも生糸輸出に関わっていた地域が影響を受けたことは良く知られている。

しかし、貿易の収縮が経済の発展や構造転換にどのように結びついたかということになると、地域差が目立つ。非ヨーロッパ世界におけるＧＤＰの動きには大きなバラツキが見られた。より重要なのは、経済発展の長期径路、とくに工業化にどのような影響があったかということである。植民地支配下のインドや東南アジアの多くの地域では工業化のための政策は限定的だったのに対し、日本では工業化の進展による急速な回復を見た。欧米よりも日本に強く結びついていた朝鮮、台湾では、恐慌の影響は間接的だった。さらに、中国経済も恐慌の影響をあまり受けなかった[Myers 1989]。中国は東南アジアとは対照的に、輸入代替工業化を進めたのである。言うまでもなくこれらの違いは、根本的にはそれぞれの地域の経済社会構造の特質を反映したものであるが、同時に、欧米中心の帝国主義的国際秩序のなかで、各地域が大恐慌という共通のインパクトに対応した(あるいはできなかった)ことの結果でもあった。東アジアの特徴は、世界貿易の崩壊とブロック化の流れのなかで、日本と中国がそれぞれ独自の対応を見せ、欧米からの自立化の傾向が一層強まった点に求められる。ただし、その自立性は、最終的には政治的にも経済的にも相対的なものでしかなかった。

次節では、大恐慌を直接の契機として生じた、イギリスの金兌換停止に始まる国際通貨体制の大転換に焦点をしぼり、それが東アジアの発展径路にどのような影響を及ぼしたかを考える。日本と中国はともに管理通貨制に移行し、工業化を促進することができるような通貨秩序を形成したが、しかしそれは独自の構造的権力に依拠したものというよりは、新たに出現した基軸通貨体制の一部となることによってその安定性を保証するものであった。第二節では、東アジア経済の工業化の意義と限界を論じる。東アジアの工業化は、世界経済へのアジアの統合が進んだ一九二〇年代までの傾向と比較すれば、そこからの自立化の過程であり、言いかえれば従来の発展径路からの「逸脱」の過程であった。それによって東アジアは、大恐慌の影響による世界市場の停滞と分断を横に見て工業化を進めることができたと同時に、欧米に蓄積された重化学工業や、国際金融、軍事、資源開発などの国際関係の維持にとって重要な分野の先端的な知識やノウハウを共有できず、国際協調の条件を失うことにもなった。最後に、こうした一九三〇年代の展開のその後の経済発展径路への影響を展望し、むすびとする。

一　「金の足枷」からの解放

「近隣窮乏化政策」説の修正

キンドルバーガーによれば、アメリカの恐慌を世界的規模の大不況にした決定的な戦略的要因は、国際金融システムの維持における指導性の欠如にあった。大恐慌にあえぐアメリカは一九三一年四月のイギリスの金本位制離脱に追随せずに国際流動性を吸収し続けた。一九三三年九月のドルの切り下げは、アメリカが国際流動性を抱え込んだまま、管理通貨制に移行したものとして非難された。イギリスもアメリカも、覇権国家のイニシャティヴをとれなかったわけである。「為替切り下げ競争」は、みずから抱えた問題を他国に転嫁するだけの、「近隣窮乏化」政策として機能するばかりであった。第一次大戦前の国際金本位制はイギリスの覇権によって円滑に機能したのであり、両大戦間期の停滞はそれへの復帰に失敗したことに原因があるとするこのような理解は、第二次大戦後のブレトン・ウッズ体制において固定相場制とアメリカの強いリーダーシップが追求される背景ともなった[Kindleberger 1973]。

これに対しアイケングリーンは、大恐慌を招いた原因は、むしろ当時の政策担当者が金本位制への復帰にこだわって、政策の選択肢の幅を狭めたことにこそあると論じた。第一次大戦と賠償問題を経た一九二〇年代後半の世界は、アメリカの地位の上昇と英仏独の地位の低下、それにともなう国際協調の困難、労働者の政治的地位の上昇による国内の諸利害の調整の困難といったことから、第一次大戦前のような中央銀行の政策による景気の自動調整機能への信頼とそれを支える国際協調の基盤は失われていた。そもそも第一次大戦前においても、緊急時の対応はイングランド銀行の主導によってではなく、各国の中央銀行の協調によって行われていたのであって、覇権国のリーダーシップのみが国際経済秩序の安定につながっていたわけではない。一九三〇年代の世界にとってもっとも重要だったのは、フランスやアメリカが金をため込むことによって資本移動が阻害され、国際流動性の不足を招くような体制から、国内における積極財政政策(やインフレ政策)と国際協調による基軸通貨の信認によって、為替レートの調整をつうじた景気の回復を図る体制に転換することであった。

現実にはフランスなどの金ブロックは一九三六年まで金本位に固執し、ドイツは事実上独自の通貨圏の形成に向かったので、英米の協調による複数基軸通貨体制が機能した局面は、時期的にも地域的にも限られてはいた。しかし、一九三一年のイギリスにはじまる各国の金本位制からの離脱は、中央銀行や政府の政策当局者から「金の足枷golden fetters」をはずし、準備金の制約にこれまでほど厳密にとらわれることなしに国際流動性を増やすことを可能にするとともに、為替レートの切り下げによって国内の景気回復を速める効果をもった。また、一九三三年四月の金本位制離脱以降のドルの切り下げにより、ポンドとドルとが再び連動することになったが、アメリカが結局ポンドに追随したことも、ポンドの信認を助ける結果となった[Eichengreen 1992]。

図1によれば、先進国の中ではポンドとドルを中心とするいわゆる「英米グループ」が、一九三四年以降、相対的に低めの水準で為替レートの中心を形成した。ポンドとドルは、みずからがターゲット通貨となることによって、多くの通貨の価値をそこへ収斂させることに成功したのである。このように複数基軸通貨体制が成立すると、ポンドと

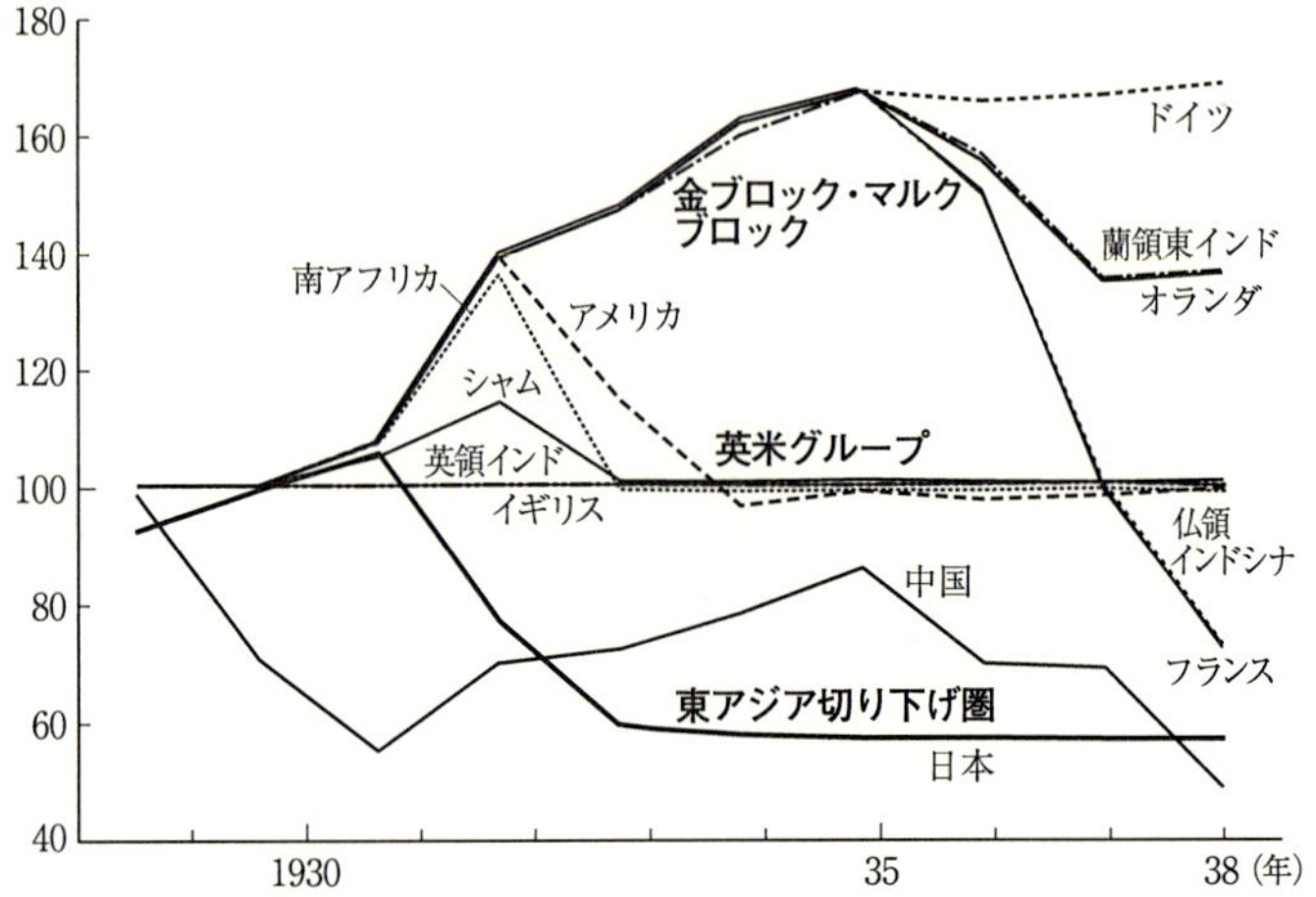

図 1　各国通貨の対ポンド為替レート(1929–38 年)
League of Nations, *Review of Word Trade*, Geneva の 1934–38 年版の Annex. 国際連盟のいう 1929 年までのいわゆるパリティーレート(輸出・輸入レートの単純平均)を 100 として算出し, League of Nations, *The Network of World Trade*, Geneva, 1942, p. 172 にあるレートでドルからポンドに換算した. 本図に掲げた英仏蘭の植民地の通貨はこの時期, 本国通貨にほぼ連動していた.

ドルの減価は、金価格を上昇させるとともに、金とのリンクを続けた国の通貨の価値を割高にした。英米グループは、国際流動性の計算単位を金からポンドないしドルに変更することによって、その増加に成功したと言えよう。

こうして、アイケングリーンによれば、イギリスが主導した為替の切り下げは必ずしも近隣窮乏化につながったのではなく、むしろ諸通貨の価値の安定と国際流動性の増加に貢献した。世界経済が変動為替相場制へ移行してから四〇年を経た現在では、変動相場制のもつ短期的変動の弊害が明らかになる一方、(基軸通貨を含む)各国経済の競争力の基礎的な変化の為替レートによる調整と、そのための国際協調の必要性は広く認知されている。

日本における「金の足枷」からの解放

ところで、**図 1** が示すように、東アジアの通貨の価値は、この時期にポンドに対して大きく切り下がった。日本(および円ブロック——次節参照)、中国から成る東アジアだけがまったく独自の動きをしたのである。

この東アジア「切り下げ圏」は、どのようにして生まれたのであろうか。まず日本は、周知のように世界大恐慌が勃発した直後の一九三〇年一月に金本位制に復帰したが、旧平価での解禁が為替レートの切り上げを意味したことから国内の恐慌が悪化し、資本の海外への逃避と大量の金流出を招いた。一九三一年九月にイギリスが金本位制を離脱すると、為替市場には内外の為替銀行や貿易商によるドル買いが殺到し、政府はドル売りでこれに対抗したが耐えることができず、一二月に日本も金輸出を再禁止し、再び金本位制を離脱することになる。この過程で日本は大量の金を失った。一九三〇年五月から一九三二年一月までの流出額は五億四〇〇〇万円に上り、以後、十分な金準備がないことが日本の為替政策を規定していく。高橋是清蔵相は、円の減価は為替レートを経済の実勢に合わせるとともに、輸出奨励にもなるとして放任し、急速な切り下げを許した。再禁止直前の一九三一年一二月と一九三二年一一月末の市中最低相場を比べると、ドルに対して六〇%の下落であった。

為替レートを安定させなければ貿易に差し支えが出る。金準備の十分な裏付けなしに為替の低位安定を図るには、政府が介入するほかはない。そこで政府は一九三二年七月の資本逃避防止法で資本の内外移動を制限し、同年一一月にこれ以上の為替の低落の防止に着手し、ほぼ全面的に為替取引を政府の管理下に置いた。そして一九三三年三月に基準為替相場をドル建てからポンド建てに変更し、円を一シリング二ペンスで、すなわち低位のまま、ポンドにリンクさせた。当時はアメリカが一九三三年に再び不況に陥り、ドルの価値が大きく下落している渦中だったので、安定した通貨はポンドしかなかったのである。以降一九三九年の第二次大戦勃発まで、政府はこのポンドへのリンクの維持にほぼ成功する。それは、日本が円ブロック以外の国々との貿易を維持し、原料資源を確保するために必須の選択であった〔鎮目 二〇〇九、七七―八三頁〕。日本はこの期間、決済通貨価値の安定をポンドの信認に依存したという意味で、実質的にスターリング圏に属していたと言えよう。

スターリング圏は、核の部分ではイギリスの植民地支配や自治領への影響力を前提とし、一九三二年のオタワ協定で成立した関税ブロックと重なりあっていたけれども、その存立基盤は帝国の版図や関税ブロックをはるかに超え、東アジア以外にもスカンジナビア諸国、バルト三国、ポルトガル、シャム、イラン、エジプト、アルゼンチンなどの独立国を含んでいた。その限りでブロック化よりも協調に与するのが自然な立場にあった。

それゆえこれを、明確な地理的境界をイメージして「スターリング・ブロック」と呼び、一九三〇年代末に一般化した閉鎖的な「マルク・ブロック」、「円ブロック」などと同一視することは適切ではない。それどころか、日本が一九三二年以降、円の価値をポンドにリンクさせる道を選んだことは、スターリング圏の成立の意図とまったく適合的で、相互補完的な戦略であった。また、いったん円がポンドにリンクすると、円ブロックの中国大陸への拡大は、同時にスターリング圏の拡大を意味した。さらに、中国の通貨の価値も一九三五年にポンドにリンクするに及んで、東アジアは事実上スターリング圏化したのである。日中戦争に至って「通貨戦争」が激化し、域内通貨への信認が揺らいでも、日中両国には金や銀との兌換性を回復する力はなく、東アジアの通貨の国際的価値の安定はますます対スターリング・レートの維持というかたちで示すほかはなくなった。インフレが激化してそれが不可能になってはじめて、東アジアは全面的な為替管理と貿易統制に向かったのである。

中国における「銀の足枷」からの解放

他方、銀に連動していた中国通貨の価値は、銀価の下落に応じて一九二九年以降急落した。このため中国は、他国に比べると、大恐慌の影響を直接には受けなかった。しかし、一九三一年以降の諸外国による金本位制離脱の影響やアメリカの政策のために銀価が上昇し、そのために大量の銀が中国から流出した。もっとも、通貨価値は恐慌以前の水準にまでは回復せず、切り下げ気味のまま推移した（**図1**参照）。銀流通の全国的減少は、信用の収縮とデフレを招いた[Young 1971, chap. 8]。さらに、こうした短期的な変動の問題を別にしても、管理通貨制への移行という世界的趨勢の中で、中国が為替管理も中央銀行による金融政策もなしに通貨の価値を安定させることは非現実的になっていた。中国では、この時点でもなお銀地金、各種銀貨、銅、紙幣など雑多な通貨が並存しており、しかもその間の交換レートはしばしば変動していた。そのような体制では、外国資本の流入に支障が出るだけでなく、主要通貨の価値の変動に対して機動的に対応することもできないであろう。

一九三五年の幣制改革の大きな目的は、銀とのリンクに縛られたデフレ状態を断ち切り、ポンドにリンクする新しい通貨体制を構築することであった。すなわち通貨の発行権を中国中央銀行、中国銀行、交通銀行の三つの政府系銀行に限定し、それらの銀行が発行する国幣(元)を唯一の法幣とする。そして通貨としての銀の使用を禁止し、できるだけ速く銀を回収して国幣の流通を図る、というものであった。イギリス系銀行などの支持もあって、新紙幣による銀の代替は順調に進み、銀行への銀の集中も進んだ。その結果、一九三五年から一九三八年初頭まで、中国通貨の価値は短期間ながら安定した[久保 一九九九、第八章]。この間の中国は、日本と同じ意味でスターリング圏に属したと言えよう。政府も、通貨の低位安定をねらっていたものと考えられる。

ところで、銀はヨーロッパにとっての金よりもはるかに長くアジア市場を律してきた。中国は、インド、東南アジア、日本が一九世紀末から二〇世紀初頭に続々と金本位または金為替本位制に移行したにもかかわらず、一九一一年の辛亥革命後も銀利用圏にとどまった。市場において価値尺度機能や地域間決済機能を担ってきたのは、権力を背景としない、地金の素材価値や貨幣そのものの性質に流通の根拠をもつところの通貨だったので、そもそも国家には銀の流出入を規制する力はなく、金融政策を遂行することは不可能であった。市場は何世紀ものあいだ、自立していたとも言える。国民国家にとっては、それは「銀の足枷」に見えたに違いない。

中国は、幣制改革によってはじめて国内通貨を対外決済から分離することに成功した。法幣は、その対外価値を安定させることによって信認を獲得した［Shiroyama 2008, pp. 231–239］。このようにして「銀の足枷」が解かれたということは、とりもなおさず国家が市場への開放性を維持したまま足枷から解き放たれたということであった。その結果、東アジアのなかに日本と中国という通貨上の二つの主権国家が生まれたのである。

東アジアの従属と自立

一九三〇年代の世界経済を見渡すと、依然として大部分の非ヨーロッパ世界は植民地または列強の影響下にあり、通常その通貨は宗主国の通貨価値にリンクしていた。わずかな独立国もスターリング圏に入っているところが多く、東アジアはそのなかでも最大の勢力であった。そして、東アジアにおける管理通貨制への移行によって、世界経済全体も地金の足枷から解放され、通貨の量と価値を決めることができるようになった。「金の足枷」も「銀の足枷」も、地金の価値によって通貨価値が決まり、通貨量を人為的に決定する余地が制限されるという点では共通していた。また、積極的な財政金融政策によって景気の回復を図るという選択肢を得たことも同じであった。その意味では、国際通貨秩序における「主権国家システム」が出現したとも言えよう。

ただし、朝鮮、台湾の通貨制度は日本の支配下に置かれ、満洲でも一九三六年以降、円にリンクする体制が成立した［山本 一九九二、第二章］。為替レートや流動性の操作という機能面から捉えた東アジアの通貨秩序は、自立した多数の国によるものではなく、二つの大国による秩序にすぎなかった。

しかも、このような自立が、自国通貨の価値の安定を基軸通貨へのリンクに依存するという新たな従属によって可能となったことも見逃してはならない。東アジアの管理通貨制への移行は、一九三二年に始まり、一九三五年に完成し、一九三八年まで維持された。移行は直接には多分に金や銀へのリンクから生じた危機への対応であった。それに伴って生じたのは、アメリカのような、覇権と安定を求めた金吸収ではなく、むしろ金と銀の域外への流出である。

日中両国は、スターリング圏の一部となることで、通貨価値の安定と域内流動性の確保に努めた。

一九三七年に日中戦争が勃発し、華北の中心部が日本の支配下に入っても、ただちに元が駆逐されたわけではない。中国大陸における円系通貨は厳密に言えば円と等価ではなく、円との兌換も大きく制限されていたから、その購買力は減価しつつあった。他方、元の購買力は、日本の期待に反してかなりの間、維持された［中村　一九八三、二〇九―二一三頁］。日中戦争が域内の「通貨戦争」を激化させ、日本と英米グループとの政治的な摩擦が深まっても、域外との関係における東アジア通貨の価値の安定は、時期を下るにつれてますますポンドの信認に依存していったように見える。インフレと戦争による消耗の結果、元が急速に減価していったのは一九三八年四月以降のことである。

にもかかわらず、日中両国の管理通貨制への移行は、新しい国際通貨体制を利用した工業化戦略を内に含んでいた。対抗的切り下げに走らない基軸通貨に対してみずからの意志で大幅な切り下げを決行すれば、輸出を容易にし、輸入を困難にするという工業化にとっての利益を、ある程度長期にわたって享受することができるであろう。新しい国際通貨体制の成立は、国際金本位制の下では考えられなかったチャンスを東アジアに与えたのである。節を改めて、この点を考えることにしよう。

二　東アジアの工業化とその限界

アジア貿易成長の論理

二〇世紀初頭のアジア経済はどのような国際的条件の下に置かれていたのか。まず、大恐慌直前の経済の規模と水準を一瞥しよう。インド、東南アジア、中国、日本、朝鮮・台湾に分けて考えると、一九二八年段階のＧＤＰは世界比でそれぞれ七、三、八、三、〇・六％程度だった（人口比ではそれぞれ一六、五、二四、三、〇・九％程度。いずれも[Maddison 2009]に基づくラフな推計にすぎない)。一人当たり所得は日本がもっとも高く、朝鮮・台湾と東南アジアがほぼ同じ水準でそれに次いだ。また、いささか常識に反するかもしれないが、インドがそれに続き、中国より高い水準にあった。もちろん、これらすべてのアジア諸国と欧米先進国とのあいだには生活水準に大きな格差が存在した。

次に、貿易の比重を見よう。五つの地域の貿易額を円グラフにした**図2**によれば、インド・東南アジアと東アジアは、総額では一九二八年の段階ではほぼ拮抗していた。言いかえれば、東南アジア、日本の貿易依存度が高く、インド、中国のそれは低かったことになる。ほとんどが植民地だったインド、東南アジア諸国は欧米に対する第一次産品輸出経済としての性格が強く、アジアの対欧米輸出額の過半はこれらの地域からだった。輸入も含め、これらの地域が東アジアよりも強く欧米と結びついていたことは明らかである。プランテーションや鉱山では、輸出ブームで実質賃金が上昇した。そして、インド人、中国人移民を含む労働者、農民の購買力が、米などの食糧や安価な綿製品の需要を誘発するとともに(これがこの地域のアジア間貿易の一つの中心を構成した)、移民の送金が増え、地域の決済構造の重要な一翼を担うようになった。

他方、欧米からの資本投資も圧倒的に対インド、東南アジアが多かった。これも為替レートの(東アジアから見れば高位)安定の重要な背景の一つである(**図1**参照)。それだけに、先進国で恐慌が起こればただちに大きな影響を受けやすい体質だった。

東アジアも、生糸輸出で外貨を稼ぎ、欧米から工業品を輸入する構造そのものはインド、東南アジアに似ていた。一九二〇年代には生糸輸出の停滞などから、欧米との結びつきを弱めつつあったとはいえ、日本も中国も欧米からの機械や資本の輸入を必要としていた。日本では棉花をはじめ、原料の輸入が重要だっただけでなく、資本輸入も急増した。中国でも英米仏日の「四国借款団」による外資導入など、必ずしも成功したわけではないが、国際協調的な試みが続いた［三谷 二〇〇九、一五一—一五二頁］。

欧米との競争という側面も無視できない。第一次大戦中に勃興した日本の重化学工業は、一九二〇年代に回復した自由貿易体制の下で再び国際競争にさらされ、必ずしも順調な発展をとげなかった。日本は欧米に対しては生糸などを、アジアに対しては国際競争力をつけた綿製品や雑貨などの軽工業品を輸出し、欧米からは機械類と第一次産品を、アジアからは第一次産品を輸入する、戦前型の貿易構造へ回帰したのである。再建された多角的貿易決済構造は、重化学工業品の競争を激化させたという意味では日本の産業構造の高度化を抑制する方向に作用した。こうしてアジア間貿易は、欧米との遠隔地貿易の成長を背景に、それに依存するかたちで成長した。

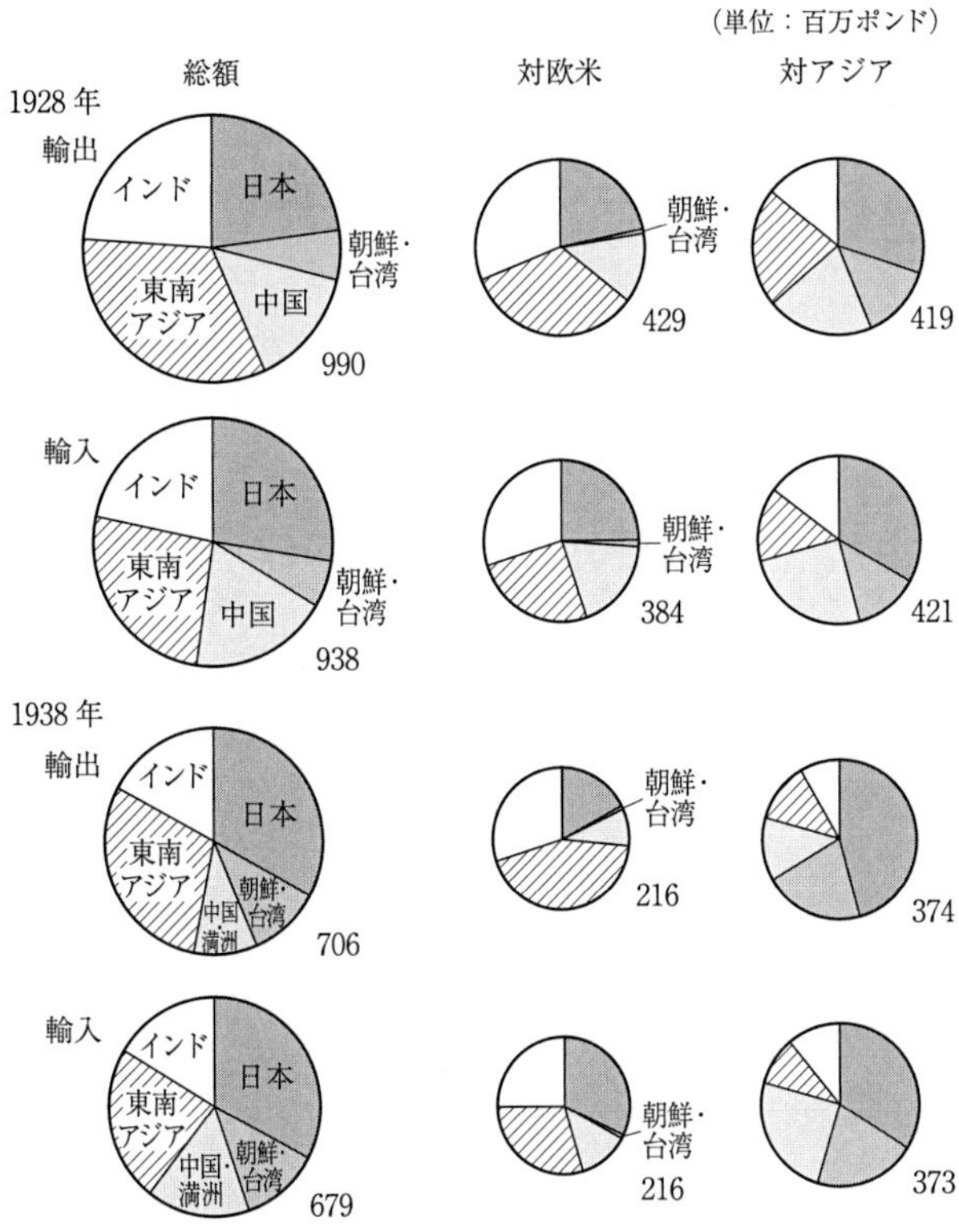

図 2　アジア 5 地域の貿易の規模と比重（1928・1938 年）
［杉原 1996, 149–156 頁］および『大日本帝国統計年鑑』より作成．計算方法も［杉原 1996］を参照．朝鮮・台湾の数字は両国間の若干の貿易を含む．

これと並行して、一九二〇年代には日本帝国内の国際分業も進み、朝鮮・台湾と日本との貿易が急増した。その基本構造は、朝鮮が米、台湾が砂糖などの第一次産品を日本に輸出し、日本から朝鮮・台湾に工業品を輸出するものだったが、植民地の側にも工業化の動きがあり、日本からの輸出品のなかでも重化学工業品が急増するなど、貿易構造の高度化の傾向が見られた［堀 二〇〇九、第二、三章］。ただ、この時期以降の朝鮮・台湾の対欧米貿易依存度は極めて低く、国際競争にさらされた市場だったとは言えない。また、一九二〇年代の段階では、こうした隔離された貿易はまだアジア間貿易の主流ではなかった。

大恐慌による世界貿易の崩壊とブロック化は、こうした状況のなかで生じた。

ブロック化への対応

図2のアジア貿易の地域別構成に戻って一九二八年と一九三八年のデータを比較すると、一九三〇年代にやや東アジアの比重が大きくなっている。この比重の変化には質的な意味があったように思われる。

東アジアの対応は、欧米の主導になるブロック化への対応と、欧米主導の世界市場から距離を置く円ブロックの形成の二つに分けることができる。まず、ブロック化の世界的傾向［James 2001, chap. 3］に対する日本の対応を見よう。低い為替レートを武器とする日本の繊維製品・雑貨の輸出拡大は、インド、東南アジアの主要市場において貿易摩擦を引き起こした。とくに綿業をめぐるものは、日本が世界市場で起こした最初の大きな貿易摩擦であり、関税や数量規制によって日本製品の輸入を制限しようとする動きが強まった。もちろん、それに対して、国際分業体制を維持しようとする立場から、繰り返し会商が開かれ、第一次産品輸入を絡めた妥協が図られた。インドや蘭領東インドでは、高い関税障壁の設定が高い為替レートによってかなりの程度相殺されたので、日本製品はランカシャーなどの欧米製品に対抗し、ある程度までは浸透したが［籠谷 二〇〇〇、第五―八章］、それでも一九二〇年代の競争的市場環境と比べると、ブロック化の影響は否定のしようがない［Booth 2000］。綿製品はアジア、アフリカ、ラテンアメリカのより小さな市場にも急速に浸透していった。

より重要なのは、生糸輸出の縮小と原燃料輸入の拡大によって対米貿易の赤字化が定着したことである。これはブロック化のなかで工業化を図れば図るほど、対米依存が拡大するという矛盾を日本経済にビルト・インした。円ブロックが(完成された時期のマルク・ブロックのように)閉じられたブロックであれば、このようなことは起こらなかったであろう。だが、この時期の円ブロックの拡大は欧米との対抗的な拡大ではなく、ブロック外からの資源輸入を前提とした重化学工業化をねらうものであり、それを支える体系的な積極財政政策が一九三六年まで機能していた[三和 二〇〇三、第九章]。

次に、中国の対応を一瞥しよう。揚子江下流の地域経済は、両大戦間期に日本、朝鮮・台湾に匹敵する成長と産業構造の転換を経験した[Ma 2008]。そして、一九三〇年に完全に関税自主権を回復した国民政府は、軽工業品を中心とする輸入代替工業化政策を遂行した。**図1**にあるように日中間の為替レートに激しい変化はなく、設定された保護関税は、セメント、マッチ、人絹、綿布などの分野や新しく国内生産が本格化した産業で有効に機能し、主に日本からの輸入が抑えられた。同時に、欧米と日本からの重化学工業品の輸入は続けたので、これは明らかに選択的な保護関税政策であった[久保 一九九九、第六章]。上海や青島の綿業では、在華紡との激しい競争をつうじて有力な民族資本が出現した[久保 二〇〇五、第五章]。他方、満洲・華北へのさらなる進出を目指す日本の動きに加え、イギリスの既存の金融・サービス部門の利害(香港のそれを含む)と、権益を拡張しようとする列強、とくにアメリカとの対立もあって、国際協調主義の力は衰えていく[三谷 二〇〇九、第七章]。政治的軍事的対立が激化するなかで、本格的な工業化政策を遂行する国家間の競争による雁行的発展が生じたのである。

こうして円ブロック以外のアジア間貿易は縮小していった。しかし、**図2**で捉えたアジア間貿易における東アジアの比率はむしろ上昇している。その実態は円ブロックの拡大であった。

円ブロックの成長

一九三〇年代の日本は、大恐慌以前よりもはるかに急速に重化学工業化を遂行した。その国際的条件として重要だったのは、低い為替レートによる輸入価格の上昇と一九三二年以降の関税改正である。急成長した新しい産業に綿業のような国際競争力があったわけではないが、この時期に銑鉄、鋼材、機械、化学などの分野で関税率の上昇や市場の組織化によって輸入代替が進行した。より根本的には実質賃金を低下させつつ、なお良質の労働力を確保する機構が成立したことが重要であった〔橋本 一九八四、第四章〕。しかし、生産力に限界があったり、大型、高級機が十分に作れなかったりしたこの段階では、日本の重化学工業化には必要な機械や原燃料は輸入できる体制が必要で、選択的な保護関税政策であった〔橋本 一九八四、三二一―三二六頁〕。

しかも、この輸入代替工業化は、大企業の多くが想定していた従来のシナリオ、つまり為替の切り下げによる抵抗を内蔵しつつも国際協調への志向を維持するパターンから逸脱する側面を持っていた。隔離された円ブロックの成長への依存である。一九三〇年代における朝鮮・台湾の貿易は、日本にとって急速に重要性を増していたにもかかわらず、その対欧米貿易はほとんど無視しうる額にとどまり続けた（**図2参照**）。外国貿易はといえば、中国などが若干登場するだけだった。工業品の輸入先はほとんどが日本で、しかも重化学工業品の輸入は急増している。これは、インド、東南アジアなどで広範に見られた関税や数量規制によるブロック化とは根本的に異なる水準の集中度である。また、日本が重化学工業化のために課した選択的な保護関税とも質の異なるものだったことは貿易統計を見れば一目瞭然である。

それればかりではない。満洲国の成立以降、日本は満洲経済を華北から切り離して支配下に置き、円ブロックに包摂しようとする志向を持つにいたった。実際には関税についても通貨についてもその実現には時間がかかったが、一九三五年には円とのリンクが完了した〔山本 一九九二、七三―七七頁／山本 二〇〇三、一七七―一七八頁〕。それによって満洲貿易も、植民地ほどではないが、隔離型の方向に向かったと言えよう。こうして日本は、一九三五年の段階で重化学工業品市場において、輸入額に匹敵する輸移出額を持っていた〔山本 一九九二、一二六―一二七頁〕。その意味では単に国内市場を確保したにとどまらない達成であった。ただし、隔離された市場への輸移出の比率が大きかったので、必ずしもそれが国際競争力を持ったという証拠になるわけではない。

むしろ円ブロックの成長は、工業化の観点からは自立化を進めたものであったと同時に、それまでの競争的市場のなかで発達してきたアジア貿易成長の論理から大きく逸脱するものであった。朝鮮・台湾の工業化にとっても、本来の国際競争にさらされなかったことが長期的に見て有利に作用したとは到底思えない(独立国はもちろん、当時はインド、東南アジアの植民地でも、経済の厚生を高めるために安価な消費財や良質の機械の宗主国以外からの輸入を求める要求が出されていた)。

従来の研究では、こうした日本の重化学工業化の性格と円ブロックの極端な閉鎖性とが整合的に理解されてこなかったように思われる。たしかに日本の重化学工業の国際競争力の欠如が植民地・満洲市場の独占を誘発したという関係は指摘されてきた。また、近年は植民地・満洲の工業品の輸入の上昇が必ずしも外部からの強制だけによるものではなく、植民地・満洲内部の工業化と連動していた側面があることも強調されている〔堀 二〇〇九、第二―四章〕。だが、それと同時に、これだけ急成長した市場を日本が独占することが許されたのはなぜだったのかも問われるべきであろう。前節でみたように、円ブロックと中国はともにスターリング圏に属する時期があった。これに対し、朝鮮・台湾の通貨・関税上の主権を要求する力が強い国際性を帯びることはなかった。満洲の運命も最終的にはそうであった。一九三〇年代の東アジアでは多様な論理を持つ政治的経済的諸力が併存し、構造的権力を持つ地域レジームとしてのまとまりを欠いていた。したがって、この地域の植民地にも主権国家システムを普及させようとする強い力は存在しなかったのである〔杉原 二〇〇三、一五六―一六一頁〕。こうして、非ヨーロッパ世界で初めての地域大の輸入代替工業化は、日本の植民地支配と満洲への進出を許した帝国主義的国際秩序に依存して進行した。

それでも、本格的な重化学工業化が東アジアで起こったことは、東アジアの長期経済発展径路にとって画期的なことだった。円ブロックの成長によって日本は、競争力のある労働集約型産業と、競争力はないが急速に発達する資本集約型産業の両方を有する工業国となることができた。イギリスも、日本の綿業の輸出の抑制や、基軸通貨の信認による多角的貿易決済構造の維持や投資環境の確保を望んでいたので、「逸脱」を容認した。日本により厳しい態度をとったアメリカも、日本の中国侵略を防ぐ努力に追われ、それ以上の介入をする余裕はなかった。だとすれば、このようなかたちで東アジアの地域工業化を可能にした最大の国際的要因は、欧米の経済力を大きく低下させた世界大恐慌だったとも言えよう。

ブロック化の限界

もちろんこのような工業化には無理があった。いわゆる「名和三環節論」［名和 一九三七］では、棉花や重化学工業用原料、燃料を円ブロックの内部で自給できないことの素材的側面が強調された。「資源安保」の観点からそれが問題になったことは事実であろう。マクロな貿易収支、国際収支上の問題も指摘されてきた。為替管理・金管理の強化によって米英からの外資導入が途絶し、外貨調達の可能性が狭まったので、外貨決済は円ブロック以外との貿易収支の動向にますます依存するようになり、日中戦争開始以降、輸出の減少にともなって外貨決済の問題が表面化した［原 一九七二］。これらが、円ブロックの限界についてのこれまでの理解であった。

ここではそれに加えて、かりにこうした問題が一時的に解決できたとしても、なお日本帝国には根本的な競争力の欠如があったことを指摘しておきたい。国際分業体制の一部を担うことによって工業化を進めてきたため、技術や資本を持った国とも、資源を持った国ともつきあっていかなければ経済の発展はありえないにもかかわらず、それに必要な国際関係上の力を日本はこの時期に急速に失っていった。国内、植民地、あるいは満洲の生産力が国際競争力をもつかどうかは、それらの地域が世界経済の一部である限り、そこでの生産力水準だけによっては決まらないだけでなく、生産力の単純な比較によっても十分に捉えられるものではない。世界システムのなかで独自の発展径路を追求するためには、国際金融、軍事産業、資源開発をめぐるグローバルな経済の動きのなかに円ブロックを的確に位置づける能力が決定的に重要であった。日本に欠如していたのは、決して軍事的政治的な判断力だけではなく、この点についての深い洞察であった。

おわりに

世界大恐慌は、東アジアのそれまでの経済発展径路をいくつかの点で大きく変えた。最大の全体史的帰結は、それが日本の侵略を促す一つの経済的背景となったことだとも言えよう。問題をそのように立てれば、社会史、政治史へのベクトルは太く、多様である。逆に、侵略が経済発展径路を規定した側面を理解しようとする方法もある。いずれの場合も、アジア太平洋戦争へのつながりを視野に入れるなら、一九三〇年代の過程を見るだけでは十分な理解は得られないだろう。日本の侵略の政治的・軍事的インパクトは、第二次大戦を経て、冷戦体制とアメリカを中心とする自由主義世界の再建のかたちに影響し、アジアでは日本の占領、中国の共産革命、朝鮮戦争、さらには東南・南アジアの脱植民地化などの動きにも及んだ。それらが世界とアジアの大きな体制変革を促し、戦後の経済発展径路を支える制度的枠組を作ったように思われる。

ここではそのような視点からは抜け落ちがちな、世界大恐慌による一九三〇年代の変化のアジアの長期経済発展径路への直接的な影響について、二点だけ書きとめておきたい。

第一に、恐慌への東アジアの対応は、この地域が経済的な意味での「主権国家システム」の一部となる体制の原型を作った。日本はいち早く管理通貨体制に戻って積極財政政策を敢行し、急速な工業化による経済の回復に成功した。中国では国民政府による輸入代替工業化政策が遂行され、幣制改革によって財政金融の両面で主権国家としての制度的基礎を（短命ではあったが）確立した。さらに、両国は複数基軸通貨体制の一部となることによって、地域として世界システムに関わるという経験をした。東アジアは決してシステムの中心だったわけではないが、しかし欧米以外の地域が世界システムの中心としての「主権国家システム」の一部となったということは、その限りで西洋型秩序が相対化されたということでもあった。それは、冷戦期を経て現代にいたる東アジアの国際経済秩序の本格的構築を準備する、大きな制度的変化であった。

第二に、恐慌によって、この地域が西洋との協調と摩擦を繰り返しながらも工業化を本格的に推進する方向が明確になった。非ヨーロッパ世界が工業化するのか、そもそも工業化すべきなのかについては、当時の西洋ではまだそれほど強い合意はなかったように思われる。その意味では、この方向は内発的に出てきたとも言える。その結果、東アジアの工業化は国際分業上のさまざまな摩擦を起こしてきた。現在もそれは十分には解決していない。しかし、結局東アジアの経済発展径路が二〇世紀の世界システムに決定的なインパクトを与えることになったのは、その工業力のためである。世界大恐慌への対応が新しい制度の形成をつうじて従来よりも自立的な地域工業化を促し、それが東アジア型経済発展径路の新しい核となったことは疑問の余地がない。

＊　第一節は、［杉原　二〇〇二］の一部の要約に若干の解釈を加えたものである。

【文献一覧】

籠谷直人 二〇〇〇 『アジア国際通貨秩序と近代日本』名古屋大学出版会
久保亨 一九九九 『戦間期中国〈自立への模索〉――関税通貨政策と経済発展』東京大学出版会
久保亨 二〇〇五 『戦間期中国の綿業と企業経営』汲古書院
鎮目雅人 二〇〇九 『世界恐慌と経済政策――「開放小国」日本の経験と現代』日本経済新聞出版社
杉原薫 一九九六 『アジア間貿易の形成と構造』ミネルヴァ書房
杉原薫 二〇〇一 「東アジアにおける工業化型通貨秩序の成立」秋田茂・籠谷直人編『一九三〇年代のアジア国際秩序』溪水社
杉原薫 二〇〇三 「近代国際経済秩序の形成と展開――帝国・帝国主義・構造的権力」山本有造編『帝国の研究――原理・類型・関係』名古屋大学出版会
中村隆英 一九八三 『戦時日本の華北経済支配』山川出版社
名和統一 一九三七 『日本紡績業と原棉問題研究』大同書院
橋本寿朗 一九八四 『大恐慌期の日本資本主義』東京大学出版会
原朗 一九七二 「日中戦争期の外貨決済」(1)(2)(3)『経済学論集』八巻一号(四月)、二号(七月)、三号(一〇月)
堀和生 二〇〇九 『東アジア資本主義史論Ⅰ』ミネルヴァ書房
三谷太一郎 二〇〇九 『ウォール・ストリートと極東――政治における国際金融資本』東京大学出版会
山本有造 一九九二 『日本植民地経済史研究』名古屋大学出版会
山本有造 二〇〇三 『「満洲国」経済史研究』名古屋大学出版会
Booth, Anne 2000, "A Study of Foreign Trade and Exchange Rate Policies in Three Southeast Asian Countries in the 1930s", in Peter Boomgaard and Ian Brown eds, *Weathering the Storm: The Economies of Southeast Asia in the 1930s Depression*, Singapore: Institute of Southeast Asian Studies.
Eichengreen, Barry 1992, *Golden Fetters: The Gold Standard and the Great Depression, 1919–1939*, Oxford: Oxford University Press.
James, Harold 2001, *The End of Globalization: Lessons from the Great Depression*, Cambridge Mass.: Harvard University Press.

Kindleberger, Charles P. 1986, *The World in Depression, 1919–1939*, London: Allen Lane, 2nd ed.（初版の邦訳に，石崎昭彦・木村一朗訳『大不況下の世界　1929–1939』東京大学出版会，一九八二年，がある）

Ma, Devin 2008, “Economic Growth in the Lower Yangzi Region of China 1911–1937: A Quantitative and Historical Analysis”, *Journal of Economic History*, 68–2.

Maddison, Angus 2009, “Statistics on World Population, GDP and Per Capita GDP, 1–2008 AD（horizontal file）” http://www.ggdc.net/MADDISON/oriindex.htm（二〇一一年三月二二日アクセス）

Myers, Ramon H. 1989, “The World Depression and the Chinese Economy 1930–6”, in Ian Brown ed., *The Economies of Africa and Asia in the Inter-war Depression*, London: Routledge.

Shiroyama, Tomoko 2008, *China during the Great Depression: Market, State and the World Economy, 1929–1037*, Cambridge Mass.: Harvard University Asia Center.

Young, Arthur N. 1971, *China's Nation-Building Effort, 1927–1937: The Financial and Economic Record*, Stanford: Hoover Institution Press, Stanford University.

個別史／地域史Ⅰ

一九三〇年代台湾のアジア域内における貿易と移民

林　満　紅
（中文翻訳）藤原敬士

はじめに

一九三〇年代の台湾は日本の統治下にあった。一九三〇年代の日本のアジア域内貿易に関する全般的な研究として、堀和生が注目に値する成果を上げている。彼の研究では、アメリカの世界経済における縮小を契機として、アメリカと密接な経済交流を有していた日本は、転じてアジア内部での開拓と協力を更に強化することになったことが指摘されている。この展開の過程で、もう一方において経済資源獲得のために準備してきた日本が中国に侵入したこともまた日本と中国の異なる地区との貿易の変化に相当な影響を与えたのである。また杉原薫は、一九三〇年代の日本と上海を中心とする中国中部地区との貿易は依然としてその発展にばらつきがあり、それというのも、日本は満洲国を建国して後、中国北部地区に勢力を拡大してゆくにしたがって、中国中部地区との関係は相対的に弱まっていったからである、と主張する［堀 二〇〇五／二〇〇七］。

これらの日本の学者の日本を中心とした研究とは対照的に、許世融の研究は、台湾を中心に据えることで日本の植民地統治時代（一八九五―一九四五年）の台湾のアジア域内貿易を論じようとするものであり、一九三〇年代のそれを包括するものである［許 二〇〇五、一六―一八頁］。ただ許世融の研究は台湾と中国大陸との貿易に限られたものである。

一九三〇年代の台中貿易に関する研究が示すのは、この時期には双方とも貿易が著しく減少しており、その最も重要な要因は、日本が中国に侵入するにしたがって、日貨ボイコット運動がさらに激しさを増し、日本統治下の台湾商品もまたボイコットの対象に含まれていたことにある。ところが一九四〇年から一九四五年に至り、日本が大東亜戦争を拡大したことにより、中国沿海地区は日本の肝煎りの中国人政権が統治する地区となり、台湾とこれらの地区との貿易は一転して成長を遂げたという。許世融の研究に対して、筆者は台湾の対外貿易の研究について、東南アジア・香港・満洲国・日本本土等の地を含めた広範なアジア内部地域にまでその対象を広げる。なぜなら、一九三〇年代には世界の水上運輸の中において太平洋航路が顕著な成長を遂げており、それが台湾や日本の対欧米関係の改変に重大な影響を与え、そうした発展が台湾の対満洲国、対日本本土の貿易関係をさらに強化したことが、台湾と香港の貿易の研究において明らかになっているからである。このような先行研究に対し、筆者は台湾商人を主体とする台湾の対外移民についても論及することとする。台湾商人は華人としての身分を有していたことから、アジア域内での貿易を拡大していた日本に対し、日本と華人のマーケットの間で重要な仲介役を演じたのである。しかし、また華人身分であったことから、日本の中国への侵略によって引き起こされた承認問題に直面することになってしまう。こうした展開は、その後のアジア世界に深刻な影響を与えたのである。

筆者のこれまでの研究で根拠としてきた資料の多くは、日本の台湾統治時期の貿易統計、台湾銀行と台湾総督府が多くの国々に頒布した出版物、新聞、人物伝記、日本の公文書館のアジア歴史資料、神戸新聞のデータベースなどである。ここでは台湾と朝鮮との貿易についても論じるため、さらに総督府檔案およびその他の資料で補うこととする。本稿で論じる内容は概括的な説明であるため、旧著を引用する場合には元の資料に関しての詳細な説明は省略した。

一　太平洋航路の著しい成長

一九一〇年代には、出入船籍のトン数から言えば香港が東アジア第一の港であったが、一九三〇年代になって世界の貿易港のランクでは第七位になっており、第三位の神戸と第五位の大阪の後塵を拝していた（ニューヨーク・ロンドン・ロッテルダムがそれぞれ第一位・第二位・第四位）。日本と関係のある釜山・大連・基隆・高雄などの港も、みな成長を遂げた。

香港は一八四二年の開港から一九一〇年代に至るまでの間に東アジア最大の港となったが、それは一九世紀中葉に東アジアと欧米との接触が拡大して以来、その間の交通は主に大西洋を経由するヨーロッパ・アジア航路であったことに起因する。たとえば台湾では、一九世紀末から二〇世紀初頭のニューヨーク向け烏龍茶の輸出は、厦門・香港・東南アジア・インド洋・大西洋を経由しており、太平洋を通過するものではなかった。一八六九年にスエズ運河がイギリスの手によって開鑿され、これによって変更となった航路のすべてが通過する紅海は帆船の通行に適さず、そのためイギリスでは蒸気船業の発展が促進され、香港がイギリスの蒸気船のための東アジアにおける石炭補給港となって重要視されるようになったのである。

しかし、東アジアにおけるイギリスの海運勢力は、日露戦争の後に没落しはじめる。その一方で、一九一四年にはアメリカにより、パナマ運河が開かれた。そしてとりわけヨーロッパ各国が第一次世界大戦を戦っている間に、アメリカと日本が機に乗じて太平洋航路を発展させ、一九三〇年代に至って香港は神戸・大阪に凌駕されてしまった。そして、台湾のアメリカ向け烏龍茶は、太平洋航路によって運ばれるようになったのである［林 二〇〇二、二〇九―二六五、二三三―二三九頁］。

一九三〇年代における太平洋航路の発展期間においては、台湾と日本・満洲国・朝鮮とも貿易はみな拡大したが、逆に中国・東南アジア（時に香港やインドを含む）との貿易は、相対的に減少した。

二　アジア各地との運輸・貿易の拡大

一九三一年の満洲事変の後、台湾－満洲間航路においては日本郵船と大阪商船の二つの会社が、高雄・基隆－大連間の直行定期便を開拓した。一九三二年の段階で、基隆－大連便は四日かかっていたが、一九三八年により大型で（三千余トンから五千余トンに増大）より堅固な新型船が導入されてからは、たった二日で行けるようになった。さらに乗客の収容数は一九三二年の二倍に増えたのである。大阪商船について言えば、大連から高雄・基隆へ行く船の切符および鉄道との連絡切符は、満鉄沿線の各駅や台湾・満洲の各港にある日本国際観光局で買うことができた。そのほか、台湾から満洲に輸出される果物や野菜のために、新しい船には大規模な冷蔵設備が備え付けられ、さらに満洲の鉄道・市場・倉庫にも鮮度を保つための設備が増設された。台湾－満洲間の関税や兌換の処置もまた、次第に共通した性質を帯びるようになっていった。

満洲国に隣接する朝鮮では、一九一〇年の韓国併合以前の台湾との貿易量は非常に少なく、その大部分は香港や中国あるいは日本内地を経由して朝鮮人参や大豆を輸出し、食塩やパイナップルの缶詰を輸入していた（『台湾日日新報』データベースより）。一九一〇年以来、台湾は次第に砂糖や食塩を朝鮮に直接輸出するようになった。一九一四年には、朝鮮から人参を直接輸入している（「鮮参直輸影響」『台湾日日新報』大正三年七月二五日）。それから一九二七年に至るまで一貫して、台湾－朝鮮間の貿易関係は緊密ではなく、直接取引も少なく、毎年の貿易額も二、三の項目について増減がある程度であった［台湾総督府財務局　一九二一、二六七頁］。

貿易統計では、一九一〇年から一九二〇年の間、台湾－朝鮮貿易は徐々に「輸出入」から「移出入」と呼ばれるようになった。ただし韓国（朝鮮）は、一九一〇年から一九二〇年の間に韓国併合が行われたとはいえ、台湾との貿易には外国に準ずる関税が適用されていた。一九二〇年以降になって、ようやく日本本国と同様に、国内貿易とみなされるようになった（『総督府公文類纂』第46巻（明治四三年）二三、二八頁、第49巻（明治四四年）二〇九頁、第53巻（大正七年）三九頁、第64巻（大正九年）二六八頁、第67巻（大正九年）三二六、三三三頁／「本島及朝鮮関係」『台湾日日新報（漢文版）』明治四三年九月七日）。

一九二八年、大阪商船の経営する高雄－大連線が停止された後、四月には台湾－朝鮮－満洲線が新設され、台湾よりカンラン（キャベツ）・糖蜜およびその他の特産品が朝鮮や大連にもたらされたが、これもまた植民地相互の直線航路であった〔有矢 一九四二、一五三頁〕。その貿易量は少量に止まっていたが、それでも増加傾向にはあった〔台湾総督府財務局 一九一八、三六一頁〕。台湾からは主に米・バナナ・パイナップル・砂糖・塩・石炭などが朝鮮に輸出され、朝鮮からは朝鮮人参・魚の塩漬けなどの商品が輸入された。一九三六年には台湾－朝鮮間には一カ月におよそ二千から四千トンの蒸気船が定期的に約三回行き来し、一回の航海には一〇日ほどかかった。台湾－日本本土間の航路と異なり、台湾－朝鮮間、台湾－満洲間の航路は特に政府の政策によって命令を受けて開かれた航路であった（『高雄州産業調査会商業貿易部資料』四四三頁。**図1**参照）。バナナのような特殊な商品は、腐敗させないようたった六日で輸送された。一九三一年から三五年の期間に、台湾と貿易していた日本の各地域の内、貿易量で朝鮮は第六位に位置していた（**表1**）。さらに朝鮮と阪神以外の日本本土の各地域は等しく、台湾との貿易は赤字であった〔同前、一五〇、四八一頁〕。

表2から分かるように、一九三三年から三九年にかけて台湾の対朝鮮移出量は四倍以上に増加し、これは日本の他の地域への移出の二倍増加という数字よりも多い。同じ期間に、台湾が朝鮮から移入した量は五倍に増え、日本の他地域の台湾への移出量が二倍から三倍に増加しているのと比べても多い（**表3**参照）。台湾－朝鮮間の移出入は、もと

もと沖縄や北海道との貿易量にも及ばなかったが、それが逆転したのである。さらに一九三〇年代には、台湾の対朝鮮以外の日本各地域との移出入量は二倍から三倍に増加してはいるが、台湾の対満洲国の総貿易量あるいは輸入貿易の成長倍数には及ばない。一九三二年に満洲国が建国された後、台湾と満洲国との貿易は三二年から次第に増加し、三八年には、三倍増加している。これらの貿易発展の過程の中で、台湾では満洲国からの輸入の増加が最も早く見られ、一九三二年から三八年には、一〇倍にまで増えているのである。台湾の満洲国への輸出は一九三二年から三八年には、二倍に増えている。この主な原因は、満洲国で五カ年計画が進行し、多種の原料を必要としたからである。この他、乾燥し寒冷な満洲と高温多湿の台湾とでは、多くの産物が有無相通じたのである[同前、注14]。

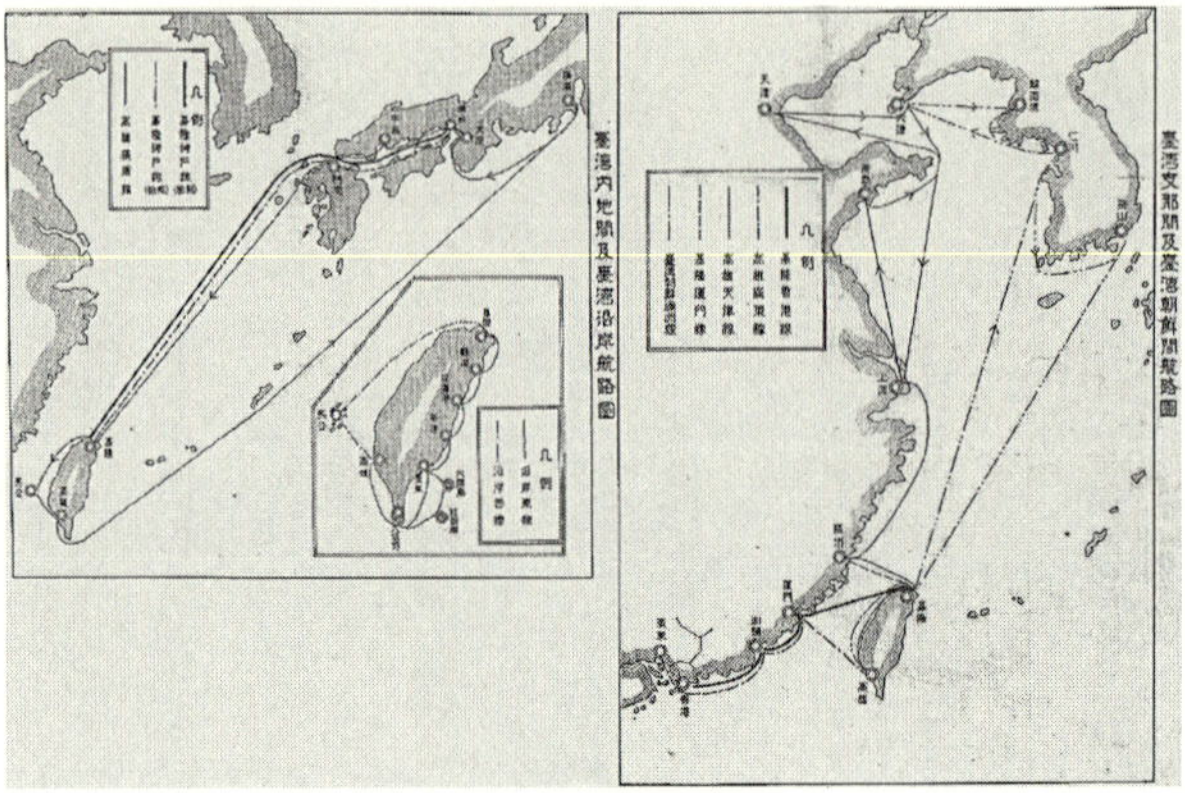

図 1　台湾－満洲－朝鮮間の航路(台湾総督府交通局逓信部『台湾の海運』1930 年，17 頁の後の付録).

表 1　台湾の対日貿易比較表(1931-35 年)

地方	5 年間の平均貿易額(千日本円)	比率(‰)	順位
北海道	7,982	22	7
京　浜	100,815	272	2
名古屋	21,683	59	4
阪　神	148,546	401	1
広　島	4,182	11	8
関　門	34,172	92	3
九州及沖縄	20,312	55	5
朝　鮮	8,061	22	6
その他各地	24,477	66	
合計	370,230	1,000	

高雄州『高雄州産業調査会商業貿易部資料』(高雄州：該部，1936 年)481 頁より.

表 2　台湾の対日貿易の地域別移出額と比率(1933-39 年)

単位：千日本円(%)

年度	北海道	関東	関西	九州	沖縄	朝鮮	その他
1933	5,403 (2.3)	104,809 (45.4)	67,872 (29.4)	21,991 (9.5)	4,076 (1.8)	4,363 (1.9)	12,233 (9.7)
1934	5,115 (1.8)	127,098 (45.5)	82,586 (29.6)	26,201 (9.4)	6,648 (2.4)	6,371 (2.3)	25,390 (9.0)
1935	8,069 (2.6)	135,688 (43.2)	93,934 (29.9)	30,035 (9.6)	5,661 (1.8)	9,745 (3.1)	31,0?0 (9.8)
1936	8,771 (2.4)	156,579 (43.6)	103,515 (28.9)	31,748 (8.9)	6,259 (1.7)	9,576 (2.7)	42,387 (11.8)
1937	6,728 (1.6)	172,133 (42.0)	126,959 (30.9)	41,381 (9.8)	7,166 (1.7)	9,926 (2.4)	46,969 (11.6)
1938	5,894 (1.4)	184,846 (44.0)	128,936 (30.7)	37,276 (8.9)	7,231 (1.7)	11,426 (2.7)	44,496 (10.6)
1939	8,705 (1.7)	203,674 (40.0)	182,175 (35.7)	54,798 (10.8)	8,481 (1.7)	18,351 (3.6)	33,560 (6.5)

台湾経済年報刊行会編『台湾経済年報』(国際日本協会，1941 年)604 頁より．

表 3　台湾の対日貿易の地域別移入額と比率(1933-39 年)

単位：千日本円(%)

年度	北海道	関東	関西	九州	沖縄	朝鮮	その他
1933	3,061 (2.0)	21,459 (14.3)	91,580 (61.1)	16,955 (11.3)	276 (0.2)	3,832 (2.6)	12,748 (8.5)
1934	3,420 (1.9)	30,276 (17.1)	104,669 (59.1)	19,249 (10.9)	356 (0.2)	5,265 (3.0)	13,755 (7.8)
1935	3,934 (1.8)	37,255 (17.1)	120,976 (55.5)	29,866 (13.7)	295 (0.1)	7,198 (3.3)	8,618 (8.5)
1936	4,635 (1.9)	42,837 (17.6)	131,288 (53.9)	33,830 (13.9)	303 (0.1)	8,788 (3.6)	22,151 (9.0)
1937	4,412 (4.6)	46,901 (16.9)	147,539 (53.1)	41,924 (15.1)	327 (0.1)	11,890 (4.3)	24,861 (8.9)
1938	5,380 (4.6)	58,491 (17.9)	172,357 (52.6)	47,374 (14.4)	694 (0.2)	15,328 (4.7)	28,325 (8.6)
1939	7,080 (2.6)	66,559 (18.6)	188,056 (52.6)	21,582 (14.4)	687 (0.2)	16,873 (4.7)	26,770 (7.5)

同前，604-605 頁より．

台湾と日本本国との貿易について言うと、一九三七年に盧溝橋事件が勃発する以前は台湾の日本本土との移出入と台湾の日本以外の国への輸出入の比率はほとんど変化が見られず、前者は平均八七・七%、後者は一二・三%であった。盧溝橋事件の後は移出入は相対的に増加し、三七年には九〇・三%に増え、三八年にはさらに九〇・九%になったが、輸出入は減退して九・七%および九・一%になった。三九年には台湾から日本占領下あるいは影響下にある中国の地域への輸出が激増したことにより、移出入貿易は八六・六％に減少した(『台湾経済年報』六〇三頁)。三七年の台湾の輸出入貿易は、この年の移出入貿易の九分の一にも及ばなかったのである。三九年の台湾の輸出入貿易は増加が見られるとは言え、この年の台湾の移出入貿易の六分の一にも満たなかったのである。およそ台湾の産する貨物のうち日本本土で需要のあるものは、悉く日本本土に輸出され、台湾で需要のあるもので日本本土が供給できるものは、その全てを供給してもらっていた。その他の国家から台湾に輸入するものは、多くが日本からは供給できないものか、供給量の不足するものであった[葉　一九五六、一三二頁]。

台湾の物産で日本本土に移出された商品は、米・砂糖・果物・帽子などを主とし、移出先は関東を筆頭に、関西・九州・朝鮮・北海道・沖縄がそれに次いだ。台湾に移入されたものは関西からのものが圧倒的に多く、大阪の綿製品やその他の雑貨が主要商品であった。しかし一九三〇年代になると、大阪の重要性は相対的に低下し、関東・朝鮮・九州等が次第に台頭してきた(『台湾経済年報』六〇五頁)。一九二三年から三五年の期間は、日本の台湾統治の全盛時代で(この時期、台湾の実質的生産総額と実質国民所得の個人平均額は第一次世界大戦前の二倍以上あった)、少なくとも太平洋戦争前には、台湾の対日貿易収支と貿易外収支の両方において、収入が支出を超過していた。この出超で得た利益の大部分が産業の拡充に費やされた[子　一九四七、一四五頁]。この様に一九三〇年代を一九二〇年代と比べてみると、輸出品の米、輸入品の肥料・紡織品及び鉄は著しく増加したが、酒とアヘンの輸入は減少したといえる。

図2から明らかに見て取れるように、一九三〇年代には、台湾と満洲国との貿易は、台湾と華北・華中・華南との貿易とは対照的な発展を遂げた。台湾の対華南貿易はもともと台湾－満洲貿易を上回っていたが、満洲国成立以後は対華南貿易は満洲国との貿易に全く及ばなくなってしまった。一九三二年から三九年までの台湾と大陸各地区との貿易の比率で言えば、台湾－満洲国貿易は平均して六七・六％、台湾－華南は平均一一％、台湾－華中貿易は、満洲国

成立後にもそれまでと同じく台湾－華北貿易を凌いでいたとは言え、この両者およびさらに貿易量の少なかった台湾－東南アジア貿易はいずれも台湾－満洲国貿易に遠く及ばないほど少なかったのである。

台湾と東北アジア各地との貿易の一九三〇年代に見られる増加を、たとえば一九二〇年代と比べてみると、台湾－中国貿易あるいは台湾－全東南アジア貿易は、一九三〇年代には排日運動が減退したことにより、相当量に上ったことが分かる(**図3―6**)。ただし東南アジアの各地域、国家の間でも違いがあった。台湾の香港・タイ・インドネシア・フィリピンへの輸出は一九三〇年代初期に下降したが、後には若干の年度において上昇が見られた。対インド・インドネシア等の主要輸入国の輸入は、一九三〇年代は二〇年代には及ばないとはいえ、若干の年度においては増加している。

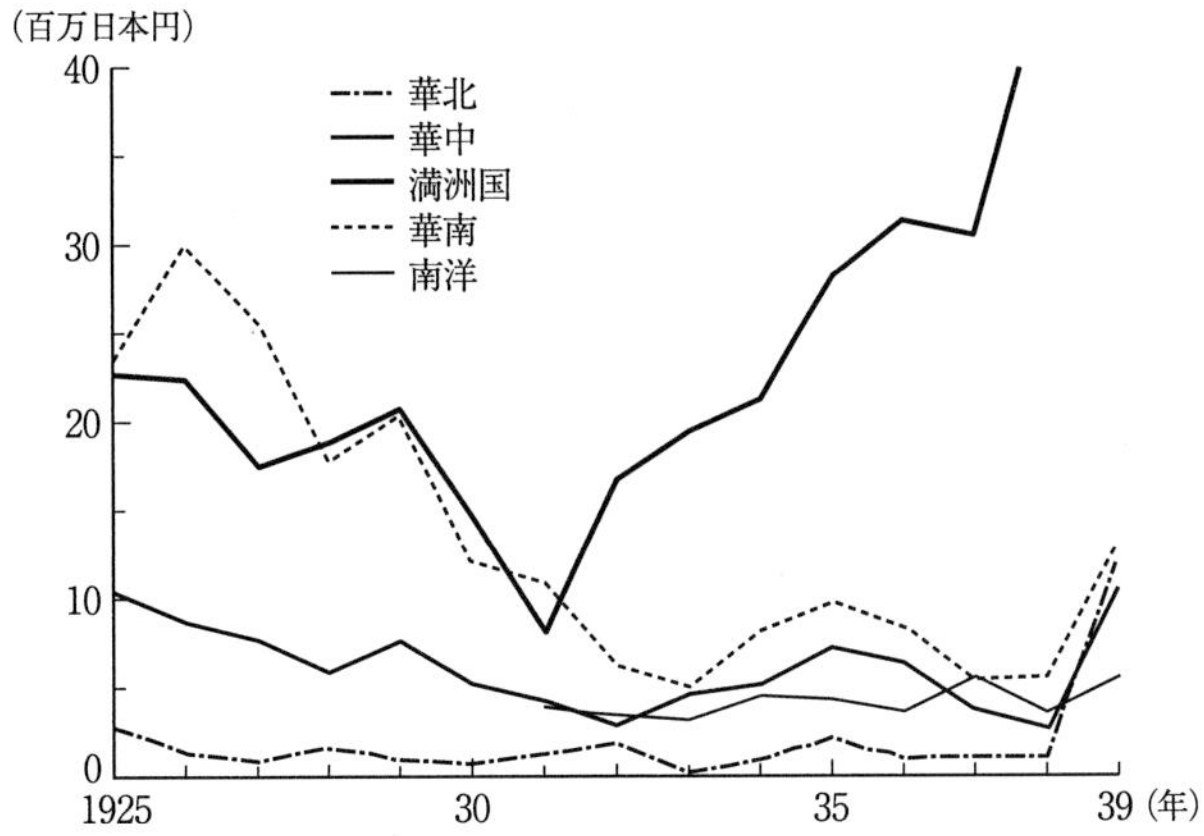

図2　台湾と各地との貿易額の変動(1925-39年)
＊ 1925, 26年の資料内の「華南」は厦門・福州・汕頭・広州・泉州・海口・北海を含む範囲を示す.
以下の資料より作成した.
1. 1925-39年については台湾総督府官房調査課『支那・時局　支那貿易・消長』南支及南洋調査第143輯, 170頁.
2. 1927-36年については台湾総督府官房外事課『台湾と南支那(貿易)』南支及南洋調査第236輯(昭和12年11月10日発行)43頁.
3. 1935-39年については台湾総督府財務局『台湾対南支・南洋貿易表』(昭和14年)附満洲国・関東州・北支・中支・全年度, 1頁.

台湾の対中国貿易はほぼ輸出が輸入を上回っており、対東南アジア貿易の場合にはほぼ輸入が輸出を上回っている。

台湾の対中国貿易は、一九三一年以前には、他の国家との輸出入貿易の二分の一を占めるか二分の一を越える程度であり、国別の貿易額で見ると、この期間においては一九一〇年にごくわずかの差

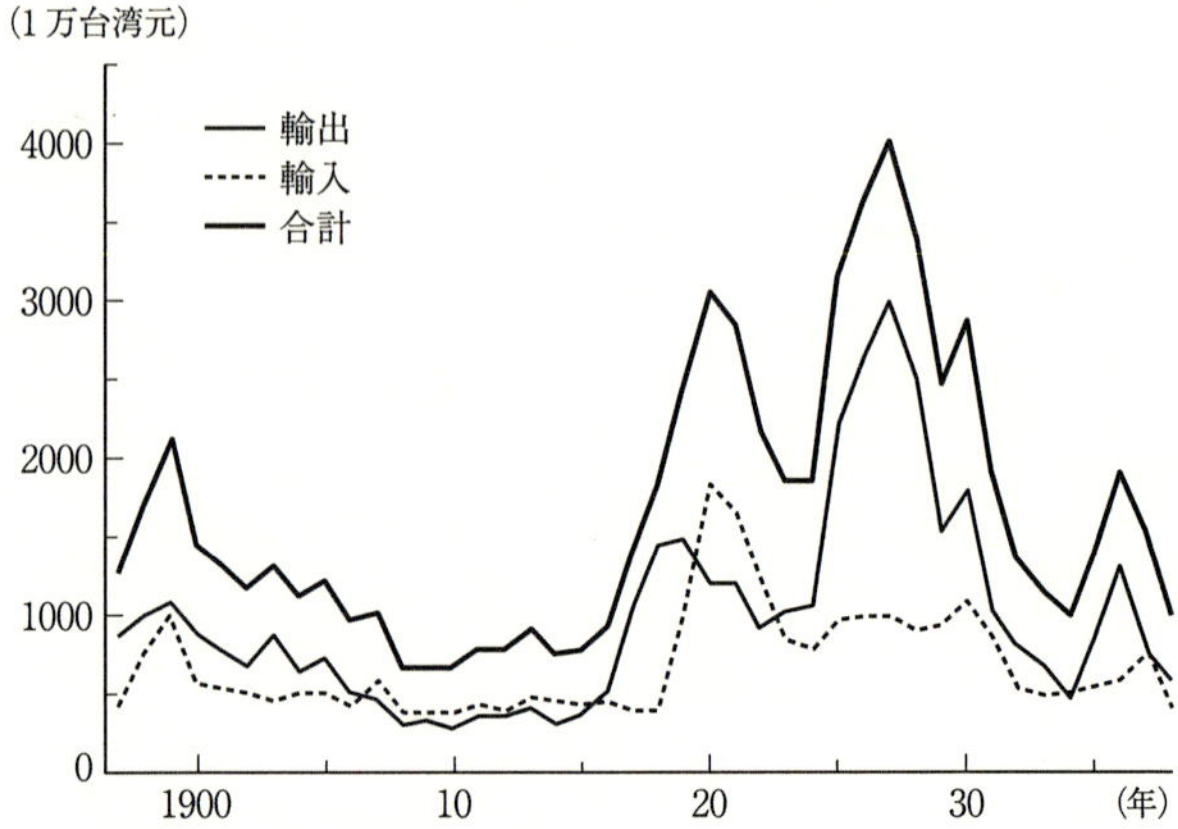

図3 台湾－中国貿易額の変動と動向(1896-1937年)
1896-1935年は『台湾貿易四十年表』9, 394, 407-408頁,『台湾の貿易』35-38, 41-42頁；1936-37年は『台湾対南支南洋貿易表(昭和14年)』1頁の数値から作成. ［許 2005, 14頁］からの引用による.

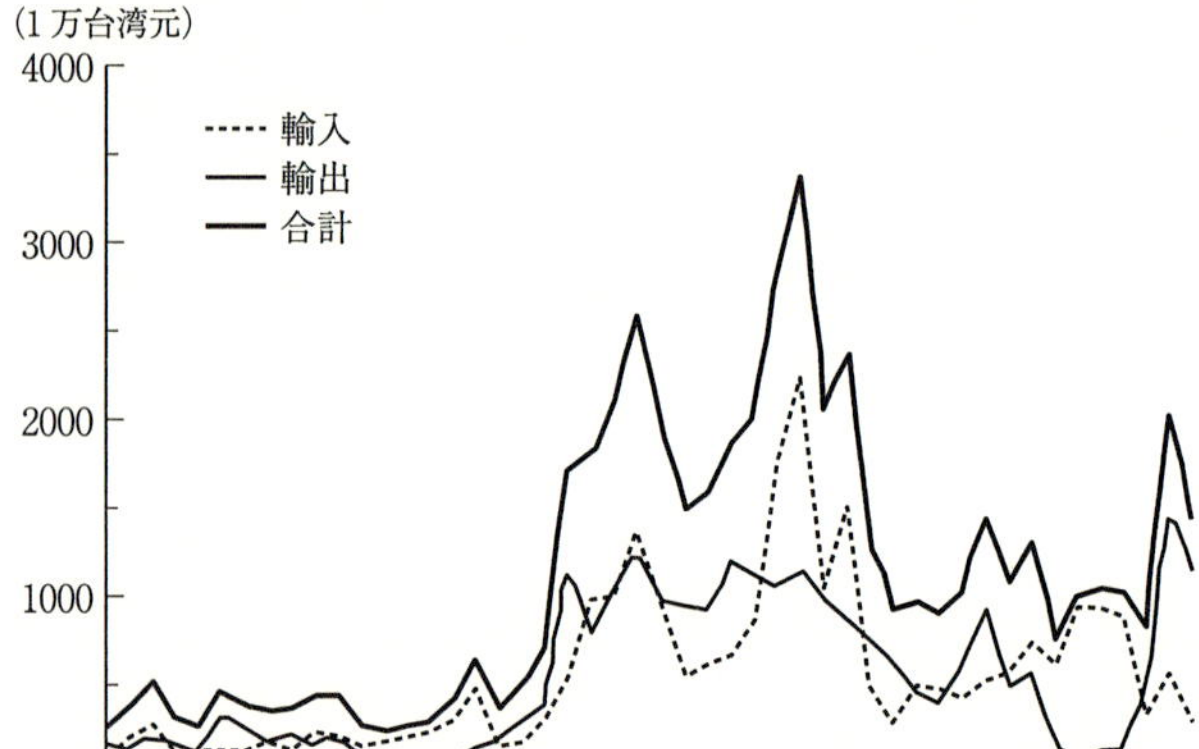

図4 台湾の対東南アジア貿易額の変動(1896-1944年)
台湾省行政長官公署統計室『台湾省五十一年来統計提要』(台北：該室, 1946年)962-963, 966-967頁より.

でアメリカに次ぐ第二位の位置にいる他は、連続して第一位を占めており、台湾の対外貿易は日本本土との貿易を除けば、その次に対中国貿易が位置するのである。三二年以降は満洲国が建国したことにより、台湾の対中国貿易の数字は影響を受けて著しく減少している［葉 一九五六、一三一頁］。一九三七年まで数年間で、台湾から中国に輸出されたのは、果物・乾魚・魚の塩漬け・貝の乾物・マッチなどが比較的多く、他にも灯油・軽油・煤炭・セメントなどが大部分を占めており、この他に少量の鉄も含まれた。中国から台湾に輸入されたのは、麩・蓆・麻袋・薬材などが比較的多かった。これらの中には、日本製品が台湾を経由して中国に輸出されるケースもあった〔同前、一三三頁〕。日本統治時期の台湾の東南アジア向け輸出品は包種茶を主とし、そのほかに煤炭・板紙・セメント・硫黄なども見られた。輸入では、二〇世紀初頭には相当量のジャワ産砂糖が入ってきていたが、後に台湾産砂糖が増産されたことによ

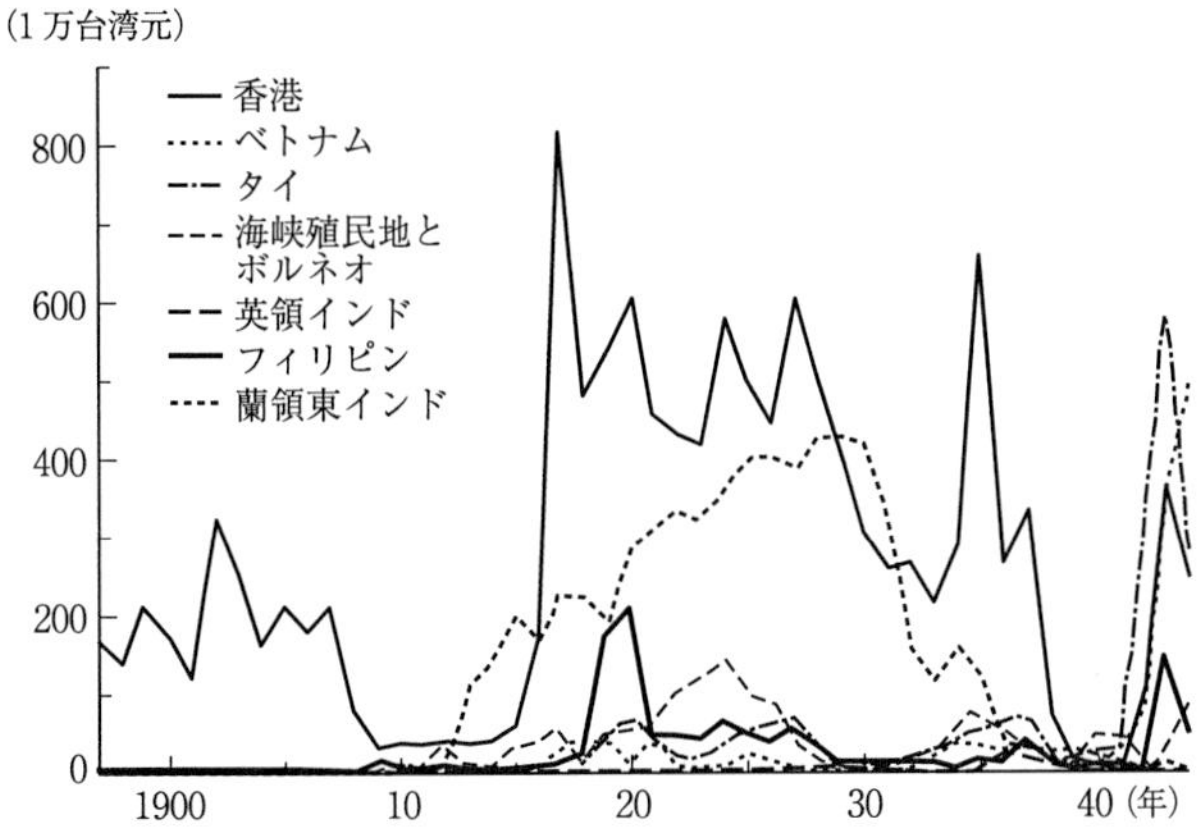

図5 台湾の対東南アジア国別輸出の変動(1897-1944年)
同前，966-967頁より．

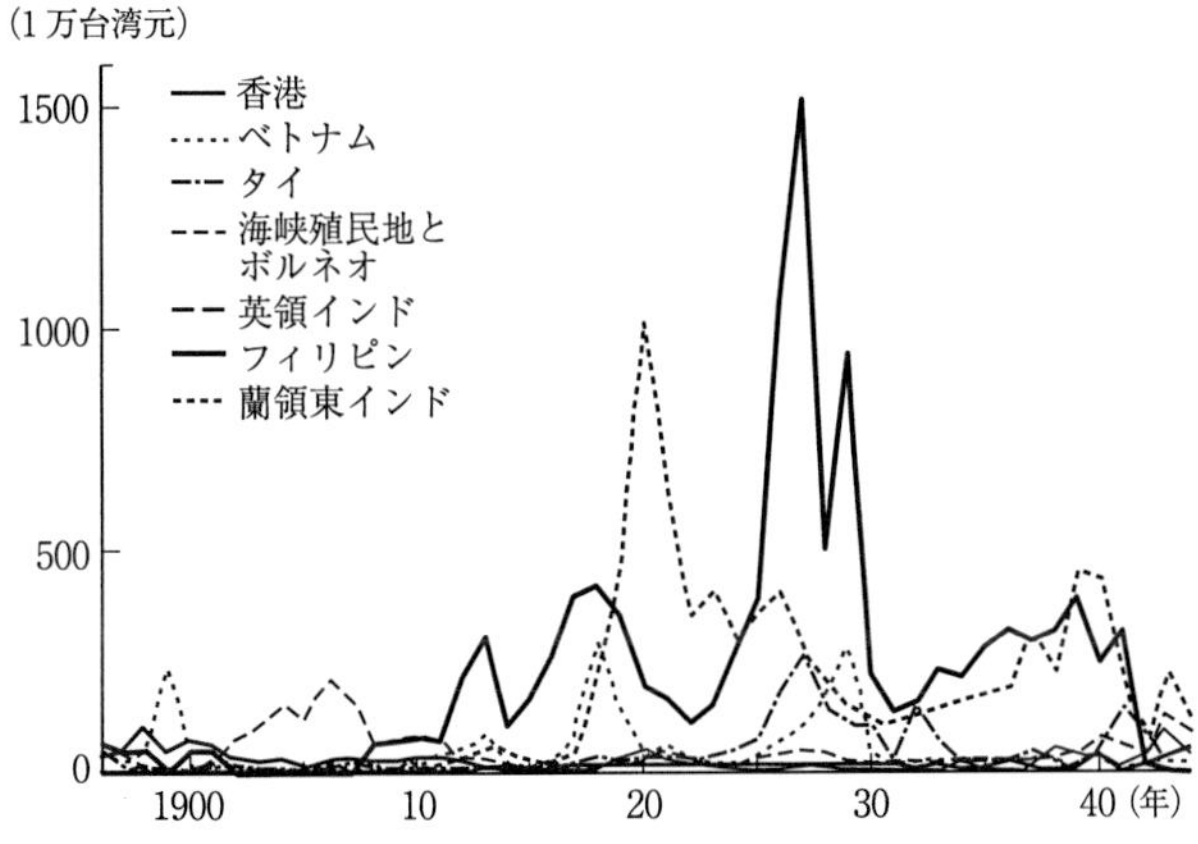

図6 台湾の対東南アジア国別輸入の変動(1896-1944年)
同前，962-963頁より．

り減少した。この他に、インドネシアおよびマレー半島のワセリン、ベトナムの米と煤炭、タイの米と木材、フィリピンのタバコと木材などが輸入された［澹　一九四七、一五五頁］。

一九三〇年代には台湾と朝鮮・満洲国の貿易が明らかに増大したが、日本本土との貿易も増加が見られ、中国や東南アジアとの貿易は相対的に減少した。しかし、人的移動については、東北アジア・東南アジア・中国、特に華南との間でいずれも増加した。

三　台湾をめぐるアジア内部における人的移動

移入についていえば、一九三七年以降の在台湾日本人の人口は、それまで台湾総人口の内五％が最大であったのが、一〇％近くにまで増加した。かつて移入が少なかった原因は、日本本土で人口圧力が深刻でなかったことに求められる。それが一九二六年以降日本の人口圧力は次第に深刻化し、それに対する日本の対策は中国東北部に武装移民を送り込むことであった。太平洋戦争の勃発前まで一貫して、日本本土から台湾への移民は「植民地経営」に必要な最低限の数だけに限られていたと言えよう。太平洋戦争勃発後は、積極的に南進政策を実行するために、日本人の台湾移入はようやく増加しはじめ、それは特に軍事関係の人口に顕著であった。それ以前の四五年間に日本から台湾に移入した人員は、大部分が広義の植民地行政人員・産業指導員・商業関係者であった。原始産業部門においては、その人口比率はきわめて低かった。鉱業では少数の技術者と高級職員に限られた。農業では花蓮港への吉野村の移民をはじめとして、人数は多くはなかった［子　一九四七、一四一―一四二頁］。

中国の台湾への移入は、一九三〇年代になって増加した。**図7**、**図8**は日本統治時期の台湾における大陸移民の動向である。一九四〇年代になるとその総数は四万五六六一人で、その中の七八％が労働者であり、その他の非労働者は多くが貧困層で、南洋華僑の財産が数百万・数千万から上は億の位にまで至るのと対照的に、台湾華僑は多くても三〇万円で、さらに五万円以上を所有する人は極めて少なかった。これらの労働移民の変化は**図7**が示すように、すべての日本領で時代が下るほどに増加し、一九〇〇年代には数千人であったものが一九三〇—四〇年代には四、五万人にまで上った。台湾に長期間滞在する者を除いて、**図8**のように短期労働者もまた存在した。その中で一九〇〇—

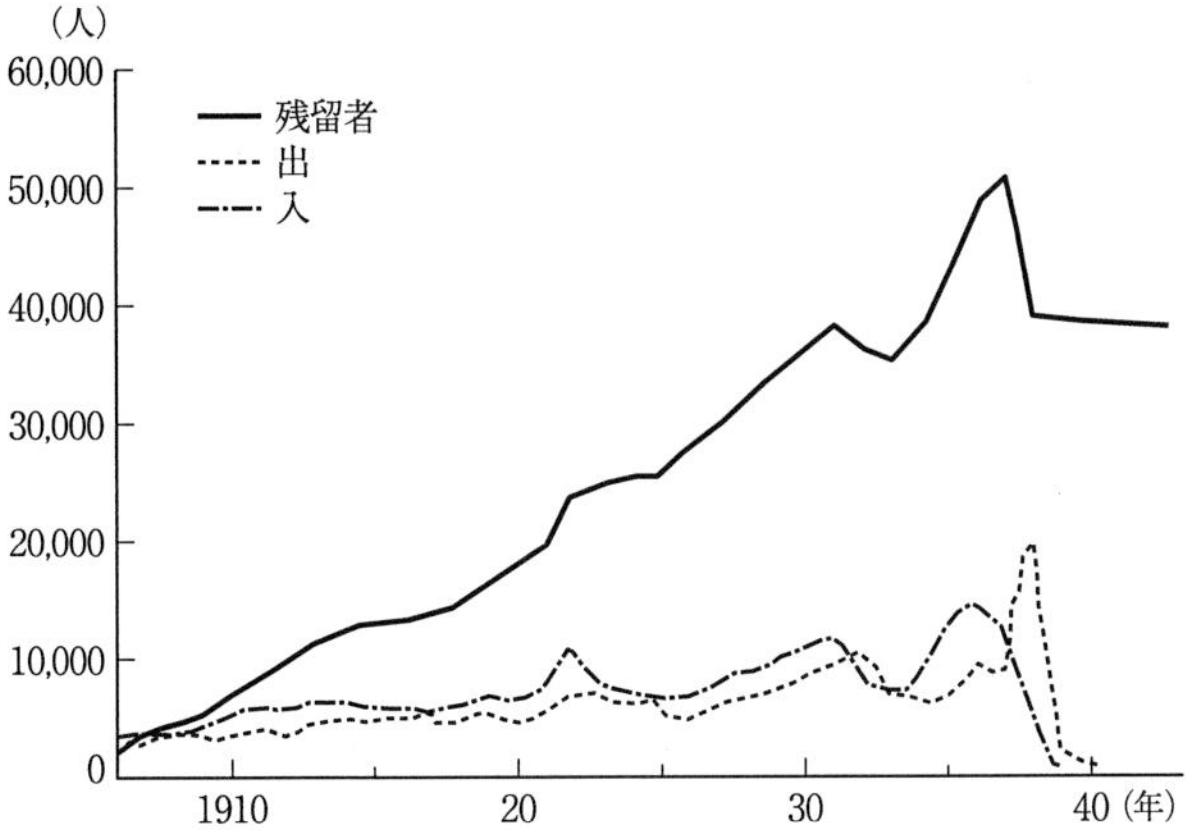

図7　中国人労働者の出入状況(1906–43 年)
(渋谷長紀・松尾弘「台湾の華僑」『台湾経済年報』第 6 章(1943 年) 421 頁より).

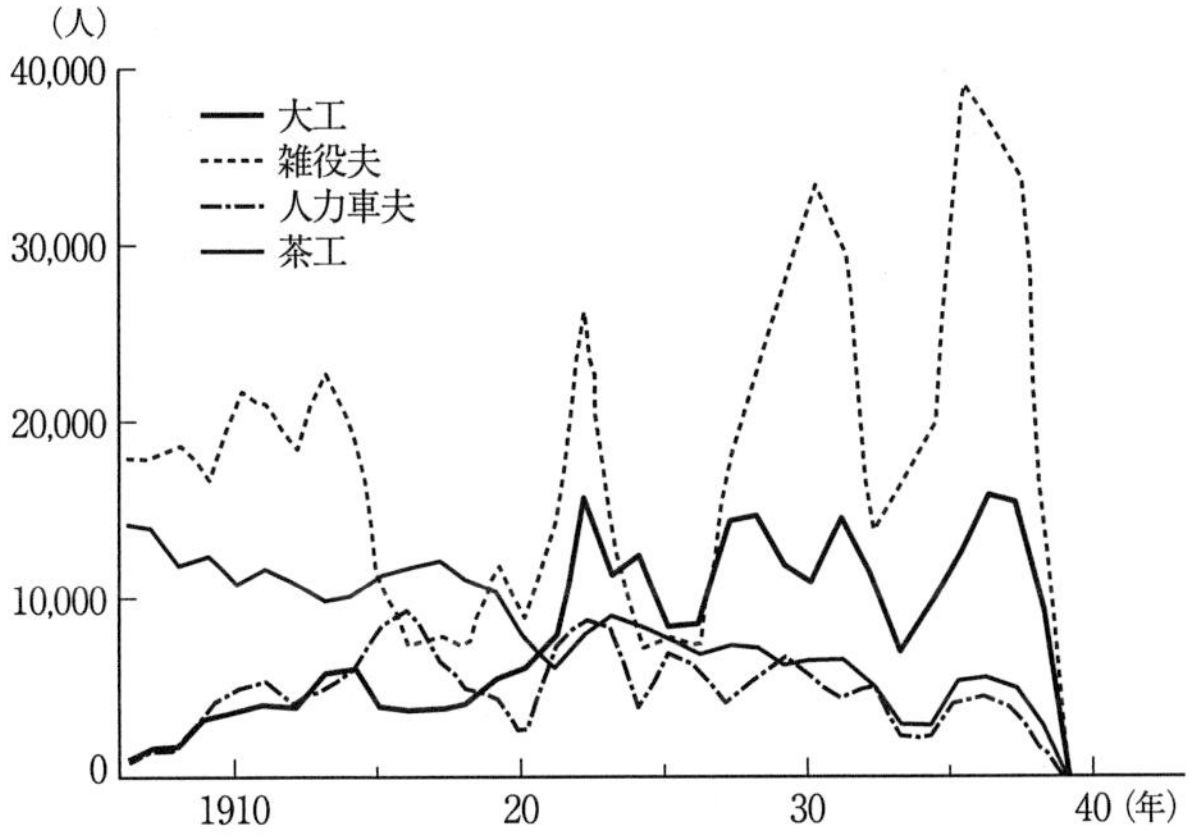

図8　中国人労働者(四種労働者)の出入状況(1906–43 年)
(同前，420 頁より).

二〇年代には製茶労働者が最も多く、人力車夫がそれに次いだが、一九三〇―四〇年代には製鉄工・雑役夫が最も多くなった。

このように日本統治時期の台湾への大陸からの移民が労働者を主としていたという特徴は、清代とは異なっている。一九〇二年時点で日本外務省は、鹿港にある壮大な泉郊会館の郊商はかつて台湾貿易を壟断していた商人であると指摘しているが、一九〇二年の勢力は以前と比べて減退してはいるものの、それでも晋成・昆成・源発・発祥・福美・恒成・源成そして福同隆の八家は主幹に充当され、貿易を維持していた。これらの同業公会の商家は四、五〇隻の船を保有していた。彼らの船は泉州・漳州と台湾との間を往来し、中国沿海の厦門・深滬・泉州・興化・福州・銅山などの港と台湾の淡水・旧港・東港・笨港・鹿港・安平・打狗・澎湖の馬公港などの港との間で交易していた〔外務省通商局　一九〇二、三四七頁〕。清代に大陸から台湾にきた人々には、こうした理由から勢力のある投資型移民もいたのである〔林　一九九九a、一一七―一三六頁〕。一九三〇年代に台湾に来る中国人が依然として増加していることから、中華民国駐台北総領事館が一九三一年四月一日に開設されたが、一九三八年二月一日には閉鎖されている〔『台湾日日新報』昭和六年四月一日など〕。

一九四三年の台湾の総人口は六五八万五八四一人、そのうち台湾本島人は六一三万三八六七人で総人口の九三・一%を占めていた。日本内地人は三九万七〇九〇人で総人口の六%、中華民国人は五万二〇二〇人で、総人口の〇・八%、朝鮮人は二七七五人で、総人口の〇・〇四%であった〔台湾総督府　一九四四b、二、一〇七頁〕。こうしたことから朝鮮人は、日本内地人・中華民国人の他では、最も重要な移民であった。台湾における朝鮮人の数は一九三〇年代に千人にも満たないところから二千人にまで増え、その前後で一貫して女性が男性を上回っていた（**表4**）。

台湾－朝鮮間を往来した朝鮮人を職業別で見ると、一九二八年以前はその他の業種と失業者を除けば水産業者と商業者が最も多く、公務員・自由業者および労働者も相当な比重を占めており、農業者・鉱業者は非常に少なかった

〔台湾総督府調査課 一九三五、八六―八七頁〕。また一九三六年から四一年の間、商業は水産業とは逆に顕著な増加を見せた。四二年になると、公務員・自由業者がこれに取って代わり、商業および水産業は著しく減少し、特に水産業はほとんどいなくなってしまった。また四一年には二七九人の朝鮮人が中華民国・ベトナム・フィリピン等から台湾に渡ってきたが、そのうち男性は一五三人、女性は一二六人であった〔台湾総督府 一九四四a、六〇―六七頁〕。

一九四四年についてみると、台湾には九三人の外国人がおり、そのうち純粋な外国籍は八八人で、台湾人で外国籍を取得した者が四人、日本内地人で外国籍を取得した者が一人であり、台湾に移入したのは日本内地人・中華民国人・朝鮮人を除くと、その他の移民は極めて少なかったことが分かる。満洲国が成立した後でさえ、一九三四年に一度は台北に満洲国総領事館を設置することが計画されたが（『台湾日日新報』昭和九年六月二日）、四五年になっても設立されなかった（一九三四年以後の『台湾日日新報』には昭和一六年三月一三日の記事として、大阪に満洲国総領事館が設立されたとあるのみである）。

表 4 台湾の朝鮮人人口
（1932-43 年）

（単位：人）

年度	総数	男	女
1932	959	323	636
1933	1,191	417	774
1934	1,316	470	846
1935	1,604	583	1,021
1936	1,694	568	1,126
1937	1,985	772	1,213
1938	1,903	763	1,140
1939	2,260	880	1,380
1940	2,299	794	1,505
1941	2,539	921	1,618
1942	2,692	1,013	1,679
1943	2,775	1,066	1,709

台湾総督府『台湾常住戸口統計 昭和 18 年度』108 頁より.

一九三〇年代の台湾の対外移民が対外貿易の発展と異なっていたのは、東北アジアへの移民が依然増加を見せはしたが、中華民国（主に華南）および東南アジアへの移民も増加しており、一九三〇年代になると中華民国が主な移出先になっていったことである。

日本の台湾統治時期には、台湾人で華南に移住した移民の総数は一九〇七年にはおよそ三三五人であったものが、三六年には一万二九〇〇人に増加していた。この登記された数字に、さらに未登記の七、八千人を加えると、およそ二万人いたことになる。そのうち、福建省一省でおよそ二万人から二万一千人、福建省の厦門には一万八千人、福州には二千人、漳泉地区には数百人がいた。上海にいた台湾人の多くは福建や広東から間接的に移入した人々であり、一九三五年から三七年の期間にはおよそ六百人から八百人であった。一九三七年直前には減少したが、三八年に日本の上海占領後に再び増加した。中国東北部にいた台湾人は、一九一一年には約六〇人、三二年の満洲国建国時には五百人に増加し、三八年になってさらに六百人に増えた。一九四五年直前には満洲国の台湾人は千人以上いたという。台湾から東南アジアに移住した台湾人は、一九二六年に約五二二人、四二年には約三千人になっていた［林 一九九九b、一八九—一九〇頁］。台湾人で日本にいた人は一九二〇年で一七〇三人、三〇年は四六一一人、四〇年には二万二四九九人であった［過 一九九九、四五頁に掲載の日本帝国統計］。台湾人で日本に行った人数は、労働者・学生を問わず、朝鮮人には及ばなかった［子 一九四七、一四一頁］。

中華民国および朝鮮から台湾に移入した人々の多くが基層社会に属する人々であったのとは異なり、台湾の対外移民の多くは移民先で商店・工場・農場を開いた。一九三七年の福建省政府統計によれば、台湾移民が最も多かった厦門では、商人が八一・一八％、医者が四・五一％、その他娼妓が七・八五％を占める他は、いずれも低い割合に留まった［林 一九九四、七一頁］。東南アジアの台湾移民の中で、英領ボルネオに移民した者の多くが農民であり、シンガポール・マレーへの移民者は錫《すず》鉱山かゴム農園での労働者が多く、その他の国家に移民した者は商人が多かった。一九三五年に台湾拓殖株式会社（以下、台拓と略記）が成立し、辜顕栄・林熊徴・陳啓峰・顔国年らの台湾商人が招かれて株を購入した。およそ五五人の台湾人が、東南アジア地区の台拓支部で書記や技師などの役職を担った。台湾人の中には、台拓および台湾総督府の支援の下でボルネオでの農業拓殖に参加する者もあった。一九三五年には熱帯産業調査会が成立し、東南アジアとの経済的連携を強化し、林熊徴・顔国年・辜顕栄・劉明朝らが株式を購入した。一九三五年には一九一五年以来日本が保持してきた東南アジア方面に派遣する人材を日本人に限って育成する伝統的方針を転換し、台湾人を含めるようになり、それに伴い台北高等商業学校・台南州立嘉義商業学校がその育成事業に従事することになった。一九三六年、設立と社員の任用は当局の承認を経ることになり、また台湾経済界の連携機構である台湾商工会議所では戦時体制下において台湾が東南アジアの経済発展の拠点となるべき使命を達成するという方針が議決された。一九三七年、台湾総督府はタイにいる台湾人に毎年一人当たり二千から三千円の経済補助を支給することになり、東南アジア各地に最も多くの組織を有する台湾公会を結成させ、その力を借りて、台湾商人を糾合しタイにおける日本商人の販売活動の礎とさせたのである［林 二〇〇八、四五五―四八五頁］。

おわりに

一九三〇年代台湾の対アジア貿易は東北アジアとの貿易が著しく発展し、そこには日本本土が含まれており、堀和生が論じるように一九三〇年代に植民地との貿易を強化したという見方と一致する。ただしそれ以外に本稿で注目したのは台湾と満洲国および朝鮮との貿易が、日本本土との貿易の発展を上回っていたという点である。この他、本稿で特に指摘したのは、一九三〇年代のアジア太平洋航路が欧米アジア航路とは逆に発展し、そのことが東北アジアのすべての地域、特に満洲国・朝鮮との貿易が発展する基礎となったことである。逆に言えば、台湾と中国・東南アジアとの貿易は一九二〇年代と比較して衰退してゆく。移民については、一九三〇年代に当然朝鮮人・日本本土人の台湾移入と台湾人の日本本土・満洲国への移出はみな増加したが、それでも台湾から中国に渡った数には及ばず、中国から台湾に渡った人口もまた増加を見せ、台湾人の東南アジアへの移民は日本政府からのさらなる支持を得ていた。

これらの移民のうちのある人々は全アジア域内で、また甚だしきに至ってはアジア以外の地域も含めた商売に従事していた。たとえば一九〇六年に神戸に来た許望は、二一年には日本・イギリス・イタリア・ロシア・スペイン・ポルトガル等の国を跨いで雑貨貿易を行い、パリにも店舗を持ち、三二年には大連で海産物・カンランの貿易をし、三四年には再び神戸にやってきて、南洋を輸出地としてカンラン・海産物・食品などの物産を主に輸出した〔台湾新民報社編 一九八九、八二頁〕。『台湾省通志』には「日本の台湾統治時期の対外貿易は財閥や政府が独占し、台湾の民衆は海外に輸出する経験が欠乏していた」〔台湾省文献委員会 一九七一、二八三頁〕とあるが、歴史史料によれば、日本統治時期においても台湾民衆は対外輸出を展開する経験を持っていたことになる。

事実上、台湾民衆は台湾島内にいれば日本本土から来た人々とは異なった待遇を受けていたであろうが、島外では両者の待遇は同じであった。日本本土から来た公務員は、基本給の他に五割から六割の手当てをもらっていた。これにより彼らの給料は日本国内においては低額であったとしても、そうした手当てが一切ない台湾人をはるかに上回っていたのである〔子 一九四七、一四一頁〕。台北工業学校の卒業生について言うと、台湾電力株式会社に就職した林永倉によれば、「当時の台湾電力株式会社内職員はみな台北工業高校の卒業生で、日本人と台湾人の待遇の差は顕著であり、測量の際に同じ行程を進むのに、我々は機材を背負うだけでなく彼らが測量するのを指導・教育しなければならなかったが、日本人は我々より六割も多い手当をもらっていた。こうした差別待遇にやむを得ず甘んじていた」のであり、この経験から彼は満洲国に渡って学問を継続したのである。海外労働者の給料には各種手当が付随したので、往々にして台湾島内での収入を上回った。たとえば一九四一年に厦門の福大公司に行き、鼓浪嶼発電所を接収した電気科出身の黄永徳の説明によれば、海外勤務の給料には本給以外に戦地・危険手当があり、各種の残業手当・出張費が支払われたという〔鄭・楊 二〇〇九、五二、一二三頁〕。こうした海外勤務の台湾人は日本人と同様の手当を受け取ることができた。これが、少なからざる台湾人が台湾を離れて満洲国・華中・華南・海南島・仏領インドシナなどに行った動機だったのである。

台湾人が島外に出て日本本土人と同等の手当を受け取ることができたことの他に、欧州人と同様の国際的地位を享受することもできた。一九一〇年、駐ジャカルタ日本領事の染谷成章は台湾籍人のためにインドネシアにいる日本人と同等の法律上の地位を得た。インド人と台湾人とは同じく植民地支配を受け、オランダ領インドネシアでは英領インド人・仏領インド人とともにオランダ領インドネシアのマレー人がオランダ政府から受けるのと同じ待遇を受けたにもかかわらず、ただ日本領土の台湾人と日本人は欧州人と同等の待遇を受けていた。そのため、二人の兄弟を例に出すと、兄は中国籍で弟が台湾籍の場合、同じく三〇万円の財産のうち、兄は三〇〇〇円を課税されるが、弟の税額は一五〇〇円に止まることになるのである[林 二〇〇一a、一〇〇―一〇四頁]。このように日本が島外の台湾人に日本人と同等の制度を適用したのは、台湾人と華人が同様の文化背景を持っていたことと、日本自身が満洲国や華北に投資した後、さらに華南と東南アジアに対する大量の投資資金が不足していたため、台湾人あるいは台湾資本と協力して日本の対東南アジア拡張の手助けをさせようと企図したからである[林 一九九九b、二一七頁]。

満洲事変の後、中国の抗日感情は激昂した。かつて一八九五年に日本が軍隊を率いて台北城に乗り込んでから、日本の貴族院の勲章を得た台湾商人の辜顕栄は、一九三四年から三五年の間に中国に行き蔣介石・汪精衛らと会談し、反共を旗印として協調体制をとり、相互に使節を交換したことで、日本は福建浪人を召還した。一九三七年の二、三月に辜は病身を押して(彼はこの年の一二月に七二歳で亡くなっている)再び中国に行き、蔣介石の体調悪化のため外交部長の張群、江蘇・浙江の秘密結社の首領の杜月笙、財務部長および行政院代理院長の孔祥熙らから蔣介石に、日本は長城を境界線と定め共に東アジアの平和を促進することを願っている旨を伝えさせている。しかし中国側は、日本の中国進出が華北における密貿易を助長していたことから、了解を示すことが難しかったのである[辜顕栄翁伝記編纂会編 二〇〇七、二三五―二七七頁]。

一九三七年の盧溝橋事件勃発後、台湾は日本統治下にあったことから、台湾人の立場は、少数者が中国に行って抗日運動に参加したことを除いて[林 二〇〇一b、一四〇頁]、中国人と明らかに分岐してしまった。台湾人は中国の日本占領地区でさらに活躍し、台湾人の中にも、よりよい経済発展の機会であるとして日本の対中戦争を「聖戦」と称

図9 1938年10月台南左鎮にて漢口の陥落を祝う
(葉春栄『左鎮歴史図像』台南県政府，2003年，表紙より．葉春栄教授提供)．

する者もあった〔林 一九九九b、二一七頁〕。福州および東南アジアには、積極的に日本籍を取得する中国人がいた〔林 二〇〇一a、一〇三—一〇四頁〕。朝鮮にいる中国人ですら、盧溝橋事件の後、何とかして満洲国籍を取得して保身を図ろうとする者があった〔楊 二〇〇七、二三四頁〕。

次の写真は一九三八年一〇月、日本が漢口を降したとき、台湾南部の片田舎の左鎮がそれを祝った時のものである(**図9**)。一九〇四年に台湾嘉義で生まれた荘泗川は、上海大学中国文学科を卒業した。日本が武漢を降した後、武漢で『大楚報』『武漢報』の社長となり、日本軍の宣伝工作に従事した〔林 二〇〇九、五一六頁〕。

一九三〇年代、満洲国成立以降、台湾の中国・東南アジア市場は無論萎縮したが、日本本土、特に満洲国・朝鮮に対しては市場を拡大し、日本・中国・朝鮮からはさらに多くの人が台湾に移入し、またさらに多くの台湾人が中国・東南アジアに移住し経済発展の機会を広げ、その過程で台湾人は日本人統治者により中国との戦争に導かれ、そのことが後の台湾人の中国あるいは日本に対する自己意識に影響を与えたのである。

【文献一覧】

外務省通商局 一九〇二 「厦門港貿易総論」『通商彙纂』元真社
過放 一九九九 『在日華僑のアイデンティティの変容――華僑の多元的共生』東信堂
台湾経済年報刊行会編 一九四一 『台湾経済年報』国際日本協会
堀和生 二〇〇五 「戦間期東アジアにおける工業的分業――生産財貿易の分析を通じて」中村哲編著『東アジア近代経済の形成と発展――東アジア資本主義形成史Ⅰ』日本評論社
堀和生 二〇〇七 「両大戦間期日本帝国の経済的変容――世界市場における位置」中村哲編著『近代東アジア経済の史的構造――東アジア資本主義形成史Ⅲ』日本評論社
林満紅 一九九九a 「開港後の台湾と中国の経済関係 1860–95」杉山伸也等編『近代アジアの流通ネットワーク』創文社
林満紅 一九九九b 「「大中華経済圏」概念の一考察――日本統治時代の台湾商人の活動」飯島渉編『華僑・華人史研究の現在』汲古書院
林満紅 二〇〇一a 「華商と多重国籍――商業的リスクの軽減手段」『アジア太平洋討究』第三号、早稲田大学アジア太平洋研究センター
林満紅 二〇〇一b 「日本植民地期台湾の対満州貿易促進とその社会的意義(1932–1941)」秋田茂・籠谷直人編『一九三〇年代のアジア国際秩序』渓水社
林満紅 二〇〇二 「太平洋経済における台湾・香港間の競合関係――日本植民地期における台湾の経験」『福建と日本』関西大学東西学術研究所共同研究シリーズ4
林満紅 二〇〇八 「日本政府と台湾籍民の対東南アジア投資(1895–1945)」『アジア文化交流研究』第三号、関西大学アジア文化交流研究センター
林満紅 二〇〇九 「台湾の対日貿易における政府と商人の関係(1950–1961年)」『アジア文化交流研究』第四号、関西大学アジア文化交流研究センター
許世融 二〇〇五 「関税と両岸貿易 1895–1945」国立台湾師範大学歴史系博士論文・台北
澹庵 一九四七 「台湾経済與南洋」『台湾銀行季刊』創刊号、台湾銀行経済研究室・台北
辜顕栄翁伝記編纂会編 二〇〇七 『辜顕栄伝』楊永良訳、呉三連基金会出版・台北(原著は一九三九年)

『高雄州産業調査会商業貿易資料』一九三六　高雄州・該部
子固　一九四七「台湾経済與南洋」『台湾銀行季刊』創刊号、台湾銀行金融研究室・台北
台湾省文献委員会　一九七一『台湾省通志　第四巻　経済志、商業編』台湾省文献委員会・台北
台湾総督府　一九四四a『台湾総督府第四十六統計書(昭和一七年)』台湾総督府・台北
台湾総督府　一九四四b『台湾常住戸口統計　昭和一八年度』台湾総督府・台北
台湾総督府財務局　一九一八『大正元年至五年台湾貿易概覧』台湾総督府財務局税務課・台北
台湾総督府財務局　一九二一『大正七年台湾貿易概覧』台湾総督府財務局税務課・台北
台湾総督府調査課　一九三五『台湾総督府第三十九統計書(昭和一〇年)』台湾総督府・台北
台湾新民報社編　一九八九『台湾人名辞典』日本図書センター(『改訂台湾人士鑑』台湾新民報社、一九三七年の復刻)
鄭麗玲・楊麗祝　二〇〇九『台北工業生的回憶』台北科技大学
林真　一九九四「抗戦時期福建的台湾籍民問題」『台湾研究集刊』二期、台湾研究所・厦門
有矢鍾一　一九四一『台湾海運史』株式会社海運貿易新聞台湾支社・高雄
楊韻平　二〇〇七『汪政権與朝鮮華僑——東亜秩序之一研究』稲郷出版社・台北
葉理中　一九五六「台湾経済在中国」『台湾銀行季刊』創刊号、台湾銀行金融研究室・台北

個別史／地域史Ⅰ

日本のイスラーム・プロパガンダとインドネシア・ムスリム

小林寧子

はじめに

日中戦が行き詰まりの様相を呈するなか、日本は「大亜細亜主義」を掲げて戦局の打開を図ろうとした。その方策のひとつとして、ムスリム（イスラーム教徒）を懐柔して日本に協力させるために、イスラーム・プロパガンダ（回教宣伝）に力を入れた。対象となったのは、第一に地政学的に重要な中国西北部に居住するムスリムであり、次には南洋のインドネシア（当時はオランダ領東インド）のムスリムであった。アジア太平洋戦争全体の中では、とりわけジャワにおいて、日本の対イスラーム政策が集中的に展開された。

従来のインドネシア史研究において、一九三〇年代は民族運動の停滞期ととらえられてきた。二〇年代には、エスニック集団を越えた「インドネシア」というコンセプトが掲げられて民族運動が展開したが、三〇年代に入るとオランダの抑圧で運動は議会活動を通した協調路線へ転換した。三〇年代末にはヨーロッパ情勢の緊迫からオランダとの連携さえ模索されたが、独立の展望は見えなかった。一方、日本占領がイスラームに大きなインパクトを与えたことは早くから指摘された[Benda 1958]が、占領前のプロパガンダについては言及が少なく、ムスリムが突然日本の対イスラーム政策に反応したかの感を与えている。また、二〇世紀前半のイスラーム運動を扱ったインドネシア人研究者ドゥリアル・ヌル Deliar Noer［1973］も、イスラーム諸組織間の関係、国内政治については詳しいが、国際情勢をムスリムがどのように認識していたかについては言及がない。イスラームが外的刺激を受けながら発展してきたことを考えると、国際情勢を視野において、戦前も含めたタイムスパンでインドネシアのイスラーム運動を再検討する必要がある。その方が、運動の多様な展開をより理解しやすいであろう。

本稿では、戦前にインドネシアで出版されたイスラーム系雑誌、および、オランダ植民地政府の秘密報告書 Mail-rapporten Geheim(1)（Mr. G. と略して報告年と番号を記し、所収された文書を示す）を用いて、日本のイスラーム・プロパガンダをインドネシアのムスリムがどう受けとめたのかを論じる。そのうえで、インドネシア史における一九三〇年代を再考する。

一　一九三〇年代のイスラーム世界

揺れるイスラーム世界

二〇世紀前半のイスラーム世界は、内部改革と外部勢力の干渉による混乱で激動期にあった。一九世紀後半、中東イスラーム世界では、帝国主義列強による植民地化の脅威に直面して危機感が高まり、近代への対応、自己革新が模索された。カイロのアズハル大学で、ムハンマド・アブドゥは従来のイスラーム法学（マズハブ）のあり方を批判し、本源に立ち返って、現在直面する問題への解決策を見出すことを提唱した。啓示と理性の調和をめざし、過去のウラマー（宗教学者）の見解にとらわれずに法判断をする方法をとった。エジプトから始まったイスラーム改革運動は、機関誌『マナール（灯台）』やカイロ、聖地などで学ぶ留学生を通して世界各地に伝わり、その主張に共鳴するムスリムは多かった。しかし、批判された側も建て直しをはかったほか、改革派も後に主張が分かれ、イスラームの運動は近代への対応をめぐって多様化していくことになる。

実践政治においては、西欧列強によって浸食されたオスマン帝国は解体し、旧帝国領であった地域では主に英仏による「線引き」が行われた。相次いで発見された油田は、この地域への列強の関心を高めた。一九二四年、名のみの存在であったとは言え、カリフ制が廃止されたことはイスラーム世界全体に大きな衝撃を与えた。イスラーム世界の秩序再構築をめざして、メッカを制圧したアブドゥルアズィーズ・イブン・サウードとエジプト国王フアード一世が「盟主」争いを演じた。加えて、新たに設定された領域内でナショナリズムが醸成され、近代国家のあり方に関して試行錯誤が行われた。さらに、英政府がパレスチナにユダヤ人の民族的郷土を設立することに賛成したことから、大量のユダヤ人が入植し、アラブ人との衝突が起きた。このパレスチナ問題は三〇年代後半に悪化し、しかもドイツが絡むことによって一層複雑化した。

列強の思惑が絡んだのは中東だけではない。中央アジアのオアシス地域では、一九一〇年代から改革主義の潮流がムスリム知識人の覚醒を促したが、辛亥革命後の漢民族支配に抗してムスリム住民の大規模な反乱が起き、カシュガルで「東トルキスタン・イスラーム共和国」樹立宣言がなされた(三三年一一月)。ユーラシア大陸の中央に位置するこの地域(現在は新疆ウイグル自治区)は、ソ連邦、中国国民党と中国共産党、さらに日本が勢力拡張をはかってしのぎを削る国際政治の戦場となった。また、巨大なイスラーム人口を擁する英領インドやオランダ領東インドでは、民族独立運動を推進するムスリムは、ファシズムに対抗するために宗主国との共闘を迫られた。

三〇年代のイスラーム世界では、イスラームのあり方や近代国家のあり方をめぐって、それぞれの地域でムスリムとしての意識が覚醒した。同時に、国境を越えたムスリム同士の連帯が呼びかけられた。それゆえに、列強はイスラームに関心を払い、ムスリムの懐柔をはかった。列強の動きを睨みながら、ムスリムは自らの運命を切り拓こうとしていた。

日本と「回教圏」

戦前、日本ではイスラームを「回教」と呼んでいたが、これは中国のムスリムへの関心が大きかったこととも関係があろう。第一次大戦頃から、民間からイスラーム世界への関心が散見されるが、資本主義の発展による経済活動の拡大がその背景にあった。外務省もイスラーム諸国に関する調査報告書を出し始めたが、二〇年代までの日本のイスラーム世界に関する知識はきわめて限られていた［小林 二〇〇六］。

一方日本国内には、ロシア革命を契機としてタタール系ムスリムが来住し、二〇年代後半には東京、名古屋、神戸、熊本などにそのコミュニティができていた。東京でこのようなタタール人を指導する立場についたのが、バシキル人クルバンガリーである。クルバンガリーは、中央ユーラシアのトルコ系諸民族の独立をめざし、日本側の助力を得ようと政財界、軍部、民間のアジア主義者に働きかけた。二五年に東京回教団を結成し、二七年に回教学校や回教印刷所を設立した。この印刷所では、アラビア語のクルアーンのほかタタール語の雑誌『ヤポン・モフビレ（日本通報）』（後に『ヤンガ・ヤポン・モフビレ（新日本通報）』と改称）などが印刷された。日本で最初のモスクはインド系ムスリム実業家の寄付などを得て神戸に建立されたが（三五年八月）、クルバンガリーは東京にもモスクを建設すべく精力的に活動した。三三年には著名なタタール系ウラマー（宗教学者）のアブドュルレシト・イブラヒムと、やはりタタール系のアヤズ・イスハキーが、日本側に招請されるような形で来日して活動を始めた。このような在日ムスリムは、日本人のイスラームへの関心を喚起したが、日本の対イスラーム政策に利用されていくことになる［西山 二〇〇六／坂本 二〇〇八／松長 二〇〇八／小松 二〇〇八］。

満洲国問題で国際的に孤立すると、日本では「アジア回帰」熱が高揚し、「日本を盟主とするアジア新秩序」論が台頭した。アジアが「一個の運命共同体である」ことを主張して三三年に大亜細亜協会が発足したが、その機関誌

『大亜細亜主義』には、毎号のようにイスラーム圏への関心を示す評論が掲載された。西洋列強が構築した既存の世界秩序に対する異議申し立てが、植民地・反植民地支配下にあるムスリムの共感を呼ぶことが期待されたのである。

イスラーム世界との交流をはかるために様々な試みがなされた。三〇年頃から軍関係と思われる日本人留学生が五人ほどカイロのアズハル大学へ送られたが、その中にはのちにインドネシアに派遣される小林哲夫もいた。日本側の働きかけで、アズハル大学では日本語が教えられるようになった。また、やはり軍の支援を受けて日本人ムスリムの巡礼団がメッカへ派遣された（三五、三七、三八年）。さらに、三七年五月に設立された「イスラム文化協会」は、機関誌『イスラム――回教文化』を発行し、海外へも宣伝用冊子を送った。同協会は、三六年一二月に設立された回教文化協会が改組されたものであるが、研究者のみならず外務省や陸海軍の要人も名前を連ねた。

日本が対ムスリム工作に本腰を入れたのは、三七年七月の盧溝橋事件で日中全面戦争に突入して、満洲から内モンゴル、華北へと、戦線を拡大させてからである。三八年五月の東京モスクの開堂式には、海外からのムスリム来賓が列席した。イスラーム研究誌『回教事情』（外務省）、『回教圏』（回教圏研究所）が発刊されるようになった。さらに、九月には先のイスラム文化協会が改組され、陸軍大将林銑十郎を会長に戴く大日本回教協会が発足し、同協会も『回教世界』を発行した。三八年末から三九年初頭にかけて国会では「宗教団体法」案が審議されたが、そこでは「回教」を公認宗教にするようにという要求が出された。「回教」は明記されなかったが、平沼騏一郎首相が「回教もその信教の自由が認められている」と明言した（『回教圏』、第二巻第五号、一九三九年五月、七三頁）。さらに三九年一一月には、東京と大阪で回教展覧会が催され、ここにも一四カ国から招待客が参集した。こうして、俄かに回教研究が隆盛すると同時に、海外のムスリムに向けて日本のイスラームに対する関心を示す宣伝が行われた。

しかし、中国での対ムスリム工作は成果をあげず、日本軍は追い込まれた。そのような中、石油資源を有するインドネシアは重要度が増した。日蘭会商は断続的に行われていたが、オランダ植民地政府の日本の膨張主義に対する警戒感は強まった。

インドネシア・イスラーム運動の展開

二〇世紀前半は植民地インドネシアのイスラームも大きく変わる時期であった。一九〇一年、オランダは新しい植民地政策「倫理政策」を開始し、住民の社会福祉向上を目指した。植民地支配体制を固めるために多くの「原住民官吏」を必要とし、遅ればせながら西洋近代式の教育が行われるようになった。同じ頃、イスラーム改革の波がインドネシアにも押し寄せ、イスラーム「覚醒」を促した。植民地政府の「リベラルな」政策が施行される中、西洋近代知識を習得した新しいエリートによる近代組織形態を整えた民族運動団体が誕生し、イスラーム団体もいくつも登場した。

「イスラーム」の名を冠して最初に登場したのはイスラーム同盟 Sarekat Islam であり、一九一一年末（あるいは一二年初め）に結成されてから急速に発展し、一〇年代末には大衆を巻き込む団体に急成長した。しかし、それを懸念した植民地政府によって中央統制が困難な組織形態を強いられ、地方の騒擾に巻き込まれたり組織内に浸食してくる運動体との対立が激化したりする中で、二〇年代には勢いを失っていく。二七年には名称に政党を意味する Partai を加え、二九年には「インドネシア・イスラーム同盟党 Partai Sarekat Islam Indonesia」（以下ＰＳＩＩ）と改称、イスラーム民族主義政党としての性格を強く出して、オランダに対する非協調路線を主張した。さらに三九年には、ＰＳＩＩを追放されたイスラーム同盟古参の指導者を中心にインドネシア・イスラーム党 Partai Islam Indonesia（以下ＰＩＩ）が結成されたが、両者とも大衆に基盤を持たないために社会的影響力は限られていた。その原因は、一般信徒と接するウラマー（宗教学者）が指導した運動ではなかったことに関連がある。イスラーム団体は、日常的にウラマーが宗教教義を伝えたり社会生活上の問題に助言を与える中で団体構成間の連帯を構築していく。そのような視点から見ると、イスラーム同盟、PSII、PIIともイスラームの進展を促す「イスラーム運動」とは言い難い。

一方、エジプトで出版された改革運動の雑誌『マナール』は、早くから東南アジアでも読まれた。その呼びかけにいち早く呼応したのは、西スマトラのウラマーであり、出版物を通して、あるいは伝統的イスラーム教育の改革という形で運動が始まった。ジャワで端緒をつけたのはアラブ系の団体で、ジャムイヤート・ハイル Jamiat Khair が生まれたが、血統問題で一九一四年にイルシャード al Irsyad が分離した。アラブ系の団体は主に教育分野で活動したが、限定されたエスニック集団を背景にしたために少数派にとどまった。

プリブミ(土地の子、マレー系)を巻き込んだのは、一九一二年にジョクジャカルタ(中部ジャワ)で誕生したムハマディヤ Muhammadiyah である。プリブミ系バティック商人などの支援を受け、イスラームの「純化」を唱えると同時に、教育・社会福祉分野で活動して成果をあげた。運動は都市部を中心に広がり、二〇年代には西スマトラの運動と合体した。そのほかの地域にも支部が誕生して全国レベルの運動として展開し、インドネシア・ナショナリズムの下地をつくった。そのほか、近代西洋教育を受けた世代が結成したイスラーム青年協会 Jong Islamieten Bond(一九二四年設立)、厳格なイスラーム法解釈で脚光を浴びたイスラーム協会 Persatuan Islam(一九二六年設立)があった。

これに対し、従来のイスラーム法学(マズハブ)を堅持するウラマーたちは、ナフダトゥル・ウラマー Nahdlatul Ulama(ウラマーの覚醒、以下NU)を一九二六年にスラバヤで結成した。直接のきっかけとなったのは、二六年にメッカで開催される全イスラーム会議への代表団派遣問題であった。従来のマズハブを堅持するウラマーたちは、改革派に無視されて、自らの主張を代表させる団体の必要性を痛感したのである。改革派がいくつもの団体を立ち上げたのに比べると、マズハブ堅持を謳った団体はNUのほかには西スマトラの小規模団体ひとつだけであり、特に目立った活動は行わなかった。多くのイスラーム系団体は宗教社会運動として活動し、三〇年代前半まではPSIIを除いては政治には足を踏み入れていない。ムハマディヤは政府から助成金を得ていたし、NUも政府とは摩擦を起こさなかった。

一方、三〇年代後半には約四〇〇種のインドネシア語（マレー語）雑誌が出版されており、イスラーム系の雑誌も五、六〇種あった（*Overzicht van de Inlandsche en Maleisch-Chineese Pers*, 1935; 1937）。各団体の機関誌の他にも一般向けの雑誌が発行され、イスラームに関する知識のみならず、時事情報を提供した。短命に終わったものも多いが、メダン（北スマトラ）で出版された『プドマン・マシャラカット *Pedoman Masjarakat*（社会の標）』『パンジ・イスラーム *Pandji Islam*（イスラームの旗）』は全国的に知られたし、スラカルタ（中部ジャワ）の『アディル *Adil*（公正）』や『イスラーム・ラヤ *Isalm Raja*（大イスラーム）』もよく読まれた。以上はいずれも改革派系である。NUも機関誌『ブリタ・ナフダトゥル・ウラマー *Berita Nahdlatoel Oelama*』（以下『NUニュース』）をスラバヤで発行した。このような雑誌には、三〇年代後半は国際情勢に関する記事が増えた。大半は中東関係であったが、日中戦争に関するニュースも少なくなかった。

三〇年代後半になると、改革派とNUの対立は次第にゆるんできた。ムハマディヤは改革には長い時間が必要であることを認識し始めたし、一方のNU系ウラマーも、緩慢ではあるが従来のイスラーム教育の改革に着手していた。そこに、政府がそれまでタブー視していたイスラーム法に踏み込む政策を打ち出した。三七年九月、共通の問題に直面した諸イスラーム団体は、連合体インドネシア・イスラーム大会議 Majelis Islam A'laa Indonesia（以下ミアイ）を結成し、政府に対する足並みをそろえることになった。さらに、ミアイは三九年五月に結成されたインドネシア政治連合 Gabungan Politik Indonesia（以下ガピ）にも加盟し、民族主義組織とともに議会活動を通しての独立をめざす活動に加わった。こうして植民地末期にイスラーム系宗教社会団体も政治に足を踏み入れた。

二　日本のイスラーム・プロパガンダをめぐるムスリムと蘭印政府

「大亜細亜主義」とイスラーム

インドネシア語のメディアに日本のイスラームへの関心についての記事が掲載されるのは、バタヴィア（現在のジャカルタ）で日蘭会商が開始された後の一九三四年七月からである。『アディル』の最初の二本の記事（七月二九日、Mr. G. No. 360/1935 所収のオランダ語訳参照）は、イスラームに共鳴する日本人がいることに触れながらも、日本が満洲国を建国させたことや国連脱退に言及し、日蘭会商においても日本は信頼できないのではないかという論調である。ただし、「編集部はこの論評の内容に同意しているわけではない」という注が付してある。一〇月二四、二五日の記事（Mr. G. No. 360/1935 所収のオランダ語訳参照）は、「日本政府が最近イスラームを公認宗教とした」と不正確なニュースから始まるが、アズハル大学と日本の間にコンタクトがあることに触れ、「日本がイスラームに大きな関心を持つ背景には政治がある」と警戒感を示している。一二月一七日には、日本ではすでにクルアーンが印刷されてそれがエジプトの新聞『アハラーム』に送られたと報じている。この後者二本の記事の情報は恐らくエジプト経由で入ってきたものと思われる。『アディル』はやや抑えた表現である。しかし、イスラーム協会の機関誌『*Pembela Islam*（イスラーム擁護）』は、「日本はイスラームに色目を使う」と題する論評を掲載し（三五年一月一日、Mr. G. No. 360/1935 所収のオランダ語訳参照）、日本はシンパシーを集めるためにイスラームの仮面をかぶる戦術を用いた、と厳しく批判している。

『プドマン・マシャラカット』は、「日本とイスラーム」に関連して、三六年六月から三八年二月まで大小六つの記事を掲載した。最初の記事は、東京のインドネシア人留学生からの寄稿文であるが、在日タタール人に関する情報ならびに日本でのイスラームの発展が誇張されている。また、それに続く三つの記事は在日タタール人関係で、その写真も掲載されているところを見ると、『新日本通報』の情報が鵜呑みにされている可能性がある。また、海外からの情報をそのまま引用掲載する場合も多い。オランダのカトリック誌『*De Tijd*（時代）』から引用した日本のイスラームへの関心を憂慮する記事（三七年八月二五日、Vol. 3, No. 32, pp. 639–640）がその一例で、同じ記事が『パンジ・イスラーム』（三七年八月二五日、Vol. 4, No. 24, pp. 1888–1890）にも掲載された。また、同じく『パンジ・イスラーム』には、西洋人ジャーナリストの本からの引用記事（三八年二月一五日、Vol. 5, No. 5, pp. 2307–2308）もあり、神戸モスクやクルバンガリーへの言及があるが、これも『新日本通報』を情報源としている可能性は大きい。誇張された不正確な情報が多いが、少なくともムスリム側は、ムスリムの歓心を買おうとする日本とそれを警戒するオランダの双方から情報を得て、自分たちが関心の的になっていることを認識したのではないだろうか。

一方、この問題に関するオランダの最初の報告書は、中国・東アジア問題局長顧問官の総督宛文書（三五年三月一九日付、Mr. G. No. 360/1935 所収）である。冒頭で、近年の日本のイスラームへの関心は「大亜細亜主義」宣伝を実行する手段であり、アジアの国々が対等の立場でアジア解放のために協力することを説いた孫文の「アジア主義」とは異なることを指摘したあと、日本側の動きを詳しく述べている。『大亜細亜主義』に掲載された中谷武世の論説の要約、東京のムスリム集団の活動とそれを支援する国家主義団体黒龍会、海外のムスリム政権の日本への関心、アラブ諸国との交流を目指して日本人ムスリムが中東へ語学研修と巡礼に送り出されること、また中東から日本へ一五〇名を留学させる計画があること、巡礼事業に海運会社の利権が絡むことなどが続く。さらに、日本の海外での動きをイギリスが逐次観察していることにも触れる。最後に、インドネシア語メディアに掲載された記事に言及し、日本のイスラームへの関心については、「ムスリム側は日本の政治的意図を認識している」と、楽観視している。

中谷は、ムスリムの動きは世界政局の動向にも日本の国際関係にも決定的な意義を有する、という見解を開陳した。

大亜細亜協会には政界・軍部・言論界の大物が名を連ねるが、中谷は「実質的なプロデューサー」であり、思想面でも協会を指導し、機関誌の主幹であったという〔後藤 二〇〇九、二頁〕。オランダが的確に情報を判断していることもわかる。ただし、報告書にはまだ緊迫感はなく、それは、ムスリム側の反応がまだ憂慮すべき段階ではないと見ているからでもあろう。

日本のイスラーム関与についてのオランダの次の報告書は、二年後の、中国・東アジア問題局長顧問官の総督宛文書(三七年五月二六日付、Mr. G. No. 483/1937 所収)である。そこにはエジプト国王がアズハル大学で学ぶ日本人のために奨学金制度を設置したというイタリアの雑誌からの情報が報告されている。これについては日本側の資料からは確認が取れなかったが、当時アズハル大学側から日本人留学生に給付金があったことは関係者の証言から窺える。(2)

この報告書にはふたつの添付資料があり、ひとつは、『上海毎日』(三七年四月一五日)に掲載された、巡礼から戻った日本人ムスリム(鈴木剛、細川将、榎本桃太郎)の談話記事のオランダ語訳で、北京のオランダ大使館から送られている。あとひとつは、ジャワ島西端にある小都市のムハマディヤの学校に日本人が寄付をしたという、バタヴィア発行の新聞『*Tjaja Timoer*(東洋の光)』の記事(三七年五月一一日)のオランダ語訳である。報告書はその日本人商人の素性に言及し、「ついに日本人がムスリムの精神世界にまで入ってきた」と、やや神経質に述べている。三七年は東インドで活動する日本人や日本関係の秘密報告書が急増する時期でもあり、その数は年間三〇〇件近くあり、秘密報告書全体の約四分の一にあたる。オランダは、インドネシア国内と東京のみならず、北京、カイロからも情報を収集していたわけである。

東京モスク開堂

日本側から直接にインドネシアのムスリムへも働きかけがあったのは、一九三八年五月一四日の東京モスク開堂式への招待がなされたときである。東京モスクは各方面からの寄付金を集めて建設されたが、クルバンガリーの東京回教団が招待状を発送した。開堂式は預言者誕生祭に合わせて挙行されたもので、イエメンから皇太子が来日した。また、エジプト王はアズハル大学長代理を、サウジアラビアも駐イギリス大使をロンドンから東京へ派遣した。招待状には日本の政官財界の来賓の名前が連ねられていた。

ムハマディヤの対応は『アディル』(三八年四月三〇日)に見ることができるが、同じ号に異なるふたつのアナウンスメントが掲載された。九頁には、ムハマディヤは今回の招待を次の三つの理由で断るとあった。第一に日中紛争さなかの中国人ムスリムの心情を慮る、第二に日本側の宣伝道具にされたくない、つまり日本の真意を疑う、第三に準備時間が不足している、ということであった。これは他誌にも掲載された。ところが、八頁には「訂正」と題して、九頁に印刷された記事は間違いで、時間不足と大会が間近なために残念ながら出席を断念して祝辞を送った、という記事が掲載された。この混乱は、ムハマディヤ内で意見が分かれたことを示している。当時バタヴィアでインドネシアのメディアと関係を持っていた日本人ジャーナリスト宮武正道は、真意は第一、第二の理由であろうと推測した〔宮武一九四〇、四五五頁〕が、それまでの経緯からすればこれは妥当である。ムハマディヤ幹部は、表立った批判を避けたものと思われる。

『パンジ・イスラーム』編集部は、実際に確かめてみる必要があると判断し、若い編集部員のウマル・オスマンOemar Oesmanの派遣を決めた。「費用がかかるが」(三八年五月五日、Vol. 5, No. 13, p. 2506)、というくだりからは、派遣は自前だったことがわかる。オランダ側はこのウマルの経歴について調べ上げ、「この国のムスリム社会の価値ある代表とは言えない」(三八年五月三〇日付原住民問題顧問官代理の総督宛文書、Mr. G. No. 559/1939所収)として、注目する必要もないと考えたようである。この文書によると招待状はミアイにも届いたとのことであるが、ミアイも代表を送らなかった。

日本滞在中のウマルの行動についてはオランダの報告はない。また、ウマル自身の開堂式参加のレポートは、インドネシア語誌には一度も掲載されなかった。いかなる事情によるものかはわからないが、一年以上を経て『パンジ・イスラーム』は、この件に関して、「残念だが、うまくいかなかった」(三九年一〇月一六日、Vol. 6, No. 42, p. 7458)とだけ述べている。

開堂式前後に東京モスクの写真は他にいくつもの雑誌に掲載された。いずれも東京回教団から送られたと思われるものであり、同じ写真が使い回しされた可能性もある。「日出国」のモスクは読者の目を引いたであろう。

その後も東京モスクに関する論評は発表された。イルシャード発行のアラビア語誌『*Almoersjid*(導師)』(三八年一一月八日、No. 14: Mr. G. No. 92/1939 添付資料オランダ語訳参照)には、日本側の意図をはなから疑う論評が掲載された。また、『プドマン・マシャラカット』(三九年八月九日、Vol. 5, No. 32, pp. 621-622)には、日本在住のオマル・ヤディ(3) Omar Yadi なるインドネシア人から開堂式に関する情報が寄せられた。そこには、開堂のテープを切ったのが、イエメン皇太子でもイマーム役のイブラヒムでもなく(4)、非ムスリムの頭山満であったことに対する驚きが述べられている。しかし、頭山の助力なくしては建設資金一二万円も集まらなかったことも述べられている。注目すべきは、編集部が「これは他の外国語誌にすでに掲載されたものではなく、イスラームを信奉するインドネシア人自身によって書かれたために、より明晰であると思われる」と特別な注を付してあることである。オリジナルの情報を掲載した編集部の自負が窺える。

東京モスクの開堂以降、オランダの報告書には徐々に緊迫感が出てくる。『新日本通報』(六〇号)に見られる日本の汎イスラーム主義が反英であることに強い警戒心を抱き、マレー語版が出るのではないかと恐れている(三八年六月二八日付原住民問題顧問官代理から総督宛文書、Mr. G. No. 610/1938 所収)。さらに、在インドネシア華人の動きにも神経をとがらせた(三八年一二月二九日付東アジア問題局長顧問から総督宛文書 Mr. G. No. 60/1939 所収)。日本のムスリム工作活動に対して中国側でもムスリムを動かそうとする活動がなされており、日本のすることは中国人ムスリムを反日にするだけでなく、中国人ムスリムによって海外同胞の間に反日気運がつくりだされているとした。つまり、華人による「中国人イスラーム協会 Persatoean Islam Tionghoa」の結成（三八年九月）を、東京モスク設立に対する華人側からの反発ととらえたのである。

日本がイスラーム・プロパガンダを行っていることは、カイロ在住のインドネシア人の知るところとなっている。『アディル』（一九三八年一一月一二日）には、カイロから発信された二つの記事が掲載された。ひとつは、カイロではパレスチナ問題に関してアラブ・ムスリム議会間会議が開かれ、中国からも参加者があったことが報じられた。あとひとつは、「聖地からの手紙」と題され、日本をイスラーム運動の中心とは見なさないとか、NUやムハマディヤの大会はこのような歩み（パレスチナ問題解決のための努力）をしたことがあるのかと問いかけ、「NUが日本に関心を持つ必要はない」と断ずる、批判めいた論調であった。恐らくこれは『NUニュース』（一九三八年九月一、一五日、Vol. 7. No. 21, pp. 2–4; No. 22, pp. 2–7）に日本のイスラム協会の宣伝誌『*NIPPON*』からの引用記事が掲載されたことを指しているように思われる。

また、原住民問題顧問官ペイペル Pijper もカイロの『アハラーム』に掲載された日本関連の記事の翻訳を総督に送っている（三九年六月二七日付総督宛文書、Mr. G. No. 725/1939 所収）。この記事では、アズハル大学の教員が日本へ派遣されるとあるが、これは当時のカイロの日本大使館関係者の述懐から確認できる。オマルという助教授が東京モスク開堂後に日本に送られたということである〔日本アラブ関係国際共同研究国内委員会事務局 二〇〇二、九一頁〕。また、イスラームが日本議会で承認されたとも報じている。実は先に述べた通り、三九年初頭に国会で宗教団体法案が審議されたときに、イスラームを公認宗教とするかも議論されたが、結局「回教」の文字は挿入されなかった。インドネシア語誌でも、この「回教公認問題」は何度も言及されている。日本でイスラームが国家の認めた宗教になったということで、ムスリム側に淡い期待を抱かせた可能性はある。

回教展覧会へのミアイ代表団派遣

大日本回教協会が日本のイスラームへの関心を海外のムスリムにアピールするために行った最大のパフォーマンスは、一九三九年一一月に、東京・大阪で開催した回教展覧会である。インドネシアにも招待状が送られ、オランダはその動きを詳しく追っている。以下、その報告書をもとに出発までの経緯をみてみよう。

インドネシアに関しては三九年九月下旬に政治連合のガピ事務局(バタヴィア)に招待状が届いたが、一等客船切符四枚が同封されていた。東京外国語大学講師スジョノ Soedjono が大日本回教協会の要請で送付したのであるが、スジョノはインドネシアのイスラーム事情に疎かったらしく、ガピに仲介を頼む形となった。ガピ事務局はこの招待を政治ではなく宗教の問題と判断し、スラバヤのミアイ事務局へ対応を要請した。ミアイは緊急会議を開いて協議し、代表団の派遣を決定した。東京モスク開堂式への出席要請に応えなかったことに鑑み、インドネシア最大のムスリム社会の代表として派遣は必要、というのがその理由であった。直ちにガピ側に、この件に関してはミアイが処理するという意向を伝え、さらに東京のスジョノには、一人追加して五人分の費用の捻出を要請するとの電報を打った。一方、代表に選ばれた五人は、それぞれ母体とする団体からの承認を得ることを求められた(三九年一〇月一一日付政治情報局副部長の報告書、Mr. G. No. 1177/1939 所収)。ミアイが代表団派遣を即座に決めたのは、旅費が日本側負担だったことが大きな要因であったことは否めない。国策団体たる大日本回教協会の資金力がモノを言ったことになる。

このミアイの動きはすぐオランダ側に察知されたが、原住民問題顧問官ペイペルは、「この日本への派遣を少しでも邪魔することは、蘭印政府がイスラームの発展やイスラーム諸民族が相互に連絡をとりあうことをいかに嫌っているかの証拠となる」と進言した(三九年一〇月一二日付総督宛緊急文書、Mr. G. No. 1177/1939 所収)。この助言が尊重されたのか、結局政府は静観することになった。

当初代表になった五人は、ミアイの執行委員会メンバーであるが、それぞれ母体とする団体の指導者である。ウォンドアミセノ Wondoamiseno はＰＳＩＩの現議長であり、二〇年代後半からイスラーム同盟の活動に身を投じていた。ウマル・フバイス Oemar Hobeis はイルシャード系学校の教員であった。アブドゥル・カハル・ムザッキル Abdul Kahar Moedzakkir は、エジプト留学の経験があり、カイロでインドネシア留学生団体を代表してオランダ植民地政策を批判していたことでも知られていた。ＰＩＩ党員であると同時に、ムハマディヤでも将来を嘱望された若い活動家であった。カスマット Kasmat もＰＩＩのメンバーだったが、当時キリスト教布教を自由化する政府案を暴露して名前が知られるようになった。マフッズ・シディック Mafhoezh Siddiq はＮＵ議長であり、改革派系にも革新的思考のウラマーとして知られていた（『プドマン・マシャラカット』三九年一〇月一八日、Vol. 5, No. 42, pp. 819–820）。なお、当時ＮＵはミアイにまだ公式には参加していなかった。

注目を引くのは、植民地政府に勤務する二人のオランダ人イスラーム専門家とイスラーム指導者との関係である。原住民問題顧問官のペイペルは、ミアイ代表団の派遣に関する第一報はイルシャード指導者スールカティ Ahmad Soerkati Al-Ansari から得た、と述べている（三九年一〇月一二日付総督宛緊急文書、Mr. G. No. 1177/1939 所収）。また、マフッズ・シディックは、当時東部ジャワ州知事のファン・デル・プラス van der Plas の元へ自ら出向き、日本行きを伝えている。生涯に一度の一等客船での海外旅行の機会をつかんだが未経験なので不安である、帰国したら報告に来る、と述べたという。ファン・デル・プラスはマフッズ・シディックを次のように評している。「ＮＵはきわめて緩やかなオーソドックスな法学者の組織である。彼は……典型的なスラバヤのキヤイタイプである。如才なく、オポチュニスト的で、信心深く、良い実業家である。大半の東部ジャワのＮＵキヤイと同様、オランダ権力に対する反対者ではないが、その権力者への忠誠も期待されない。カハル・ムザッキルとは友人ではない」（三九年一〇月一九日付総督宛文書、Mr. G. No. 1217/1939所収)。興味深い人物評であるが、NUとの微妙な関係が窺える。マフッズは出発前に暇乞いの手紙をペイペルに送っている(三九年一〇月二三日付原住民顧問官の総督宛文書、Mr. G. No. 1227/1939所収)。ムスリム側は、オランダ側に不信を持たれまいとしていた様子が窺える。オランダ人イスラーム専門家とイスラーム指導者は、連絡は取り合うが、互いの腹を探っていたようである。

ミアイ代表団が日本へ派遣されるニュースは、すぐメディアで伝えられた。特に東京モスク開堂に特派員を送った『パンジ・イスラーム』は、「自ら調べる以前に疑ったり懸念したりするのではなく……」と、この派遣に賛同の意を示した(三九年一〇月一六日、Vol. 6, No. 42, p. 7457)。しかし、PSIIは日本のイスラームへの関心の真意を疑い、ヨーロッパ戦が勃発したばかりであることを考慮して、ウォンドアミセノの派遣を見送った。それだけでなく、PSIIは派遣団に対して、特にイスラームに関することのみに発言を絞り、インドネシア国内政治に触れる分野では発言しないことを強く要求した(三九年一〇月一五日付政治情報局副部長の報告書、Mr. G. No. 1234/1939所収)。また、ウマル・ホベイスもスールカティの助言に従って訪日を断念した。代わって、ファリッド・マアルフFarid Ma'roef(ムハマディヤ本部事務局、ジョクジャカルタのムハマディヤ師範学校教員)、サイード・アブドゥラ・ビン・ウスマン・アラムディSajid Abdullah bin Oesman Alamoedi(イルシャード成員)が派遣されることになった(三九年一一月七日付原住民問題顧問官の総督宛文書、Mr. G. No. 1297/1939所収)。カハル・ムザッキルが団長に任命されたが、知名度と外国語能力が買われたためであろう。一行は一一月二日に日蘭丸でスラバヤから出航した。

ミアイ派遣団は一一月一一日に神戸港に到着し、一二月二日までの日本滞在中はほぼ公式日程をこなすことに追われた。重要な行事は、展覧会見学、「世界回教徒大会」出席のほか、在京インドネシア留学生協会との懇親会もあった。その間、日本の南洋向けラジオ放送で、派遣団のカスマットとカハル・ムザッキルがインドネシア語でスピーチを行った。カスマットは行事日程について短く述べ、ムザッキルは日本人に関する好印象(礼儀正しい、エネルギッシュ、労働意欲が高い、自覚がある、文明的）を述べた（三九年一一月二四日付東アジア問題局長顧問の総督宛文書、Mr. G. No. 1399/1939 所収）。

日本滞在中の一行の行動は駐日オランダ大使館の監視するところとなるが、オランダ大使は次のように報告している。「大使館員が展覧会で調べたところ、蘭印に関する説明文には我々にとって不快な評言はなかった。同様に、販売されていたイスラーム紹介の小冊子にも我々に不利なことはなかったが、イギリスに対する敵意があった。……派遣団が政治と多く関わったという印象は受けなかった」（三九年一二月七日付蘭印総督宛文書、Mr. G. No. 1399/1939）。確かに、一行は事前の申し合わせの通り、政治的活動を極力避けていた。それは、展覧会で訪日した海外のムスリムが参集して「世界回教徒大会」が開かれた場で、インドネシアの五人が正式参加を拒みオブザーバーとして参加したことに見てとれる。マフッズ・シディックは、そのとき出席者はあきれ顔だったが、これが私たちの方針だったと率直に語っている（『ＮＵニュース』四〇年一月一日、Vol. 9, No. 5, p. 59）。また、帰国後の派遣団に関しては植民地政府から報告書は出ていないところをみると、オランダは特筆すべきインパクトはなかったという認識だったのかもしれない。

しかし、日本訪問に関しては、インドネシア語誌にいくつか大小の報告が出た他にも、マフッズ・シディックの体験談が『ＮＵニュース』に四回、ファリド・マアルフのそれは『イスラーム・ラヤ』に四回、掲載された。当時の日本はムスリムの目にどのように映っただろうか。ふたりとも、日本人の規律、勤勉、正直さはイスラームの教えに沿っていて、インドネシアのムスリムもそれを見習うべきだ、と述べた。マフッズ・シディックは、小学校見学の折に、生徒たちが制服を着ているのを見て、「マドラサ（近代式宗教学校）でも採用したらどうだろう、貧富の差がわからないようになるのではないか」とか、女子生徒が男子生徒に劣らず闊達だとかと、感心している（四〇年一月一五日、Vol. 9, No. 6, p. 74）。確かに、訪問では日本人への好印象を得たようである。

先述の日本人ジャーナリスト宮武正道は、「蘭印回教徒の招待は実際に於て相当効果をあげて居て、出席者は帰国後各地で日本の印象に就て講演して居るが、抗日華僑新聞が彼等は日本に買収されたのだと毒づいて居るのを見ても回教大会出席回教徒の講演がどの程度のものであるか察するに難くない」と記し、「東印度の回教雑誌には最近は余り排日的な記事は現れなくなって居た」と見た[宮武 一九四〇、四五四—四五五頁]。しかし、帰国後ペイペルにインタビューされた代表団は、イスラーム問題に関する日本の真剣さには疑問を呈したという[Benda 1958, p. 231]。

これに関してはマフッズ・シディックの談話が日本訪問の成果をより率直に示している。日本のモスクにいるのは大抵外国人であり、日本人をイスラームに引き込む布教師がいない、と述べている。それまで何度も不正確に報道されていたイスラームの「公認問題」についても、日本ではイスラームは公的宗教ではなく、存在が認められているだけであることも告げた。また、四〇年四月にイスラームを公認する法案が可決されるであろうが、公認されていないために彼の地のムスリムには困難があるとも述べている(『NUニュース』四〇年二月一五日、Vol. 9, No. 8, pp. 102–103)。日本がムスリムを束ねる力を持たないことを見抜いた、と言える。さらに、東京での国会や皇居の見学でいちいちルクゥ(礼拝時に腰を直角に曲げる動作)をしなければならないことにも不満をもらしている(『NUニュース』四〇年二月一日、Vol. 9, No. 7, p. 88)。ムスリムの礼拝と同じ動作を天皇への敬意として強いられた苛立ちを露わにしているのである。

中国ムスリム・ミッションのインドネシア入国問題

オランダ植民地政府は、日本の動きにムスリムがどのような反応を示すかを逐次監視していたが、抑圧的態度を回避して余計な刺激を与えまいとしていた。それはムスリム側だけでなく、日本側に対しても同じであった。

ミアイの日本派遣団が帰国して間もない一九四〇年一月に、民国政府から派遣された中国人ムスリム・ミッション(団長馬天英 Hadji Ibarahim T. Y. Ma)が、中国でのムスリムの闘争を伝えるためにシンガポールからインドネシアへの入国を申請した。オランダの関係機関は連絡を取り合い、この申請を認めなかった。シンガポールでの集会が反日的性格を帯びて、中国のための戦争資金が集められたことが伝えられ、しかも東インドネシアの中国系新聞にすでにそれが報道されていたからである。「宣伝書『中国のイスラーム』は日本人にとっては腹立たしい内容（日本兵の残虐行為、モスク爆撃・放火）であり、イスラーム宣伝と言うのは口実であって、広いムスリム世界の中国に対するシンパシーを獲得するのが目的である」（四〇年一月二二日付東アジア局長顧問の総督宛文書、Mr. G. No. 40/1940 所収）と判断されたのである。

日本側を刺激するのを避けたのである。そもそもオランダは植民地支配秩序の維持以外に関心はなく、それを脅かすものを排除するということに注意を払っていたに過ぎない。日本のプロパガンダに神経をとがらせていた植民地政府は、四〇年五月にオランダ本国がドイツに占領されると、政府機能が混乱したのか秘密報告書も作成しなくなった。

むすびにかえて——日本軍侵攻前夜のインドネシア

以上見たように、一九三〇年代後半、インドネシアのムスリムは緊迫する国際情勢の中で、自らが宣伝戦の対象になっていることを認識し、安易に宣伝に乗るまいとする一方、直接に自分の目で確かめる方法を求めた。中国、日本、オランダの動向をにらみ、また東京やカイロからも情報を収集して自らの置かれた状況を見極めようとした。ナショナリストの運動が行き詰まる一方、イスラーム運動は新たな展開を見せようとしていた。イスラームの動きは世界史の動態との関連でとらえたときにその本領が見えてくるが、ここからも、インドネシアが東アジア、中東イスラーム世界をつなぐ結節点であることが明らかになる。

インドネシア人自身は侵攻前の日本をどのように見ていたのであろうか。民族主義指導者シャフリル（一九〇六—六

六、独立後の初代首相)は、流刑中の一九三七年八月一九日に「私の知る限り、現在この国のすべてのイスラーム住民は親日的である。日本は人気上昇中である……」[Sjahrir 1969, p. 186]と記している。一方、やはり独立後に宗教大臣を務めたサイフディン・ズフリ(一九一九―八五)は、侵攻直前のジャワで親日的な空気があったことを自伝の中で述懐している[Saifuddin 1974, p. 153]。シャフリルの印象は同僚の民族主義指導者を批判した件りの中での記述であり、サイフディンも伝統的イスラーム学校関係者の間でのことを記したのであって、これが一般化できるとは限らない。宮武は、「支那事変が起きて以来の彼等の動向を見るに……多くの蘭印回教徒は蔣政権に同情を寄せている」と見ていた[宮武 一九四〇、四五三頁]。日中戦に関する記事の多さから考えると、宮武の観察の方がより客観的であろう。ただし、先述した通り、宮武はミアイ代表団の日本招待が反日感情を和らげるのに効果があったとも観察している。親日的雰囲気は醸成されつつあったのだろう。

しかし、マフッズ・シディックの談話にもあるように、実際に見た日本への好印象は必ずしも日本人がイスラームの保護者になるというような短絡的な理解につながらなかった。また、日本のイスラーム・プロパガンダに対するムスリム側の反応には各団体によって温度差があった。日本側に欠落していたのは、ムスリム側の合理的思考や、多様性に対する理解であろう。加えて、何よりも、ムスリムの国際社会へ向けた関心の中で、日本の占める位置はそれほど大きくはなかったことにも留意しておく必要があろう。

(1) 秘密報告書には、インドネシア語(マレー語)やアラビア語等のメディアに掲載された記事のオランダ語訳が添付されていることが多い。消失するなどして原典が入手不可能な場合はその添付資料を用い、「オランダ語訳参照」と記した。

(2) 一九三〇年代にアラブ公使館に勤務した田村秀治は、アズハル大学の神学部長に頼んで、小林哲夫に給付金を多く出すようにはからったという[日本アラブ関係国際共同研究国内研究事務局 二〇〇二、一〇三頁]。

(3) 後藤(一九八六)で何度か言及される在日インドネシア留学生会長を務めた「ウマルヤディ」と同一人物と思われる。

（4）　招待状を送ったクルバンガリーは当局に拘束されており、そのひと月後に自主的な国外退去を命じられ、中国へ向かった。日本は代わってイブラヒムを在日ムスリムの代表に据えた。

【文献一覧】

後藤乾一　一九八六　『昭和期日本とインドネシア――一九三〇年代「南進」の論理・「日本観」の系譜』勁草書房

後藤乾一　二〇〇八　「昭和戦前期日本と大亜細亜協会」『大亜細亜主義　解説・総目録編』龍渓書舎

小林寧子　二〇〇六　「イスラーム政策と占領地支配」倉沢愛子ほか編『岩波講座　アジア・太平洋戦争七　支配と暴力』岩波書店

小松久男　二〇〇八　『世界史の鏡　地域一〇　イブラヒム、日本への旅――ロシア・オスマン帝国・日本』刀水書房

坂本勉　二〇〇八　「アブデュルレシト・イブラヒムの再来日と蒙疆政権下のイスラーム政策」坂本勉編著『日中戦争とイスラーム――満蒙・アジア地域における統治・懐柔政策』慶應義塾大学出版会

西山克典　二〇〇六　「クルバンガリー追尋――国際情勢に待機して（1）（2）」『国際関係・比較文化研究』四―二、五―一

日本アラブ関係国際共同研究国内委員会事務局　二〇〇二　『日本とアラブ――思い出の記』

松長昭　二〇〇八　「東京回教団長クルバンガリーの追放とイスラーム政策の展開」坂本勉編著『日中戦争とイスラーム』

宮武正道　一九四〇　「蘭領東印度の回教徒」『回教圏』第四巻第六号（一九四〇年六月）

Harry J. Benda 1983, *The Crescent and the Rising Sun: Indonesian Islam under the Japanese Occupation 1942–1945*, Dordrecht（reprint, 1958）.

Deliar Noer 1973, *The Modernist Muslim Movement in Indonesia 1900–1942*, London and New York.

Saifuddin Zufri 1974, *Gruku: Orang-orang dari Pesnatren*, Bandung.

Sjafrir 1969, *Out of Exile*, New York.

（未刊行文献）Mailrapporten Geheim（オランダ国立文書館 Naational Archief 所蔵）

個別史／地域史Ⅰ

アメリカの東アジア経済政策

大石 恵

はじめに

一九世紀末以降、中国では列国による権益拡大が繰り広げられていた。ヨーロッパ諸国は清朝に対する借款供与と引き換えに鉄道敷設権を獲得し、中国各地で租借地を設置して自国の排他的活動地域を確保していったのである。その中で、ヨーロッパ諸国や日本から後れて中国に進出したのがアメリカであった。ジョン・ヘイ国務長官の門戸開放の提唱（一八九九・一九〇〇年）にみられるように、当時のアメリカは、中国進出への後れを懸念し、列国の機会均等を主張することで、自国の通商活動が不利にならないよう試みた。

このアメリカの政策が、二〇世紀前半の中国に影響を与える。すなわちアメリカは、通商面においては、日本に先んじて中国と関税条約を締結して関税自主権を承認し（一九二八年）、金融面においては中国の幣制改革（一九三五年一一月）に関与した。(1) これらは、門戸開放という対中政策の基本原則に沿ったものであったが、中国における諸問題に積極的に介入しようとしたことを意味するわけではない。満洲事変（一九三一―三三年）に関しても、スティムソン・ドクトリン（一九三二年一月）にみられるように、日本を道義的に批判するにとどまり、対日宥和政策を採り続けた［高光 二〇〇八、九四―九五頁］。その後、アメリカは日中戦争初期から日米開戦に至るまで、中国に対して積極的な経済・軍事援助を供与しなかった〔鈴木　一九九七〕。

本稿では、一九三〇年代のアメリカの東アジア地域における対外経済政策に焦点をあて、アメリカの対中・対日政策の推移を明らかにする。当時のアメリカの経済政策が中国に与えた影響や、膨張政策を展開する日本への対応に注目しながら、日米中の三カ国関係の変化を考察する。

一　ワシントン体制の動揺

当時のアジア・太平洋をめぐる国際秩序は、一九二〇年代に形成されたワシントン体制に規定されていた。第一次世界大戦後、ハーディング米大統領の提唱で欧米・アジアの九カ国が参加する会議が開催され、アジア・太平洋地域に関わる四カ国条約（一九二一年一二月）、海軍軍備制限条約（一九二二年二月）、九カ国条約（一九二二年二月）が締結され、九カ国条約には関税会議の開催や治外法権撤廃調査委員会の設置も定められた〔滝口　一九九四、三五頁〕。これらの三条約はアジア・太平洋地域における勢力均衡をはかる枠組みとなり、ワシントン体制と呼ばれている。そのうち、中国も締約国となった九カ国条約は、中国の領土保全や主権尊重を認めながらも、中国に進出する日米欧諸国の既得権益に主眼を置いていた。つまり、ワシントン体制は日米欧諸国によって構築されたアジア・太平洋地域における国際秩序であった〔五十嵐　一九九九、四七頁〕。こうした協調によって成立したワシントン体制も、中日両国の変化によって、推移していく。

ナショナリズム運動の高揚――中国

ワシントン体制下で列国が注視したのは、中国国内におけるナショナリズム運動であった〔五十嵐　一九九九、四八頁]。米中間では、ゴールド・ラッシュに沸くアメリカに多くの中国人移民が流入したため、アメリカの労働市場を脅かす存在として中国人排斥の気運が高まり、中国人移民制限法(一八八二年五月)が制定された[馬 二〇〇〇、三六―四六頁]。これに対して中国では反発が高まり、アメリカ製品ボイコット運動が拡大した。その後、パリ講和会議で山東における旧ドイツ権益の返還要求が拒絶されたことをきっかけに、中国ではナショナリズム運動が活発化し、主権回復を政府に要求する五・四運動(一九一九年)が起こった。一九二〇年代後半においても、日系資本の在華紡で働く中国人がストライキ中に殺傷されたことを発端に反帝国主義運動が拡大し(一九二五年、五・三〇運動)、これが契機となって、北京政府は諸外国との不平等条約改正を進めていく[五百旗頭編 二〇〇八、九九頁]。このような中国の動向は、欧米諸国にとって看過できないものとなりつつあった。一九二五年一〇月、中国を含めた一三カ国が参加して関税特別会議(―一九二六年七月)が北京で開催され、一九二九年一月一日までに内国関税の釐金《りきん》を廃止することを条件に、中国の関税自主権回復が承認された[久保 一九九九、六頁]。しかし、北京政府の崩壊によって会議は休会となり、関税自主権回復にあたっての明確な方針は示されないままになってしまった。その中で、対中関係におけるイニシアティヴを発揮したいアメリカは、日本に先駆けて一九二八年中に中国の関税自主権を承認し、「中国を主体として認知」[五十嵐 一九九九、四八頁]したのである。

ナショナリズム運動が高まる一方で、中国各地では軍閥が割拠し、国内統一には程遠い混乱した状況にあった。そのため一九二〇年代後半、南京国民政府の樹立によって国内の政治的統一が達成されたことは、国家としての体制を整備していく上で一歩前進したといえよう。というのも、それによって、未整備だった経済制度の統一にも着手することができたからである。

ワシントン体制への挑戦――日本

アジア太平洋地域におけるもう一つの変化は、満蒙における日本の膨張政策の進展である。二〇世紀初頭のアメリカは、満洲でも門戸開放・機会均等を実現させようと、日露戦争時の日本政府公債の引受、借り換え、および戦費調達という形で日本を支援し、帝政ロシアの南下を抑制しようとしていた。それは、対日支援が帝政ロシアの満洲における勢力拡大を抑え、結果的に満洲の門戸開放につながると考えたからである〔三谷 二〇〇九、七三―七四頁〕。アメリカの間接的金融支援を受けた日本は、日露戦争に勝利して韓国を併合し、ロシアから東清鉄道南部支線の長春以南(南満洲鉄道)を獲得、関東州の租借権を譲り受け、さらに「満鉄附属地」や「満鉄守備隊」を設置していった〔山本 二〇〇三、六頁〕。

日本が満洲において様々な権益を獲得し、「満蒙特殊権益」を主張するようになると、門戸開放を原則とするアメリカ政府と対立した。ただし、一九二〇年代においては米英仏三カ国と日本との間で政治問題であるはずの満蒙問題が経済問題として処理され、四カ国での妥協の結果として、新四国借款団が成立することになる。すなわち、満洲における日本の経済的側面での特殊利益と鉄道敷設にかかわる優先権を他の三カ国が承認し、日本を新四国借款団に参加させたのである〔三谷 二〇〇九、八一―八三頁〕。仮に中国で特定国だけが勢力を拡大すれば、一九世紀末以降、アメリカが常に主張してきた門戸開放・機会均等を脅かすものとなる。新四国借款団の成立には、協調によって中国における関係各国の突出した勢力拡大を抑止する期待があり、ワシントン体制を経済面から支えたのである〔三谷 二〇〇九、八四―八七頁〕。

こうしたワシントン体制下での協調関係を一変させたのが、満洲事変であった。日本は、柳条湖事件(一九三一年九月)を端緒として満洲における軍事行動を拡大しながら、日中二国間で事態の収拾を図ろうとしていた。これに対して、南京国民政府は国際連盟の緊急理事会開催を要請し、多国間の枠組みでの解決を試みたのである。アメリカは、若槻礼次郎内閣の不拡大方針に期待したものの、関東軍はさらに満洲全域へと軍事行動を拡大していく。

この事態を重視したアメリカ政府は対日強硬姿勢へと転じ、ヨーロッパ諸国と協調した対日禁輸措置を模索する。その中心となったのが、スティムソン国務長官であった。しかしながらスティムソンの対日強硬路線に対し、フーヴァー大統領は対日宥和路線を堅持した。それは、フーヴァーに日米間での戦争を回避したいとの意図があったからである〔五十嵐 一九九九、五三頁〕。

スティムソンが想定していた対日経済制裁は、世界恐慌後の不況対策に専念するヨーロッパ諸国と足並みを揃えることもできなかったため、実現には至らなかった。その代わりとして出された声明が、「スティムソン・ドクトリン」であった。すなわち、日本の満洲占領は門戸開放の原則やパリ不戦条約（一九二八年八月）に違反するとして批判するものであった。アメリカは、日本との戦争回避につとめながら、門戸開放・機会均等の原則に抵触する行為に対しては道義的批判にとどめる方針をとった。

二　米中経済の接近

アメリカの銀政策の背景

南京国民政府の成立後、中国は経済制度統一に向けて、アメリカのケメラー使節団を招聘した。この使節団は、南米諸国などで幾度も幣制改革に携わってきたケメラー Edwin W. Kemmerer や国務省経済顧問のヤング Arthur N. Young ら、財政・金融の専門家で組織されており、中国での調査を踏まえて、一九二九年、銀本位制から金為替本位制へと移行させる幣制改革案を提案した（「中国漸進的金本位通貨実施法草案及びその理由報告書」）。かつてケメラーが派遣された国々では、幣制改革の実施にあたって借款が供与されていた。もし中国で幣制改革と借款供与が実現し、通貨制度の整備が順調に進めば、アメリカにとっては自国企業の対中進出にもつながる〔斎藤 一九八一、一三二頁〕。使節団の改革案は、世界恐慌後の銀価暴落によって頓挫するが、アメリカは「銀」にかかわる国内政策を契機に中国経済との関係を深めた。

アメリカは当時、世界の主要な産銀国であり、資本面では世界の銀生産の六〇％以上を占めていた〔斎藤 一九八一、一二九頁〕。銀価格は、銀本位制から離脱したインドから廃貨銀が放出されたことに加え、銀の産出量が増加して供給過剰になったため、一九世紀末以降は下落傾向にあった。こうした状況に対応するため、アメリカでは、銀価格の引き上げに関わる法令が成立していた（一九一八年、ピットマン法）。世界恐慌後は国内物価、とりわけ急落した農産物価格の回復策が議論される過程で、一部の「銀派」議員から金銀複本位制の復活構想が提出された。この主張は、農産物価格の引き上げを狙う農業ブロックに注目され、議会で銀に関連する条例案が提出されると支持された。

また、銀価格は世界恐慌後さらに下落し、アメリカ議会では銀の需要拡大を目的とする様々な方策が提出されるようになる。その一つが、対中銀借款構想であった。これは、建設事業・資源開発・生産増加・米中貿易の促進のために現銀一〇億オンスを五分割して中国に供与し、担保は設定しないという内容であった。これらの計画は実現しなかったものの、産銀業者らは、銀の需要拡大に結びつく政策によって銀価格の安定を図ろうとしたのである。また、アメリカ議会公聴会などを通して、恐慌からの経済回復のために東洋での市場開拓を求める意見や、銀価上昇が中国の購買力を高めるとする意見の形成に寄与したのであった〔斎藤 一九八一、一三四―一三五頁〕。

さらに、アメリカ大統領選挙（一九三二年）で銀価回復のための国際会議招集を公約としていたローズヴェルト Franklin D. Roosevelt が当選したことも、中国経済に影響を与える銀政策の形成に関わっているといえよう〔フリードマン 一九九三、二〇七頁〕。すなわち、ローズヴェルトはニューディール政策関連法案への支持を固めるため、インフレ政策の実現のために結びついた「銀派」議員および農業ブロックの要求をある程度容認する必要があった。

銀問題の波及

アメリカの銀をめぐる動きは、国内にとどまらず国際会議でも取り上げられるようになっていった。経済面での国際協力を目的に開催されたロンドン世界経済会議(一九三三年六―七月)では、金本位制の復活やブロック経済の抑制と同時に、銀価格の安定に向けた議論が行われた。この背景には、「銀派」議員によるアメリカ国内外での活動や、ニューディール政策を掲げるローズヴェルト政権の誕生が影響していた[斎藤 一九八一、一三七頁]。

世界経済会議では、通商問題では成果がなかったが、銀問題では銀価格の安定を目的としたロンドン銀協定が締結された。これは、銀消費国の年間銀売却量に上限を設定し(インド=三五〇〇万オンス、スペイン=五〇〇万オンス、中国=無制限)、産銀国の年間銀購入・回収量を三五〇〇万オンスとするものである[Leavens 1939, pp. 248-251]。中国はロンドン銀協定が銀価格の安定につながるものとして期待していた。なぜならば、銀本位制を採用していた当時の中国にとって、対外決済に使用される銀価格の安定は、貿易収支に影響を与える問題だったからである。一方のアメリカにとっては、国際的な協定に基づいて銀を売買できるという裏付けを手にしたことになる。

ロンドン銀協定をうけ、アメリカ政府は国内産の銀を購入し(一九三三年一二月)、さらに「銀購買法」(一九三四年六月)を施行して、国内外市場で銀購入を行った。同法は、財務省が通貨準備の四分の一まで、あるいは銀価格が一オンス=一・二九ドルになるまで銀購入を行うというものであった[Kindleberger 1973, p. 235]。

こうしてアメリカの銀購入が始まると、銀価格は高騰し、卸売物価指数も回復していった(**図1**)。しかし銀価格の高騰は、中国からの資金逃避につながったのである[城山 二〇〇六、八九―九〇頁]。さらに、対外決済を銀で行っていた中国にとって、銀価高騰は経常収支赤字を拡大させる深刻な問題であった。銀購買法については、アメリカ議会内でも中国からの銀流出を懸念する声があがっており[Borg 1964, p. 121]、それが現実のものとなった。アメリカで成立

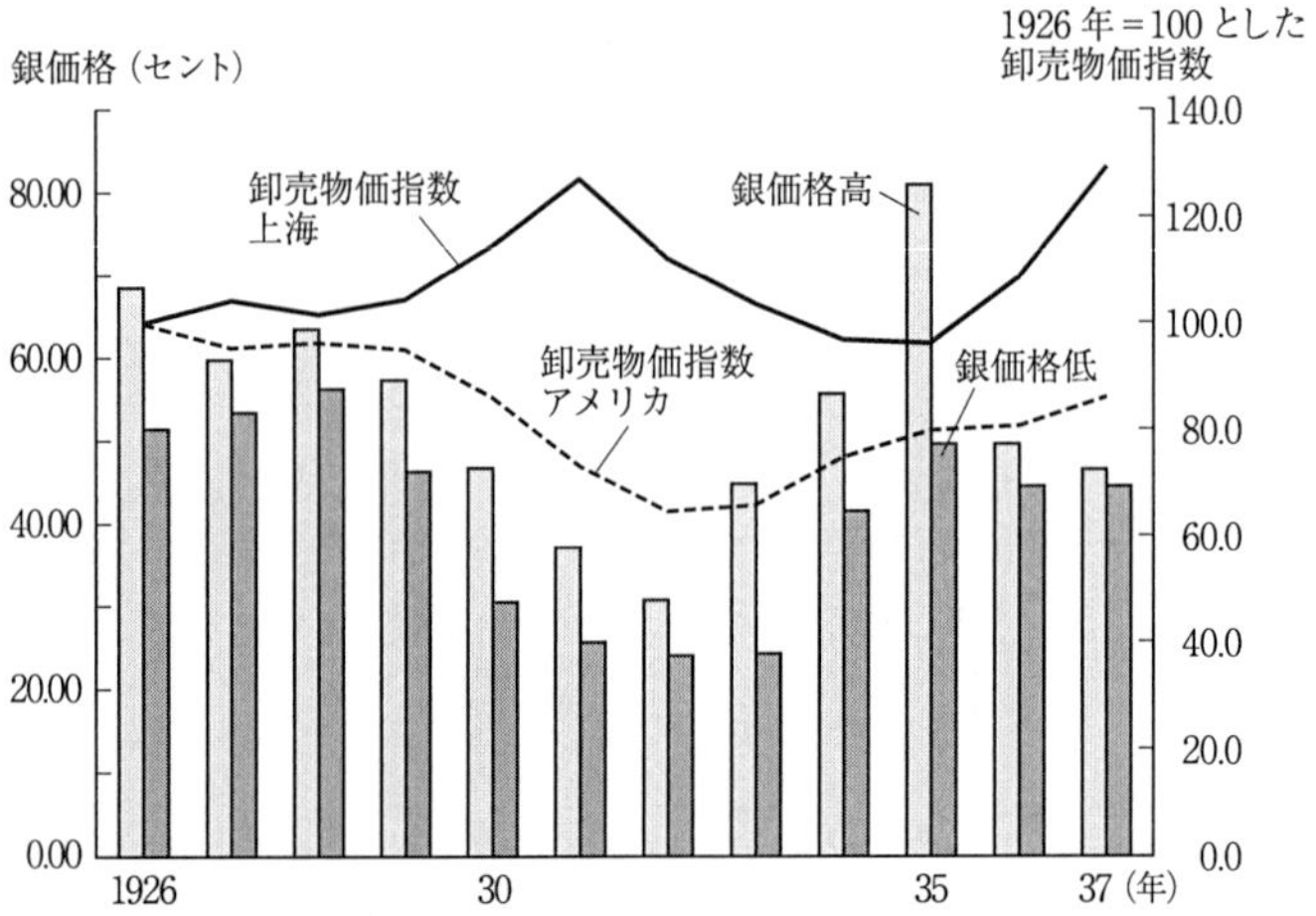

図1　銀価格（ニューヨーク）および卸売物価指数（1926–37年）
Dickson Leavens 1939, p. 212より作成.

した銀買い上げの諸政策によって、銀価格安定という中国側の期待は、消滅していったのである。

三　アメリカの貿易拡大政策

一九三〇年代は世界的に保護主義が進展し、経済秩序が変化した時期でもある。各国は、世界恐慌による深刻な不況からの経済回復のため、保護主義へと転じた。アメリカは、フーヴァー Herbert Hoover 政権下でスムート＝ホーリー関税法（一九三〇年六月）を成立させ、農工業製品二千品目以上の関税を大幅に引き上げた。これに対してイギリスは、緊急輸入関税法（一九三一年一一月）の施行や、オタワ会議（一九三二年七月）を開催してイギリス帝国内の特恵関税制度を創設し、ポンド・ブロックの形成へと向かうのであった。日本も、三二年六月に関税改正を行い、国際連盟脱退後には地域主義的思想を強めていった〔細谷編 一九九五、一二六―一二七頁〕。

保護貿易政策の結果、アメリカは貿易の縮小に直面し、方針転換を迫られていた。そこでローズヴェルト政権は、自由主義に基づく貿易拡大を模索していく。新政権の誕生で、国務長官が保護主義的なスティムソン Henry Stimson から自由主義的なハル Cordell Hull へと変わったことも、アメリカが制限的ながら自由貿易的な政策を進める要因となった。それは、世界経済会議でのアメリカ代表の提案に、会議参加国による新たな貿易障壁の導入の回避、関税率引き下げの二国間協議の開始が含まれていることからもうかがえる。アメリカの提案に対し、支持の立場を表明したのは日本であった。日本は、イギリス植民地向けの綿製品輸出が好調であったがゆえに、日英間で貿易摩擦を引き起こしていた。また、世界恐慌後の保護貿易の流れを考慮すると、日本にとって、アメリカの貿易拡大に関する提案は歓迎すべき内容だったのである［加藤 一九九三、二六―二七頁］。

しかし会議では、通商問題よりも通貨安定に関する問題を重視するヨーロッパ諸国との協調を見出すことができなかった。結局、アメリカは、為替相場の安定よりも自国内の物価引き上げによる国内経済回復を優先させたため、自国の利益となるロンドン銀協定以外については歩み寄ることもなく、会議は破綻した［Kindleberger 1973, pp. 216–220］。

世界経済会議を通じた通商問題の解決が成功しなかったこともあり、アメリカは二国間協定を通じた貿易の拡大を試みていく。その根拠となったのが、双務主義的互恵通商協定法である。一九三四年六月、ローズヴェルト政権は互恵通商協定法を定め、貿易相手国が譲歩した場合、アメリカの関税率を最大五〇％まで引き下げる通商協定締結権を大統領に付与し、通商協定には最恵国待遇原則を適用した［三瓶 二〇〇二、二一頁］。

こうした通商政策の転換の中で、一九三〇年代のアメリカの対外貿易に占める中国の割合は輸出入ともに五％未満にすぎず、日本の五―一〇％と比べれば小規模であった（**表1**）。それにもかかわらずアメリカが中国市場で門戸開放政策を堅持した背景には、以下のような事情があった。すなわち、中国市場に利害を持つアメリカの小規模貿易業者や海運業者らが、政財界に米中貿易促進、新四国借款団の成立以降頓挫したままの対中投資の再開を訴え、その過程で「中国市場の有望性」をアピールしたのである。実際に、三〇年代の中国の対外貿易に占めるアメリカの割合は、輸出入ともに一〇―二〇％のシェアを確保し続けた(2)。また、三〇年代の中国は、小麦借款（一九三一年）、綿麦借款（一

表1 アメリカの対外貿易(1930-40年)

(1) 輸出 (単位：100万ドル)

	アジア						シェア(%)	
	中国本土	日本	その他	合計	その他	輸出総額	中国	日本
1930	90	165	193	448	3,395	3,843	2.34	4.29
1931	98	156	132	386	2,038	2,424	4.04	6.44
1932	56	135	101	292	1,319	1,611	3.48	8.38
1933	52	143	97	292	1,383	1,675	3.10	8.54
1934	69	210	122	401	1,732	2,133	3.23	9.85
1935	38	203	137	378	1,905	2,283	1.66	8.89
1936	47	204	148	399	2,057	2,456	1.91	8.31
1937	50	289	241	580	2,769	3,349	1.49	8.63
1938	35	240	242	517	2,577	3,094	1.13	7.76
1939	56	232	274	562	2,615	3,177	1.76	7.30
1940	78	227	314	619	3,402	4,021	1.94	5.65

(2) 輸入 (単位：100万ドル)

	アジア						シェア(%)	
	中国本土	日本	その他	合計	その他	輸入総額	中国	日本
1930	101	279	474	854	2,207	3,061	3.30	9.11
1931	67	206	301	574	1,517	2,091	3.20	9.85
1932	26	134	202	362	961	1,323	1.97	10.13
1933	38	128	259	425	1,025	1,450	2.62	8.83
1934	44	119	326	489	1,166	1,655	2.66	7.19
1935	64	153	388	605	1,442	2,047	3.13	7.47
1936	74	172	462	708	1,715	2,423	3.05	7.10
1937	104	204	659	967	2,117	3,084	3.37	6.61
1938	47	127	396	570	1,390	1,960	2.40	6.48
1939	62	161	477	700	1,618	2,318	2.67	6.95
1940	93	158	730	981	1,644	2,625	3.54	6.02

United States Department of Commerce, Historical Statistics of the United States(斎藤眞・鳥居泰彦監訳『アメリカ歴史統計』第II巻，原書房，903, 905-906頁)より作成.

九三二年）の実施により、アメリカの余剰農産物の受け手でもあった［斎藤 一九八一、一三二、一三三頁］。

日米貿易に関していえば、アメリカは日本の原料供給国であった。日本は石油輸入の八〇％をアメリカに依存し［石井 二〇〇一、二九四頁］、アメリカ産輸出綿花の二五％を購入して、アメリカ産綿花の最大の顧客となっていた。日米貿易は、アメリカから日本へ原料、食料、機械が、日本からアメリカへ綿製品などの軽工業品が輸出される「相互補完」的な構造であった［石井、同前］。アメリカからの原料輸出が停止すれば日本は立ちゆかなくなるため、危うさを抱えた経済関係だったのである。

四　銀問題の拡大

中国の経済危機と諸外国の対応

各国が世界恐慌による影響を受けていた中で、銀本位制を採用していた中国は、金本位制採用国と比較すると世界恐慌の影響が相対的に緩和されていた。なぜならば、一九二九—三一年には銀の国際価格が中国国内の銀価格を下回ったため、海外から銀が流入したからである。銀本位制下では、通貨当局の銀保有量によって貨幣発行量が決まるため、銀の流入は金融緩和と物価上昇をもたらした。さらに、銀の国際価格下落で輸入品価格が上昇し、三〇年の関税改訂に伴う税率引き上げも影響して、国内物価の上昇圧力はさらに強まった［伊豫谷 一九七七、六八頁／久保 一九九九、一五八頁］。これは、世界恐慌後のデフレ回避と景気刺激につながったが［久保 一九九九、一五八頁］、効果は一時的なものであった。その後、金本位制の崩壊とアメリカの銀政策によって銀価格は上昇し、中国経済は危機的な状況に直面することになる。

ローズヴェルト政権による一連の銀購入政策は、中国からの銀流出を招いた。南京国民政府はローズヴェルト政権に銀購入の中止を要請したが受け入れられず、自衛策を講じるほかなかった。そこで一九三四年一〇月、南京国民政府は銀に対する一〇%の輸出税課税と、為替相場が平価を下回る場合に課す銀輸出平衡税を創設して、銀流出を阻止しようとした。しかし、これらの課税は銀の密輸出を助長してしまうのであった［三谷 二〇〇九、二一六頁］。

他方で、南京国民政府はアメリカ政府に対し、銀本位制からの離脱と幣制改革の実施を打診して、支援を要請した［滝田 一九八一、一八〇—一八一頁］。アメリカ政府としては、幣制改革借款を供与する前提として、中国銀の売却益を通貨安定の目的で使用すること、通貨安定委員会を設置し、そのメンバーとしてアメリカ人を参加させること、新通貨とドルをリンクさせることを条件に挙げていた(United States Department of State, *Foreign Relations of the United States 1935*, Vol. III, U.S.G.P.O., pp. 632-633)。しかし、南京国民政府が新通貨とドルのリンクに難色を示したため、米中間での銀取引は不調に終わるとみられていた。

中国からの銀流出に接し、イギリス政府は在中イギリス企業から対中援助実施を切望され、中国の幣制改革に対する援助を検討し始めた。イギリスの対中幣制改革借款計画の中心人物は、首席経済顧問リース・ロス Sir Frederick Leith-Ross であった。リース・ロスは、中国の幣制をポンドとリンクした管理通貨制に移行させ、同時に、新四国借款団のように複数国が参加して幣制改革借款を供与する構想を持っていた。その中には日本も含まれており、リース・ロスは、日本を借款供与に参加させることで、日本と米欧諸国との関係改善を狙っていたのである。このような対日宥和姿勢の借款計画を手に、リース・ロスはカナダ、日本を経由して中国へと向かう。しかし、アメリカはリース・ロスとの会談を全て回避して態度を明確にせず、日本は広田弘毅外相、重光葵外務次官らが会談に臨み、借款案に消極的な姿勢を見せたのであった。

中国の幣制改革

米中交渉に進展が見られない中で、アメリカ政府は幣制改革断行の報に接する。一九三五年一一月三日、南京国民政府は幣制改革を実施し、銀本位制から管理通貨制へと移行した。その内容は、政府系三銀行(中央・中国・交通)が発行する紙幣を法幣とし、その他の銀行が発行する紙幣を法幣で回収すること、法幣の対外価値安定のために政府系三銀行は無制限に外国為替売買に応じること、一切の銀類を法幣と交換すること、また、通貨発行準備委員会や指定の銀行を通じて、私有の銀本位貨幣、銀等の銀類一切を法幣と交換しなければならないとした〔中国第二歴史檔案館編一九九四、三一四―三一五頁〕。

南京国民政府は諸外国から借款供与の確約を得ずに幣制改革を断行したため、幣制の安定には不安が残った。というのも、改革当初、日本による銀密売の動きが見られたからである（**表2**）［斎藤　一九八一、一五四―一五五頁］。中国のこうした状況に、アメリカ政府は幣制維持を目的とした五〇〇〇万オンスの銀購入契約を行った（一九三五年一一月）［Young 1971, pp. 241-245］。これに続いて、アメリカは中国との銀売買契約を行い、一九三六年にかけて複数回にわたって中国銀を購入した。また、世界市場における銀の買い上げ価格が高ければ銀の密輸に有利に働くことから、アメリカ政府は銀購入価格の引き下げに踏み切ったのであった［斎藤　一九八一、一五五頁］。

一方で、リース・ロスを派遣していたイギリスは、幣制改革借款を供与することもなく、アメリカの中国銀購入によって中国におけるイニシアティヴを取ることができないままに終わった。

アメリカの銀購入政策は、中国を経済危機に直面させることになったが、結果的には中国に幣制改革をもたらし、アメリカ政府に関与させる役割を果たした。同時に、中国が銀本位制から離脱したため、銀価格の上昇が中国の購買力を高めるという「銀派」議員らの主張の前提が消滅したのであった。

表2　中国からの銀の純輸出（1933-38年）

（単位：100万元）

	輸出	密輸（推計）	合計
1933	14	—	14
1934	260	20	280
1935	59	230	289
1936	250	40	290
1937	398	—	398
1938	80	—	80

Dickson Leavens 1939, p. 303 より一部転載.

五　日中戦争初期の米中関係

幣制改革が成功し、中国経済に景気回復の兆しが見え始めた頃、盧溝橋事件（一九三七年七月）が勃発した。アメリカ政府は南京国民政府からの援助要請に対し、中立法を根拠に軍事援助の供与を回避していた。それは、一九三五年に成立した中立法が、「義務的武器禁輸をすべての交戦国に対して適用する法」［西川　二〇〇八、七五頁］であり、戦争当事国への武器・弾薬の輸出を禁止していたからである。ただし、非軍事物資購入を目的とした対中借款の供与は少額ながら行われ[Young 1965, Appendix II]、通貨安定を目的とした銀の購入も実施された。

一方、日本に対してアメリカ政府は対日経済制裁を実施せず、依然として日本の重要な資源供給国であった[Cohen 1990, p. 133]。アメリカは、中国に対して何らかの経済的支援を継続しながら、日本に対して有効な制裁措置を行わなかった。

そうした中で、アメリカ政府は対日経済制裁を検討し、実施の可能性を探っていた(一九三八年)。だが、日本政府に対しては、中国政策を非難する内容の覚書を表明し(一九三八年一〇月六日)、一九三〇年代初頭と同様に、中国における門戸開放・機会均等から逸脱した日本に道義的批判を行うにとどまっていた[細谷編 一九九五、一三六—一三七頁]。

このように、政府レベルでの対日政策に変化はみられなかったが、日中戦争勃発後、アメリカ国内では親中・反日の世論が形成され、中立法に阻まれながらも、対日経済制裁実施への土壌が形成されていった[馬 二〇〇〇、第二章]。一九三九年春の世論調査では、対日軍事物資の禁輸に賛成する意見が大多数を占めるまでになった[Cohen 1990, p. 121]。

おわりに

日欧諸国から後れて中国市場に参入したアメリカは、一九三〇年代を通して、門戸開放・機会均等を原則とした対東アジア政策を展開した。それは、日本の膨張政策への対応策というよりも、むしろ自国の中国における経済的利益を確保することに主眼が置かれていた。そのため、日本に対しても道義的批判をするにとどまり、宥和政策を続けた。一方、世界恐慌後のアメリカの国内経済政策は、中国における銀問題を引き起こしていた。アメリカの銀購入は、

「銀派」議員や農業ブロックらの要求に応えるものであったが、銀本位制を採用していた中国からの銀流出につながった。これは、中国経済に危機的状況と幣制を統一する契機をもたらした。

つまり、アメリカの政策は、二つの側面で中国に影響を与えたといえよう。対外政策の面では、門戸開放・機会均等に立脚した対日宥和政策を基本方針としたため、中国の状況を改善するには至らなかった。しかしながら国内政策の面では、アメリカの国内政治運営を念頭に置いた銀購入政策が中国の幣制改革の要因となり、アメリカ政府が対中経済援助を行う契機となったのである。

(1) 中国の幣制改革に関しては、野澤豊編『中国の幣制改革と国際関係』(東京大学出版会、一九八一年)の刊行以降、研究の蓄積が進んだ。近年では、南京国民政府の関税政策に焦点をあてた久保亨『戦間期中国〈自立への模索〉——関税通貨政策と経済発展』(東京大学出版会、一九九九年)第八章や、城山智子「一九三〇年代の中国と国際通貨システム——一九三五年幣制改革の対外的・国内的意義と影響に関する一考察」(『国際政治』第一四六号、二〇〇六年)が挙げられる。

(2) 他方で、イギリスが中国の対外貿易に占める比率は、一九一三年一七・〇%、二九年九・四%、三〇年八・三%と縮小傾向にあった[リーマー 一九三九、三九八—四〇三頁]。

【文献一覧】

五百旗頭真編 二〇〇八 『日米関係史』有斐閣
五十嵐武士 一九九九 『日米関係と東アジア——歴史的文脈と未来の構想』東京大学出版会
石井修 二〇〇一 「ヘゲモニー移行期の米国と東アジア」秋田茂・籠谷直人編『一九三〇年代のアジア国際秩序』溪水社
伊豫谷登士翁 一九七七 「世界恐慌下に於ける中国幣制改革——一九三〇年代中・米関係の展開」『経済論叢』第一二〇巻第三・四号
加藤陽子 一九九三 『模索する一九三〇年代——日米関係と陸軍中堅層』山川出版社
久保亨 一九九九 『戦間期中国〈自立への模索〉——関税通貨政策と経済発展』東京大学出版会

斎藤叫　一九八一　「アメリカ銀政策の展開と中国」野澤豊編『中国の幣制改革と国際関係』東京大学出版会
三瓶弘喜　二〇〇二　「ニューディール期アメリカ互恵通商政策構想」『アメリカ経済史研究』第一号
城山智子　二〇〇六　「一九三〇年代の中国と国際通貨システム——一九三五年幣制改革の対外的・国内的意義と影響に関する一考察」『国際政治』第一四六号
鈴木晟　一九九七　「アメリカの対応——戦争に至らざる手段の行使」軍事史学会編『日中戦争の諸相』
高光佳絵　二〇〇八　「一九三〇年代におけるアメリカの中国認識と対日政策」杉田米行編『アメリカ外交の分析——歴史的展開と現状分析』大学教育出版、九四—九五頁
滝口太郎　一九九四　「不平等条約と「革命外交」」宇野重昭編『二〇世紀の中国——政治変動と国際契機』東京大学出版会
滝田賢治　一九八一　「英米の東アジア政策と幣制改革」野澤豊編『中国の幣制改革と国際関係』東京大学出版会
西川秀和　二〇〇八　「両大戦間期の孤立主義——ローズヴェルト大統領と孤立主義」杉田米行編『アメリカ外交の分析——歴史的展開と現状分析』大学教育出版会
野澤豊編　一九八一　『中国の幣制改革と国際関係』東京大学出版会
フリードマン　一九九三　『貨幣の悪戯』斎藤誠一郎訳、三田出版会
細谷千博編　一九九五　『日米関係通史』東京大学出版会
馬暁華　二〇〇〇　『幻の新秩序とアジア太平洋——第二次世界大戦期の米中同盟の軋轢』彩流社
三谷太一郎　二〇〇九　『ウォールストリートと極東——政治における国際金融資本』東京大学出版会
山本有造　二〇〇三　『「満洲国」経済史研究』名古屋大学出版会
リーマー　一九三九　『列国の対支投資』東亜経済調査局訳、慶應書房
中国第二歴史檔案館編　一九九四　『中華民国史檔案資料匯編』第五輯一編財政経済(四)、江蘇古籍出版社・南京
Borg, Dorothy 1964, *The United States and the Far Eastern crisis of 1933–1938: from the Manchurian incident through the initial stage of the undeclared Sino-Japanese war*, Harvard University Press.
Cohen, Warren I. 1990, *America's Response to China*, 3rd ed., Columbia University Press.
Kindleberger, Charles P. 1973, *The World in Depression 1929–1939*, Allen Lane.（石崎昭彦・木村一朗訳『大不況下の世界一九二九—一九三九』東京大学出版会、一九九九年）

Leavens, Dickson 1939, *Silver Money*, Bloomington: Principia.
Young, Arthur N. 1965, *China's wartime finance and inflation, 1937–1945*, Harvard University Press.
Young, Arthur N. 1971, *China's nation-building effort, 1927–1937*, Hoover Institution Press.
United States Department of State, *Foreign Relations of the United States 1935*, Vol. III, U.S.G.P.O.

トピック・コラム

魔都上海――欲望都市の誕生

劉 建輝

日清戦後から第一次世界大戦後までの二十数年間、幾度もの投資ブームによる内外資本の大量導入は、上海の都市機能や都市空間にきわめて大きな変化をもたらした。機能面では、外国銀行の進出と国内銀行の誕生によって、あくまで「銭荘」を中心とした在来の金融界が著しい発展を遂げ、その急速な業務拡大（企業投資、紙幣発行など）がまたたく間に上海を中国最大の金融都市に変貌させた。次に、数々の企業投資は短期間に市街の周辺に楊樹浦、閘《ざ》北《ほく》などの工業区を形成させ、それまでほとんど企業らしい企業を持たなかった上海をほぼすべての分野にわたる中国随一の工業都市に変身させた。そして、この工業化が進むにつれ、周辺地域からの流入人口が数倍にも増加したことを受け、それを顧客層と見込んだ大量の商業投資によって、上海はさらに従来の規模をはるかに上回る一大商業・消費都市に成長したのである。

都市機能の変化と連動して都市空間内部のそれぞれの性格や役割も大きく変わった。そして、そのいずれの区域もおしなべて資本の論理に乗せられた形で自らの「景観」を形成し、露骨にその「欲望」を曝け出していた。たとえば、上海の玄関とも言われる外灘（バンド）、ここは長い間洋行という主に貿易業を営む欧米の商社が領有し、内外物品の独占的な輸出入を通じて、莫大な利益を上げてきた。その結果、一九世紀後半には二十数軒の公館と洋行が一列に聳え立ち、厳然として一大植民地的貿易商業空間を形成していた。

このような外灘の空間も、二〇世紀初頭に入ると、内外金融資本の大量進出により、急速に大きな変貌を成し遂げた。試みに一九三〇年代の外灘の代表的な建築物を並べ、その特質を見てみよう。まず最南端の仏領事館を起点にフランス郵船会社ビル、有利銀行、日清汽船、中国通商銀行、招商総局、匯豊銀行、江海関、交通銀行、台湾銀行、沙遜《サッスーン》大厦、中国銀行、横浜正金銀行、怡和洋行などが延々と立ち並び、最北端の英領事館まで続く。一見してわかるように、この時代の外灘には、かつての主役だった洋行がことごとく内外の銀行に取って代わられ、あたかもウォール街が忽然と出現したかの印象さえ持たされる。そのため、この一郭は以前の商業的な諸要素に加え、ほとんど中国の経済を左右する金融資本の最大の拠点として、とてつもない権力性を獲得したのである。

外灘におけるこうした急激な変化は、隣接する二つのストリート――南京路と福州路にも多大な影響をもたらした。というのは、ここから繰り出された多額の投資が市街の周辺部にいくつもの工業区を作り出したために、急増した都市人口の各階層による消費活動が、もともと商業と娯楽施設の集中するこの二カ所の空間性格を一層強化したからである。

南京路では一九世紀半ば頃からすでに内外の薬屋や絹織物店、西洋雑貨店などが集まり始め、その後も外資系デパートの進出があいつぎ、それなりの繁栄を築いていた。しかし顧客が一定の階層に限られ、あくまで外灘の「付属商店街」としてのその存在は、二〇世紀初頭に入ると、都市人口の急増による消費需要の拡大に徐々に対応できなくなっていた。一方、あたかも外灘の急激な変化に合わせたかのように、内外の民族資本の投資によって、後にビッグフォーと呼ばれる大型百貨店の先施、永安、新新、大新や、主に輸入商品を販売する中型百貨店の麗華、中華百貨などが次々と落成し、名実ともに南京路を中国最大の繁華街として現出させたのである。

1930年代のバンド

この変遷のプロセスは福州路にもほぼそのまま当てはまる。福州路の一郭は、かつてキリスト教伝道の関連施設である墨海書館や仁済医院などが近くに集まっていたため、一九世紀半ば頃から内外の新聞社や書店などが林立し、「文化街」として発展してきた。また、伝統的な劇場や茶館、それに「堂子」と呼ばれた妓館などの娯楽施設もこの界隈に多く進出し、賑やかさを示していた。

しかし福州路も二〇世紀初頭に入ると、大きな変化を見せ始めた。文化施設では、出版社だけでも商務印書館、中華書局、世界書局など大小数十社が軒を並べ、異様なまでの活況を呈していた。娯楽施設を見ると、劇場では丹桂第一台、新新舞台、茶館では中華第一楼、青蓮閣、妓館では新会楽里、三元坊などが、一平方キロにも満たない狭い一郭に密集し、まさに一大「消費」装置として大々的に機能していたのである。

このように、後に上海の「玄関」「昼の顔」「夜の顔」と呼ばれた外灘、南京路、福州路の三つの空間は、二〇世紀前半においてほかならぬ資本という近代の「魔物」により、異常なまでの規模と速度で激変し、その欲望を実現する「場」として現出させられた一方、それが作り出した消費というもう一つの欲望を満たし、その装置として機能していたことによって、いわば二重にもその欲望的な空間性を作り上げたのである。上海が同時代の世界的な大都会、ニューヨーク、パリ、東京などと並ぶ変貌を遂げ、同時にまたつねに一種の半植民地的な過激さを持つ「魔都」と化した所以である。

個別史／地域史

II 権力と抵抗
――植民地統治の変容

個別史／地域史Ⅱ

台湾議会設置請願運動についての再検討

周　婉窈
（中文翻訳）若松大祐

はじめに

日本が植民地支配した時代にあって、台湾人による最も代表的な反植民地運動は何か。このように問う人があれば、その回答は恐らく、「台湾議会設置請願運動」になろう。この運動の名称には、目標と手段が含み込まれている。つまり、「台湾議会」の創設が目標であり、手段として「請願」なる方法を採るというのである。運動は一九二一年に始まり、三四年まで続いた。毎年、日本の帝国議会へ台湾議会の設置という請願を提出し、一四年にわたり、全部で一五回の請願があった。

それは体制内運動であり、加えて主な指導者の性格や行動が比較的に保守的であり慎重であった。そのためか、台湾で一九八七年に戒厳令が解除され、左翼知識人に関する研究ブームが起こって以降(1)、この運動はますます顧みられなくなった。ただ、私たちが「事件の現場 locus in quo」へもしも戻ったならば、この運動が植民地支配の当局に与えた当惑を、そして台湾社会に引き起こした広大で持続的な波瀾を、易々と見逃せるはずはない。

この運動は、台湾で最初の文官総督である田健治郎の在任期間（一九一九年一〇月二九日―二三年九月一日）に起こる。植民地支配の当局へ、少なからぬ当惑をもたらした。田総督の日記は、植民地当局最高権力者の態度や手法を露呈している。新たに出現した資料から、私たちは植民地当局(およびその擁護者)と被植民地人との露骨な対立を見ることができる。今日に至るも、この運動は台湾の歴史とその未来に対する我々の思索を尚も揺さぶっている。

戦後台湾において台湾史研究は、政治的、社会的な環境の変化と密接な関係にあった。台湾議会設置請願運動に関する研究は、まず蔡培火、林柏寿、陳逢源、呉三連、葉栄鐘著の『台湾民族運動史』が挙がる。同書は一九七一年に出版され、その後、幾度かの増刷があり、改版もある。これは恐らく七〇年代において、日本植民地統治時代の台湾人による反植民地運動に関しての唯一、書籍にまとめられたものであろう。当時、台湾人の反植民地運動を知るための必読書であった。

『台湾民族運動史』は、いわば戦後台湾における反植民地運動についての最も完成度の高い著作である。一般に、同書は一次資料を『台湾総督府警察沿革誌第二篇 領台以後の治安状況 中巻(台湾社会運動史)』(一九三九年。以下『台湾社会運動史』)に大きく依拠していると理解されている。「序文」では台湾人の「祖国」(中国)アイデンティティーを強調しており、すこぶる「時代味」があった。ちなみに農民運動を除いて、同書は左翼活動について、つまり台湾共産主義運動、無政府主義運動、労働運動についての言及を完全に避けている。(2)

『台湾民族運動史』の出版後には、一九八三年に日本で若林正丈が『台湾抗日運動史研究』(研文出版、一九八三年。増補版(二〇〇一年)は二〇〇七年中国語に訳出)を著した。同書は二篇で構成されており、その第一篇(全四章)が専ら台湾議会設置請願運動を考察している。台湾では、一九八九年に筆者の『日拠時代的台湾議会設置請願運動』(「日拠」とは「日本による占拠」の意)の出版を待って、ようやく請願運動が専門書として議論されるに至った。なお中国語や日本語での論文が若干ある。(3)

台湾議会設置請願運動について、ここ十年、二十年の間に新たな資料が出現している。それは日記を筆頭とする新しい文献である。例えば、以前から噂にはなっていた林献堂の日記が終に世に現れた[林 二〇〇〇]。反植民地運動の重要な幹部である蔡培火と葉栄鐘の日記〔張主編 二〇〇〇、以下『蔡日記』／葉 二〇〇二、以下『葉日記』〕も、後人によって出版された。さらに、『台湾総督田健治郎日記』〔呉主編 二〇〇一―〇九、以下『田総督日記』〕も非常に重要な資料である。こうした新出の資料は、歴史的事件の当事者の思考や対応について一層の理解を我々に深めさせる。そして研究者はこのテーマを改めて尋ね、新たな意味を見出そうと試みうるのだ。

一　台湾議会設置請願運動の概略

台湾における反植民地運動は、通常の場合、武装抗日と非武装抗日とに分かれる。前者は、台湾人が日本の台湾領有を拒否して採った武力抵抗について意味する。一八九五年五月二九日に近衛師団が台湾島北部の澳底へ上陸してから、台湾全土を平定するまで、日本軍は四カ月あまりを費やして、ようやく台湾を接収管理するに至った。「本島全ク平定ニ帰ス」(一八九五年一一月一八日、大本営参謀総長宛の樺山資紀の電報)の後、台湾人の武装抵抗は、断片的な「陰謀事件」というかたちで出現するようになり、一九〇二年まで続く。

いま一方、非武装抗日とは、台湾の新興知識人による反植民地運動を意味する。武装反抗が徒労に帰したことは、台湾の士紳階級(科挙合格を背景にする地方名望家)に大きな影響を与えた。加えて、台湾における日本の植民地政府はこの新たに獲得した領土へ進駐するや、積極的に植民地教育を推進する。そのため、一九一〇年代後半までに、台湾では新式教育(科挙を基軸にする伝統的な教育の対義概念)を受けた一つの新しい知識人階層が生まれていた。こうした人々と思想の進歩的な旧社会の士紳とが、手を取り合って非武装の反植民地運動を始めた。ここで私たちは次のことに注意しなければならない。すなわち、武装抵抗の台湾人と後の非武装反植民地運動の参加者とは、基本的に異なる集団であり階層であり、異なる時期の活動である。両者の間は断絶しており、相互関係もない、と。これは、台湾における反植民地運動の能力や効果が不十分であった要因を物語っているのかもしれない。

六三法撤廃運動から台湾議会設置請願運動へ

台湾議会設置請願運動が植民地の台湾で発生したのは、巨視的に眺めるならば、一九一九年の朝鮮での三・一独立運動、および日本本土での「大正デモクラシー」の思潮が背景になっている[若林 二〇〇一、一七—一六三頁]。ここでは請願運動の「内在的脈絡」について、直ちに考察を始めよう。

まず一九二〇年代の反植民地運動の活動者は、少数の旧社会士紳の参与を除けば、主な主人公は出自が新興の知識人集団だった。この新興集団は、台湾の庶民が断片的な武装抵抗を続けている時、ゆっくりと「並行」して形成された。ある意味では、日本の植民地統治によってもたらされた二つの新しい要素が相互作用した結果と言えよう。二つの新しい要素とは、①日本の植民地統治が台湾で近代教育を実施したこと、②東京が「母国」の政治、経済、文化の中心となって、植民地に対して吸引力を持ち始めたことである。これは植民地支配が台湾に作り出した新たなきっかけであり、逆に言えば、植民地支配に対して予想外の反発を生み出した。

新式教育は、近代教育を受け、かつ日本語を使える青少年を、台湾に育て上げた。植民地支配の前二十年は、台湾には初等教育設施および医学校と国語学校との二種類の学校しかなく、普通中等学校がなかった(4)。換言すれば、植民地では初等教育が中等および高等教育へ繋がる機会を提供できていなかった。初等教育を終え、さらに修学したい場合はどうするのか。ここで、私たちは日本帝国の「巡礼圏」という問題を目にする。植民地はそもそも帝国の周辺に位置している。ただ帝国の中心は植民地に対して開放的であり、ひいては植民地に向けて手招きしている。帝国の首都と主要な都市は、植民地の人民にとっての向かうべき聖地になる。資力を持つ台湾士紳は相携えて、子弟を小学校から大学まで揃う日本内地に送り就学させる。学校は小学校から大学まで一通り揃っていた。こうした風潮は一九〇一年に始まり、二二年までに東京への留学生は総数が二千四百余名に達した〔『台湾社会運動史』二四頁〕。台湾議会設置請願運動で活躍する人々は、このような内地に学んだ台湾青年であった。彼らは最も先進的な「帝都」にあって、新しい思潮を吸収し、帝国中心地帯の進歩的な学者や知識人の影響を、ひいては協力を受け、そして立ち上がって故郷の植民地統治を批判した。台湾全体から見れば、彼らは台湾の「新興知識人」に属す〔周 一九八九、九—一八頁〕。学歴や視野について言えば、彼らはこの新興知識人階層におけるエリートでもあった。

台湾人コミュニティーの中で、「台湾議会」という発想は誰が言い出したのか。蔡培火（一八八九—一九八三）は自身の提起により、林献堂（一八八一—一九五六）の賛同を得たと考えている〔蔡ほか 一九七一、七一—七二頁〕。ただ、この説は証拠に欠ける。実のところ今となっては、「誰」が最初に提起したのかについては、さほど重要でない。重要なのは、一九二〇年末に、東京の台湾留学生が激論を経て、民選議会設置の主張者たちが六三法撤廃の主張者たちを説得し、そして林献堂の支持を獲得したことである。林呈禄（一八八六—一九六八）は、文字上最初に台湾での議会設立を主張した人物であり、台湾議会設置請願運動の理論構築者である。彼は明治大学法科を卒業し、吉野作造、泉哲、山本美越乃といった学者の植民地自治論の影響を深く受けた。以下では、林呈禄の主張に基づき、台湾知識人が六三法撤廃の主張から台湾議会設置の支持へ至るという、思想上および行動上の重大な転換を説明しよう。

六三法とは、一八九六（明治二九）年に日本の帝国議会を通過した法律であり、法令番号が第六十三号となっている。台湾総督に特権を付与するもので、総督は法的効力のある命令を発布できることになる。つまり、帝国議会が持つ台湾での立法権を行政官である台湾総督に委任するのである。同時に、「台湾総督府法院条例」に基づき、台湾総督は法院（正式名称は台湾総督府法院。台湾総督府の管轄下にあった裁判所）に対して管理権と人事権とを持つ。こうして、台湾総督は植民地において行政、立法、司法の三権を有する。

六三法は台湾特別立法統治の法的根拠である。特別立法統治とは、台湾を日本の憲法の効力が及ぶ地域とは看做さず、別に立法し統治するものである。日本の台湾領有が始まった頃、大日本帝国憲法が台湾で敷かれるべきか否かについて、日本本土で論争が勃発した。ある人々は、台湾を(植民地と看做すのに対抗して)日本の領土の一部分として、共に憲法の統治を受け入れ、日本の法制を導入するべきだと主張した。こうした主張は、理念的には「同化主義」に属し、統治の措置では通常、「内地延長主義」と呼んでいる。つまり、日本本土の制度を同様に植民地へ敷くことについて主張する。六三法に代わって一九〇六年に制定された三一法(第三十一号法律)では、総督の立法権を一部削減した。ただし、三一法と六三法は同じ脈絡にあり、台湾の知識人はなおも慣例として併せて六三法と呼んだ。

台湾人の立場から考えれば、同化主義と特別立法統治は一体いずれが台湾の利益に合致するのか。同化主義が本当に実現するのなら、台湾人は日本人と異ならないから、同じように憲法が保障する権利や、代議政治などの先進的な制度を享受できる。明らかに「利が多い」。実に反対する理由はない。そこで、日本における台湾留学生は当初、同化主義に大部分が賛成していた。特別立法統治に反対し、六三法撤廃運動を起こそうとしていた。しかしながら、同化主義とは政治的な同化に止まらず、文化的な同化の側面がある。つまり、植民地母国が植民地の文化を同化するのだ。林呈禄を中心とする台湾留学生は決してこれに賛同するものでなかった。林呈禄は、台湾は自らの独特な歴史、文化、思想、伝統を持つ。同化という名の下にあっては、こういったものは消滅の運命から逃れられないだろう。植民地側の主体意識にとって、歴史や文化の喪失は身を切られるようなものであり、受け入れるのは大変忍び難い状況である、と指摘した。このため、林は特別立法こそが台湾の特殊性を確保できると考え、だからこそ六三法撤廃運動の推進には賛成せず、実質的に六三法の内容を変化させて、植民地の自治を追求することについて主張した。

林呈禄の判断と鼓吹の下、東京の台湾留学生は同化主義を原則とする六三法撤廃運動について放棄し、植民地自治の路線を新たに採用する。つまり、植民地自治とは、まず植民地議会があって、植民地住民が議員を選出し、代議政治を行うものでなければならないと考えた。この路線が一旦確定すると、運動の指導者層はここで大日本帝国憲法が付与するところの臣民請願権を根拠とし、帝国議会へ台湾議会設立を要請することについて決定した(5)。

ここで注目に値するのは、「植民地住民」が漢人のみならず、行政区域内の「熟蕃人」と台湾に居住する内地人とを含んでいることである(6)。内地人を包括することは、(例えば、その支持を得ようという)政治的な判断があったのかもしれない。また、「熟蕃人」を含んだことは、「台湾人」なるものの定義の拡大であって、それが当時としては相当に進歩的な発想であったと言いうる。ただし、「蕃地」の土着民(原住民)を含むまで進歩してはいなかったけれども。なお、「熟番」という語は清朝統治時期に出現し、漢化の程度が高い土着民を指すもので、通常、彼らは平地あるいは平地に近い山地に居住していた。日本統治時期には「平埔族」と改称されている。

前三回の請願――田健治郎総督と林献堂の交渉

台湾議会設置請願運動のやり方は、憲法が保障する臣民請願権により、貴衆両院議員が紹介委員となって、請願委員会へ提出して審査する。そして同委員会が受理すれば、更にその先へ進める、というものである。帝国議会への提案は、街頭での抗争や武力闘争に比べて、確かに「体制内」のものであり、相当保守的なものである。これは、運動をリードした青年の「憲政」や「平和」なるものへの深い信念と、関係がある〔周 一九八九、一五―一八頁〕。他方で、この運動の長老である林献堂は言動が温和であり、それが「紳士の風格」ただよう反植民地運動を作り上げたようだ。彼は請願運動を始める前に、わざわざ台湾総督の田健治郎に謁見し、請願運動についておうかがいを立てている(7)。

一九二〇年末、つまり林献堂が東京で台湾人青年たちと路線問題を議論していた時、一二月二九日、田総督は日記に、「三村三平は来て、林献堂や林栄治が在京の留学生の不穏な挙動に対して、矯正し尽力しているという事情について語った」と書いている〔『田総督日記』上、五八四頁〕。すなわち、林献堂が東京の台湾人学生の「不穏」な行為への指導に尽力して指導している、と田総督に伝えた人がいる。林献堂の「動静」は総督の耳目の中にあった。翌二一年、林献堂と青年学生は、帝国議会へ請願を提出することについて決定する。準備期間が短かかったので、台湾で広く署名を募れず、署名者一七八名のうち林献堂等一〇名が台湾在住であったのを除けば、残りは全て東京の留学生であった。請願は一月三一日に貴衆両院へ提出される。当時、田健治郎総督は東京へ出張中であった。一月二九日、彼は日記の中で、「林献堂が通訳を連れてきて、台湾立法議会の設置請願の提出について談じる。その本意は統治方針への順応にあると弁《わきま》えており、予の諒解を請うた。予としては、予の赴任以来の統治が実現した精神を詳述する。その愚かな誤りを痛論し、静思熟慮し、初歩を誤るなかれと忠告した。約一時間半にして別れる」と書いている（『田総督日記』中、一二四頁）。反植民地運動の指導者が善意に基づき事前に請願する理由を総督へ告げるも、反応はその非を「痛論」して「忠告」を与えるものであったことが見て取れる。

これ以前も、林献堂はしばしば田総督に謁見していた（『田総督日記』上、五九、一〇八頁など）。田総督は彼に対して頗る丁寧であった。ただ、林が議会請願運動を指導するようになってから、田総督の態度は大きく変わる。一九二一年一月から二三年九月一日までの田総督の在任中、台湾議会設置請願運動はあわせて三回、請願を提出する。田総督はこの運動をどのように見ていたのか、どのように指導者の林献堂に対応していたのか。その日記によると、田は最初からこの運動に反対であり、「全ては在京の学生が内地の民主思想（デモクラシー）へ感染したことの致すところである」（『田総督日記』中、四九頁）、と考えた。彼の見るところ、それは「統治の大方針に背くこと」（同前、七〇頁）である。彼は請願提出の一回目と二回目の期間（一九二一年一月―二二年二月）、基本的に訓戒して退け、また「懲戒」で脅すという方法を採った（同前、六〇、七〇頁）。林献堂らに三時間あまり「誨諭」することもあった（同前、一一六頁）。

二回目の請願提出の前、一九二二年一月四日、林献堂は許嘉種（通訳）、林資彬、洪元煌を連れて、田総督に謁見した。明後日に東京へ上り、議会請願に引き続き従事すると告げる。すると、田総督は「軽々しく妄動すべきでない理由を詳論し、繰り返してその謬見を駁し、かつ台湾のために教育普及に尽力することが得策になることを勧告する。

懇諭して一時間を超え、別れる」（同前、四三四—四三五頁、傍点は筆者）。この一年、田総督の態度はますます厳しくなる。それ故だろう、台湾の士紳、時に林献堂の親族でさえ、多くが田総督のところへ来て林献堂を批判する、あるいは議会請願運動への反対を表明する。(8)「御用紳士」の名を持つ辜顕栄は、たびたび田総督の面前で議会請願運動を批判し、反対した。そして、「思潮悪化」と「危険思想」について厳重に取り締まるよう、総督に建議している（『田総督日記』中、二二二、三四四頁／下、四七三、四八六頁）。

請願委員が東京に滞在して請願提出する時は、すなわち総督が東京へ出張している時だった。二月二日、田総督は皇太子へ上申する。台湾議会に言及する際、この運動の背景を説明して、批判を加えている。すなわち、「近ごろ、内地へ留学している学生の中に、往往にして民主主義（デモクラシー）や社会主義等に浸り、ウィルソン大統領の民族自決主義や、例えば英国の現在実施するところの自治属領の政策を、不動の真理として、台湾議会設置の請願を議院へ提出するものがある。これは全て一知半解の学生らの軽挙が致すところであり、台湾の多数の民心を動かすに未だ足りていない」、と（『田総督日記』中、四六九—四七〇頁）。田による皇太子への背景説明は、実は要点を把握しており、その評価には、基本的な態度が表れている。二月八日、林献堂は蔡培火、林呈禄と共に田総督に官邸で謁見する。田総督は「依然、不同意の旨を答え」（同前、四七五頁）、態度は強硬であった。田総督は思想的には相当な保守で、民主主義について明らかに好感を持っていないことを、日記は示している。

二回の請願（概況は**表1**を参照）の後、田総督は台湾議会設置請願運動について、基本的には「中止」させる方針を採った（『田総督日記』下、九八、一〇五、一一二、一一六、一二一、一二四頁）。この大方針をいかに実施したのかについて、田総督の日記からは確認できない。ただ他の資料から、主に二つの方面から着手していたことがわかる。一つは、地方政府に署名者を取り締まりさせること。いま一つは、指導的人物に対して圧力を加えることである。文化協会（台湾文化協会は、日本統治時代において文化啓蒙運動や抗日民族運動の側面で最も重要な役割を果たした団体で、一九二一年発足、三一年活動停止)に関して、田総督は協会幹事が政治運動に従事していると指摘する。そして特別監視を行い、「今後もし政治結社であると認められれば、相応の処置を断固として採る」、と厳重に警告する(『田総督日記』中、五三〇頁)。つまり文化協会が政治結社であると認定されれば、疑うことなく処分するというのである。

一九二二年八月、台湾総督府は請願運動を公に圧迫し始める。運動の拠点である台中州では、厳重な取り締まり方針が採用される。そのポイントは六つあり、請願の自治運動に関する宣伝が政府に認められていないこと、街庄長(街庄とは、日本統治時代の現地社会における下級行政組織の一つ)が同運動に参与してはならないこと、警察と違警例(警察に代わって軽犯罪を扱う法律的根拠)により不当な言論を制止すること等である。他の州での取り締まり方針も大体同じである(『台湾社会運動史』三五三―三五四頁)。取り締まり方針の中で、請願に参与した公職人員や、利権(阿片、食塩、煙草、酒類)を保有する販売者、および植民地当局との関係が密接な会社の職員について、解雇する指示は明文化されていない。けれども、実は阿片と塩の卸の免許が取り消されたり、公学校(台湾籍の学童を対象にした初等教育機関)の教師(教諭、訓導――教諭の補佐)が免職されたりする情況はあり(9)、会社職員でも同様の実例(葉栄鐘など)がある〔葉 二〇〇〇、一九三―一九四頁〕。このように解雇された人のために、林献堂等は総督に謁見している(『田総督日記』中、五三〇頁)。

植民地当局の「中止」という方針は、林献堂本人へ向けられたものでもあった。一九二二年九月二九日、台中知事常吉徳寿の引見の下、楊吉臣、林献堂、李崇礼、林幼春、甘得中、林月汀、王学潜、洪元煌の一行八名が田総督に謁見する。総督の訓示が終わると、林献堂は「総督のお考えについて、私は了解いたしました。尊意に沿えるよう望んでおります……」と表明した。このことは、林献堂がもはや総督に取り込まれたと理解される。輿論がマイナス評価を下し、この会談は「八駿事件」と風刺された。そのため林献堂はひどく落ち込み、意気消沈して、終に三回目の請願書では連署の筆頭にならなかった。しかし、彼はなお運動費用を引き続き拠出している〔蔡ほか 一九七一、一六五頁〕。

田の日記によれば、これは楊吉臣と総督府とが通じ合っていた芝居であり、林献堂が「その運動を断念」するように仕向けたものであった。田総督は林献堂に、議会設置の請願が徒労に終わるだけでなく、「反旗を掲げる種を蒔くことになる」、と明確に告げている。彼は、台湾議会という考え方が帝国新領土の統治方針とは、「全く相反するものであり、その実現を断じて容認しない。ただ、請願は憲法上の権利に属す。故に阻止しないだけである」、と指摘し、最後には「こうして林は遂にその去就を明言できなかった。憫笑すべきである」とまで言っている（『田総督日記』下、一一九頁）。良く読めば、田総督の描いている林献堂は、この運動を継続しないのかどうか表明していない。しかし、総督の、「反旗を掲げる」という語すら出てくる話は、林献堂に多大な衝撃を与えたことだろう。このあたりの経緯について、林献堂の日記（一九二七年から逝去一年前の五五年まで）に対照できる記述は残念ながら無い。

台湾議会設置請願運動に田健治郎が加えた攻撃は、様々な局面に及んだ。田総督が「政治結社」を到底許容できなかったことは、日記からも読みとれる。二回目の請願の後、官憲の圧力に対処するため、大部分の運動参加者は政治結社の必要を感じる。そこで、三回目の請願を準備する過程で、蔡培火と蔣渭水（一八九〇―一九三一）といった人々が討議した結果、台湾議会設置の促進を直接の目標とする団体の設立を決定する。これを「台湾議会期成同盟」と名付け、一九二三年一月一六日、北警察署へ結社の事前報告を届けた。二月二日、田総督は同会が安寧秩序を妨害するという名目で、治安警察法第八条第二項に依拠してその結社を禁止する。日記が示すように、これは確かに田健治郎の決定である。田は内務大臣の水野錬太郎に会ってこの件の処理を談議し、「内相が同意を表」した後、彼はまもなく台湾総督府総務長官の賀来佐賀太郎に迅速に処理させている（『田総督日記』下、二六二、二六六頁）。総督府の様々な局面での攻撃により、三回目の請願は蔡恵如が連署の筆頭になる（『台湾社会運動史』三二七頁）。田総督は同年九月一日に退任し、同年末には植民地当局が請願関係者に対する大規模な検挙を行う。田健治郎がなおも総督の地位にあったとしたら同じ事態になっていたのか、判断はできない。ただ、台湾議会設置請願運動に対する彼の見解は、相当に否定的であった。彼は、請願運動は台湾留学生の問題であり、台湾での追随者は「数人に過ぎず」、広範な台湾人民はやはり非常に忠実で順良だ、と考えていた(『田総督日記』下、二六八頁)。

三回目の請願で林献堂は連署の筆頭にならなかった。けれども、彼は総督府からの圧力を引き続き受ける。当時はまさに第一次世界大戦の後で、日本経済が不景気で、台湾の米価は平時の半値まで落ち込んでいた。林献堂の収入は激減し、借金で借金を返すことになって、台湾銀行に一〇万円の債務を抱える。一九二三年三月七日、東京『読売新聞』は、台湾銀行が彼に「台湾議会運動を継続したいならば、債務をすぐに返済せよ……」と通知した、と伝えた[蔡ほか 一九七一、一六五頁]。対して、田総督はこれを「議会請願団が出した根も葉もないでたらめな話」と看做し、弁明文を『大和新聞』に掲載したのだった(『田総督日記』下、三一八頁)。

植民地政府反撃の下での「治警事件」

台湾議会設置請願運動は東京で起こり、すぐに台湾で大きな反響を引き起こす。台湾議会設置請願運動が始まる同じ一九二一年、台北で医者を開業していた蔣渭水は勇気づけられて、林献堂らと一〇月に台湾文化協会を設立する。蔣は、台湾人の向上を目指す文化活動へ積極的に取り組んでいた。確かに一旦「政治結社」であると看做されたものは厳重に処分する、と田総督がかつて警告していた。ただし、台湾文化協会は政治結社でない。台湾議会運動は政治的であり、文化協会は文化的である。両者の活動は相互に組み合わされ、あたかも車の両輪のようである。奮い立ち自らを高める方向へ、台湾社会を導くのである。

台湾文化協会の宣伝の下、三回目の台湾議会設置の請願は総督府の圧力を受けたものの、請願団はなおも当初の予定通り東京で両院へ請願を提出した。かつて台北で「台湾議会期成同盟会」を設立し、北警察署へ届け出をおこなうと、取締りに遭った。そこで、今回は東京で林呈禄を責任者として、早稲田警察署に同一名称の結社の届け出をおこなった。すると、禁止されなかったため、遂に成立大会を挙行する。当時の結社行為は届け出という方法を採っており、結社から三日以内に警察部門へ届け出をおこなう。そして、期限内に禁止されなければ結社を意味するというものであった。

請願団のこうした「挙動」のために、同年（一九二三）一二月一六日早朝、台湾総督府警務局は全島の請願運動関係者に対して大規模な検挙を展開するに至る。植民地当局が新聞報道や台湾からの対外電信を封鎖したため、一時は風声鶴唳となり、人心は恐れおののいた。三日後、二九人が台北地方法院検察局へ移送される。翌年一月七日、台北地方法院検察官長の三好一八は、治安警察法第八条第二項の規定に違反したという理由で、蔣渭水等一八名を起訴する。この事件は「治安警察法違反事件（治警事件）」と呼ばれている。蔣渭水は、これを「台湾の獅子（志士）狩り」と呼ぶ。つまり、植民地当局による台湾反植民地運動関係者の大捕獲、と考えたのである。

法理上、なぜ台湾植民地当局は大挙して反植民地運動者を逮捕できるのか。それは、台湾総督の禁止命令に違反したからである。台湾総督府は、台湾議会運動関係者がすでに台湾で禁止された組織を東京で設立しており、これが総督の命令に違反したと考えて、この理由で関係者を拘束したのである。当時の総督は内田嘉吉であった。仮になお田健治郎であっても、恐らく同様の行動を採っただろう。こうした罪名が成立すれば、治安警察法第二十三条第二項に基づき、最高刑期を六カ月の監禁、罰金を最高百円に処しえた。罪の性質や処分について言えば、実のところ大して重くない。

一九二四年七月二五日、治警事件の第一審が開廷する。連日、傍聴席は込み合って立錐の余地もなく、入廷できない人も多数あった。第二審も同様だった。翌年二月二〇日の三審の判決まで、法廷は台湾議会運動にとって最良の宣伝場所となる。同運動の視界を大いに広げ、台湾人の支持や熱意を更に呼び起こした。請願の「志士」は釈放されたり、服役のために入獄されると、いずれも民衆の熱烈な歓迎や歓送を受けた。人々は爆竹を放ち、万歳を叫び、まるで英雄の凱旋であった。事件全体が、実際には政治運動の一環となった。

隆盛から衰退、そしてうやむやに

請願運動の前三回の情況は上述のとおりである。その後の運動の展開について、以下で簡潔に述べる。四回目と五回目は、提出した時期が治警事件の発生直後から審判の前までであり、まさに情況がはっきりせず、台湾民衆のショックも収まっていない時であり、敢えて署名する人は少数で、運動は深刻なダメージを受けていた。最も沈滞していた時であった。六回目から八回目に、運動は熱烈な支持を受ける。八回目には、署名者数が二千を上回り、記録(二四七〇人)を打ち立てた。台湾文化協会が一九二七年一月に分裂(勢力を拡大した左派が新文協を結成し、元核心メンバーは脱退して別に台湾民衆党を結成した)し、九度目の請願に影響する。勢いは、もはや以前のようでなくなった。一〇回目から一二回目の請願は、台湾民衆党の支持の下でなおも一定の志気を維持する。その後、台湾民衆党が解散に追い込まれ(三一年二月一八日)、請願運動は支持団体を失う。一三回目から一五回目になると、次第に衰退して消え去ってしまう(請願の状況は**表1**の通り)。

台湾議会設置請願運動の衰退は、運動指導者が転じて地方自治の獲得に力を注いだことと関連している。蔡培火は遅くとも一九三〇年二月から、地方自治運動に没頭していた(『蔡日記』一二〇頁)。ただし、蔣渭水は地方自治運動に対して「少なからぬ疑念を抱えていた」(同前、一二六頁)。このため、両人の間には多くの緊張状態や衝突があった(同前、一二三四―一二三五頁など)。植民地自治運動と地方自治運動は、共に「自治」の名がついている。けれども、実は、両者は性質が同じでないし、レベルも異なる。前者は植民地が主体であり、帝国に対して自らの統治の立法権と行政権とを獲得しようと尽力する。後者は帝国の体制内にあって、帝国内の他の地方と同様の地方レベルでの選挙権を獲得しようと尽力する。両者は必ずしも排斥しあうものでない。しかし、同一視できない。さらに地方自治を一意追求

表 1　15 回にわたる台湾議会設置請願の概要

歴代総督		請願提出年月日		請願署名数	結果
田健治郎	第 1 回	1921. 01. 30		林献堂以下 187 名	貴衆両院，共に不採択
	第 2 回	1922. 02. 16		林献堂以下 512 名	貴衆両院，共に不採択
	第 3 回	1923. 02. 22		蔡恵如以下 278 名	貴衆両院，共に不採択
内田嘉吉	第 4 回	1924. 01. 30		林献堂以下 71 名	衆議院が解散，貴族院は休会，議事に入らず
	第 5 回	1924. 07. 05		蔡培火以下 233 名	貴族院，議事に入らず 衆議院，審議終わらず
伊沢多喜男	第 6 回	1925. 02. 17		林献堂以下 782 名	貴族院，議事に入らず 衆議院，審議終わらず
	第 7 回	1926. 02. 09		林献堂以下 1990 名	貴族院，議事に入らず 衆議院，不採択
山上満之進	第 8 回	1927. 01. 19	衆議院	林献堂以下 2470 名	衆議院，審議終わらず
		1927. 01. 20	貴族院		貴族院，議事に入らず
	第 9 回	1928. 04. 25		林献堂以下 衆議院への提出 2050 名 貴族院への提出 929 名	衆議院，審議終わらず 貴族院，議事に入らず
川村竹治	第 10 回	1929. 02. 16		林献堂以下 1932 名	貴族院，不採択 衆議院，審議終わらず
石塚英蔵	第 11 回	1930. 04. 28	衆議院	林献堂以下 1314 名	衆議院，不採択
		1930. 05. 02	貴族院		
太田政広	第 12 回	1931. 02. 12		蔡培火以下 1381 名	貴族院，不採択 衆議院，審議終わらず
中川健蔵	第 13 回	1932. 06. 03		林献堂以下 2684 名	貴族院，不採択 衆議院，審議終わらず
	第 14 回	1933. 01. 31	貴族院	林献堂以下	貴族院，不採択
		1933. 02. 06	衆議院	貴族院への提出 1491 名 衆議院への提出 1859 名	衆議院，不採択
	第 15 回	1934. 02. 06	貴族院	林献堂以下 1170 名	貴族院，不採択
		1934. 03. 15	衆議院		衆議院，不採択

台湾総督府警務局『台湾総督府警察沿革誌第二編 領台以後の治安状況 中巻（台湾社会運動史）』327-330 頁より作成.

して植民地自治の訴えを放棄するなら、実は六三法撤廃運動という旧来の路へ戻ってしまう。つまり、同化主義（内地延長主義）を主張することになり、台湾議会請願運動の初志からますます遠ざかる。蔡培火は請願運動の中心的人物であったけれども、最後には衆議院に請願を採択させることすら、「手の届かない贅沢な望み」だと考えるようになる（『蔡日記』一三二頁）。彼の変化は重要な指標であって、この運動がもはや全員の「一致した道」にならないことをはっきり示していた。[10]

一九三〇年代に日本本土で右翼勢力が急速に拡大し、植民地へも影響する。台湾の反植民地運動は、大きな打撃を受ける。「温和穏健」な、例えば議会請願運動であっても、またもや日本政府からその背後で「台湾独立を追求」しようとしていると非難されてしまった(11)。右翼や日本政府からの圧力以外に、何より重要だったのは、やはり運動自体が次第に力を失ったことである。これは「不採択」や「審議が終わらず」が繰り返されたためだとも想像される。

一九三四年九月二日、林献堂ら二九名の請願運動の指導者は、請願運動の中止について議論し、運動の中止を決議する。こうして一九二一年に始まり一五回にわたる台湾議会設置請願運動は、終焉を告げた。林献堂日記は、中止決定の原因と大会の決議とを次のように物語る(三四二頁)。

思うに、中川(健蔵)総督のお越しになって以来、直接的、間接的な中止勧告は、要点を次のように総合できる。一、この非常時にあっては、大同団結すべし。二、独立の運動であると人に誤解されてはならない。三、世間に、地方自治制の改革に反対するための口実を与えてはならない云々。三時間にわたり討論した結果、決議したのは、「我等は最近の内外情勢に鑑み、台湾議会設置の請願を中止すること」。第二案として、総督へ統治意見書を提出することである。

葉栄鐘はその日の日記の中で、寥寥としてわずかな言葉で語っている。「今日午後二時より大東信託ビルにて、台湾議会設置請願の有志の意見交換会を開く。出席者二九名。請願の中止および台湾統治意見書の提出につき、決議する」(『葉日記』八五頁)。十余年にわたる波瀾を巻き起こした全島的な運動の終焉に関して、淡々と書き記している。

二　自治か、独立か

台湾議会設置請願運動の最終目標は、そもそも何だったのか。運動の始まりから終わりまでの中に、私たちは興味深い現象を目にできる。つまり、植民地支配の当局および若干の内地の人々はこの運動が独立を企図するものであると考え、同時に、運動参加者は独立という考え方のあることを終始一貫して否定していたことである。

そもそも、台湾議会請願運動は体制内での政治運動であって、それゆえに体制の認可するところの目標しか掲げえていない。植民地自治が体制内で実現できることの最高のものであって、独立となれば反体制になってしまう。たとえ自治の追求が独立への通過点であったとしても、それを明言するわけにいかない。こうした状況は体制の周縁を駆け回る政治活動において普《あまね》く散見し、諸個人が持つ「hidden agenda（隠れた主張）」や様々な未来予想図は、いとも簡単に路線の分かれ目になる。台湾議会設置請願運動が持っていた「自主規制」は、自治と独立との関係をめぐる問題について私たちが考える際の空間を、大いに制限してしまっている。その実、訴える方と訴えられる方が歴史の現場で展開した発言は、背景や状況が明らかに同じでない。支配者は水増しして告発できる。運動参加者としては、明示できる運動の目標をひたすら下方修正するしかなかった。その後の発言に至っては、戦後の様々な要因のために一層錯綜し複雑である。たとえば植民地当局はもはや存在せず、「植民地母国」は縮まって「日本本土」に戻り、関係のない「外国」となってしまった。運動参加者は別の植民地統治という局面に陥り、自らの過去について抹殺するか書き改めるかを迫られた。

植民地当局と内地の関係者とが持つ請願運動に対する不信は、「反旗を掲げる種を蒔く」「独立を企図する」「台湾独立の階梯」「請願は背後で台湾独立を希望する」[12]といったように容易に目にできる。憶測の割合も多く、どうやらその真偽を詳細に追求する意義はなさそうだ。総じて植民地当局の基本的な見解は、次のとおりに整理できる。すなわち、この運動は明らかに「民族運動の色彩」をまとっており、植民地自治を目指すための最初の段階として、だからこそ植民地の完全な自治の達成を企図するものである、と（『台湾社会運動史』三一七—三一八頁）。植民地当局は、その「民族」という性格を忌み嫌う。これは明々白々であって、林献堂は、だから田総督の前で「決して民族自決の精神に由来するものにあらず」と自ら弁解させられたのである(『田総督日記』中、四八頁)。では、運動参加者から見れば、そもそも如何なる性格を持つ政治運動であったのか。

台湾議会設置請願運動は植民地自治を最高目標としていた、と基本的に言える。ただ、植民地自治には多種多様な方法や度合いがある。運動の一回目の「請願ノ要旨」は、「茲《ここ》ニ台湾住民ヨリ公選セラレタル議員ヲ以テ組織スル台湾議会ヲ設置シ而シテ之《これ》ニ台湾ニ施行スヘキ特別法律及《および》台湾預算ノ協賛権ヲ附与スルノ法律ヲ制定セラレタキ件」について、明らかに要請している(「請願ノ要旨」二七頁、漢文二三頁)。こうした要請は、総督府体制を承認し、並びに台湾を管轄するその行政権を承認した上での要請である。つまり、体制内での限度ある自治というものは、特別立法と予算同意権に関係するだけである。従って、自治領カナダのように多数党が組織する内閣および「責任政府 responsible government」を保有するという完全自治と比べるなら、そこにはかなり巨大な落差がなおも存在していると言える。

台湾議会設置請願運動がそれぞれの段階で公開して掲げた目標は、異なっている。一九二七年には、「台湾憲法」の制定という要求を提起した。これは同運動がその主張の上で到達した最高潮である。(13) ちょうど八回目の請願の前後から同年八月半ばまでの主張である。私たちが知っているように、八回目は請願運動のピークであった。その後、請願運動は下り坂に入る。台湾憲法という主張もまた、線香花火が消えるようにすっと姿を見せなくなった。

台湾議会設置請願運動は植民地自治の追求の背後に、独立という意図を隠し持っていたのかどうか。今日の視点で見れば、実は探求に値する課題でない。一方で、どのように探求しようとも、多くは推測の段階に止まり、有無や虚実を証明できない。いま一方で、この課題に比べて、より重要で問うべきことがあろう。すなわち、台湾人の反植民地の歩みの中で、この運動はどのような深い意義を持っているのか、と。この点について、若林正丈と筆者は、期せずして一致し類似した見解を提出している。

若林はベネディクト・アンダーソン Benedict Anderson が *Imagined Communities*（1983）の中で提起した「巡礼圏 pilgrimage」という概念を援用して、「台湾大《サイズ》」という概念を打ち出す〔若林 二〇〇一、四三一―四五四頁〕。「台湾大」が意味しているのは、台湾知識人が日本植民地統治下において、台湾という地域の住民集団について「想像」する「政治的共同体」を形成したことである〔同前、四五一頁〕。かつて筆者は請願運動の重要性について、その所在を次のように指摘した。すなわち、「台湾議会設置請願運動は、「台湾」を単位にする考え方である。台湾知識人が台湾住民の権益を最終目標とするという自己本位の立場について、ここで私たちは気づく（ここでの住民には平埔族が含まれていることに、注意すべし）。台湾の歴史上、いつの時点で、台湾に住む人が台湾をものごとを考える際の範囲にしはじめるのか。台湾人を自称し始めるのか。こう考えたとき、請願運動は明らかな起点である。乙未割台（干支が乙未である一八九五年に、台湾が日本へ割譲されたこと）という共通の運命が、貴人と庶民とにかかわらず台湾の全ての人々に、地理としての台湾を思考の単位に位置付けざるを得ないものにした。換言すれば、清朝が切り取り、そして切り取られた範囲は「台民」（台湾の民）というアイデンティティーを形成する〔中略〕。植民地の境界は往々にして、境界内の人間のアイデンティティー画定をもたらすという効果を持っている。ラテン・アメリカ諸国が好事例である。これは外力による画定であり、受動的である。ただし、台湾議会設置の運動の中にある台湾知識人の能動性について、私たちは気づく。「台湾」「台湾人」とは彼らの思考の対象であり、かつ奮闘の対象である。だから、彼らは「台湾は台湾人の台湾たらざるべからず」と主張している、と植民地当局が認めたのも無理はない」、と〔周 二〇〇九、一七六―一七七頁〕。

台湾を「単位」とし、「本位」とする考え方は、あるいは台湾議会設置請願運動が今もなお台湾と呼ぶ土地の上で、「台湾大」を巡礼圏として引き続き奮闘する人々へ残した精神的な遺産であるのかもしれない。

おわりに——ポスト・コロニアルにある泥濘の路

第二次世界大戦が終結すると、数年の間にかつての植民地の多くが次から次へと独立した。旧植民地の人々はこうして、後世の史家が言うところの「脱植民地化 de-colonization」のプロセスを進み始めた。しかし台湾の情況は、かなり異なっていた。植民地独立という列車を求めることなく、切符を購入して込み合う車内へ乗り込もうとする意欲すら、どうやら存在しなかったようだ。この現象をどのように理解するのか。若林正丈が提起した「中国／台湾」の重層するアイデンティティー構造という説は、参考に値する[若林 二〇〇一、四五〇—四五二頁]。恐らく植民地統治時代、台湾での大規模な反植民地運動がずっと体制内のものに限られており、「完全な自治」、ひいては「独立」という考え方は普及しなかった。だから、戦争が突然終結したという真空状態や混乱状態の中で、「光復」[14]、「祖国への復帰」(中国への復帰)に関する言説は瞬く間に主流のものになり、人々の思想や行為を主導するものになったのだろう。

ここで私たちは、反植民地運動の真義に関する議論へ立ち戻らなければならない。日本の統治は、確かに植民地である台湾に多くの近代化(modernization)したインフラをもたらした。植民地母国が近代化をもたらしたのである。では、反植民地運動は何に「反対」したというのか。何を勝ち取ろうとしたのか。キーワードの所在は、「近代性 modernity」が定義の上では人としての(あるいは特定の集団としての)「主体性」を包括していることである。しかし、植民地統治は被植民地人の主体性を剝奪した。つまり、不完全な近代性なのである。台湾議会設置請願運動が勝ち取らんとしたものは、まさにこの「主体」として有すべき権利(自身の歴史や文化の保持をも含む)である。「自治」や「自決」というもののポイントは、「自」という文字に在る。つまり、特定の地理的空間における人間集団が自身によって、この人間集団に関係する公共事務を取り決めるのである。この人間集団の外にある別の統治集団によって取り決めるのではない。

台湾の問題は、やはり戦後にもう一つの外来政権の統治下へ陥ったことである。この政権は、台湾人が「中華民族」に属すと標榜し、台湾人を「台湾同胞」と呼んだ。けれども、実のところ統治政策、文化政策、登用政策等[15]の各方面は、「類似植民地統治」であると看做さないわけにいかない。戦後の台湾は、再び類似植民地統治の状況へ陥った。これによって、そもそも日本統治時代に反植民地運動が掲げていた(最低限の)自治主義は、改めて提起できなくなった。それのみならず、戒厳令が敷かれていた時代の党国体制[16]という状況下で、極めて重大な政治的タブーとなった。かつての反植民地運動における台湾の指導者は二・二八事件[17]の後、改めて新しい政権に徹底して服従するという態度表明をする[18]。そうでなければ、出会う運命は、林献堂のように台湾を去ることである。それでもなければ、林呈禄のように世の中に出ないことであり、甚だしきは自身の歴史を書き改めることですらあった[19]。

台湾は、なおも脱植民地の途上に在る。四十年にわたる権威主義的な統治、さらにその天地を覆い隠すほどの政治的監視[20]、および社会や学校での教育、こうしたものが今日の台湾社会およびその未来に今なお大きく影響している。今に至るまで台湾人は、台湾を主体とする考え方について打ち立てようとするも、不退転の共通認識を獲得するに至っていない。そのため、台湾人の「主体性」は、今なお非常に混沌として曖昧な状況下にある。この混沌かつ曖昧な状況の下で、私たちも知っているように、日本統治がもたらした不完全な近代性は、国民党統治が悪い意味で際立つ中で、今を生きる少なからぬ人によって称揚されている。ただ、次に掲げるように両者が異なっていることを、私たちは明確にしなければならないのでないか。一方で、日本統治がもたらした近代化されたインフラ――例えば縦貫鉄路(一八九九年から一九四一年までに敷設された鉄道)、嘉南大圳(嘉南平原に作られた灌漑施設)など――は、確かにプラス面での遺産であると言わざるを得ないこと。いま一方で、日本植民地統治は台湾人が「近代」という世紀へ邁進する際に、その主体性(例えば言語、文化、歴史)を剝奪、あるいは主体性を打ち立てるのを阻止している。これは、マイナス面での植民地の傷痕と言えること。この二つを私たちが明確に区別できないのであれば、無批判に植民地統治を肯定することへすぐに繋がってしまう。そして、反植民地運動の人々が奮闘した苦心を無にしてしまう。こうした混沌の下では、学者が反植民地運動の人々と日本の植民地統治を支持する御用紳士とを「同一視」してしまうようになっても［黄 二〇〇五、六六―六七頁、許ほか 二〇〇三、二二一頁］、奇妙なことでない。しかし、台湾総督田健治郎の日記が示すように、支配者の目から見れば、誰が「トラブル・メーカー」であって、誰が協力者であるのか。つまるところ明確すぎてなお余るほどだ。

ポスト・コロニアルの時代に、台湾人は「大台湾」（澎湖、金門、馬祖諸島を含む）を想像の範囲とする主体性について打ち立てようとするならば、植民地統治時代の「近代性」の中にある主体性の問題について省みて、共通認識にたどりつき、ポスト・コロニアルの泥沼を抜け出なければならない。日本統治時代において反植民地運動は、「台湾は台湾人の台湾たらざるべからず」と主張している、と植民地当局に指摘された。あるいは、この一言によって内心をすっかり見透かされた反植民地運動の指導者も、存在したかもしれない。謝雪紅が晩年に帰結した台湾路線もまた、「台湾は台湾人の台湾である」だったという［林 二〇一〇、一七一頁］。これは実証不可能な推測である。ただ、植民地が主体性を追求するという必然の結末を、かえって明確に示すのである。もし台湾人が「大台湾」を巡礼圏とする主体性の構築に失敗するならば、そしてもし自己の外に存在するある巨大な他者の巡礼圏に取り込まれるならば、将来において台湾の歴史は、またもや自らが否定し、そして他人に書き換えられ、甚だしきは自らが書き換えるという運命に直面するだろう。もしそうなれば、台湾人が再び失敗する「脱植民地」の歩みに将来の歴史研究者は直面して、史料の上での、分析の上での困難にいかに苦悩するのかを、私たちは予想できる。

＊（訳者注） 田健治郎、林献堂、蔡培火の日記は全て漢文で書かれており、ここでは現代語訳にした。

(1) 台湾における左翼運動を研究対象として広く読者を得たのは、陳芳明『謝雪紅評伝』(一九九一年)である。謝雪紅(一九〇九―七〇)は台湾共産党の創立者の一人で、一九四七年に中国へ逃亡し、「台湾民主自治同盟」を創設して主席に就任する。後に反右派闘争や文化大革命などを経て、北京で病死する。『謝雪紅評伝』は出版一〇日後に二刷が刷られるほどで、二〇〇九年「最新増訂版」が刊行された[林 二〇一〇、一四八、一五〇、一五七―一七三頁]。

(2) この書籍は戒厳令下の台湾では、通常、見ることができなかった。

(3) 中国語では、高日文の次の論文がある「台湾議会設置請願運動的時代背景」『台湾文献』一五巻二期、一九六四年。「台湾議会設置請願運動始末」『台湾文献』一六巻二期、一九六五年。「治安警察法違反事件之法庭弁論経過(一)」『台湾文献』一七巻一期、一九六六年。「治安警察法違反事件之法庭弁論経過(下)」『台湾文献』一八巻一期、一九六七年。日本語では、伊東昭雄「蔡培火と台湾議会設置運動」『横浜市立大学論叢人文科学系列』二七巻三号、一九七六年。「田川大吉郎と台湾」『横浜市立大学論叢人文科学系列』二八巻二、三合併号、一九七七年。「蔣渭水と台湾抗日民族運動——台湾文化協会の分裂まで」『横浜市立大学論叢人文科学系列』三〇巻二、三合併号、一九七九年。

(4) 当時、台湾にいる日本人子弟は内地と同様の中学校があって就学できた。台湾人には初等教育の後、就学できる普通中学校がなかった。これが、一九一四年に台湾の士紳が資金を募って台中中学校の設立を申請した背景である。その目的は、台湾人子弟が公学校を卒業した後に、継続して本島で中等教育を受ける機会を提供することにある。同中学校は創立の翌年、台湾総督府に「接収管理」されて公立台中中学校(四年制)になる。一般の普通中学校が五年制であるのに比べると、同校は台湾人子弟を募集対象にする短縮版の中学校であると言えよう。

(5) 六三法撤廃から植民地議会設置の主張への転換についての概要は、[周 二〇〇九、一六八―一七三頁]に基づく。

(6) 「其の要旨とする所は台湾に在住せる内地人たると本島たると将《ま》た行政区域内に在る熟蕃人たるとを問はず、均しく公選したる代表者で組織する台湾議会を以て、台湾に施行すべき特別法律及台湾豫算を協賛せしめんとする特別代議機関設置の要求である」(「台湾議会設置請願書」三五頁、漢文六頁)。

(7) 当時の台湾士紳階層で各方面の代表的人物は、容易に台湾総督と謁見できた。戦後に行政長官陳儀と会おうとする際の難度と比べるならば、その差は大きすぎた。また、一九四九年以後に「層峰」(蔣介石)と会おうとするなら、まさに「何層にも重なり連なる峰々」であり、ただ仰ぎ奉るのみであった。こうした極端な対比は、台湾土着の指導者階層の人々の心に不適応感をもたらしたにちがいない。

(8) そのような人々には辜顕栄、林瑞騰、林建寅等が含まれている(『田総督日記』中、四四九、四五〇頁)。許延光も批判的であると述べた人がいた(同前、四四三頁)。

(9) 葉栄鐘は当時、林本源製糖会社に勤めていた。請願の署名に参与したため、辞職に追い込まれる。蔡培火は当時、公学校の教員であり、同じく解雇された。

(10) 一九三三年に請願運動の重要人物である林呈禄、楊肇嘉、陳逢源もまた、「転向して」請願運動に「参加しなくなる」のだった(『蔡日記』三〇〇頁)。

(11) 例えば衆議院議員の清家吉次郎は、はばかることなく次のように言っていた。「台湾の独立を希望する趣旨が請願の底に潜むことは、台湾の事情を知る人の能く知る所なり。……斯《かか》る要求は台湾を独立せしめよと云ふに異ならず、……」(『台湾社会運動史』四〇〇頁)。

(12) 「反旗を掲げる種を蒔く」については『田総督日記』下、一一九頁を参照。「独立を企図する」とは、三好一八検察官が法廷で展開した告発である(「台湾議会期成同盟会――治安警察法違反嫌疑的公判」四頁)。「台湾独立の階梯」については[宮川 一九二九、四八頁]。「請願は背後で台湾独立を希望する」とは、請願委員会の委員である清家吉次郎の言い方である(『台湾社会運動史』四〇〇頁)。

(13) この年に『台湾民報』では、少なくとも四篇の社論が台湾憲法の制定を提唱しており、他にも多くの文章がこうした主張に呼応していた。社論とは次のものである。「台湾議会與台湾憲法」第一四二号(一月三〇日)、「立憲政治的要求」第一六一号(六月一二日)、「民報的転機――台湾統治方針更新的暗示」第一六七号(八月一日)、「非設民選議会不可」第一六九号(八月一四日)。関連する文章とは、「制定台湾憲法――此即革新党政綱之一」第一五七号(五月一五日)、「台湾統治の根本問題――特別立憲か、六三撤廃か」第一六九号(八月一四日)。

(14) (訳注)「光復」とは失地の回復。ここでは中国による台湾奪還をいう。

(15) 一九九〇年(戒厳令解除の三年目)の政府の部署において、新聞報道に基づくならば、四二名の内閣政務官の外省人/本省人の比は4対3であり、立法委員では40対23、監察委員では28対21、軍部の重要な将領では17対2、国民大会代表では599対78、総統府資政では31対8、国策顧問では75対8、警察組織の上層部では29対4、台湾省政府の内閣では3対20であった[王 二〇〇五、九八頁]。ただしこれは蒋経国の本土化政策、立法委員の補充選挙を経た後の、そして李登輝が継いで総統に就任した後の状況であり、これより以前、外省人エリートが占める比率は圧倒的多数であったと言える。
(16)（訳注）特定の政党が国家に優先して政治を展開する体制。ここでは、中国国民党が中華民国憲法を凍結し戒厳令を敷いて展開した権威主義体制を指す。在野に発した反政府的な性格を有する批判的用語である。
(17)（訳注）一九四七年二月二八日に発生した事件。戦後台湾において長らく本省人と外省人との衝突の象徴となり、同時にタブー視されてきた。一九九五年以降、国家による補償が始まるも、今なお傷は癒えていない。
(18)日本統治時代に代表的であった台湾のエリートたちは、蔡培火、楊肇嘉などの数名を除いて、ほとんどが日本統治時代に中国へ向かった台湾籍の人々（いわゆる「半山」と呼ばれる人々）に取り換えられた。王甫昌の指摘によれば、戦後に国民党政府は、「半山」を大量に取り立てて台湾の地方政府の要職を担わせ、後にはまた、彼らに、中央政府の職位にある台湾籍代表者を担わせた［王　二〇〇五、一〇一頁］。
(19)最近、林呈禄が一九五二年二月一六日に毛筆の手書きで「人事調査表」に書き込んだ「自述」が、国史館の「軍事委員会侍従室檔案」の中から発見された。これについては、呉俊瑩「記一段林呈禄在戦後的「自述」」が参考になる（「台湾與海洋亜洲」ブログ（http://tw.myblog.yahoo.com/jwlduCo2SGHRYWIzLEAu0T/article?mid=851&prev=-1&next=844）に掲載（2010/10/25 確認））。
(20)（訳注）原文の「規訓」はフーコーにおける「Surveiller」の中国語訳。

【文献一覧】

伊東昭雄　一九七六　「蔡培火と台湾議会設置運動」『横浜市立大学論叢人文科学系列』二七巻三号
伊東昭雄　一九七七　「田川大吉郎と台湾」『横浜市立大学論叢人文科学系列』二八巻二、三合併号
伊東昭雄　一九七九　「蔣渭水と台湾抗日民族運動――台湾文化協会の分裂まで」『横浜市立大学論叢人文科学系列』三〇巻二、三合併号
王甫昌　二〇〇五　「由「中国省籍」到「台湾族群」――戸口普査籍別類属転変之分析」『台湾社会学』第九期
黄肇珩　二〇〇五　『勁寒梅香――辜振甫人生紀実』聯経出版事業公司・台北
高日文　一九六四　「台湾議会設置請願運動的時代背景」『台湾文献』一五巻二期
高日文　一九六五　「台湾議会設置請願運動始末」『台湾文献』一六巻二期

高日文 一九六六「治安警察法違反事件之法庭弁論経過(一)」『台湾文献』一七巻一期
高日文 一九六七「治安警察法違反事件之法庭弁論経過(下)」『台湾文献』一八巻一期
呉文星等(主編)二〇〇一―二〇〇九『台湾総督田健治郎日記』中央研究院台湾史研究所籌備処・台北
許雪姫、劉素芬、荘樹華(訪問)、丘慧君(記録)二〇〇三『王世慶先生訪問紀録』中央研究院近代史研究所・台北
蔡培火、林柏寿、陳逢源、呉三連、葉栄鐘 一九七一『台湾民族運動史』自立晩報叢書編輯委員会・台北
周婉窈 一九八九『日拠時代的台湾議会設置請願運動』自立報系文化出版部・台北
周婉窈 二〇〇九『台湾歴史図説(増訂本)』聯経出版公司・台北(一九九七年初版。石川豪、中西美貴訳『図説台湾の歴史』平凡社、二〇〇七)
「請願ノ要旨」『台湾青年』二―二、一九二一年
「台湾議会期成同盟会――治安警察法違反嫌疑的公判」『台湾民報』第二巻第一六号、一九二四年
「台湾議会設置請願書」『台湾』第三年第二号、一九二二年
台湾総督府警務局 一九三九『台湾総督府警察沿革誌第二篇 「領台以後の治安状況」中巻(台湾社会運動史)』台湾総督府警務局・台北
張漢裕(主編)二〇〇〇『蔡培火全集 家世生平與交友』第一巻、呉三連台湾史料基金会・台北(『蔡日記』と略記。一九二九―三八年の日記を収録)
陳芳明 一九九一『謝雪紅評伝――落土不凋雨夜花』前衛出版社・台北(森幹夫訳『謝雪紅・野の花は枯れず――ある台湾人女性革命家の生涯』社会評論社、一九九八年)
宮川次郎 一九二九『台湾の社会運動』台湾日日新報社・台北
葉栄鐘 二〇〇〇『日拠下台湾政治社会運動史』晨星出版社・台中
葉栄鐘 二〇〇二『葉栄鐘全集 葉栄鐘日記(上・下)』第六巻、晨星出版・台中(『葉日記』と略記。一九三一―七八年の日記)
林献堂(著)、許雪姫等(註解)二〇〇〇―『灌園先生日記』中央研究院台湾史研究所・台北(一九四六年までの一八冊が既刊)
林瓊華 二〇一〇「流亡、自治與民主――試論陳芳明著作『謝雪紅評伝』之貢献及其争議」『台湾風物』六〇巻二期
若林正丈 二〇〇一『台湾抗日運動史研究 増補版』研文出版(一九八三年初版)

個別史／地域史Ⅱ

朝鮮の地域社会と民衆

板垣竜太

はじめに

本章の目的は、一九三〇年代朝鮮における地域社会ないし民衆の様相を描き出すことにある。その際にここで注目したいのは、植民地社会の制約下での民衆の主体性の問題である。「主体性」といっても、ここでは必ずしも民族的主体性を意味しないし、個人の自由意思によって行動する近代的主体性という意味でもなく、どこまでも生活者としての主体性である。ここで論及できるのはわずかのことに過ぎないが、歴史叙述の都市バイアスおよびエリート・バイアスを相対化し、民衆の経験を提示するための視点を提示したい。都市にも多少言及するが、農村部の状況を中心に論ずることにする。当時、人口の約八割が農業世帯であったし、都市や朝鮮半島外への移住の様態も、政治も文化も、農村の状況抜きには論じ得ないからである。

この後の論述を導く存在として、二人の人物に登場してもらおう。一人は呂錫塤《ヨソックン》（一八九〇年生）、もう一人は仮にS氏と呼んでいる人物（一九一四年生）である。いずれも慶尚北道《キョンサンプット》の尚州《サンジュ》という農村に住んでいた男性である。この二人については拙著［板垣 二〇〇八］で詳しく論じたが、かれらが当時の朝鮮社会を代表するわけではない。呂錫塤は自伝を、S氏は日記を書き残しており、あくまでもそうした地域住民の経験から出発したいというのが趣旨である。

以下、前半では三〇年代に朝鮮民衆が置かれた状況について経済的および文化的な側面から論じたうえで、後半で政治と生活について論ずる。

一　一九三〇年代の朝鮮社会

農村の窮乏化

一九三〇年前後の朝鮮社会は、農村の窮乏化が一層過酷なものとなっていた。S氏は地方都市である大邱《テグ》の学校に進学していたが、三一年、経済的事情でやむを得ず退学し、故郷に帰った。彼は日記に「困難！　困難！　金銭の困難！」と、その悔しさを書き付けている。呂錫塤も三〇年頃について、村に自作農が一戸もいない、農牛も二―三頭しかいない、麦の収穫前の春期に備蓄していた穀物が不足する「春窮」のため「草根木皮」で飢えをしのぐ、利子の高い「長利穀」に頼るといった状況を記している。

こうした窮状は、直接的には二九年以降の恐慌の影響であるが、根本的にいえば、それは植民地化にともなう朝鮮社会の疲弊の延長線上にあり、それを一層推し進めるものであった。「内地」の米騒動をきっかけに二〇年代の朝鮮で進められた産米増殖計画によって、朝鮮全体での米の生産量は増加したが、増産分以上の米が「内地」に流出したため、各農家の米の自家消費分は減る一方であった。また、米価も二〇年代後半は下落し続け、植民地下で拡大していた米作依存型の農業経営に大きな打撃を与えた。そうした状況で農民層分解とよばれる格差の拡大現象が進行した。すなわち、全農家中の小作農家の割合は増え続け、二〇年代の四〇％台から、三〇年代前半には五〇％台、後半には六〇％台に達した。逆に自小作農家は減る趨勢にあり、二〇年代には三〇％台だったのが、三〇年代には二〇％台となった（統計年報）。こうした土地所有形態に由来する生活の格差は明確で、三〇年の「春窮」農家は、自作農で一八・

四％、自小作農で三七・五％、そして小作農では実に六八・一％に達していた［朝鮮総督府　一九三三］。

農村の窮乏は、大量の離村者を生み出した。全羅北道《チョルラプット》での調査［全羅北道警察部　一九三二］によれば、三二年一月からの四カ月間に五六人の餓死者、六人の自殺者、三万三〇五九人の離村者があった。離村の動機の内訳をみれば、生活に窮した者が四二％、労働の目的が二八％、債務の返済に窮した者が二一％、小作権を取り上げられたためとする者が九％であり、離村と窮乏との関係の深さがうかがわれる。

では、離村した後の行き先はどうなっていたか。二九年の調査では、離農者の七三％は朝鮮内の商工業等で働いたが、一七％は「内地」へ渡航、二％は満洲へ渡ったほか、五％は一家離散状態に追いやられていた［朝鮮総督府　一九二九］。この数字からうかがわれるように、まず一つの行き先は朝鮮内の都市部であった。だが、「京城」のような大都市に移り住んでも、労働市場が豊かなわけではなかった。都市への人口集中が工業人口を上回る「過剰都市化」の状態が生じており、そのためあふれ出た住民が都市の片隅で簡易な住居に住む「土幕民《トマンミン》」の集落を各地で形成していた［橋谷　二〇〇四］。また山間部で焼畑耕作をする「火田民《ファジョンミン》」が増えて、社会問題化したのもこの頃である。朝鮮半島内に行き先がない場合、「内地」や地続きの満洲が選択肢としてのぼらざるを得ない。在日朝鮮人の推計人口は二七年の約三〇万から三五年には約六〇万と倍増し、三〇年に約六〇万だった在満朝鮮人は三八年までに一〇〇万をこえた。一方、そのような状態で離村しようにも行き先もない農民の多くは農村にとどまり、「農村過剰人口」とよばれる状況が生じていた。

すなわち、この時期の農村の窮乏および過剰人口、過剰都市化、朝鮮半島外への離散《ディアスポラ》はひとまとまりの現象として把握する必要がある。ただ客観的にみてそうだというだけでなく、当時農村に住んでいた者の目からしてもそうであった。実際、S氏は三一年の日記で、「私たちも金銭さえたくさんあれば都会に行く！」と、行きたくても行けない都市への思いを書き付けている。また、近所の家主が「日本に金かせぎに行ったが病により死亡した」ことを記し、南満洲に行った知り合いが低賃金で暮らしていることを知って、「どうやって生きていくのか！」と嘆いている。「内地」や「満洲」でのできごとは、まさに近所のできごとであり、自分の問題でもあった。

不就学と非識字

呂錫塤もS氏も中等教育相当の教育機関に通った経験をもっていた。しかし、これは当時の状況で一般的なことでは全くなかった。以下、先行研究［板垣 一九九九／呉成哲 二〇〇〇／金富子 二〇〇五］をもとに、朝鮮民衆の就学や識字の状況をみておこう。

朝鮮には義務教育制が施行されておらず、普通学校（小学校に相当）の不就学率からして、一面一校（面は行政村）制が完成した一九三六年でも男子で六〇％、女子で八九％ときわめて高かった（推定学齢児童基準）。かなり就学の進んだ四四年時点の調査でも、一二歳以上人口のうち、小学校レベルの学校や簡易学校、書堂などに通ったことの無い人の割合は男性で六六％、女性で九三％であった。つまり朝鮮社会では不就学者が人口的にはマジョリティであって、特に女性は植民地末期にいたっても就学経験者が約一四人に一人に過ぎなかったのである。就学できても、卒業に至るのは困難であった。普通学校の三六年卒業予定者の中退率は男子二七％、女子四一％であった。無事卒業できても、進学先は限られていた。六年制の普通学校から上級校への進学率は、三〇年の二二％からむしろ減り続け、三六年には一六％となった。中等レベル以上の学校の卒業者の割合（一二歳以上人口）は、四四年時点でも男性で約四〇人に一人、女性は一九三人に一人という希少な存在であり、しかもソウルを中心とした都市部に集中していた。

金富子《キムプジャ》が論じているように、民族、階級、ジェンダーがこのような就学と不就学の格差を規定していた。朝鮮に義務教育が施行されておらずとも、在朝日本人（「内地人」）の住む地域にはたいてい日本人向けの小学校が設置され、そのため就学率はほぼ一〇〇％となっていた。明らかに日本人／朝鮮人のあいだの民族格差があった。次に、公立でも授業料が徴収されたこともあり、就学の階級差も生じており、就学率は地主の家がずば抜けて高く、それに比べ自作農や自小作・小作農は低かった。また、普通学校の募集定員で女子が男子よりも少なく設定されており、公的にジェンダー不均衡が助長されていた。一方家庭に目をやると、経済的余裕がなく限られた子どもしか学校に通わせられない家の場合、家父長制の原理が作動して、男子が優先された。そうした力学が組み合わさって大量の不就学者が生まれていた。

もっとも普通学校に就学したらしたで、朝鮮語の授業以外は全て日本語で教授され、天皇制国家のもとで「忠良なる国民」（朝鮮教育令）を養成するための教育を施されるわけだから、就学すればよいというような単純な話ではない。また、制度外に置かれたオルタナティブな教育の場の存在を外して議論することもできない。なかでも重要なのは、私設学術講習会と書堂である。

私設学術講習会とは、期間限定の夜学のようなインフォーマルな教育と認可を受けた私立学校とのあいだにあり、とりわけ一九一九年の三・一運動後に各地で数多く設置された。講習会は定期的に道長官の認可を受けなければならず、頻繁な認可取消によって非常に不安定な地位に置かれていた。実際、呂錫塤も、地元の化東面《ファドン》で紫陽《チャヤン》学院という私設学術講習会を二三年から経営していたが、何度か駐在所の介入を受けた末、当該地域に公立普通学校ができたのを契機として、三一年に閉鎖させられた。そのことからも垣間見られるように、三〇年代になると地域社会での講習会の存在感は徐々に薄れていった。

次に、書堂は、朝鮮時代から各地に広がっていた漢文教育施設であり、専用の学舎を持っているものから個人宅のサランバン（書斎兼客間）で開かれるものまでバラエティに富んでいた。書堂は、総督府統計でも二二年まで収容学生数で公立普通学校を上回り、施設数では四一年まで上回っており、特に普通教育の届かない農村部において存在感が大きかった。普通科目も教える改良書堂も存在していたが、私が尚州で聞き取りをした限りでは、植民地末期でも教育内容は朝鮮時代とそれほど変わらず、「千字文」「童蒙先習」を暗誦することから始まる朱子学的な教育を実施していた。ただ、講習会も書堂も女性にとっては縁遠い存在であったことは明記しておく必要があるだろう。

教育機関が偏在していた分、家庭教育の役割も大きかった。農村社会学者・崔在錫《チェジェソク》[一九七九]による四村落での調査によれば、解放時点で一〇歳以上であった者のうち、男性で一九%、女性で二三%が家庭で文字を学んでいた。普通学校(ないし国民学校)で学んだ者は男性二八%、女性一三%だったので、とりわけ女性にとって家庭教育の存在は大きかったといえる。

こうした就学状況は識字率にも反映されていた。三〇年の国勢調査によれば、郡部(農村部に相当)においてカナまたはハングルの読み書きができる者は、男性で三五・一%、女性は七・一%に過ぎなかった。漢文識字が調査に含まれていなかったが、これを加えても特に男性の数値が多少上がる程度であろう。したがって文字によって直接コミュニケーションできるのは、当時の朝鮮社会では限られた層であったことを認識しておく必要がある。S氏は、近所に住む親戚の女性が日本にいる夫に手紙を書きたいというリクエストにこたえて代筆することもあったが、それは如上の状況を背景としてはじめて理解し得るものである。

農村からみた「モダン」

S氏は農村青年としては希なほどの読書家だった。『三千里《サムチョルリ》』『新東亜《シンドンア》』などの朝鮮語雑誌や、『東亜日報《トンアイルボ》』のような新聞を購読していた時期もあり、雑誌は平均三—五日に一回、新聞は購読時に約二日に一回程度、日記に「読んだ」と記している。ただこれも当時の農村部の状況では相当特殊なことであったといわざるを得ない。

たとえば二九年の江陵《カンヌン》郡の調査報告[朝鮮総督府 一九三一]によれば、郡内で定期購読されていた雑誌は二三種類で、そのうち朝鮮人が購読していたのは二四三部である。これを同郡の朝鮮人戸数で割ると一・七%しか普及していない。

新聞はやや多いが、それでも二・七％の購読率に過ぎない。一つのマウル（朝鮮時代以来、洞里《トンニ》とよばれた村落の基本単位）に一—二部あるかどうかといったところだろう。同地域の「内地人」で同じ計算をした場合、雑誌で九〇・一％、新聞は一〇六・七％（一戸一部以上）であったことと比較すれば、情報の格差は明白である。もっとも、S氏も雑誌や新聞を知り合いから借りてきて読むこともあったし、村の隣人と新聞記事で読んだ「万宝山事件」や「満洲承認問題」について議論することもあったことが日記から分かるので、購読した世帯以外にも情報が広まっていたことは間違いない。それでも農村部に住む多くの人々にとって、「モダン」な活字メディアは縁遠い存在であった。

以上の点は、文献を基本資料とする歴史研究において、常に肝に銘じておかなければならないことである。たとえば活字資料の論調等を検討して、これが当時の「言説」であると分析した場合、そこには既に都市、エリート、男性のバイアスがかかっており、一般化できないことを認識する必要がある。金振松《キムジンソン》［二〇〇五］は、雑誌記事を主資料としながら、三〇年代を文化的な「現代性」の形成期だとする興味深い著書を出しているが、それが当時どれほど共有された文化であったかについては議論の余地がある。

近年盛んに研究されている「新女性」についても、その点では同様である。一定程度以上の新教育を受け、旧来の生活様式や思考法などとは異なる、いわば「モダン」な生き方をした女性は、当時「新女性」と呼ばれた。だが、前述のように、まず中等以上の教育を受けた女性は非常に少なく、それもソウルに偏っていた。金秀珍《キムスジン》［二〇〇九］によれば、「新女性」のイメージである都市サービス業の従業者には、実は移住してきた日本人女性が多くを占めていたこともあって、朝鮮人女性が受けた教育を発揮できる場は限られていた。にもかかわらず雑誌等を通じて、朝鮮人「新女性」は頻繁に可視化され、だからこそ現代の研究者も注目するのだが、それは実態に比べて「言説の過剰」とでもいうべき状態にあった。実際、前述の江陵郡の雑誌購読調査［朝鮮総督府　一九三二］をみれば、東京で発行された『主婦の友』『婦人倶楽部』『婦女界』という雑誌が合計八七部入ってきていたが、これらは全て日本人によって購読されていた。これは、日本人世帯平均一〇戸に三部ほどの割合で購読されていた計算になる。一方、朝鮮人に読まれていた女性雑誌は『婦女の光』のみであり、それも郡全体で八部だけ購読されていた。同じ計算をすれば一七九七戸に一部の割合である。

こうしたいわば「近代的」なものからの距離は、活字メディアに限ったことではない。たとえばラジオ放送(二七年から放送開始)は、三六年で日本人が約三人に一台の割合で聴取していたのに対し、朝鮮人は約一七六人に一台の割合にすぎない(統計年報)。それも都市に偏っており、三七年の調査[朝鮮総督府学務局 一九三八]によれば七万二〇六五の全「部落」のうち、ラジオを有していたものは一・八%に過ぎなかった。

医療も同じような状況であった。植民地期を通じて、官公私立の病院は各郡平均一つにも満たなかった(統計年報)。医師も不足しており、三八年になっても二三七六の邑面中、医師の開業の無い邑面が一五八五(六七%)に及んだ[朝鮮総督府 一九三八]。漢方医は「医生」との名称で総督府に冷遇され減少する一方だったが、教育における書堂のようにオルタナティブな医療としては広範に普及していた。S氏も残された日記八年分のうち洋医院に行ったのは二度だけで、ほとんど漢方薬に頼っていたことが分かる。先に紹介した崔在錫の調査[崔在錫 一九七九]でも、多くの場合「漢薬」か「造薬」で乗り切っていたことが分かる。それは近世朝鮮に広まった「伝統」の根強さでもあった。

ここまで朝鮮民衆の「近代的」なものからの距離、そしてそれに反比例するかのような「伝統的」なもの(より正確には「近世的」なもの)との近さを論じてきた。そうした状況だからこそ、S氏は農村に住みながらかなり「近代的」なものを積極的に取り入れ、都市への憧れも持っていた一方で、漢薬を服用したり陰暦のリズムを好んだりする側面も持つなど、揺れ動く姿を見せた。趙景達《チョキョンダル》[二〇〇九]が強調しているように、民衆的な宗教世界に生き、「近代的」なものに反発や恐れを感じた民衆もいたであろう。また、よりよい生活を求めて、「近代的」なものへの想像や幻想を膨らませていた民衆もいたであろう。いずれにしても、植民地社会において「近代的」なものの存在を過剰に想定しては見誤るのであって、「近代的」なものとそうでないものとが入り交じって権力関係を構成する状況を視野におさめる必要がある。

二　植民地下の政治と生活

以上を前提として、本節では三〇年代の主体性の問題を地域社会の視点から描いてみたい。ここでなぜ政治と生活という一見異なる次元のものを論ずるのか説明しておこう。

朝鮮史研究で植民地期の「政治」や「主体性」を考えるとき、大ざっぱにいってこれまでしばしば、①日本(人)の植民地統治(＝支配)、②朝鮮人の社会運動(＝抵抗)、③朝鮮人の植民地政府への参加(＝協力)、という三つの領域が想定されてきた。朝鮮解放後の研究では、日本の植民地支配を批判的に検討し(①)、その状況でも果敢に抵抗した朝鮮人の主体的な姿を描き出す(②)という枠組が、脱植民地的な歴史叙述として重要な地位を占めてきたし、その重要性は今も変わらない。一方、九〇年代から、「上」からの植民地支配と「下」からの民族的抵抗という二分法に還元できない、いわば「グレーゾーン」［尹海東 二〇〇二］の領域が注目をあびはじめた。その一つの流れが、朝鮮人の官僚や議員、体制協力した知識人のあり方などの内実を検討する研究動向(③)であった［並木 一九九三ほか］。ところが多くの朝鮮民衆は、いわゆる社会運動(②)に関わってもいないし、関わっていたとしてもそれは人生の一部の時期に過ぎず、かといって統治体制内部に深く入り込んでいった(③)わけでもなく、そうなると残りは植民地統治の客体(①)としてしか描けなくなる。だからこそ①〜③に還元はできない、植民地支配の厳しい制約下における民衆の生活に根ざした積極的な行為の領域(④)を設定しておく必要がここに生じてくる。

以下では、まず②に関連して一九三〇年代の農村社会運動、次に①および③に関連して三二年から四〇年まで総督府主導で「上」から展開された農村振興運動を論じたうえで、④の領域について考えてみたい。

農村社会運動の拡大

三・一運動以降の一九二〇年代のいわゆる「文化政治」期には、地域社会で青年会などを中心に様々な運動が展開された。呂錫塤もその一翼を担い、二〇年代には地域の化寧《ファリョン》青年会に参加したし、民族主義者と社会主義者の民族統一戦線である新幹会が二七年に尚州でも結成されるや、すぐに自ら加入していた。しかしこうした地域の運動は、二〇年代後半になるとそれまで以上に厳しく弾圧された。新幹会は度重なる圧力を受けたのち、最終的に三一年に解体した。呂錫塤も青年会と新幹会の脱退を余儀なくされた。三〇年代になると、尚州では電気料金値下げ運動や学校の昇格運動などの地域改良事業的な住民運動は引き続き見られても、表面的には革新的な動きはなりを潜めた。

しかし三〇年代に運動が消え去ったわけでは全くない。農村社会運動に目をやった場合、むしろ様々なかたちの運動が朝鮮の各地で展開されていた。農村の疲弊が極度に達していたこの時期に広がった農民運動として、官憲が特に注目していたものは、朝鮮農民社によるものと、「赤色農民組合」とよばれた革命的農民組合運動であった。これらの農民運動の共通の特徴は、いずれもマウルのレベルまで入り込み、農村部に組合などを組織化し、農業以外にも夜学のような啓蒙運動などに取り組んでいたことにあった。

朝鮮農民社は、二五年の創立時には雑誌『朝鮮農民』を刊行する啓蒙的な団体以上のものではなかった。だが二八年から農民運動団体へと転化し、洞里を末端の基礎単位として組織を再編していった。それとともに内部では、東学《トンハク》の流れを受け継ぐ天道教《チョンドギョ》青年党の影響力が強まり、三〇年には直接その指導下に置かれることになった。そうした動きに反対する理事長らのグループが朝鮮農民社から分裂し、三一年に全朝鮮農民組合を結成するが、天道教の基盤を喪失したこともあって、徐々に衰退していった。一方、朝鮮農民社は、天道教青年党の組織基盤の強かった北部の平《ピョン》安《アン》南北道および咸鏡《ハムギョン》南道を中心に、農民共生組合とよばれる協同組合事業などを展開していった。また二〇年代から引き続き、「文盲打破」のための農民夜学を各地で開催してもいた。三三年に活動はピークに達し、朝鮮農民社側発表では郡農民社が一五〇余り、洞里レベルの農民社が三千余り、社員が二十数万人に達したといい、警務局も人員四万余りと把握していた［飛田 一九九一／青野 二〇〇一］。

「赤色農民組合」は、一九三〇年前後から三〇年代後半にかけて朝鮮各地で組織された共産主義革命の志向性をもった農民組合に対して、官憲側がつけた総称である。全貌は把握しがたいが、池秀傑《チスゴル》［一九九三］の丹念な調査によれば、五九の郡（または島）で革命的農組運動が確認され、不確実なものも加えれば八〇郡（島）に広がり（全朝鮮の府・郡・島は二二〇）、六千をこえる関係者が検事局に送致された。労働者・農民を中心とする前衛党再建を指示した二八年のコミンテルン朝鮮委員会の「一二月テーゼ」、産業別の革命的労組を組織することを要求した三〇年のプロフィンテルンの「九月テーゼ」などが、こうした革命的農組の結成を促したことは間違いない。だが、だからといって全て朝鮮共産党再建運動の一環とみなすことはできないし、統一的な指導部もなかった。既に合法的に組織されていた各地の農民組合の活動家や、青年運動などに関わってきた地域の共産主義者らが、革命指導機関のオルグらから指導を受けたり、流入雑誌等の間接的な情報に接したりしながら、郡を単位として各地で展開したものであった。そのため組合の性格には地域差があったが、貧農優位の原則で組織化が進んだ点、小作問題や納税問題などでの経済闘争を政治闘争と結びつけた点、夜学などの啓蒙事業を展開した点などは共通している。

この他では、基督教会（プロテスタント系教会）の農村事業も注目される。基督教会では、二五年からYMCA、YWCA、長老教会、監理教会などの傘下に農村部が設置され、デンマークの農村運動などを参考にしながら、「文盲退治」運動や雑誌の発刊などを通じた啓蒙事業のほか、農友会や協同組合などの組織化、共同耕作の普及などにつとめた。さらに三〇年代に入ると、増産のための農事講習会を開催したり、農民指導者を養成するために各種の農業学

校も設立した[한규무 一九九七]。

これに、朝鮮日報社の帰郷学生文字普及運動(二九—三四年)や、東亜日報社の「ブ・ナロード運動」(三一—三四年)などの農村識字運動も加えてもよいだろう。いずれも新聞社主催の下、ソウル在住の学生が夏期休暇を利用して故郷で識字講習をひらくというものであった。

農村振興運動と官製の組織化

このように三〇年を前後する時期に、農村社会運動は活発化した。小作争議も、二六年から三五年にかけて発生件数がほぼ増加傾向をたどり、特に二九—三二年には一件あたりの参加人数が急増していた[松本 一九九八]。そうした朝鮮人により先行して進められていた農村社会運動に対抗するようなかたちで、朝鮮総督府が展開したのが農村振興運動(三二—四〇年、以下「農振運動」)であった[池秀傑 一九八四/板垣 二〇〇〇/趙景達 二〇〇八]。以下でさしあたり四つのポイントについて指摘するように、農振運動の諸事業は、既に農村社会運動で広範に実施されていたものと類似していた。そうした「上」からの運動によって農村社会運動を弱体化させようとするものであった。

まず農振運動では、朝鮮農民社や革命的農組などと同様に「部落」(マウルに相当)を単位とした組織化が試みられた。各面で更生指導部落を指定し、面事務所、普通学校、金融組合、警察などの官公吏が「指導者」となり、各部落の「中堅人物」とともに各「戸」の更生五カ年計画を立てて、それを実行するというものであった。指定される更生指導部落は各面せいぜい毎年二—三程度だったが、三九年までに三万二九七八(朝鮮の全部落の四四%)がそうして組織されていった。また、農村振興会・青年団・婦人会や、金融組合傘下の殖産契(契は頼母子講に相当)などが指導部落だけでなく、各地に組織されていった。国旗掲揚塔や集会所なども部落単位での設置が奨励された。

一方、当局の極秘資料[朝鮮総督府警務局 一九三三]は、農民運動団体数について、二八年の三〇七から、三〇年には

九四三、三一年には一七五九にまで増えたが、その後下降に向かい、三三年には一三五一に減少したとカウントしている。それに対し官製の農村自力更生団体は、三三年までに二万九三八三も組織されたと報告しており、明らかに対抗的に組織化が進められたことを示唆している。後に農振運動が、「共産主義の運動が農民の生活に喰入つたが、それに数百倍する組織と熱情をこめてその指導が行はれた」［国民総力朝鮮聯盟　一九四五］と、共産主義との対抗関係で位置づけられていることからも、それは明らかである。革命的農組運動が三〇年代後半まで続いた咸鏡北道の南部三郡では、「思想浄化」と称する事業が展開され、検挙に加えて、郷約（朝鮮時代に広まった農村の自治統制組織）・自衛団・婦女会を組織したりもしている［朝鮮総督府警務局　一九三八］。官製団体または穏健団体を組織することで、社会運動を骨抜きにしようとしたのである。

次に、基督教系農村事業での農村指導者養成と同様に、農振運動でも農民のなかから「中堅人物」を養成する事業が進められた。呂錫塤はマウルの振興運動のまさに中心人物であったし、S氏は三五年に農村振興会の幹事になってから「中堅人物」として様々な事業に関わった。だが、かれらのような人物がどのマウルにもいるわけではなかった。そこで農振運動では、普通学校の卒業生に対する指導、特設された中堅人物養成施設での長期的訓練、「中堅青年」「中堅婦人」の短期講習などが実施されたのである。

第三に識字教育を中心とした農村啓蒙運動についてである。農振運動では、個々の農家が計画表、年中行事表、家計簿などを通じて計画を実施することになっていたが、既に述べたような識字状況では、そもそも農民がそれらの文書を使えないという問題が浮上した。そこで総督府は、こうした計画遂行に必要最低限のハングルや算術を教授する簡易な講習会を各地で開催させた。S氏も、冬期間にマウルの住民を相手に文字を教える夜学を担っていたし、呂錫塤も紫陽学院の跡地で家計簿記帳を中心とした講習をおこなっていた。こうした講習会は、既に農村社会運動で広範に展開されていた「文盲退治」や「夜学」とも競合するものであった。だからこそ、三〇年代前半には数多くの民間の講習会が開催禁止の措置を受け、官製の簡易で実用主義的な講習会へと転換させられた。新聞社などによる識字運動も三五年以降は禁止された。

第四に、農振運動では「自力更生」が強調された。これは要するに、小作問題などの根本的な社会矛盾には手を付けず、農民自らが身の回りの資源を活用して禁欲的に努力することによって更生を図るという意味である。物的側面でいえば、耕地拡大より多角経営、金肥より自給肥料を奨励し、消費の節約をすることで収支のバランスをとろうとするものであった。また人的側面では、農村過剰人口を「余剰労力」と読み替え、副業を展開することなどでその「余剰労力」を「消化」することが求められた。呂錫塤は、一日一〇時間労働、賭博根絶、昼間の酒店出入りの禁止、叺《かます》や縄の共同販売、毎月一〇円以上の貯蓄などを実施しているが、これはまさに「自力更生」事業と呼応するものであった。土地革命を主張する革命的農組を例外として、朝鮮農民社も基督教系農村事業も、総督府と理念や目的は異なるにせよ、「自力更生」を志向していた点においては同様であった。

以上のように、農振運動はそれに先行する農村社会運動の方式を取り入れながら、検挙や閉鎖などの強制措置と組み合わせて、農村統制を強めていった。基督教の宣教師のなかには総督府が自分らの事業を模倣したと主張した者もあったが、結局、農振運動に組み込まれるか、手を引いていった[全澤鳧 一九七八]。また朝鮮農民社も、三三年頃から天道教指導部が「大東方主義」を提唱して親日化しはじめ、この年をピークに組織力も弱まり、農振運動に組み込まれていった。革命的農組に対しては徹底弾圧が繰り返され、三〇年代後半には一部地域を除き活動が不可能になっていった。

生活のための積極的行為

このように三〇年代の農村社会運動が停滞を余儀なくされていったからといって、この時期の農民をただ統治の客体として、受動的な存在としてのみとらえるべきではない。農振運動に対する対応もただ従順なものではなかった。農振運動では家計簿の記帳が要請されたが、「強制するといやがって嘘をつける」「余り喧《やかま》しく言ふと家計簿が嘘になって来る」と報告されている〔朝鮮総督府 一九三五〕。つまり官吏が家計簿にあまり介入すると、生活実態をいちいち知られたくない農民が虚偽記載をするということである。また、当局は「自力更生」の観点からお金のかかるゴム靴よりワラジを奨励したが、視察のために総督が来ると「ゴム靴ヲ捨テ、ワラジ履キデ出迎ヘスル、総督ガ帰ルト、マタモトノ通リニブラ提ゲテ」行ったという。そのため総督は「ワラジ総督」と呼ばれていた〔朝鮮総督府 一九三八〕。ゴム靴が便利なので使っているのに、官吏のチェックがかかるので、そういう時だけワラジを履いたということである。金英喜《キムヨンヒ》〔二〇〇三〕は、他にも様々な対応事例を紹介している。経済調査で嘘を書かないと小作地が回収されるとして調査を忌避する農民、色衣や断髪などを強制するのは「人権蹂躙」だと反発する農民、飼料の煮沸を「浪費」だとする「指導」に対して暖房と兼ねていて合理的だと反駁する農民、小作問題の解決のない更生計画の説明を「蓄音機の音」のように聞き流す農民などである。

こうした政策に対する「面従腹背」ないし「笛吹けど踊らず」のような行為だけではない。ここでは、生活のための積極的行為の事例として、以下、「密造酒《ミルチュ》」を事例にとって考えてみよう〔板垣 二〇〇六〕。

朝鮮王朝には酒税制度がなく、凶作等により禁酒令が下されたときを除いては、農民の自家用酒造は原則として禁止されていなかった。そのため農家の酒造はごく一般的なことであった。また、酒の造り手はもっぱら女性であった。米等からつくる濁酒《マッコルリ》は栄養価も高いため、農作業の合間に飲まれることも多かった。また各地にある酒幕《チュマク》とよばれる飲み屋では様々な会話が交わされていたほか、儒教儀礼にも酒は欠かせない存在となっており、人間関係の成立にとっても重要な媒介物であった。

ところが、併合直前（一九〇九年）の酒税法により酒税制度が導入され、一六年の酒税令以降は、自家用酒造を漸次的に禁止していき、二〇年代後半以降は「密造酒」としてしか自家用酒造ができなくなった。だが、酒の「密造」は植民地期を通じて絶えることはなかった。「密造」の検挙件数でいえば、二九年に一万件をこえ、三四年には二万をこえ、戦時期にはさらに増加した。尚州での聞き取りによれば、農民たちは様々なかたちで酒を「密造」した。穴を掘って隠した者もあれば、わざわざ肥だめの辺りに隠したという話も聞いた。士族の家庭では、祖先の位牌を保管する祀堂《サダン》に隠していたが、末端官吏もさすがにそうした神聖な場には入れなかったという。慶尚南道の東萊《トンネ》地域で聞いた話では、農民が祭祀の前に酒造場から少量の酒を購入したうえで、「買ってやったのだから、少し家でつくるぐらいは大目に見ろ」といって目をつぶってもらったという。

では、なぜ取締のリスクをおかしてまで、酒を造り続けるのか。ここでは、生存経済ラインすれすれに追い込まれた農民の選択という観点から考える必要がある。当時農民に強いられた選択肢は、生活の一部であった酒を買うのか、自分で作るのか、あるいは飲酒自体をやめるというものであった。過剰人口を抱える農村において、現金支出はわずかであっても死活問題であった。それを避ける一つの方向は、禁酒ないし節酒であった。禁酒はいわゆる生活改善運動の一環として二〇年代には各地で広まり、三〇年代の農振運動では「消費節約」の一環としてさらに拡大した。とはいえ、生活文化の一部であった酒をそう簡単に手放せるものでもない。実際、農村振興組合幹事となったS氏は、酒幕での飲酒禁止を決定した洞会(マウル単位の自治会)のわずか三日後に酒幕で飲んでいる。

だが、飲酒が必ずしも「怠惰」や「浪費」だったのではない。その点で興味深いのは共同労働の慣行である。植民地期以前に水田地帯を中心に共同労働の慣行が広く見られた。そのうち村総出で田植えや収穫をおこなったりするものは、「トゥレ」などとよばれたが、これは植民地期に急速に衰退していった。三〇年代に共同労働を現地調査した姜鋋澤《カンジョンテク》[一九四二]は、農民になぜトゥレをしなくなったかと訊くと、必ず「酒がないから」と答えたと報告している。そこから彼は、「自家用酒権の取上げと密醸取締の徹底化が共同作業に於ける酒の提供を漸次少くしたこと」が衰退の一原因だと論じている。共同での農作業のエネルギーと活力の源として濁酒は必要不可欠なアイテムであり、その意味で自家用酒造は、むしろ「勤勉」な仕事の媒介物であった。農振運動やその後の戦時総動員体制では共同組織や共同農業が「上」から奨励・強制されていったが、皮肉なことにも、共同性構築のための肝心な媒介物を欠いていたのである。そもそも「自力更生」をいうならば、身の回りの素材で自らの飲む物を作る自家用酒造こそ「自力更生」であった。つまり「密造酒」は、結果的に「上」からの「節約」の政治に乗らない、一つの選択肢となっていた。

酒税令の目的は産業育成とそれによる租税の安定的確保であった。酒税令体制下では酒造業者の統廃合が進められ、それにともなって醸造場の規模は拡大し、経営には地域の男性エリートが関わるようになった。総督府の酒税収入も増加し、三〇年代半ばには国税の約三〇%を占めるにまでいたった。家庭での酒の醸造はそれらの収入減の一大要因となるため、国家と資本にとって共通の排除すべき存在となった。実際、S氏は三五年、祖母の祭祀《チェサ》のために酒を準備していたところ、税務署の取締にあったが、それについてS氏は、近所の酒造場が税務署に「祭祀の数日内である〔から密造の可能性がある〕と通知したようだ」と推測している。そうした税務署と酒造場の結託は、以上のような国家－資本－民衆の構造からして当然あり得る洞察だといえる。酒税令を農民の視点からみれば、もともと身の回りの資源で簡単に作れた物を、醸造の権利が剥奪されて、わずかな農業収入によって得た貨幣と交換しなければならなくなり、それが地元の資本家と総督府財政を肥やしていたことになる。その意味で、これはまさに資本の本源的蓄積過程における暴力の問題に関わっている。

だからこそ、郡庁や税務署の官吏・雇員などが、農家の屋内に入り込み、台所などを物色し、現物を差し押さえる「密造」取締は、生活のなかに植民地権力が侵入してくる暴力的な経験となった。酒税と罰金を払わされたS氏は、「精神がとられたようだ！」と日記に書き付けた。あまりに理不尽な取締に対しては、家族やマウル住民などが結束して集団的に抵抗して事件化する場合もあった。その際重要なのは、農村社会運動ではあまり表に登場していなかった女性が、ここでは大きな役割を果たしている点である。女性は家庭用の酒の造り手でもあり、家に闖入してくる取締に際して、甕を隠したり、酒瓶を割ったり、時には棍棒で調査員を殴ったりもした。そのため総督府や地方税務官吏も、「婦人」を「矯正」「教導」の対象とみなしており、戦時期には帝国議会に「犯則行為者たる鮮人《（ママ）》婦人の覚醒促進」との対策が報告されるほどであった［朝鮮総督府財務局 一九四四］。いわゆる政治的主体というときには見えてこないような主体性がここにはある。

おわりに

最後にあげたような農民たちの行為によって支配体制が動揺するようなことはおそらくない。だが、たとえば、その後の戦時期に酒類が「内地」と同様に配給統制の対象となった一方、濁酒だけは配給制度から外された。統制がかえって「密造」を誘発することを懸念してのことだが、民衆の酒造は少なくともその程度に政策を規定していたことは、植民地権力の限界を考える際に重要である。過度に「抵抗」を読み込んでロマン化してはならないが、植民地権力に翻弄されながらも、生きるために様々な手を尽くした民衆への想像力抜きに、植民地社会を論ずることはできないだろう。

【文献一覧】

板垣竜太 一九九九 「植民地期朝鮮における識字調査」『アジア・アフリカ言語文化研究』五八号
板垣竜太 二〇〇〇 「農村振興運動における官僚制と村落」『朝鮮学報』一七五
板垣竜太 二〇〇六 「どぶろくと抵抗」『東アジアからの人類学』風響社
板垣竜太 二〇〇八 『朝鮮近代の歴史民族誌』明石書店

姜鋌澤　一九四一　「朝鮮に於ける共同労働の組織とその史的変遷」『農業経済研究』一七－四
金振松　二〇〇五　『ソウルにダンスホールを――一九三〇年代朝鮮の文化』川村湊監訳、法政大学出版局
金富子　二〇〇五　『植民地期朝鮮の教育とジェンダー』世織書房
国民総力朝鮮聯盟　一九四五　『朝鮮に於ける国民総力運動史』
全羅北道警察部　一九三二　『細民ノ生活実態調査』第二報
崔在錫　一九七九　『韓国農村社会研究』伊藤亜人・嶋陸奥彦訳、学生社
趙景達　二〇〇八　『植民地期朝鮮の知識人と民衆』有志舎
朝鮮総督府　一九二九　『朝鮮の小作慣習』
朝鮮総督府　一九三一　『生活実態調査(其三)江陵郡』
朝鮮総督府　一九三二　『朝鮮の小作慣行』
朝鮮総督府　一九三五　『農村更生の指針』
朝鮮総督府　一九三八　『朝鮮総督府時局対策調査会諮問案参考書』
朝鮮総督府学務局　一九三八　『朝鮮社会教化要覧』
朝鮮総督府警務局　一九三三　『高等警察報』二号
朝鮮総督府警務局　一九三八　『最近に於ける朝鮮の治安状況　昭和一三年』
朝鮮総督府財務局　一九四四　『第八六回(昭和十九年十二月)帝国議会説明資料』
並木真人　一九九三　「植民地期朝鮮人の政治参加について」『朝鮮史研究会論文集』三一
橋谷弘　二〇〇四　『帝国日本と植民地都市』吉川弘文館
飛田雄一　一九九一　『日帝下の朝鮮農民運動』未來社
松本武祝　一九九八　『植民地権力と朝鮮農民』社会評論社
尹海東　二〇〇二　「植民地認識の「グレーゾーン」」藤井たけし訳、『現代思想』三一－六
金秀珍　二〇〇九　『신여성、근대의 과잉』소명출판・ソウル
金英喜　二〇〇三　『일제시대 농촌통제정책 연구』景仁文化社・ソウル
呉成哲　二〇〇〇　『식민지 초등교육의 형성』교육과학사・ソウル

全澤鳧　一九七八　『한국기독교 청년회 운동사』 정음사・ソウル
池秀傑　一九八四　「１９３２〜35年間의 農村振興運動」『韓国史研究』 五－四六・ソウル
池秀傑　一九九三　『일제하 농민조합운동 연구』 역사비평사・ソウル
한규무　一九九七　『일제하한국기독교농촌운동』 한국기독교역사연구소・ソウル

個別史／地域史Ⅱ

日中和平交渉と傀儡政権

劉　傑

はじめに

日中全面戦争は、日本軍による真珠湾攻撃まで「支那事変」と呼称された。一九四一年一二月一〇日に開催された大本営政府連絡会議で、新たに展開された米英に対する戦争と「支那事変」を一括して、「大東亜戦争」と呼称することが決まった。この呼称の問題は、日中戦争の特異性を端的に示している。「支那事変」という命名は一九三七年九月二日の閣議決定に由来するが、持続期間、兵力と財力の投入、関係国の死傷者数などあらゆる点で、日中戦争は日本が有史以来経験した最大規模の戦争であった〔等松 二〇〇八、七―八頁〕にもかかわらず、「事変」と呼びならわされたのは、双方がアメリカをはじめとする第三国による中立法の発動を忌避して、宣戦布告を実施しなかったことと深く関係していた。一方で、「戦争」といわず、「事変」と固執した結果、公式や非公式の外交ルート〔西原 一九八三、二一―三頁〕が辛うじて維持され、戦争の全過程を通じてさまざまな「和平工作」が断続的に行われた。戦争遂行と「和平工作」とが複雑に絡み合ったことは、日中戦争のもう一つの特徴である。この複雑な関係を整理、分析することは、日中戦争史の全貌を解明する上で不可欠な作業である。

そもそも戦争に併行して「和平工作」が相次いで行われたのはなぜだろうか。戦争の早期終結を目的とした「和平工作」がことごとく失敗した理由は何か。また、「和平工作」の結果として成立した傀儡政権が戦争の終結につながらなかったのはなぜか。そして、最終的には戦争の終結をもたらさなかった傀儡政権は、日本と中国にとってどのような意味があり、歴史的にどのように評価されるべきだろうか。

これらの疑問は、最も根本的な問題と結びついている。それはすなわち、日本と中国はどうして両国の歴史上未曾有の大戦争を戦わなければならなかったのか、言い換えれば、戦争の目的は何だったのか、という問題である。

一　戦争目的の設定と和平の可能性——満洲事変との比較の視点から

満洲事変の前から軍部が自らの軍事行動を正当化するために用いられた論理は、国際法や条約論であった。日本国内の軍人のみならず、中国大陸に駐屯していた軍人らもさまざまな機会をとらえて、このような論理を国民に吹聴したことはよく知られている事実である［加藤 二〇〇七、六—一四頁］。この論理の構造はいたって明快である。日清戦争や日露戦争、そして第一次世界大戦などを経て、日本が巨大な犠牲を払って中国や列強と条約を締結し、中国大陸、とりわけ満蒙における権益を獲得した。それにもかかわらず、中国が国際法や条約を無視し、日本の既得権益をないがしろにしている。ならば、被害者たる日本がこの際、加害者たる中国に断固たる行動を起こしても非難されることはない。つまり、軍部の手法は中国側に非があると内外に訴えることによって、武力の行使に備えて国民から支持を取り付けるとともに、国際社会の理解を勝ち取ることであった。

国際社会に日本の行動の正当性を訴えることの重要性は、外交官らにも認識されていた。中国駐在の重光葵公使は満洲事変の前、中国各地に拡大した排日ボイコットの矛先は日本が満洲で獲得した既得権益だと推察し、近い将来に起り得る満蒙権益をめぐる日中対立の可能性を予測していた［劉 二〇〇六、七五頁］。重光は外務省との往復電文のなかで、主要国及び国際連盟に日本の主張の正当性を訴えることの重要性を繰り返し強調した。もちろん、満洲事変の前、重光は関東軍の満蒙領有を狙った戦争行為を想定していたわけではない。彼の目標は、国際社会の理解を勝ち取ることによって、中国の譲歩を引き出し、満蒙特殊権益を維持することであった。そのために、活発な外交活動によって国際世論を味方につけることは不可欠であった。

一方、このような情報戦ともいうべき世論作りの背後で、関東軍は明確な意図をもって満蒙領有に向けて準備を進めていた。関東軍の意図はすなわち、来るべき対ソ戦争に備える基地として満蒙を中国国民政府の支配下から分離させ、予想されるアメリカの干渉に対抗するため、対米戦争にも持久できるような資源獲得基地としての満蒙を獲得することであった〔加藤 二〇〇九、二八六頁〕。

このような日本の計画に対し、中国はどのように対応したのだろうか。中国は早くから満蒙の領有を企む日本の意図を警戒していた。一九二八年、細野繁勝の『満蒙管理論』が東京巧芸社から出版されると、翌二九年に上海の太平洋書店が『日本併吞満蒙論』と改題して翻訳本を世に送り出した。翻訳本の解題の中で訳者の王慕寧は、日本の満蒙領有論は決して一部軍人の主張に止まらず、「国民的、時代的野望」と喝破した。王によれば、日本政府は東三省を日本の版図に編入する計画を完成しているが、中国に利権を有する欧米諸国の出方を憚り、併合という最後の一歩を踏み出せないでいる。「しかし、日本はこの計画を放棄することなく、機会が熟すれば必ず年来の野望に掻き立てられて行動を起こすに相違ない」と王は断言する。王が特に注目した点は、原書が「中国」を「国家」とみなさず、列国による中国の共同管理が必要と主張していること、また、満蒙を日本の管理下に置きながら国際社会に開放すると唱えていることである。細野によれば、「明確なる主権と、統一性と、人民統治の権義に基礎づけられたる支那は……一種の幻影であり、外交上の幽霊であるに過ぎない」〔細野 一九二八、二三頁〕。中国人は「一定の国土にも執着せず、国土執着せざるが故に国境の観念が欠けてゐる」ので外国の侵略に対しても、「敢て取り合はない」〔同前、二五頁〕。大乗的な政策に基づく満蒙管理は、「満蒙の文明化であり、平和化であり、経済化である。満蒙をして世界全人類の楽園とし、支那の混乱と列国の政略的悪戯とより解放せられたる地上の理想郷たらしめんとするのである」〔同前二八一頁〕。しかし、訳者の王から見れば、このような日本側の主張は「滅絶吾族」――わが民族を絶滅させる企み以外の何ものでもなかった。この『日本併呑満蒙論』の出版は、いわゆる「田中上奏文」が中国各地に流布されるのと時期的に重なった〔服部 二〇一〇、四八―五九頁〕こともあり、中国の対日輿論や政策の形成に一定の影響を及ぼしたと推測される。

しかし、日本の満蒙領有の意図を感知しながら、満洲事変前後まで大陸で展開された日本の軍事行動に中国軍は「不抵抗主義」を貫いた。たとえば、一九二八年四月、奉天軍閥の打倒を目的に蔣介石率いる国民革命軍が北伐を再開すると、日本は第二次山東出兵を断行し、五月三日には山東交渉員公署で蔡公時交渉員ら一七名の中国職員が殺害された。両軍の緊張が高まるなか、蔣介石は五日に馮玉祥と協議し、「まず国内の統一を追求し、最大限の忍耐を重ね、日本側の挑発には断じて乗らない」との方針を固めた〔国史館 二〇〇三、二七八―二七九頁〕。一〇日の日記にも、蔣介石は北伐を成功させ、中国の統一と安定、国力の充実を最優先にしなければならない。国力が強化されるまで、対日政策においては屈辱を甘受しても不抵抗を貫くべきだと書いている〔楊 二〇一〇、一一一頁〕。統一した近代的な国家を目指す長期戦略は、蔣介石の対日方針を決定づけた。このような蔣介石の内外政策は満洲事変勃発後も大きく変化することはなかった。

日本の意図を読み取った蔣介石は、満洲事変を起こした関東軍との「決死の戦い」を避けた。日中両国の力関係に対する判断がこの決断につながったともいえるが、満蒙に限定された日本の明確な戦争の意図が、蔣介石に長期戦略を構想する余裕を与えた側面も否定できない。強い統一国家を建設し、国際社会からの支援を確保すれば、将来東三省を奪回することも夢ではないと判断した蔣介石は、満洲事変後も強力な中央政府と統一国家を目指す目標を変えなかった。満洲事変が一九三三年の塘沽《タンクー》停戦協定をもって一応収束したのは、日本の当面の戦争意図がはっきりしていたのと、蔣介石がその意図を把握していたことと深く関係していた。

このような理由により、蔣介石は満洲国の独立を認めることの弊害を十分に認識しながらも、武力で満洲の失地を回収する考えには否定的であった。彼は、満洲問題を含む日中間の諸懸案が「国家の独立と生存」にとって弊害にならない限り、合法的な外交手段によって解決すべきだという信念をもっていたのである〔楊 二〇〇八、三四四―三四五頁〕。

ところが、一九三七年七月七日の盧溝橋事件で始まった日中全面戦争をめぐる日中両国の対応は違っていた。日本側では、盧溝橋事件の直後、軍中央、政府首脳、外交官、出先軍人などは、対中政策の基本理念において、人によりはなはだしい懸隔があり、戦争の目的についても多様な見解が見られた。しかし、重要な作戦目的は、中国側の国内情勢や対日方針などを全く無視して構想されたため、事変の早期解決につながることはなかった。

事件勃発の翌日に発信された参謀本部から支那駐屯軍司令官あての指示は、「事件ノ拡大ヲ防止スル為《ため》更ニ進ンテ兵力ヲ行使スルコトヲ避クヘシ」という内容のものであったが、軍部内においては、「対支膺懲」論や、事件を契機に華北に日本の勢力の拡大・確立を目指す主張、大国的・道義的見地から高圧的な態度をとってはいけないとする意見、事態を拡大することは日本の針路に害を及ぼしかねないなどの見解が存在し、まさに百家争鳴の観を呈していた〔防衛庁防衛研究所戦史部 一九七五、一五三頁〕。最も具体的な作戦目的として、陸軍省の田中新一軍事課長が示した「この際徹底的に禍根を芟除《さんじょ》するため、梅津・何応欽協定を第二九軍に適用するか、または永定河を去る二〇支里の地区に支那軍を退ける」という意見が挙げられる。これはすなわち、満洲国に隣接して緩衝地帯を作るという主張である。これに対して柴山兼四郎軍務課長は「この際領土的もしくは満洲国の拡張というような意見は持つべきでない」という見地から、事態の拡大に反対した〔同前 一五七頁〕。

このように、軍部内に多様な事件解決策が存在するなか、参謀本部は八月八日に「北支事変処理要綱」を策定し、事変処理の「帰結」として、「北支問題ヲ解決シ、日支全般的問題ノ解決促進ニ資スル」と定め、一応の作戦の目的を示した〔稲葉ほか 一九八八、二五七―二五九頁〕。いわゆる「北支問題」の解決とは、南京政権の主権のもとに、「明朗地域」を創出することであり、「日支全般的問題」の解決とは、中国に「抗日政策」を放棄させ、日満中三国提携共栄を実現することと規定した。そして、この目的を達成するために、「相当大規模又ハ長期ニ亘ル兵力ノ行使ヲ覚悟」しなければならないと指摘している。

いわゆる「明朗地域」の基準とは何か。参謀本部の構想によれば、①中国軍が存在せず、保安隊が治安を維持すること、②抗日反満の策動が有効に封じ込まれていること、③華北の行政を統轄する機関が設置されること、である。以上の三条件を備えた地域が現出された後、③の華北の地方行政機関と「日満支防共、北支における経済提携、内蒙自治政府、航空連絡」などの諸懸案をめぐる交渉に入る。要するに、南京政府の華北に対する主権を認めるもの、「防共」や「経済提携」などの具体的な懸案をめぐる交渉は、地方政権を相手に行う計画である。このように「明朗地域」を設置し、華北に対する日本の影響力の大幅な拡大を目指すことが、事件勃発後の戦争目的であった。

参謀本部の構想に沿うような形で、風見章内閣書記官長も、「華北に非武装地帯を設け、従来の冀東政権や冀察政権を解消し、日中経済提携の空気を醸成する」〔原田 一九五一、四二頁〕という案をもっていた。

もっとも、「明朗地域」を目指す軍部の対中国政策は、一九三五年頃にすでに表面化していた。奉天特務機関長の土肥原賢二はこの年の一一月、非戦区督察専員で親日家の殷汝耕に、日本軍の傀儡組織として冀東防共自治委員会を設置させた。いわゆる華北自治工作である。これに対抗して、中国国民政府は宋哲元を冀察政務委員に任命し、日本に対抗した。しかし、まもなく国民政府は日本に妥協し、冀察政務委員会を設置した。ただ、冀東政権は国民政府が認めない傀儡政権であったのに対し、冀察政務委員会は日本との妥協を探る国民政府の一機関であった。

さて、華北に「明朗地域」を成立させるという日本の戦争目的は果たしてどれほどの成算があったのだろうか。これを確認するために、中国国民政府と蔣介石の動向を明らかにする必要がある。

確かに、事変勃発直後の段階において、蔣介石は日本の戦争目的を確認することができず、対日方針に戸惑った。蔣介石が、「彼〔日本〕は我方が準備を完成していない時に乗じて、われわれを屈服させようとしているのか」「宋哲元を困らせようとしているのか、はたまた華北を独立させようとしているのか」「応戦する決意は出来ているが、今はその時なのだろうか」（蔣介石日記）などの疑問を日記に記しているように、中国側は満洲事変当時のように日本の意図を読み取ることができなかった。しかし、七月一六日、蔣介石は各界の要人一五八人を盧山に集めて談話会を開催し、日本軍への抗戦を検討した。一九日になると、蔣介石は「盧溝橋事件に関する厳正なる表示」を発表し、盧溝橋事件は偶発の事件ではなく、日本の謀略によって引き起こされたものであると断定した。そして、この事件を解決できるかどうかは、中国の存亡にかかわる「最後の関頭」の境界と規定し、「最後の関頭」に至れば、いかなる犠牲を払っても、徹底的に抵抗すると表明した〔国史館　一九八七、一四五―一四八頁〕。さらに、中国側がどうしても譲歩できない条件として、①中国の主権と領土の保全、②冀察の行政組織の維持、③国民政府の地方官吏の不変、④国民政府軍駐屯地の自主決定という四項目を明らかにした。この四項目の原則は、日本側が構想していた戦争目的と根本的に相容れない内容であった。

蔣介石が目指した、主権と領土の保全、強力な中央政府の下での統一国家という目標は、一九二八年の北伐の勝利を経てますます現実味を帯びてきた。しかし、中国の貧弱な経済力と軍事力に対する判断から、蔣介石の対日政策は慎重であった。満洲を占領し、虎視眈々と華北への進出を狙う日本軍の強硬姿勢を前にしても、蔣介石は「安内攘《あんないじょう》外《がい》」の方針を掲げ、まず共産党に対する掃討作戦を進め、国内統一の実現を優先させた。しかし、中国に台頭してきた反日ナショナリズムは蔣介石の「安内攘外」策によって弱められることはなかった。一九三六年末の綏遠事件と西安事件を経て、中国では抗日民族統一戦線の形成に向けて大きな一歩を踏み出した。この中国の変化を感じ取った日本人の間に、いわゆる「対支再認識論」が台頭し、新しい日中関係のあり方が主張されるようになった。須磨弥吉郎南京総領事ら一部の外交官は、「支那は最近著しく日本の圧力を惧れざるに至」ったことや、「日本以外の外国特に英、米が支那に寄せつつある同情は相当大」きくなったことへの危機感を強めた〔島田・稲葉 一九六四、四一七頁〕。一方、この須磨の危機感と対照的に、盧溝橋事件前の三七年三月、林銑十郎内閣の外務大臣に就任した佐藤尚武は「蔣介石があおった抗日精神をもって統一した今日の支那は、はや昔日の支那ではない。その新たなる力は、日本としても明白にこれを理解しなければならぬ」と述べ、「支那と平等の立ち場において、平和の交渉によって国交を調節し、両国間利害の衝突を緩和」するように政府を促した〔佐藤 一九六三、三五八頁〕。佐藤外務大臣はわずか三カ月の外相在任中、軍部内の協調派の協力を得て、新しい「対支実行策」と「北支指導方策」の策定に成功した。この二つの対中国政策は、「北支の分治を図り若《も》しくは支那の内政を紊《みだ》す虞あるが如き政治工作」を否定し、「南京政権並に同政権の指導する支那統一運動に対して公正なる態度を以て之《これ》に臨む」ことを決定したものであった〔臼井 一九九八、一八五—二一一頁〕。しかし、このような中国再認識論は定着されることなく、盧溝橋事件が勃発すると、華北における特殊地域の拡大を目指す権益思想が支配的になり、中国の許容範囲を無視した戦争目的が設定されたのである。

参謀本部と政府内で構想した「停戦交渉の内容」と「日支国交全般的調整要綱」に基づいて事件を処理するため、在華日本紡績同業会の船津辰一郎総務理事が上海に派遣され、中華民国外交部亜洲司長の高宗武との直接交渉を試みた〔在華日本紡績同業会 一九五八、一九三頁〕。「船津工作」といわれるこの和平工作は、まず民間人による非公式のチャンネルを利用して政府間交渉の環境整備を行う外交交渉の事例である。このような手法をとったのは、この時点においてすでに日本軍が北京と天津などの重要都市を占領して優勢に立ち、日本国内に高まる権益意識を反映して、まず中国側から正式に申し出るという形が望ましかったからである。

しかし、北京、天津陥落後の蔣介石の対日方針は大きく変化していた。時期的には日本政府が計画していた船津工作と重なるが、このときの蔣介石の心情は、「北京天津が陥落し、人民は塗炭の苦しみを舐めている。事態ここに至れば、戦を欲せずとも戦わざるを得ない。戦を回避したら、国内は必ず分裂と崩壊の禍に見舞われる。国内の分裂と崩壊を選ぶよりも、日本への抗戦を選ぶべし」〔楊 二〇〇八、二二五頁〕というものであった。蔣介石はついに対日全面抗戦の決意を固めたのである。

ところで、船津工作が失敗に終わったのは、第二次上海事変の勃発が直接の理由と考えられる。しかし、仮に第二次上海事変の勃発がもう少し遅かったら、あるいはそもそも事変そのものが起こらなかったら、船津工作によって戦争の拡大を防ぐことができただろうか。華北における特殊地域の拡大という日本の作戦目的と、徹底抗戦の意志を固めた蔣介石の対日方針から推測すれば、戦争拡大の勢いはもはや止められるものではなかった。

また、日本側の状況からみても、船津工作が成功する確率は極めて低かったといわなければならない。というのも、この時点で政府と参謀本部との間で一定の合意が達成されたが、軍系統と外務系統を問わず、日本国内の関係部門と中国大陸の出先機関との間の意思疎通は十分に図られてはおらず、戦争の処理や対中国政策をめぐって認識のずれも大きかった。

船津工作は本格的に展開されることがなかったため、参謀本部と政府の構想は現地軍からの追及を免れた。その結果、一九三七年一〇月一日参謀本部と外務省の原案を基礎に、総理、外務、陸軍、海軍大臣の間で「支那事変対処要綱」が決定された〔戸部 一九九一、五八—五九頁〕。要綱は「支那ヲシテ抗日政策及容共政策ヲ解消セシメ、真ニ明澄且ツ恒久的ナル国交ヲ、日支間ニ樹立シ、以テ、日満支ノ融合共栄ノ実現ヲ期スル」という表現で事変処理の目的を再確認した。そして、この目的を実現するための軍事行動は「支那ヲシテ速《すみやか》ニ戦意ヲ抛棄セシムル」ことを目標とし、外交措置は「支那ノ反省ヲ促シ、我方ノ所期スル境地ニ、支那ヲ誘致スル」〔外務省 一九五五、三七〇—三七一頁〕ことを目指した。

二　戦争目的の変更と和平交渉の二路線

日本が期待する「境地」に中国を誘致する手段として、日本は第三国の仲介を歓迎せず、日中両国の直接交渉の可能性を探った。一方中国は、フランス大使顧維鈞、スイス公使胡世沢を通じて国際連盟事務局に声明文を提出し、日本の行動は国際連盟規約の原則、不戦条約及び九カ国条約（一九二二年二月調印）に違反するものと訴え、欧米諸国の介入を歓迎した。一九三七年八月頃から中国は九カ国条約会議による対日非難と制裁に期待を寄せた。蒋介石や徐謨外交部次長は、会議で欧米諸国からの道義的支援が得られなくても、徹底抗戦の方針を貫くことによって、いずれは国際社会からの理解と支持は得られると予想した［史説　一九八七、九八頁／顧　一九八五、五七二頁］。

ところで、イギリスによって提案された九カ国条約会議に対し、日本政府は中国における日本の行動は自衛的な措置であり、九カ国条約とは無関係と主張した。また、「連盟は帝国の名誉に関する断定を下し居るを以て其の主催にか丶る会議に於て公正妥当なる解決は望み難し」と表明して出席を拒否した［赤松　一九三八、四九〇頁］。一方、日独防共協定下のドイツが九カ国条約会議への不参加を表明すると、日本の参謀本部はドイツの駐在武官などの人脈を生かして、駐華ドイツ大使トラウトマンを介した和平工作に乗り出した。

中国国民政府は今までドイツと良好な関係を維持してきた。一九三六年四月に締結された借款協定、いわゆる「ハプロ条約」に基づいて、ドイツは中国の軍需産業に必要な資金援助を行い、国民政府に武器を供給し続けた。盧溝橋事件直前の一九三七年六月、国民政府行政院副院長孔祥熙が訪独した機会に、両国は中国軍政部とドイツ国営ハプロ社間で武器輸出入関係の業務を担当すること、ドイツが随時、将校や軍事と技術の専門家を中国に派遣すること、そして、中国の将校、士官がドイツの国防軍に入隊して教育を受けることなどについて合意した〔秦　一九八一、七〇五―七〇七頁〕。ドイツの外務省内に、中国における日本の軍事行動は中国の統一を妨害し、中国に共産主義を拡大させ、中国民族をロシア側に追い込むことになりかねないという危惧から、日本の対中国戦争を日独防共協定に違反する行為とみなす意見さえ存在していた（『極東国際軍事裁判速記録』第七三号）。日中両国との複雑な政治、軍事、経済関係もあり、ドイツは日中戦争の拡大を望んでいなかった。

ドイツの仲介を受けて、一〇月二五日、国民政府国防会議が「停戦問題」に関する秘密会議を開催し、和平条件次第で講和に応じる方針を決めた〔黄・張　一九八四、一〇〇―一〇一頁〕。しかし、日本側の和平条件には、内モンゴルに自治政府を設立すること、華北に満洲国境に沿って北京・天津の南の一点に至るまでの地域に非武装地帯を設立すること、上海に現在より規模の大きい非武装地帯を設置すること、反日政策の中止、共同防共、日本製品に対する関税の引き下げ、外国人の諸権利の尊重などが含まれた。これらの条件は、事件勃発後日本が設定した戦争目的を反映した内容だが、事件前の状態への回復を主張する蔣介石にとって受け入れられないものであった〔劉　一九九五、一三三―一三五頁〕。

その後、ブリュッセルで開催された九カ国条約会議を挟んで、日中両国はドイツの仲介で、和平条件をめぐって激しい駆け引きを演じた。中国側から「北支ノ主権領土及行政ノ完整ヲ確保シ得レハ経済開発、及資源ノ供給ニ関シ相当ノ譲歩ヲナス」（外務省記録「支那事変・善後措置」）ことも提案された。しかし、戦局が進展し、日本の占拠地域が拡大するなかで、停戦条件は一段と加重され、国民政府に受諾される可能性はますます薄くなっていった。南京陥落後の一九三八年一月一六日、日本政府はドイツによる仲介の中止を宣言した。同じ日、日本政府は、「国民政府ハ帝国ノ真意ヲ解セス漫《みだ》リニ抗戦ヲ策シ、内民人塗炭ノ苦《くるし》ミヲ察セス、外東亜全局ノ和平ヲ顧ミル所ナシ」ということを理由に、「爾後国民政府ヲ対手《あいて》トセス、帝国ト真ニ提携スルニ足ル新興支那政権ノ成立発展ヲ期待シ、是《これ》ト両国国交ヲ調整シテ更生新支那ノ建設ニ協力セントス」という趣旨の声明を発表した〔外務省 一九五五、三八六頁〕。日中戦争もこの声明によって新しい段階に突入した。この声明は日本の戦争目的の変更と外交政策の迷走を象徴するものであった。事件以来日本は華北に対する蔣介石国民政府の主権を認めつつ、この地域における特殊権益の拡大を戦争の目的に掲げてきた。ところが、声明により蔣介石政府が否定されたことで、従来の戦争目的の前提が崩れ、日本は蔣介石政権を崩壊に追い込むことを戦争の目的に変更せざるを得なかった。

もっとも戦争目的の変更は三七年一二月上旬から模索されたことであった。参謀本部第二課は六日、「中央政府ト講和スル場合ノ要綱」とともに、「之ヲ否認スル場合ノ要綱」も策定していた。要綱は、「従来の支那中央政権を否認し北支に親日満防共の政権を樹立し之を更生新支那の中心勢力たらしむる如く指導し之と連係して各方面共親日（又は非抗日）反共政権を樹立」〔堀場 一九六二、一一五頁〕することを謳いあげた。参謀本部の要綱に沿うような形で、一二月二四日、閣議で「支那事変対処要綱」、翌三八年一月一一日の御前会議で「支那事変処理根本方針」が決定された。根本方針は「支那現中央政府ニ対シテハ、帝国ハ之カ潰滅ヲ図リ、又ハ新興中央政権ノ傘下ニ収容セラルル如ク施策ス」〔外務省 一九五五、三八五頁〕という新しい戦争目的を掲げた。これを実現する具体策として、現地軍の指導の下、一九三七年一二月、北平に中華民国臨時政府が、三八年三月、南京に中華民国維新政府が設立された。三月二四日、日本政府は「中華民国臨時政府ヲ中央政府トシテ成ルヘク速カニ之ヲ合併統一セシム」方針を閣議了承した〔防衛庁防衛研究所戦史部 一九七五、四九八頁〕。

ところが、新しい戦争目的が打ち出された後も、重慶に移った蔣介石国民政府の抗戦の勢いは衰えを見せず、事変解決の道筋は全く見当たらない。政界では、蔣介石政権の統制能力と抗戦能力に対する再評価、「対手とせず」声明に対する再検討の気運が生まれた一方で、国民政府内部から第一流の人物と「中堅勢力」を引き出し、それを中心に新政権を樹立する構想も台頭した。

一九三八年七月八日に決定された「支那現中央政府にして屈服せざる場合の対策」では、「親日諸政権を拡大強化すると共に、成るべく速に是等政権を集大成して一政権に統合せしめ、真に支那中央政府たるの実を挙げしめ、以て内外をして現実に支那現中央政府に代る新政権として認めざるを得ざるにいたらしむ」〔堀場　一九六二、一七四頁〕という方針を立てた。続いて七月一二日に成案を得た「時局に伴う対支謀略」は「支那一流人物を起用して、支那現中央政府並支那民衆の抗戦意識を弱化せしむると共に、鞏固なる新興政権成立の気運を醸成す」「反蔣系実力派を利用操縦して、敵中に反蔣、反共、反戦政府を樹立せしむ」などの方針を明確にし、反蔣介石の一流人物の引き出しを「謀略」の中心的課題とした〔同前、一七五―一七六頁〕。また、七月一五日の「支那新中央政府樹立指導方策」は、「成るべく速に先づ臨時及維新両政府協力して連合委員会を樹立し、次《つい》で蒙疆連合委員会を之に連合せしむ。爾後、右諸政権は逐次諸勢力を吸収又は此等と協力して、真の中央政府を聚大成せしむ」という新政権の樹立要綱を明らかにした。新政権と日本との関係について、七月二二日に決定された「支那政権内面指導大綱」は、「諸政権ノ首脳者以下官吏ハ支那人トスルモ、枢要ノ位置ニハ所要ニ応シ、少数ノ日本人顧問ヲ配置シ、或ハ日本人官吏ヲ招聘セシメ、以テ内面指導ヲ容易ナラシム」と規定し、政権に対する日本の指導的立場を強調した〔外務省　一九五五、三九〇―三九一頁〕。

一連の方針は、「中国の近代的統一の潮流を阻止し、無視しようとするものであり、北洋軍閥割拠時代の中国観で、幣制改革成功後著しく統一を強化した国民政府を律しようとする時代錯誤の方針」〔臼井　一九八七、一五四―一五五頁〕と評されるべきものであった。要するに、三八年に入ってからの和平工作の一つの形は、国民政府内の一流人物を中核に据え、臨時、維新、蒙疆などの地方政権を包容した中央政権構想であった。

蔣介石とともに国民政府を担ってきた汪兆銘を重慶から脱出させ、一九四〇年三月、南京に「新中央政府」を樹立させた「汪兆銘工作」はこのような新中央政権構想の一つの結果であった。政権樹立までの過程についてはすでに多くの研究があるので(1)、紙幅の関係でここでは割愛するが、ただ一点、「汪兆銘工作」は蔣介石国民政府を崩壊に導くという、戦争目的を実現するための重要な手段であったということだけは改めて指摘しておきたい。また、このような「和平工作」は事実上中国における占領地支配の拡大と継続を意味するものであったため、主権、領土及び行政の保全で譲歩しない蔣介石国民政府との和平に結びつくことはなかった。

以上の新中央政権構想と並行するもう一つの流れは、あくまでも蔣介石政府を相手とする「和平工作」である。太平洋戦争の終戦まで続けられたこの流れの象徴的な存在は宇垣一成であった。宇垣は三八年五月に成立した近衛改造内閣の外相として入閣した。入閣にあたって宇垣は、「対手とせず」声明にこだわらないことを条件にした。宇垣は入閣早々「近年に於ける支那の政治活動の原流に民族国家の強化と云ふ強き流がある」「此の流に乗出し之を指導し来りしものが蔣介石である。従《したがっ》て今後蔣介石を打倒したりするも此の流は依然と存続すべきものである」［宇垣 一九七〇、一二四三頁］と述べ、蔣介石政権を崩壊させても中国問題は解決できないという認識を示した。しかも連戦連敗を続けながらも、蔣介石は「今日尚《なお》其地位を保ち而《し》かも偉人として英雄としての声望を日々に増しつつある」［同前、一二五一頁］という現象に、日本は現実的な対応を行うべきだと宇垣は主張する。興亜院の設置問題に対し、宇垣は占領地の拡大に反対する立場から、「世界環視の下において、今日特殊な機関を作つて支那を植民地扱ひするやうな事は、全く馬鹿げた話で、列強の思惑もあり、支那の感情を悪くするばかり」だと激しく非難した［同前、一二六四頁］。

このような認識をもっていた宇垣は、三八年の年頭から日本が掲げた戦争目的を修正すべく、蔣介石国民政府を相手とする和平工作の重要性を唱え続けた。宇垣の外相在任中、主に香港を舞台に複数の蔣介石政府を相手とする和平交渉が進められた。三八年八月頃から始まった参謀本部の和知鷹二大佐と第一戦区長官部参議蕭振瀛（天津市長などを歴任）との交渉がその一つであった。和知から停戦協定を結び、盧溝橋事件前の状態に回復すること、中国の主権、領土及び行政の保全、経済協力の実現などを含む講和条件が提案されたが、蔣介石は「倭寇の軍閥が無くならなければ、和平はありえない」と日記に記し、この交渉に期待をもたなかった。交渉の状況について随時報告を受けた蔣介石は、盧溝橋事件前の状況への回復がなければ、いかなる協定も締結しないという原則を崩さなかった。日本は和平の可能性を探る一方で、一〇月二一日、広東を占領し、二七日には武漢を占領した。持久戦の決意を固めた蔣介石は「抗戦もここに至れば、従来の立場を放棄するとか、国策の基本を変更するとかは、全く無意味だ」と主張し、日本との和平交渉を打ち切った［楊 二〇〇八、二六六頁］。

蕭振瀛工作以外に、五相会議は孔祥熙に対する工作も決定し、宇垣外相がこれを推進した。しかし、宇垣は国民政府を「対手」としながらも、蔣介石個人の下野を繰り返し中国側に要求した。この要求は中国側に受け入れられることなく、宇垣が興亜院の設置に反対して外相を辞任した。

一九三九年三月頃、平沼騏一郎首相や有田八郎外相などの許可を得て、かつて中国革命を支援した萱野長知や、鉄道大臣だった小川平吉が香港で蔣介石側の代表との接触を試みた。蔣介石夫人宋美齢や、戴笠らも香港に赴き、この交渉を見守ったが、第二次世界大戦の勃発により、蔣介石は中国必勝の自信を強め、日本と講和する熱意をほとんどもたなかった。

第二次近衛内閣の外相に就任した松岡洋右も重慶政府との和平の可能性を探った。この和平工作は浙江財閥の重鎮で、交通銀行総経理の銭永銘を経由して行われたものであった。汪兆銘政権が一九四〇年三月三〇日に成立したことを受けて、日中戦争の解決がますます遠退いたと判断した近衛内閣は、重慶政権との和平交渉の開始を決定した。銭永銘工作といわれたこの和平工作は、汪兆銘政権と日本との間の「日華基本条約」（一九四〇年一一月三〇日成立）が締結される直前に行われたもので、蔣介石政府による妨害工作との見方もある（『周仏海日記』二六九頁、一九四〇年一一月二三日の条）。また、同じ時期に、今井武夫ら軍人が「宋子良」と称する蔣介石側の代表との交渉を進めた。「桐工作」(2)といわれたこの交渉も他と同様、日中両国に停戦と和平をもたらすことはできなかった。

三　和平工作交渉が生み出した傀儡政権

日中戦争勃発から二年半が経過した一九四〇年二月二日、民政党の斎藤隆夫代議士が第七五議会で「支那事変処理に関する質問演説」〔斎藤　一九八七、二六八―三〇三頁〕を行ったことは、よく知られている。汪兆銘政権の成立を二カ月後に控え、日本が日中戦争をどのように収拾しようとしているのかという強い不安が滲み出る演説であった。

斎藤は演説で「一体此の新政権はどれだけの力を持つて現はれるのであるか」という核心を突いた。斎藤は広大な中国領土を支配するのに必要な新政権の軍事力の実態と、日本の対中国政策のあり方という二つの側面からこの問題を分析した。まず、汪政権の軍事力についてであるが、斎藤の理解では、「苟《いやしく》も国際間に於て、又国際法上に於て、政府として立ちまする以上は、内に向つては国内を統治する所の実力を備へ、外に向つては国際義務を履行する所の能力を有する、此の内外両方面の条件を兼備するものにあらざれば、政府として立つことも出来ねば、政府として之を承認することも出来ない筈であります、其の実力とは何であるか、即ち兵力であります」。しかし、「我軍の占領地域であり、同時に新政権の統轄地域である所に於てすら、匪賊は横行する、敗残兵は出没する、国内の治安すら完全に維持することが出来ない」という現実が物語るように、汪兆銘政権には政権運営と統治に必要な十分な軍事力を持っていない。治安の問題だけではない。「其の面積に於きましても日本全土の十五倍に上つて居る、五億に近い人口を有して居る、我国の占領地域が日本全土の二倍半であると致しますならば、まだ十二倍半の領土が支那に残されて居る」という現実もある。そのため、斎藤は「此の広大なる所の領土に加ふるに、之を相当する人口を以てして、之を統轄する所の力のあるものでなければ、支那の将来を担つて立つことは出来ない、近く現はれんとする所の新政府は是だけの力があるのであるか、私共如何に贔屓目で見ましても、此の新政府に是だけの力があるとはどうも思へない」という結論に到達せざるを得なかった。

次に、日本の対中国政策であるが、日本は重慶政府に対し、「蔣政権を撃滅するにあらざれば断じて戈《ほこ》は戢《おさ》めない、蔣介石の政府を対手としては一切の和平工作はやらない」という断固たる方針を堅持しているため、「一方に於ては蔣介石討伐、他の一方に於ては新政権の援助」を実施しなければならない。しかし、斎藤は日本の総合的な国力では、この「二つの重荷」を担う力がないと認識した。しかも、情報によれば、汪兆銘グループは水面下で重慶政府との接触を試みている。この点について斎藤が矛盾を感じたのは、日本政府が蔣介石政府を相手としないことを国是にしているけれど、日本が全力で支える汪兆銘政権が蔣介石政府を相手にしているという点である。斎藤演説の趣旨は、汪兆銘政権を作りこれを全力で支えていくよりも、一九三八年一月以来の「対手とせず」政府声明を撤回し、より現実的な戦争解決策に転換するよう、政府に迫ることであった。

前述のように、汪兆銘政権成立後も、日本政府と軍が「銭永銘工作」や「桐工作」を進めたのは、無力な汪兆銘政権を承認することによって重慶の蔣介石国民政府との和平の道が閉ざされてしまうという不安があったからである。

だからこそ、日本政府は汪兆銘政権成立後、同政権の体質を強化させることを喫緊の課題とした。一九四一年四月外務省が起案した「支那事変処理案」(外務省記録「支那事変関係一件」第二巻)の第一項は、「占領地域内ノ政治経済ニ付、南京政府及華北政務委員会等ノ自主的活動ノ範囲ヲ広ク認メ、其ノ治下ノ民心把握ニ専念セシメ、且《かつ》進ンデ我方ニ協力セシムル如ク施策ス」と述べ、新政権の自主的活動と民心の把握を最重要課題とした。第六項では、「占領軍ハ占領地ニ於ケル政治ニ対シ、出来ル限リ関与セサルコトトシ、逐次在支帝国機関ニ其ノ事務ヲ移行ス。軍ト此等機関トハ密接ナル連絡ヲ保持シ、施策ノ統制ヲ期ス」と定めた。軍が直接的に占領地政治にかかわるのではなく、「在支帝国機関」を通して間接的にコントロールするという発想は、占領地統治における軍事的色彩を減らし、新政権による政治的支配の強化につながる。ちなみに、この文書では南京政府と華北政務委員会を並列させていることが注目される。すなわち、形式的に華北政務委員会を南京政府の一機関と認めながら、華北政権を特殊の地方政権として「中央政府」から分離させる意図が込められている。これは南京政府の統治範囲を南京、上海を中心とした長江の下流地域に限定させ、年来の中国に対する分治の目標を目指す案である。外務省は、盧溝橋事件当初に設定した戦争の目的を念頭に置いていたのかも知れない。

ところが、汪兆銘政権内の中国人は、日本の政治家や官僚と違うところで危機感を抱いていた。彼らにとって、政権を強化することもさることながら、政権の正統性を確立し、日本占領下の「傀儡政権」のイメージを払拭することが最重要課題であった。

汪兆銘政権は従来の国民政府の政治体制を踏襲した。孫文の三民主義を指導原理とし、国民党による「以党治国、以党訓政」の原則のもと、五院制の政治制度と、中央政治委員会を中核とする指導体制を継承し、国旗、年号なども変更しなかった。法体制も国民政府時代のものをほとんど変更することなく継承した。新政権の外交方針について、「国民政府政綱」は「国民政府の主権と行政の保全を平和外交で追求すること」を掲げた。また、友邦との関係調整、共同防共、友好国との技術協力を強化し、貿易を振興する［余子道ほか 二〇〇六、(上)四八四頁］と表明し、国際社会におけるイメージの向上に努めた。

汪兆銘政権の軍事は軍令と軍政の分離の体制を採用した。軍令権は軍事の最高権力機構である軍事委員会が掌握し、軍政権は行政院がもつことになった。汪兆銘は中央政治委員会主席の立場で軍事委員会委員長も兼任した。軍事委員会の下に軍事参議院、参謀本部、軍事訓練部、政治訓練部などの機構が設置され、地方の軍事組織として綏靖主任公署と綏靖総司令部も設けられた。一九四一年九月、中央陸軍軍官学校が開校され、汪兆銘自らが校長に就任した。

占領地における通貨制度を整備するため、汪兆銘政権は中央銀行の設立にも着手した。軍票を維持したい日本側との難しい交渉を経て、一九四一年一月六日、新しい中央銀行・中央儲《ちょ》備《び》銀行が設立された。日本側と交渉を重ねた周仏海が「第一回準備会議を行ったとき、本行は必ず成功すると同志に告げたが、当時の状況を見て、内心実に不安だった」(『周仏海日記』一九四一年一月六日の条)と告白したように、銀行の設立は内外に汪兆銘政権の自主性を表明する大事業であった。中央儲備銀行が発行した中儲券は従来の法幣を抑え、流通範囲も上海から長江下流地域の日本占領地に拡大し、民営銀行に対する統制力を強めていった。太平洋戦争勃発後、中央儲備銀行は上海租界にあった中国銀行、交通銀行と合流し、統制能力をさらに強化した。

日本の占領地支配から独立している、という汪政権のイメージを作ることが汪兆銘政権の正統性につながる。一九四一年三月三〇日、政権樹立を記念するラジオ演説で、汪兆銘は、中小学校の教科書は教育部が独自で編纂することができ、反日排日の資料を自主的に善隣友好の資料に変更した以外は、国家と民族の意識を主張する資料は自由に採用できたことを強調し、新政権における教育の独立自主を力説した(『中華日報』一九四一年四月二日)。

このように、汪兆銘政権の人々は政治、軍事、経済、文化教育などの各分野にわたって、自主独立の精神と実績を内外にアピールし続けた。しかし、占領地政権という性格を変えることができず、終戦後、同政権の関係者が漢奸として訴追され、処刑や投獄された。彼らは混乱を極めた日本の中国政策と機能不全に陥った諸制度が生み出した悲劇といえるのかもしれない。

もう一つ注目しなければならない人間集団がある。汪政権の教育制度の下で高等教育を受けた人々、あるいは日中間を越境して移動した留学生たちのことである。この集団が傀儡政権に与えた影響についての研究は、あまり進んでいない。

汪兆銘政権成立後、戦火で閉校に追い込まれた一部の大学は再開した。同政権は国立中央大学、国立上海大学、国立浙江大学、省立広東大学などを運営し、高等教育を展開し、留学生も派遣した。しかし、教育部の規則に基づき、海外への留学は日本のみに限定された。同政権による留学生の派遣は一九四〇年に始まり、大半は華北地域からの留学生であり、四〇年の派遣数は、官費八三人、自費三三七人であった〔余子道ほか 二〇〇六、(下)一〇二〇―一〇二一頁〕。[3] 政権成立前からの留学生を合わせると、一九四一年の留学生総数は一四六六名であった(文部省編『学制八十年史』一九五四年)。一方、四〇年、華中地域では三八人が選抜され、そのうち教育部の資金援助を受けた者は一〇名、日本外務省の支援を受けた者は二八名であった。一九四五年の終戦時、汪兆銘政権より派遣された官費留学生四〇名が日本の大学で学んでいた。汪政権下の大学教育と留学は、日中関係史研究の重要な課題であるが、別稿に譲りたい。

おわりに

日本の一般的な歴史解釈によれば、満洲事変が明確な目的をもって始まった戦争であったのに対し、盧溝橋事件は不明瞭な目的の下で突然始まった戦争であった。強硬な一撃論や早期解決論など、さまざまな意見が出される中で、日本政府はとりあえず、塘沽停戦協定で画定された非武装地帯の拡大を要求して和平交渉を試みた。しかし、北京郊外での戦闘は、蔣介石の率いる国民政府にとって満洲事変とは性質の違うものであった。蔣介石は盧溝橋事件以前の状況への回復を最低条件として対日戦争の準備を進めた。日本の政治家、官僚及び軍人たちは北伐以降、近代的統一国家を目指す中国ナショナリズムに気づかなかったわけではない。長年の対中優越感と戦勝ムードに酔い痴れ、それへの対応を真剣に講ずることはなかった。蔣介石の戦略を読み取ることができなかった日本は、国民政府を抹殺する方向へ舵を切った。その直後、この過ちに気づいた者がすぐに軌道修正を図り、蔣介石政府との外交交渉を再開するが、同政府を崩壊に導く謀略工作はもはや止めることができず、ついに汪兆銘政権の樹立まで事態が展開した。それ以降、二つの対中政策論がせめぎ合い、太平洋戦争の終戦まで日本の対中国政策は混乱を極め、何のための対中国戦争なのか、戦争の目的はますます不明瞭になっていった。これに対し、蔣介石は、盧溝橋事件前の状況への回復という抗戦の目的を見失うことなく、日本との和平交渉を裏でコントロールし続けた。日中戦争期の複雑な和平工作を理解するためには、まず戦争の目的をめぐる両国の認識の違いを確認しなければならない。

ところで、蔣介石国民政府の崩壊を期して、汪兆銘政権が樹立されたが、汪政権内の中国人は日本と協力しながらも、「傀儡政権」や「漢奸」に成り下がらないよう自主性を保とうとした。「和平工作」が多数の悲劇的な人生を作り出したことが、日中戦争のもう一つの側面であった。

（1）　例えば日本では、戸部良一『ピースフィーラー』（論創社、一九九一年）、劉傑『日中戦争下の外交』（吉川弘文館、一九九五年）、同「汪兆銘政権論」（『岩波講座　アジア・太平洋戦争7　支配と暴力』（岩波書店、二〇〇六年）などがあり、中国では蔡徳金『汪精衛評伝』（四川人民出版社、一九八八年）、同『歴史の怪胎——汪精衛国民政府』（広西師範大学出版社、一九九三年）、余子道・曹振威・石源華・張雲『汪偽政権全史』上・下（上海人民出版社、二〇〇六年）があり、アメリカではJohn Hunter Boyleの *China and Japan at War The Politics of Collaboration*, Stanford, California, Stanford University Press, 1972などがある。

（2）　「桐工作」について詳しく言及したものに、今井武夫『支那事変の回想』（みすず書房、一九六四年）、戸部良一「「桐工作」をめぐって」（『政治経済史学』五〇〇号、二〇〇八年）などがある。

（3）　華北の留日学生についての研究として、川島真「日本占領期華北における留日学生をめぐる動向」（『中国研究月報』第六一巻第八号、二〇〇七年）参照。また、占領地での学校教育については、柴田哲雄『協力・抵抗・沈黙』（成文堂、二〇〇九年）を参照。

【文献一覧】

赤松祐之　一九三八　『昭和十二年の国際情勢』日本国際学会
今井武夫　一九六四　『支那事変の回想』みすず書房
宇垣一成　一九七〇　『宇垣一成日記2』みすず書房

臼井勝美　一九六三「日中戦争の政治的展開」日本国際政治学会太平洋戦争原因研究部編『太平洋戦争への道4　日中戦争（下）』朝日新聞社
臼井勝美　一九九八『日中外交史研究――昭和前期』吉川弘文館
外務省　一九五五『日本外交年表竝主要文書』日本国際連合協会
外務省記録「支那事変・善後措置」
加藤陽子　二〇〇七『満州事変から日中戦争へ』岩波書店
加藤陽子　二〇〇九『それでも日本人は「戦争」を選んだ』朝日出版社
極東国際軍事裁判所　一九六八『極東国際軍事裁判速記録第七三号』雄松堂
在華日本紡績同業会　一九五八『船津辰一郎』東邦研究会（非売品）
斎藤隆夫　一九八七『回顧七十年』中公文庫
蔡徳金編　一九九二『周仏海日記』村田忠禧・劉傑ほか訳　みすず書房
佐藤尚武　一九六三『回顧八十年』時事通信社
島田俊彦・稲葉正夫　一九六四『現代史資料8　日中戦争（一）』みすず書房
等松春夫　二〇〇八「日中戦争の多角的再検討」軍事史学会『日中戦争再論』錦正社
戸部良一　一九九一『ピースフィーラー　支那事変和平工作の群像』論創社
西原正　一九八三「日本外交と非正式接触者」日本国際政治学会編『国際政治』第75号「日本外交の非正式チャンネル」
日本国際政治学会太平洋戦争原因研究部編　一九六三『太平洋戦争への道（別巻）資料編』朝日新聞社
服部龍二　二〇一〇『日中歴史認識――「田中上奏文」をめぐる相剋　1927–2010』東京大学出版会
原田熊雄　一九五一『西園寺公と政局』第六巻、岩波書店
防衛庁防衛研修所戦史室編　一九七五『支那事変陸軍作戦〈1〉昭和十三年一月まで』朝雲新聞社
細野繁勝　一九二八『満蒙管理論――支那の本質と列国の対支政策検討』東京巧芸社（翻訳本＝王慕寧訳　一九二九『日本併呑満蒙論』太平洋書店・上海）
堀場一雄　一九六二『支那事変戦争指導史』時事通信社
劉傑　一九九五『日中戦争下の外交』吉川弘文館

劉傑　二〇〇六　「「反日」・「反中」循環の中の日中外交」劉傑・三谷博・楊大慶『国境を越える歴史認識』東京大学出版会
汪兆銘　一九四一　「国民政府還都一年」中華日報
顧維鈞　一九八五　『顧維鈞回顧録2』中華書局・北京
黄美真・張雲　一九八四　『汪精衛集団投敵』上海人民出版社
国史館　一九八七　『中華民国史事紀要　中華民国二六年七至一二月』国史館・台北
国史館　二〇〇三　『蔣中正総統檔案　事略稿本③』国史館・台北
史説　一九八七　『八一三松滬抗戦』中国文史出版社・北京
秦孝儀　一九八一　『中華民国重要史料初編　対日抗戦時期　第三編　戦時外交(二)』中国国民党中央委員会党史委員会・台北
張之宇・張之丙『張学良口述録』コロンビア大学所蔵
ディルクセン、ヘルバート・フォン　一九五三　『モスクワ・東京・ロンドン』法眼晋作・中川進訳、読売新聞社
楊天石　二〇〇八　『找尋真実的蔣介石　蔣介石日記解読』三聯書店・香港
楊天石　二〇一〇　『找尋真実的蔣介石　蔣介石日記解読(二)』三聯書店・香港
余子道・曹振威・石源華・張雲　二〇〇六　『汪偽政権全史』上・下、上海人民出版社

個別史／地域史Ⅱ

「民族協和」と「自治」——「在満朝鮮人」問題を中心に

田中隆一

はじめに

朝鮮といふ麗しく而《しか》も複雑な地域に生を享け、我も亦《また》過去及《および》現在に於ける先輩と同様に、その思ひ辿れる道を小さき殻の中ではあるが一通りは思ひ悩んで来た。朝鮮人は如何に生くべきかといふ宿命的な問題を解決するために、この運命を打開すべき新世界観を樹立し、後代尚ほ絶えざる同胞をして再びかかる問題に苦しむことなからしめ、而してその進むべき旗織を鮮掲して以て喜びに溢れたる創造の道を進ませ度いといふのが、自分等学徒に対して課せられたる最大の民族への報恩と考へるのである。……我、既に満洲国の大学に学んで四ケ年、その間古き残影に追はれ又新らしき新生の息吹きを感ずること強く、その間に身を処して絶えず心中は二つの相剋に悩まされてきた。……民族自決は隠者の世界でしかあり得ない。民族自決は過去の世界である。それを叫ぶ者は古き感情の絆に束縛されている者である。交通の発達、経済の進歩は衆知の如く各民族を絶対的に相互依存の関係に置いた。……経済的対立は尚ほ深刻であるとしても、人間相互の理解は経済的対立条件さへ克服し得るならば、各民族を結びつけ得る基盤を造つた。民族闘争、対立の運動観は最早や既に妥当しないのである（金方漢・在満洲「或る鮮系大学生の手記」『東亜連盟』一九四三年三月号）。

第一次世界大戦は植民地より人的・物的資源を動員する必要に迫られた総力戦であり、その結果、米国大統領ウィルソンが唱えたように民族自決主義という思想を拡散させることになった［江口編 一九八七］。しかし周知のように、民族自決主義にもとづいて欧米各国が外交政策を遂行したことはなく、またこの原則がアジア・アフリカ地域に適用されたこともなかった［唐渡 二〇〇三］。ヨーロッパに作られた新興国家でさえ、敗戦国と社会主義国に対する牽制という国際政治の力学関係が強く作用していた。もとより、オットー・バウアーはオーストリアにおける「民族的文化的自治」を唱え、またポーランドのローザ・ルクセンブルグは民族的解放が資本主義的搾取から労働者を解放しないこと、また民族自決には経済的根拠がないという理由で、一つの民族が一つの国家を持つという近代国民国家に対する原理的批判を提起していた［丸山 二〇〇三／李 二〇〇九］。E・H・カーが指摘したように、第一次世界大戦以後、ナショナリズムはむしろ衰退する一方で、一九二〇年代の国際協調主義や、フランス外相ブリアンの「ヨーロッパ合衆国」構想、三〇年代の広域経済圏論など、国家連合が世界の大勢と認識されていた［カー 二〇〇六］。

そのことは、抗日武装闘争が強調されがちな日本植民地統治下の朝鮮人の政治運動についてもある程度該当する。三・一運動後、武力による独立運動の限界が認識される一方で、当面する政治課題を解決するべく、自治運動が朝鮮半島で展開されたが、朝鮮人が多数暮らしていた中国東北地方（満洲）でも多様な自治運動がみられた。

本稿の目的は「在満朝鮮人」をめぐる「自治」問題を通時的に展望しつつ、あわせて「満洲国」（以下、「 」を略す）において「民族協和」という政治理念が提唱された歴史的意味を再照明することにある。(1) ここで「自治」とはさしあたり「つねにより上位の全体への編入とその枠内での自己決定を前提」［レンナー 二〇〇七］とする概念と規定しておく。周知のように、朝鮮人の満洲移住は一九世紀後半以後、本格的に開始された。そして一九四五年当時、二三〇万名程度の朝鮮人が間島（現在の吉林省延辺地区）を中心に居住していた。この地域で展開された朝鮮人の政治運動は多様であり、民族主義的な独立運動があれば、共産主義運動もあり、また対日協力的な運動もあった。

本稿は、まず満洲事変以前の在満朝鮮人の自治運動を概観し、次に満洲国時期の在満朝鮮人をめぐる民族問題を検討する。そして満洲国統治の実態に対する一つの代案として、石原莞爾を中心とする東亜連盟運動と、その朝鮮認識を検討する。最後に中国共産党の民族政策と現代の中国朝鮮族問題を展望したい。

一　満洲事変以前

在満朝鮮人の自治運動は朝鮮人の満洲移住とともに始まる。墾民教育会と墾民会がそれである［金 二〇〇七］。一九〇九年、墾民教育会は吉林東南路兵備道観察使署附属の教育機関として設立された。墾民教育会は組織内部に自治部を設置し、間島朝鮮人の清国への帰化・入籍を促した。それは一九〇九年の「間島協約」にみられるように、間島地域では清国政府が朝鮮人の帰化入籍を条件に、土地所有権を認めたためだった。一九一一年、辛亥革命を経て、一三年、金躍淵ら、朝鮮人有識者は墾民教育会をもとに、キリスト教信仰に根ざした墾民会を設立し、中華民国の国籍取得による間島朝鮮人の権利伸長に努力した［朴 二〇〇七／徐紘一 二〇〇八／徐大粛 二〇〇八］。

このような間島朝鮮人の自治運動には当時の中国における連邦主義思想が影響を及ぼしている。すなわち辛亥革命以前、孫文は連邦国家建設を構想し、一九〇五年、同盟会は連邦共和制を主張した。梁啓超も「地方自治」「各省自治」「連邦制」を構想し、清朝の専制主義に抵抗しようとした［劉 二〇〇九］。しかし革命以後、中央集権国家建設の必要性が高まると、一九一四年、墾民会も解散に追い込まれた。

一方、南満地域では土地所有権が認められないなど、より劣悪な生活環境の下に朝鮮人は暮らしていた。この地域の朝鮮人の自治運動は一九一一年、柳河県三源浦に、李相龍、李始栄らによって設立された独立運動団体・耕学社を嚆矢とするが、耕学社は財政難のために設立されて間もなく解散し、その命脈は扶民団、さらに韓族会へと引き継がれた(2)〔朴　一九八二〕。

一九一九年、三・一運動は間島朝鮮人社会でも活発に展開されたが、二〇年の間島出兵（庚申惨変）を経て、一九二〇年代、独立運動の中心は南満地域に移った。その結果、正義府、参議部（大韓民国臨時政府駐満参議部）、新民府のいわゆる三府が成立した。正義府は三権分立の民主共和制を志向し、行政区域を確定し、地方行政官を任命する一方、東省帰化韓族同郷会という団体を組織して、朝鮮人の中華民国への帰化を積極的に推進した〔蔡　二〇〇〇／劉　一九九九／黄　二〇〇六〕。そして二七年以降、正義府をはじめとする民族主義運動団体と社会主義運動団体の朝鮮共産党満洲総局は統一的な民族運動組織を結成すべく、民族唯一党運動を展開したが、その過程で朝鮮人の中国への帰化入籍、教育権要求を内容とする自治運動が幅広く展開された。そしてその結果、東省帰化韓族同郷会をもとに国民府も結成され、自治運動は持続的に展開された〔辛　一九九九／張　一九九八〕。

以上のような、一九二〇年代、南満地域における朝鮮人の自治運動が展開された背景には、袁世凱死去後、北洋政権が分裂するなかで、孫文が広州に南方軍政府を樹立する一方、「湖南省憲法」や、一九二三年の「中華民国憲法」に見られるように、連邦制による南北統一が志向されていた事情が影響している〔塚本　一九九四／李　二〇〇七〕。しかし二八年以降、中国国民党による全国支配が現実化すると、こうした連邦主義運動も沈滞に向かい、在満朝鮮人に対する駆逐政策も強化されるようになる。

他方、一九一〇年の韓国併合以後、満洲地域では日本領事館の後援を受けて、各種朝鮮人民会が設立された。これら朝鮮人民会は一九三七年、満洲国協和会に統合される時まで、一二三団体、会員数一八万名という外形上は最大規模の朝鮮人団体だった。そして、これら朝鮮人民会によっても自治運動が展開された〔金泰国　二〇〇七〕。二三年には、間島龍井の朝鮮人青年殺害事件にさいして日本領事館の対応が不適切であったことを理由に間島朝鮮人居留民会が、朝鮮人の日本国籍離脱運動と自治運動を中国政府に対して要求している(3)〔林　一九九三〕。

また、南満地域では、一九二八年、参議部を離脱した金篠夏らを中心に、日本領事館の後援を受けて、鮮民府が組織された。鮮民府（後に韓僑同郷会と改名）は相助契を土台にした自治を要求する一方、独立運動に対する分裂工作を展開した。こうした「親日」団体によって自治運動が展開された背景には組織内部に多様な人材が含まれていたことや、軍資金募集活動などによる独立運動団体への民心の離反などが作用していた。いずれにせよ、満洲事変直前、「現下満洲において「韓人自治問題」は在満諸群衆団体（革命的反動的なものを通じて）の間で相互軋轢があるにもかかわらず、一致した見解であると同時に、ただ行動のみは不統一」（鄭在洙「満洲「韓人自治問題」に対する批判」『太平洋労働者』六号、一九三〇年）な状況にあったのである。

二　満洲国統治と「間島自治」

一九三一年、満洲事変直後、関東軍の満蒙領有論に呼応して、間島朝鮮編入論および間島独立論が主張された。一九三二年一月「間島自立同盟」が発表した「間島自立新政体建設」という宣言書では「檀自由国」建設が主張された。この「間島自立同盟」の実体はよく分からないが、「檀自由国」は龍井を首都に定め、立憲民主制を採用するものとし、この国家の「主体は間島全民衆」であり、軍隊を持たず、国旗は「旭日八卦旗」とするとした〔小川平吉文書研究会 一九七三／李 一九九二〕。満蒙領有論の破綻とともに、この「檀自由国」構想も霧散したが、同じ時期、奉天では在満朝鮮人有力者と朝鮮から来た朝鮮人有識者らが集まり、「自治特別行政区」設立を要求した。そこでは新政府樹立にさいし、朝鮮人は一民族単位として「最高政権」に参加するとともに、立法および行政機関において漢族・満洲族と平等な待遇を得ることを要求した。また朝鮮人は「政権監督又ハ指導スル機関」に参加し、「顧問、諮議」などの資格で「直接支那官民ヲ督視」し、県公署などでは「監視員」に朝鮮人を採用することなどを要求した。そして自治団体を組織し、産業、教育、衛生問題を管理することを主張した〔申 二〇〇二〕。

こうした満洲事変直後の在満朝鮮人の自治論は朝鮮における自治運動と深い関係があった。朝鮮における自治運動は三・一運動以後、しばしば展開されたが、特に満洲事変前後の運動は朝鮮総督府の植民政策と連繋しつつ、在満朝鮮人社会に大きな影響を及ぼした。この時期、朝鮮内の自治運動は崔麟ら天道教新派幹部、宋鎮宇ら東亜日報幹部、李光洙ら修養同友会幹部などによって指導された〔朴 一九九二／金 二〇〇六〕。特に『東亜日報』は万宝山事件を契機に、在満朝鮮人問題に対し深い関心を見せる一方、ウィルソン主義は「空想家の空想」にすぎず、独立運動は民族的犠牲を招くのみであると批判し、民族産業育成や民族教育などの実力養成を主張した〔文 一九九六〕。

他方、この時期、間島朝鮮人社会に最も深刻な影響を与えたのは民生団事件である。民生団とは、一九三二年二月『毎日申報』副社長・朴胤錫が主導し、中国系の延辺四県自治促進会などを統合して組織した朝鮮人団体である〔梶村・姜 一九七二、六二七―六三一頁／水野 一九九六〕。民生団は「間島は特殊地帯であり、我が四〇万同胞にとって分離し得ない地域に属しているので、自治区域を設立する必要」があるとして「間島自治区域」論を主張した。民生団自体は設立後わずか五カ月で満洲国政府、関東軍、朝鮮総督府、外務省などの反対により解散した。一方、一九二〇年代後半、コミンテルンの掲げた「一国一党」原則にもとづき、三〇年より在満朝鮮人共産主義者は中国共産党に加入するにいたっていたが、この時期、中国共産党東満特別委員会内では民生団のスパイが侵入しているという疑惑が広がり、朝鮮人共産主義者四〇〇人以上が粛清される「反民生団闘争」が一九三六年二月まで続いた。中共中央名義で中共満洲省委員会宛に発出された「一・二六指示信」（一九三三年）が日本帝国主義による「間島自治区」化を警戒しているのもそのためである。民生団事件の主たる原因は、コミンテルンの影響を受けた極左主義的な路線問題にあったが、犠牲者が朝鮮人のみであった事実を考えれば、漢族と朝鮮人間の民族矛盾を斟酌しうる〔金 一九九九〕。しかし同時に、この民生団事件を通じて朝鮮人共産主義者の世代交代が生じ、金日成をはじめ、後に朝鮮民主主義人民共和国の首脳部を形成する新世代朝鮮人共産主義者が登場する契機となった側面も看過しえない。

実際、満洲国の間島地方行政では「民族自治区」制度は採用されなかった。一九三二年、満洲国政府樹立直後、間島地方行政組織に対しては「一、特別区として間島庁を設置すべしとの説、二、旧延吉市政籌備処を拡大して間島各県の中間監督とすべしとの説、三、或《あるい》は一省を新設すべしとの説」のほか、朝鮮人県長の採用など、多様な意見が存在したが、満洲国政府、関東軍、朝鮮軍、朝鮮総督府の間で協議した結果、第二の意見が採用され、三三年五月、吉林省公署特派駐延弁事処が設置された。そして三四年一〇月には吉林省から分離して間島省が成立した。間島省初代省長には金井章次、第二代省長には李範益(前中枢院参議)が就任し、総務庁長には松下芳三郎(前慶尚南道内務部長)、民政庁長には朝鮮人金秉泰(前開城府尹)等、中高級幹部には朝鮮総督府関係者が就任した。間島省公署職員の民族比率は「委任官以上満系三五%、日系三九%、鮮系二六%として嘱託及雇傭員満系三五日系二七%鮮系三八%とせられ、之を合すれば満系三五%、日系三二%、鮮系三三%となり、省公署としては大概三・三・三の割合を以て満、日、鮮」[国務院総務庁情報処 一九三六、三二・三〇三頁/廣岡 二〇〇九]を配置していた。

また満洲国統治下、在満朝鮮人は朝鮮総督府の立場では日本臣民であり、満洲国政府の立場では満洲国の人民という二重の役割を期待されたため、間島省における朝鮮人教育は「満洲帝国構成分子たると同時に日本帝国臣民たり得る教育を施さんとす」との原則のもと「教授用語は満人子弟は満語とし、朝鮮人子弟は日語とす」[国務院総務庁情報処 一九八七、一九二・三七九頁/田中 二〇〇七]るなど、朝鮮統治との関連性を考慮した特殊行政が実施された。また一九三九年、満洲国軍内には間島特設部隊という朝鮮人部隊も創設されたが、これら満洲国軍のなかから、朴正熙、白善燁、丁一権ら、戦後、大韓民国国軍の核心勢力が現れることになる[辛 二〇〇二]。

三　東亜連盟運動における朝鮮問題

東亜連盟運動は一九三九年、石原莞爾を思想的指導者として展開された政治・文化運動である［野村編 二〇〇七／史 二〇〇二／松田 一九九六・一九九八・一九九七］。周知のように、満洲事変を主導した石原は満洲国統治の現実に失望していた。石原は関東軍司令官による満洲国政府に対する「内面指導」撤回を要求したが、関東軍内部で強力な反発に合うと、三八年八月、予備役編入願を提出し、日本に帰国すると、日中戦争解決と新たな東アジア地域秩序を構想すべく、東亜連盟運動を開始した。東亜連盟運動は日本国内のみならず、満洲国、中華民国においても支部が組織され、朝鮮人会員も含まれていた。東亜連盟運動は民族自決主義に対し、集団的安全保障、および経済的相互依存の観点から批判した。すなわち、

民族に対する感情を満足せしめるため、一民族・一国家は嘗て一つの理想であつた。しかし今日の如き国家連合の時代においては、弱少民族の一国家では到底安全を確保し難きこと、第二次欧州大戦においてまざまざと見せつけられたのみならず、平和時においても経済的に困難が甚だ大きい。なしうる限り広い範囲が一国家となり、その国家がなるべく多く連合しえたものが、今日以後世界の優者となりうるのである。東亜の復興、東亜の解放は、東洋道義に基く民族協和の下に始めて可能である［東亜連盟協会編 一九四一、六三頁］。

東亜連盟運動は「民族自決」への対案として「民族協和」を掲げ、日本、満洲国、中華民国を中心にした連盟各国の「国防の共同、経済の一体化、政治の独立」をその基礎条件に掲げた。すなわち、東亜連盟においては集団的安全保障を図るべく、「連盟内において物資の自給を計り、対外依存度を最小限度に止め、東亜解放のための決戦に備」えるため、経済的相互依存が深化されねばならない。そして「連盟憲章または連盟国家間の協定の規定する範囲内に

おいて、各連盟構成国家が独立的に自国の主権を行使する」とし、「各連邦国家は独自に立法・司法を行ひ、外交・財政を運営し、農業・商工業・交通・教育・国民保健・労働保護・社会保安等国政のほとんどを全般にわたつてこれを管理する」ことになる。その結果、連盟構成各国は「国防の共同及び経済の一体化」の必要において主権が制限され、「国家連合時代においては、国家対立時代と異なり、一国政治の独立なる内容においても、国家連合の性質から、当然に制限を受ける」［同前、一八一―一八六頁］という国家主権制限論が提起される。

ここで問題になったのが、「政治の独立」原則と朝鮮植民統治の関係であった。すなわち、東亜連盟においては、朝鮮人は「民族の誇りと文化に対する自由とを尊重せられるならば、日本民族に劣らざる忠良なる日本国民たるべし」、「朝鮮民族が厳在する今日、よくその民族的欲求を容れ、民族協和の精神に基き、日本国は複合民族の国家として朝鮮の政治に深き反省を加へ、統一を要するものと、朝鮮民族の自治に委すべきものとの間に、最も合理的なる解決をなすべきである」［同前、六二一―六四頁］とした。そして現実の朝鮮統治における「皇民化」政策に対しても「内鮮一体の為めには、朝鮮の、伝統及び生活様式を全面的に抛棄せねばならぬという説であるが、これ程小児病的で内鮮一体運動に危険な理論はあるまい」［陶山 一九四〇］と述べ、志願兵制度、学校教育における朝鮮語廃止、創氏改名政策を痛烈に批判したのである。

そして石原は「朝鮮問題の公正なる解決点」として「朝鮮内に於ては特に内地との間に強度の統一を要する事項以外は高度な自治を行はしむる」とし、「若し独立国となつたところで両国間に今日の日満間以上の「不可分」関係成立すべく、「独立」の限度は恐らく私共の主張する「高度自治」と実質上大きな開きはなく、単に名分上の問題になる」（「一九四〇年一二月一三日、石原書簡」）と述べていた。すなわち、石原によれば、集団的安全保障の時代には主権を制限された「国家」と「高度自治」の間には名分上の違いがあるのみで、感情的に興奮するほどの差異はない、というのである。本稿の冒頭で引用した満洲国の朝鮮人大学生の手記は、このような東亜連盟運動を支持した文章である。

その続きを見よう。

更に我々は、民族の究極の目標は何であるかを考へねばならない。民族の目標は、その民族内の個人々々をして、物心両面に亘つて最も豊かな生活を享受せしむることである。民族の文化といふのも、畢竟するにこの目標に向つての一手段たるに過ぎないものである。それを忘れて民族といふ抽象的観念を振り廻し、民族文化の発揚こそ個人の生命であるといふが如きは正しく本末顚倒の議論である。

その結果、筆者は「民族の境遇に応じて一民族一国家の場合もあれば、又さうでない方が便利の場合もある。究極は民族内の個々人をし一処を得しむる為の国家なのだ……民族自決は彼の正しき東亜連盟の前に今や清算すべきである」と結論づけたのである。石原自身は敗戦後間もなく死去するが、京都で東亜連盟運動に積極的に参与した曺寧柱が一九六〇・七〇年代、在日本大韓民国居留民団団長に長く就任した事実は、その人脈のみならず、現代日韓関係を観察するうえでも興味深い。

四　中国共産党の民族政策と在満朝鮮人問題

周知のように、一九四五年以前、中国共産党の民族政策は民族自決権・分離権を認め、連邦制を構想していた［毛里一九九八］。すなわち、一九二二年七月の中共第二次全国代表大会では「蒙古、西蔵、新疆三部は自治を実行し、民主自治邦を成」し、「自由連邦制により中国本部、蒙古、西蔵、回疆で中華連邦共和国を建立」すると定めた。一九二八年、モスクワで開催された中共第六次全国代表大会に提出された「政治決議案」・「民族問題に関する決議案」は「中国境内の少数民族問題」における「満洲の高麗人」に言及し、「中国を統一し、民族自決権を承認する」としていた。続いて一九三〇年五月「中華ソビエト共和国国家根本法（憲法）大綱草案」は「蒙古、回回《（ママ）》、苗黎、高麗人等全ての中国地域に居住するこれら弱小民族は中国ソビエト連邦に加入するか、離脱するかを完全に自由に決定でき、自己の自治区域を建立することを完全に自己の意志により決定しうる」とした。一九三一年一一月、中共中央第一次全国ソビエト代表大会は「中華ソビエト共和国憲法大綱」において「蒙古、回、蔵、苗、黎、高麗人等、凡そ中国境内に居住する者は中国ソビエト連邦に加入するか、あるいは離脱するか、あるいは自己の自治区域を建立するかについて、完全な自決権を有する」と宣言していた[中共中央統戦部編 一九九一/金炳鎬 二〇〇七]。

以上のような中国共産党の立場にはコミンテルンとソ連の連邦制および民族政策が大きな影響を与えている。一九一八年「勤労し搾取されている人民の権利の宣言」および「ロシア社会主義連邦ソヴェト共和国憲法」は「ソヴェト・ロシア共和国は、自由な民族の自由な同盟を基礎として、ソヴェト民族共和国の連邦制として樹立される」と宣言している[高木ほか編 一九五七]。ただし、レーニン自身は分離を望む民族にその権利を認めるものの、統一国家を理想的として、その分離権の行使を抑制する必要を感じていた。一九二〇年、コミンテルン第二回大会における「植民地と民族問題に関するテーゼ」は「連邦制は、いろいろな民族の勤労者の完全な統一への過渡形態である」と述べており、こうしたレーニンの考えを具体化した文書とされる[村田編訳 一九七八、二四七頁]。二二年の極東勤労者大会での「民族、植民地問題および共産主義者の態度」というサファロフ報告では、中国共産党に対して「単一の連邦制民主共和国」をうちたてることが指示されている[コミンテルン編 一九七〇、二二四頁]。こうして二二年一二月、ロシア連邦、ウクライナ、白ロシア、ザカフカース連邦の四つの共和国により、ソ連邦が成立した(4)。

そして一九二〇年代後半から三〇年代前半にかけては、コミンテルンの「一国一党」原則と在満朝鮮人共産主義者の中共加入、民生団事件による朝鮮人共産主義者の粛清を経て、一九三五年、中共吉東省委員会は間島朝鮮人の民族自治区建立を主張し、続く三六年七月には中共南満党第二次代表大会において東北朝鮮人の自治区建立が謳われた。また東北抗日連軍第二、五軍も「高麗人民の自治と独立を擁護賛助」すると主張した。こうした状況の中で同三六年、在満韓人祖国光復会の設立が進められ、「在満韓人の真正なる自治の実現」が目指され、金日成は中国東北の長白県附近および朝鮮側咸鏡南道甲山郡の住民の組織化に努め、翌三七年六月には著名な普天堡戦闘を展開した［和田　一九九二］。

しかし、一九三七年、日中戦争を契機に中共に対するコミンテルンの影響力が弱まる反面、中国関内地域と東北地域との連絡が遮断された状態のなかで、中国共産党は事実上、各民族の独立を否定し、抗日民族統一戦線構築に邁進するにいたる。また、以前には漢族を意味した「中華民族」という概念が、漢族だけでなく、他のエスニック集団の総体を意味する新しい概念として主張され始めた。そして一九三八年の毛沢東「新段階を論ず」では「蒙、回、蔵、苗、瑶、夷、番、各民族が漢族と平等な権利を持つことを認め、共同対日の原則の下に、自己管理・自己事務の権を持ち、同時に漢族と連合して統一国家を建立する」とされ、モンゴル、回族の区域自治が実施されるにいたった。

五　民族区域自治と延辺朝鮮族自治州の成立

一九四五年以降、国共内戦時期、中国共産党の民族政策は流動的であった。中華人民共和国政府樹立直前の四九年九月、人民政治協商会議で採択された共同綱領が「各少数民族が居住する地区では民族の区域自治を実行」（第五一条）すると規定した。そして一九五二年八月「民族区域自治実施要綱」、五四年憲法（第三条）、八四年「民族区域自治法」を経て、今日にいたるまで「民族区域自治」が実施されてきた。この民族区域自治という制度は、分離権と連邦制を否定して、少数民族が集中的に居住する地域を区画し、自治権をあたえるものである。延辺地区では五二年九月、延辺朝鮮民族自治区、五五年一二月、延辺朝鮮族自治州が成立して、民族区域自治が実施されている。

一方、朝鮮半島では日本の敗戦と同時に南北が分断され、一九四八年、朝鮮民主主義人民共和国と大韓民国が成立したが、五〇年、朝鮮戦争が勃発した。中国東北地域在住の朝鮮人は本来、朝鮮半島を故郷と考え、日本植民地時期には朝鮮半島と満洲はいわば一つの生活圏を形成していたため、日本の敗戦は彼らの朝鮮半島帰還と新たな定着を意味するものであった[金 二〇〇四]。

一九四五年以後、中国東北地域は国共内戦の主戦場の一つになった。戦争初期、中国共産党が延辺を東満根拠地とするにあたり、課題となったのはこの地域の朝鮮人をいかに統制し、戦争に動員するのか、そして朝鮮人をいかにして中国公民として統合するかにあった。一方、中国国民党は朝鮮人を朝鮮半島に送還することを基本原則としていた。四六年春以降、朝鮮義勇軍をはじめとする朝鮮人部隊が参戦し、中国共産党の勝利に貢献したが、そのことは同時に漢族と朝鮮人の間の民族葛藤を深化させもした[廉 二〇一〇]。また、延辺朝鮮人は自ら延辺人民民主大同盟という組織を作り、新社会建設に踏み出したが、延安から来た中国共産党幹部は「反奸清算闘争」と土地改革を通じて、延辺における漢族支配を確立していった。一九四八年後半、国共内戦で中国共産党の軍事的勝利が確定する一方、朝鮮民主主義人民共和国が樹立されると、中共は中国東北在住の朝鮮人と朝鮮半島より往来する朝鮮人を区別するようになった。

一九五〇年六月二五日、朝鮮戦争が勃発した時、朝鮮人民軍のなかには少なくない在満朝鮮人部隊が含まれていたほか、中国の参戦にさいしては、中国共産党は「祖国保衛」でなく、国際主義の観点から義勇軍として朝鮮族青年を「抗美援朝」戦争に動員した。同時に、中国国内では「反革命鎮圧運動」と官僚主義を告発・検挙する「三反五反運動」が展開されたが、これらの運動を通しても東北在住朝鮮人の「中国朝鮮族」としての国民統合が推進されていった。一九五二年の延辺朝鮮民族自治区設立はその一つの帰結であった[李海燕 二〇〇九]。

おわりに

以上のように、在満朝鮮人の自治運動は実に多様な形態で展開された。それは、民族主義的な独立運動や共産主義運動、そして中国共産党の民族政策として構想、実施され、また反日運動に対する分裂工作としても展開された。現在中国の民族区域自治制度は民族の文字言語使用権、部分的な財産管理権、公安部隊・民兵組織権、自治条例・単行条例制定権、対外貿易権、資源管理権などから構成されている。しかしこれら権利中には実体のないものも多く、若干の地方自治と文化的自治を組み合わせたものと解釈するほうが実態に適っている。しかも自治機関の「自治」の職能が一般地方政府と比較しても明確でないうえ、自治区政府が行使する権限も執行権が主であり、その他の権限の行使は少ない［李俊清 二〇〇九］。さらに反右派闘争や、文化大革命時期には民族工作自体が消滅し、現在は市場経済の導入、中国朝鮮族の人口移動など様々な要因のため、将来も引き続きこの制度を維持しうるのかどうか、予断を許さない［盧ほか 一九九九］。多様な文化、多様なエスニック集団が混住する地域で、どのようにすれば安定した政治体制を構築しうるのか、また国家を越境する人々に対する基本的な人権をどのように守り、いかにして開かれたネットワークを構築するのかについて、私たちはまだ確かな回答を持ち合わせてはいない。

（1）　日本学界における中国少数民族問題に関する研究は、加々美光行『中国の民族問題』（岩波現代文庫、二〇〇八年）をはじめ、これまで主としてチベット、ウイグル、モンゴル問題を中心に研究されてきたといえる。中国朝鮮族問題に関しては、鄭雅英『中国朝鮮族の民族関係』（アジア政経学会、二〇〇〇年）、鶴嶋雪嶺『中国朝鮮族の研究』（関西大学出版部、一九九八年）がある。韓国における研究成果としては、洪承稷編『延辺朝鮮族自治州研究』（高麗大学校亜細亜問題研究所、一九八八年）がある。中国学界の視角を整理したものとして、金哲星「중화인민공화국수립이전중국조선족의 민족자치운동」（부산

경남역사연구소『지역과역사』第四号、一九九七年)を参照。

(2) ここで朴永錫は「朝鮮後期に官吏の苛斂誅求に苦しみ、貧困と凶年に耐えられず、西間島に移住した韓人も多数いたが、大体これら朝鮮後期の移住者は米作技術を媒介に生きながらえ、大部分、無学であるだけでなく、ほとんど清国人(中国人)化していたゆえ、韓国人という民族意識は全くなかった。彼らはついには朝鮮を自分を収奪し、いじめる存在と意識し、警戒し、嫌う態度を見せ、日本帝国主義の侵略による政治的亡命者に対して、少しの同情や協調も示さなかった」[朴 一九八二、一八七頁]と記述している。

(3) 韓国併合にさいして日本政府は朝鮮人に対し日本国籍を強制付与し、植民地時期を通じて朝鮮人の日本国籍離脱を許可しなかった(水野直樹「国籍をめぐる東アジア関係 植民地期朝鮮人国籍問題の位相」古屋哲夫・山室信一編『近代日本における東アジア問題』吉川弘文館、二〇〇一年)。

(4) 王柯(金貞姫訳)『민족과 국가 중국다민족통일국가사상의계보』(고구려연구재단、二〇〇五年)、同『二〇世紀中国の国家建設と「民族」』(東京大学出版会、二〇〇六年)、同『多民族国家中国』(岩波新書、二〇〇五年)、ロシアの民族政策については塩川伸明『民族と言語(多民族国家ソ連の興亡1)』(岩波書店、二〇〇四年)、同『国家の構築と解体(多民族国家ソ連の興亡2)』(二〇〇七年)、同『ロシアの連邦制と民族問題(多民族国家ソ連の興亡3)』(二〇〇七年)、同『民族とネイション』(岩波新書、二〇〇八年)、趙常慶ほか『蘇聯民族問題研究』(社会科学文献出版社、二〇〇七年)、熊坤新『蘇聯民族問題理論与政策研究』(中央民族大学出版社、二〇一〇年)。

【文献一覧】

江口朴郎編 一九八七 『民族の世界史15 現代世界と民族』山川出版社
カー、E・H 二〇〇六 『ナショナリズムの発展』大窪愿二訳、みすず書房
梶村秀樹・姜徳相 一九七二 『現代史資料29 朝鮮5』みすず書房
唐渡晃弘 二〇〇三 『国民主権と民族自決』木鐸社
小川平吉文書研究会編 一九七三 『小川平吉関係文書2』みすず書房
国務院総務庁情報処 一九三六 『康徳三年八月 省政彙覧 間島省篇』(龍溪書舎、一九八七年復刻)
コミンテルン編 一九七〇 『極東勤労者大会』高屋定国・辻野功訳、合同出版

中奎燮　二〇〇二「帝国日本の民族政策と在満朝鮮人」東京都立大学博士学位論文
「一九四〇年一二月一三日　石原莞爾発金昌南宛書簡」国会図書館憲政資料室所蔵「石原莞爾関係文書」
高木八尺・末延三次・宮沢俊義編　一九五七『人権宣言集』岩波文庫
田中隆一　二〇〇七『満洲国と日本の帝国支配』有志舎
塚本元　一九九四『中国における国家建設の試み』東京大学出版会
東亜連盟協会編　一九四一『東亜連盟建設綱領』（第二改訂版）
陶山敏　一九四〇「新秩序に於ける朝鮮の再認識」『東亜連盟』一九四〇年六月号（柏書房、一九九六年復刻）
野村乙二郎編　二〇〇七『東亜連盟期の石原莞爾資料』同成社
廣岡浄進　二〇〇九「満洲国間島省の官僚構成」松田利彦・やまだあつし編『日本の朝鮮・台湾支配と植民地官僚』思文閣出版
文聖漢　一九九六「満州事変と朝鮮民族」中村勝範編『満州事変の衝撃』勁草書房
松田利彦　一九九六「東亜連盟論における朝鮮問題認識」世界人権問題研究センター『研究紀要』第一号
松田利彦　一九九七「植民地末期朝鮮におけるある転向者の運動」京都大学人文科学研究所『人文学報』第七九号
松田利彦　一九九八「曺寧柱と京都における東亜連盟運動」世界人権問題研究センター『研究紀要』第三号
丸山敬一　二〇〇三『民族自決権の限界』有信堂
水野直樹　一九九六「在満朝鮮人親日団体民生団について」河合和男ほか編『論集朝鮮近現代史　姜在彦先生古稀記念論文集』明石書店
村田陽一編訳　一九七八『コミンテルン資料集』第一巻、大月書店
毛里和子　一九九八『周縁からの中国』東京大学出版会
李海燕　二〇〇九『戦後の「満州」と朝鮮人社会』御茶の水書房
李盛煥　一九九一『近代東アジアの政治力学』錦正社
劉迪　二〇〇九『近代中国における連邦主義思想』成文堂
レンナー、カール　二〇〇七『諸民族の自決権』太田仁樹訳、御茶の水書房
和田春樹　一九九二『金日成と満州抗日戦争』平凡社
中共中央統戦部編　一九九一『民族問題文献匯編』中共中央党校出版社

金炳鎬主編 二〇〇七 『中国共産党民族工作理論与実践』中央民族大学出版社
李俊清 二〇〇九 『自治区政府管理』人民出版社
金春善 二〇〇一 『延辺地区朝鮮族社会的形成研究』吉林人民出版社
史桂芳 二〇〇二 『「同文同種」的騙局　日偽東亜連盟運動的興亡』社会科学文献出版社
金成鎬 一九九九 『一九三〇年代延辺民生団事件研究』白山資料院
金泰国 二〇〇七 『東北地区「朝鮮人民会」研究』黒龍江朝鮮民族出版社
金春善 二〇〇四 「광복후중국동북지역한인의정착과 국내귀환」『한국근현대사연구』二〇集
金東明 二〇〇六 『지배와 저항 그리고 협력』景仁文化社
黃敏湖 二〇〇六 「재만한인의 합법적자치운동의 전개와 『자치』 에대한 국내언론의 인식」『한국민족운동사연구』第四七号
蔡永国 二〇〇〇 『韓民族의民族独立運動과正義府』国学資料院
張世胤 一九九八 「国民府研究」한국・독립기념관한국독립운동사연구소 『한국독립운동사연구』第一二集
朴永錫 一九八二 『韓民族独立運動史研究』一潮閣
朴贊勝 一九九二 『한국근대정치사상사연구』歴史批評社
朴州信 二〇〇〇 『間島韓人의民族教育運動史』아세아문화사
李紅杰 二〇〇九 『由自決到自治』中央民族大学出版社
李国棟 二〇〇七 『民国時期的民族運動与民国政府的民族政策研究』民族出版社
劉秉虎 一九九九 「국외민족주의운동에 대한 역사적평가」『한국민족운동사연구』第二三号
林永西 一九九三 「一九一〇―二〇年代間島韓人에 대한중국의 정책과 민회」『韓国学報』七三輯、一九巻四号
廉仁鎬 二〇一〇 『또하나의 한국전쟁』歴史批評社
盧泰久他 一九九九 『連邦制과民族主義』경기대학교민족문제연구소
徐紘一 二〇〇八 『일제하 북간도 기독교 민족운동사』한신대학교출판부
徐大粛 二〇〇八 『간도민족독립운동의 지도자김약연』역사공간
辛珠栢 一九九九 『만주지역한인의민족운동사』아세아문화사
辛珠栢 二〇〇一 「満洲国軍속의 朝鮮人将校과韓国軍」『역사문제연구』第九集

トピック・コラム

中国農村調査と家族・村落

笹川裕史

一九四〇年、日本占領下の華北農村において独自な性格をもった慣行調査が開始された。これによって、調査が打ち切られる一九四四年までに、調査員と村人との間で交わされた一問一答式の厖大な質疑応答記録が残された(これらは、戦後『中国農村慣行調査』全六巻として岩波書店から刊行)。この調査は、東京の東亜研究所が中心となって企画し、現地の満鉄調査部北支経済研究所と提携して、両者の共同研究として実施された。

この調査を指導した末弘厳太郎によれば、調査の目的は、それまでに日本が台湾・朝鮮等で行ってきた旧慣調査のように、植民地・占領地経営に直接役立つ立法や行政の参考資料を得ることではなく、中国社会における法的規範の「純学問的究明」にあった。末弘の表現をそのまま借りていえば、「中国社会に行はれてゐる慣行を明かにする〔こと〕によつて其社会の特質を生けるがまゝに書き出すこと」がめざされていた。そのために、調査報告書の形式として考案されたのが上記の質疑応答記録であり、この形式は、調査員が先入観に基づいてみだりに材料を選択加工することを極力回避し、事実をありのままに記録するための「新機軸」であったという。

このような調査報告書から最も衝撃的な中国社会像を紡ぎ出したのは、戒能通孝であった(『法律社会学の諸問題』日本評論社、一九四三年)。戒能は東京帝国大学法学部で末弘の指導を受けた法社会学者であり、東亜研究所の嘱託として招かれて、現地から送られてくる報告書の分析に従事していた。戒能によれば、中国の家族は、均分相続慣行をもつがゆえに、常に世帯を分離しようとする遠心力にさらされ、安定的で強固な結合力を欠いている。この点は、家族を超えた血縁的結合である同族関係にも共通する特徴であった。村落については、村の領域が不明瞭であり、その構成員は村の意思決定や運営に主体的に参与せず、団体としての村の結合を内面的に支える意識をもたない。したがって、村の指導層を内側から監督し、彼らをして嫌でも公共目的のために奉仕させるような規制が働かず、その結果、村は有力者による支配団体的な性格を帯びていた。すなわち、当時の学界で有力であったアジア的共同体論や封建社会論に立脚した中国像が真っ向から否定されたのである。

戒能の議論の特徴は、これにとどまらない。共同体的な団体意識が希薄で「分散的個人」によって構成される中国社会には、それ自体がいかに近代的な外観を呈していても、近代国家を内面的に支える国民的秩序の形成につながる要素が存在しないと強調した。逆にいえば、これと対極に位置する日本や西欧の場合には、その共同体的な団体意識こそが国民的秩序の基盤になったということであり、その団体性は、封建社会において農民が一団となって領主権力と対抗するなかで培われてきたという仮説を提起した。

共同体から個人が自立し自由を獲得する過程が近代化であるといった通俗的な図式が見事に裏返されており、何よりも共同体的秩序への高い評価が印象的である。こうした認識の背後に、「団体的な法秩序の意義を重視するゲルマン法学の理論」があったことはすでに指摘されている。他方で、戒能の議論が、本人の意図とは別に、中国停滞論に結びつきやすい色彩を帯びていることも容易に読み取れる。それゆえに、単系の発展段階論が主流となった戦後歴史学においては、一部の優れた例外を除いて、戒能のような中国社会論は顧みられなくなった。戒能自身もまもなく中国研究から離れていく。

調査員と農民(1942年.『中国農村慣行調査』第6巻より)

ところが、戦後歴史学が転換期を迎え、また中国社会をじかに体感する機会が増えた今日においては、戒能の中国社会論を彷彿させるような見解に出会うことは稀ではない。私たちの中国認識の歩みが一つのサイクルを終えて、長く伏流していた議論に立ち戻りつつあるようにも見える。近代中国の土地行政、食糧徴発、徴兵等に関する実証研究を進めてきた私にとっても、これらが生み出した深刻な諸問題の背後に、団体的規制の強い社会を想定するよりも、戒能のような中国社会論を置いてみた方がすんなり腑に落ちることが多い。戒能の議論は、たしかに今なお色褪せない生命力を宿している。とはいえ、そのような中国社会でも国民的秩序の形成は進んだのであり、問題はその過程とそこに刻まれた陰影の解明であろう。

ひるがえって、戒能が高く評価した日本社会の共同体的秩序は、現代では家族、村落はもとより企業社会においてもいよいよ崩壊に瀕している。概して失われつつある事象は美しく着色されるが、かつての共同体的秩序が内に対する抑圧や外に対する排他性と隣り合わせであった事実を都合よく忘れるべきではなかろう。昨今の凄まじい「中国の台頭」を目撃し、足元の日本社会の「揺らぎ」の意味を熟考すべき私たちにとって、過去の中国社会の特質とそれがたどった足跡は、対岸の出来事ではなく、なお生々しい問題であり続けている。

人物コラム

宇垣一成

宮田節子

宇垣一成(一八六八—一九五六)。岡山県出身。幼名杢次。出生の年、父死去。

「昭和軍閥の始祖」といわれた宇垣陸軍大将は、一九三一年に日本最初の軍部ファッショといわれる「三月事件」に関係していたともいわれるが、この事件は闇から闇にほうむられた。それから三月たたない六月一七日、宇垣は朝鮮総督に就任した。朝鮮に赴任するに先だって、七月二日、天皇に「お暇乞に参内、拝謁した」。その時、宇垣は天皇に「特に叡聞に達しおきたき点」として次の二点をあげている。その一は「内鮮融和に関して」一層努力すること、その二は「朝鮮人に適度にパンを与ふることであります。……朝鮮の富の増加したる割合には朝鮮人の富は増殖致して居りませぬ」とのべている。

前総督の斎藤実が軍縮会議に出席中、代理総督を務めたこともある宇垣は、当時の朝鮮においては「朝鮮人は適度にパン」さえ与えられてはおらず、朝鮮の富は朝鮮人の富になっていないことを十分に認識していた。そして日本の朝鮮支配の基本方針である「内鮮融和」実現のためには「朝鮮人に適度にパン」を与えることが一番確実な保証だと考えていた。

そのような考えが、農村振興運動となって具体化する直接の契機となったのは、実に「満洲事変」であった。「当面の役者が悉く余の推挙」によるという宇垣にとって、「満洲事変」が提起した問題は、戦争時における本国と植民地との関係であった。陸軍の大御所で、しかも植民地を担当した宇垣は、どんな事態になっても絶対に「母国日本」を裏切ることのない「植民地朝鮮」をつくることに、朝鮮総督としての政治生命をかけたのである。そのためには「喰えない農民」に喰わせるというのが、宇垣の基本的な考えであった。

宇垣によれば、朝鮮の農村は「春窮即ち端境期には、食糧不足し、山野に草根木皮を漁り、辛うじて一家の糊口を凌ぐがごとき惨目なる状態であって……その概数は農家総戸数の四割八分、約一二〇万戸に及ぶこと」もあったという。一戸あたり五人とすれば約六〇〇万人の農民が端境期に絶糧状態になるということである。宇垣は、「主義者が介入する運動は断固鎮圧するが、食えない農民を弾圧しても仕方ない」として、そのために農村振興運動を展開したのである。そして、この運動の中で「内鮮の融和も、悪思想の是正も、労資の協調も生活の安定向上も確立」しようとした「中枢政策」であった。

では農村振興運動とはいかなる特質をもっていたか。

第一に、振興運動のスローガンを「春窮退治、借金退治、借金予防」においた。宇垣は「内鮮融和」実現のためには、農民を救済することが先決であると思い、当時の農村でもっとも普遍的にみられた「春窮」「借金」を「退治」すべきとした。これが「更生三目標」である。

第二は、運動の対象を個々の農家、個々の農民においたことである。これは従来の支配体制では朝鮮人を把握できないという反省から、末端の全権力機構が「振興委員会」をつくり、一戸一戸の「農家の台所」まで入っていく体制をつくったことである。

第三は、振興運動を「物心一如」の運動として展開した。この運動で「更生」する農民は、単に経済的に「更生」するのではなく、「皇国農民」として更生されねばならないとした。

「宇垣総督・咸北会寧郡大徳洞の中心人物崔斗烈氏を激励す」1934年

一九三三年三月に政務総監通牒「農家経済更生計画樹立ニ関スル件」によって、開始された。

総督府は「所在労働ノ完全ナル消費」と「自給自足ニヨル出費ノ節約」で、この壊滅に瀕した農村を救済しようとしたのである。当時、朝鮮農村の基本矛盾は、地主への土地の集中と農民層分解であった。人口のはけ口のない農村は過剰人口があふれ、小作人同士が足を引っ張って自分たちの小作条件を一層劣化させていた。この地・小作関係に一指も触れずに、ただ「節約」と「勤労」だけで、農民を「喰わせられる」はずもなく、その恩恵は一部の者に限られた。宇垣は、「指導し難き下層方面に閑却にしている」と下級官吏を叱っているが、しかしその怒りは自らの政策にこそ、向けられるべきである。そして運動は生活改善方面では色服の着用・断髪の励行者は著しくその数が増加した。さらに宇垣は軍事に必要な、木綿・羊毛の輸入が困難になることを想定し、「南綿北羊」政策を遂行し、また「北鮮開拓」政策で積極的に工業化をはかった。そのためにはまず動力としての電力源を得る事が先決であった。三一年には「発電計画及送電網計画」が立案・具体化された。豊富な電力・安い労働力をキャッチフレーズに、三〇年代後半に日本の大資本が進出する基盤をつくった。農村振興運動の精神面は、次の南次郎総督のより強力な皇民化運動となり、完全な戦時動員体制になった(拙稿「一九三〇年代日帝下朝鮮における農村振興運動の展開」『歴史学研究』一九七、一九六五年、同「朝鮮総督・宇垣一成――その自画像と実像」『調査研究報告』24、一九九〇年九月、学習院大学東洋文化研究所、を参照)。

人物コラム

溥儀と溥傑

江夏由樹

愛新覚羅・溥儀《ふぎ》（一九〇六―六七）は清朝最後の皇帝（宣統帝）であり、辛亥革命で退位した後、一九三二年に「満洲国」の執政、その後、皇帝となった。満洲国の崩壊後、弟の溥傑《ふけつ》（一九〇七―九四）らとともに、ハバロフスク、撫順等の施設に収容されていた。溥傑は、日本の陸軍士官学校を卒業し、満洲国時代には軍人としての道を歩んだ。かれの妻は日本人の嵯峨浩《さがひろ》である。溥儀と溥傑は、戦犯管理所から釈放されて後、「一市民」としての生活を送ったが、その生涯は多くの書物や映画などの題材となっている。

一九五一年二月三日の朝、まだ寒さ厳しい北京の自宅で、清朝最後の皇帝溥儀の父であった第二代醇親王《じゅんしんのう》、愛新覚羅・載灃《さいほう》は第四子溥任に看取られながら、その波乱に満ちた六八年の生涯を閉じた。清末、載灃はわずか三歳で帝位を継いだ宣統帝溥儀を後見する監国摂政王の地位にあり、革命の混乱のなかで清朝の終焉を迎えた。死期を迎えた載灃にとって気がかりだったのは、長子溥儀、次子溥傑の行方であったろう。

この日、溥儀と溥傑の身はハルビンの監獄にあった。満洲国の崩壊後、かれらは他の満洲国要人らとともにソヴィエト軍に捕らえられ、その後、チタ、ハバロフスクの施設に抑留されていた。一九五〇年七月末、溥儀、溥傑の身柄は他の戦犯とともに、ソヴィエトから中国に引き渡され、まず、撫順の戦犯管理所に収容された。二カ月後、朝鮮戦争の激化に伴い、管理所はハルビンに移動した。かれらがハルビンから撫順に戻ったのは、一九五四年三月のことである。撫順、ハルビンの戦犯管理所における、溥儀、溥傑、また、その周りにいた人々の生活の様子は、溥儀『わが半生』、溥傑『溥傑自伝』、また、かれらの甥にあたる毓嵣《いくとう》、毓嵒《いくがん》、毓嶦《いくせん》らの回想録などに詳しく記されている。溥儀と溥傑は、そのなかで、その幼少から満洲国の時代、また、ソヴィエト抑留中の出来事を回想し、管理所での生活のなかで、自分たちがどのように過去と決別し、「改造」されていったのかを記している。かれらの回想録はまさに政治の産物であり、そのことには十分注意する必要があるが、かつての清朝・満洲国皇帝とその弟が語る中国近現代史、かれらの私生活の内幕は大変興味深い。

溥儀、溥傑らの回想録が多くの読者を得ているのに対し、かれらと一緒に管理所にいた満洲国の中国人高官たちが残したものは少ない。わずかに、近年公刊された史料集などに、かれらが管理所のなかで書いた文章が一部収められているに過ぎない。しかし、かれらも重要な歴史の証人であった。では、これら中国人戦犯の眼には、溥儀や溥傑の姿はどのように映っていたのであろうか。溥儀の『わが半生』には、満洲国の司法大臣などを務めた張煥相という人物を描いた部分がある。張煥相は管理所当局の「教育」をなかなか受け入れず、その傲慢でだらしない態度から、一緒に収容されていた仲間からも嫌われる存在であった。溥儀は管理所でたまたま居合わせた人物として、この張煥相の姿を記しているが、満洲国の時代、この二人は公の席では顔を合わせていたはずである。また、溥儀、溥傑らは知らなかったのかもしれないが、張煥相の生家は清朝皇室と深い関わりを持っていた。

張煥相の家系は、清朝の時代、漢軍旗人の籍にあり、奉天、撫順の近郊に設けられていた太祖ヌルハチ、太宗ホンタイジ、その祖先の陵墓である三陵の管理を代々行っていた。三陵は、奉天近郊から朝鮮国境にいたるまでの広大な面積の付属地を有していた。張家はそうした清朝家産を管理することにより、また、その後、それら土地の一部を自らのものとすることにより、中国東北部（満洲）の大地主としての地位を獲得していった。つまり、張家の富と力の源泉は清朝の家産にあったともいえよう。張煥相は日本の陸軍士官学校を卒業した後、張作霖・張学良政権、満洲国の官界の中枢にいた。こうした歴史は張家だけではない。例えば、満洲国時代にハルビン市長などを務め、やはり、撫順の戦犯管理所に収容されていた袁慶清も、清朝の盛京礼部に属した漢軍旗人の家の出身であった。その父は、奉天政界の重鎮であり、張作霖・張学良政権、満洲国の高官を歴任した袁金鎧である。

溥儀（左）と溥傑（右）（『溥儀離開紫禁城以後』中国文史出版社，2001年）

興味深いことに、この地域の有力者には、漢族と満洲族（満族）の狭間に置かれていた漢軍旗人やその子孫が少なくなかった。辛亥革命により清朝が権力の座から追われても、それまで清朝を支えてきた八旗等の組織、その土地財産などがすぐに消え去るわけではなかった。とりわけ、清朝の故地である満洲には清朝の家産である土地が広く残り、かつての漢軍旗人の世界がそこに生き続けていた。かれらは清朝の「遺産」のなかにいたのであり、「清朝復辟《ふくへき》」の夢も他人事ではなかった。かつての皇帝やその弟の姿を管理所のなかで見るとき、張煥相や袁慶清たちの頭の中にはどのような思いがよぎったのであろう。かれらの存在に光をあてることにより、溥儀や溥傑の回想録などには必ずしも記されていない歴史上の問題に迫ることができるかもしれない。溥儀と溥傑は一九五九年と六〇年に特赦を受けて自由の身となったが、張煥相、袁慶清らは正式に釈放されることなく病死した。

個別史／地域史

Ⅲ　構想と主体——文化と社会の地平から

個別史／地域史Ⅲ

一九三〇年代インドにおける「国民国家」の模索
――国民・宗教・女性

粟屋利江

はじめに

ジュディス・ブラウンは『近代インド』のなかで、インドが第二次世界大戦に巻き込まれるまでの一〇年を、「イギリス支配の性格にとっても、インド亜大陸の公的アイデンティティ意識、とりわけインドの国民nationhoodとしての意識の発展にとっても決定的な時代」として重視している[Brown 1994, p. 251]。一九三〇年代は、ガンディーによる「塩の行進」に始まる市民的不服従運動(第二次サティヤーグラハ、一九三〇―三四年)という大衆運動が繰り広げられる一方で、一九三五年のインド統治法の成立と同法のもとでの総選挙、および州レベルでの責任政府の誕生を通じ、国家構想をめぐる熾烈な論争が繰り広げられた。本稿は、とくに宗教的な「マイノリティ」であるムスリム、および女性に焦点を当てて、国民会議派をメインストリームとするインド・ナショナリズムとの相克を検討することを目的とする。

一　市民的不服従運動とインド統治法

一九二九年の末、インドには独立を求める機運が高まっていた。一二月にラホールで開催された国民会議派（以下、会議派とする）の年次大会はジャワーハルラール・ネルーを議長とし、完全独立《プールナ・スワラージ》を目標として掲げる決議を採択した。翌年一月二六日には、インド各地で「独立の日」が祝われた。

カルカッタ大会（一九二八年一二月）では二九年末までに、ネルー報告で要求した自治領の地位をイギリスがインドに認めなければ、市民的不服従運動を開始すると決議されており、具体的な運動がどのような形をとるかについては、ガンディーにゆだねられていた。

そうしたなか、ガンディーは、一九三〇年一月三一日、インド総督アーウィンに対して「一一項目」の最終的な要求を出すが、そこには、独立はおろか自治領の要求さえも盛り込まれておらず、ネルーらの急進派を落胆させた。しかし、長崎なども評価するように[長崎 二〇〇四、三九六―三九八頁]、一一項目には、塩税の撤廃、軍事費・文官給与のカット、地租の軽減、ルピーの対ポンドの換算レートの切り下げなど、幅広い階層の経済的な要求が盛り込まれていた。ネルーは『自伝』のなかで、塩が突然「神秘的な言葉、パワーの言葉」となって独立運動と結びつけられたこと、ならびに一一項目の要求について戸惑いを記した[Nehru 1980[1936], p. 210]。しかし、その後の運動の盛り上がりをみて、改めて、ガンディーの民衆の琴線に触れる傑出した才能、ネルーの表現を借りるならば「民衆全体に霊感を与え、熱狂させる力」[*ibid.*, p. 223]に脱帽したのだった。

一九三〇年三月一一日、ガンディーはアーシュラム（道場）の同志七一人とともに、アフマダーバードから南グジャラートの海岸に位置するダンディーに向かう「塩の行進」を開始する。ガンディーらは、インド内外のメディアが注目するなか、二四〇マイルの道程を踏破した。四月六日（一九一九年に全国的ハルタールが行われた日にあたる）、ガンディーらはダンディーで塩を集めることで、塩の独占に象徴されるイギリス支配《ラージ》に対する異議申し立てを行った。その後、各地で違法な塩の生産や販売活動が展開されるとともに、森林法を破る行為、村番税の不払い、酒店や外国製布地を売る店舗のピケットなど、多彩な運動が繰り広げられ、三一年三月までに九万人が投獄された[Bose & Jalal 1998. p. 151]。

「塩の行進」に始まる市民的不服従運動は、世界恐慌の時期と重なった。ジュート、綿花、米といった農産物の価格がとくに一九三〇年から急落するとともに、農村部での信用システムは壊滅的な打撃をこうむり、農民たちの小作料、地租の負担を過大にした。一九一九年から二二年のヒラーファト・非協力運動の背景に第一次大戦後のインフレーションがあり、それが消費者を襲ったのとは異なり、この世界恐慌で苦難をこうむったのはもっぱら生産者だった。

一九二〇—二二年とヒラーファト・非協力運動との違いはいくつか指摘できる。まず、女性の参加である。三〇年一一月一五日の時点で、投獄中の三万人弱のうち、三五九人が女性だった[Brown 1977, p. 124]。主流は都市部の中間層女性であったとはいえ、家庭に居るものと考えられてきた女性たちが、公共領域に登場したことの意味は大きい。

一方で、一九二〇—二二年の運動とは対照的に、「辺境のガンディー」とも呼ばれたアブドゥル・ガッファール・ハーン(一八九〇—一九八八)指導下の「神の下僕《フダーイー・ヒトマトガール》」(別称、赤シャツ隊)が活躍した辺境北西州のような例外をのぞけば、ムスリムからの支持が低調だったという事実は、将来に暗雲を投げかけた。

非暴力を掲げる運動と同時期に、再び、革命的テロリズムも活性化し、チッタゴンでは、シュルジョ・シェーンを指導者とするグループ(アイルランドの独立運動に影響を受けて、「インド共和国軍」と名乗った)が、三〇年四月、同地の武器庫を襲撃し、さらには、ジャララバード丘陵において軍隊と闘った[Dutt 1979[1945]]。イギリス人県知事を拳銃で射殺した二人の若い女性シャンティとシュニティ、白人の集まるクラブへの襲撃を指揮し、服毒自殺したプリティ・ワッデダル(一九一一—三二)などは、非暴力主義運動の枠組みを超えた女性の政治参加を印象づけた。この後、革命的テロリストたちの多くは、獄中で共産主義思想を学び、エリート主義的な行動主義を捨てていく。

三一年三月五日、ガンディーとインド総督アーウィンの間で協定(ガンディー・アーウィン協定もしくはデリー協定と呼ばれる)が結ばれた。これにより運動は一旦停止され、会議派を代表してガンディーがロンドンで開催される第二回円卓会議に参加することになった(ちなみに、第一回円卓会議は一九三〇年一一月から一二月、ロンドンで開催されたが会議派はボイコットした。第三回は一九三二年一一月から一二月の開催。同じく会議派は参加しなかった)。ネルーを含む急進派は協定を運動からの後退として批判した。一方、イギリス権力を代表するインド総督が会議派指導者ガンディーを同等の立場で遇したという事実は、チャーチルなどの保守派や在印のイギリス人官吏たちを激怒させた。なぜ、協定が結ばれたのか。まず、運動が会議派の統制のきかない、貧農層やトライブなどによる急進的な運動へと拡大する様相を見せ始めており、当初は不服従運動を支持したインド実業界からの妥協へのプレッシャーがあったことが考えられる。また、イギリスも会議派の参加しない円卓会議が意味をなさないと認識していた。

三一年九月から一二月にかけて行われた第二回円卓会議では、マイノリティ(ムスリム、シクなどの宗教コミュニティと不可触民などを含む)の代表権をめぐって意見が対立した。結局、ガンディーは何も得ることなく帰国した。アーウィンに代わってインド総督となったウィリンダンは、以前から計画されていた弾圧政策を実施し、ガンディーとの会談も拒否したため、ガンディーは不服従運動を再開するしかなかった(一九三二年一月)。三二年八月、不可触民を含むマイノリティ諸集団に分離代表権を認めた「コミュナル裁定」がイギリス首相マクドナルドによって出されると(そのため「マクドナルド裁定」とも呼ばれる)、ガンディーは不可触民への分離選挙権に断固反対し、「死に至る断食」を敢行した(九月二〇―二六日)。不可触民出身の指導者アンベードカル(一八九一―一九五六)は、圧力に屈し、不可触民への留保議席の増加で妥協した(プネー協定、九月二四日)。

ウィリンダン総督の下での弾圧政策を背景に、三二年一月から三三年三月までの投獄者は一二万人にのぼった。最終的に運動が停止されるのは三四年四月であるが、すでに「三二年の後半までに不服従運動は、明らかに敗北への道を進んでいた」[サルカール 一九九三、四三五頁]。

サイモン委員会の設置（一九二七年一一月）に端を発する、イギリス主導の憲政改革は、三五年のインド統治法に帰結した。インドの国政を左右する統治法の成立過程へのインド人の関与は限られていた。ネルーが「奴隷憲章」と呼んだように、統治法の内容は、英連邦内における白人自治領（これが、インドの穏健派が期待していた当面の到達点だった）と比較するならば、明らかに植民地支配の継続をねらったものだった。一九年のインド統治法との違いは、両頭制を廃止することで州レベルでの責任政府を認め、中央に関しては連邦制を構想した点である。しかし、イギリス政府によって任命される州知事には、インド文官やイギリスの権益、「少数派」問題などに関して大きな権限がゆだねられていた。中央についてみるならば、防衛と外交についてはインド総督が完全に握っており、インド総督は本国のインド担当大臣に責任を負うのみだったし、インド文官の給与、イギリス本国への負債の支払いなども総督が権限をもった。上院・下院からなる連邦議会では、藩王勢力に不釣り合いに多くの議席数が割り当てられていた。これはもちろん、ナショナリズムに対する防波堤としての役割が、イギリスの「コラボレーター」たる藩王たちに期待されていたからにほかならない。ただし、藩王の半数以上が参加することが連邦条項の条件となっており、その条件が満たされることなく、第二次大戦が始まったことで、結局、インド統治法の連邦に関する条項は発効しなかった。

一九三七年、インド統治法のもとで初めての国政選挙が行われた。有権者はそれまでの六五〇万から三〇〇〇万強（成人人口の約六分の一）に拡大した。選挙結果は会議派の大勝におわった。一一の州のうち、連合州、中央州、ビハール、マドラス、オリッサの五州で会議派は絶対多数を獲得し、二〇年代にマドラス管区で議会を支配した正義党Justice Partyや、連合州においてイギリスの肝いりで結党された国民農民党National Agriculturist Partyなどは壊滅した。会議派内部には、選挙への参加、ましてや組閣に対して反対する声、とくに左派からの声が強かったが、組閣への圧力は選挙圧勝の事実の前に後景に退いたのだった。三七年七月、前記五州にボンベイを加えた六州で会議派政権が成立した（同年九月、北西辺境州、翌年一〇月にアッサムを加え、八州となる）。とはいえ、会議派はムスリムへの留保議席四八二のうち五八に候補者をたてたにすぎず、獲得議席は二六にとどまり、それももっぱら北西辺境州からだった。

一方、ムスリム連盟にとって選挙結果は深刻な内容だった。ムスリムの利益を代弁することを掲げた政党だったにもかかわらず、候補者をたてた議席のうち六〇%、議席にして一〇九議席、ムスリム票の五%のみを獲得したにとどまった。ムスリム多数州であるパンジャーブとベンガルで政権をとったのは、連合党 Unionist Party と農民大衆党 Krishak Praja Party といった地域政党だった。前者は若干のヒンドゥーやシク教徒も含む、概して地主の利害を代弁し、後者は、農民の利害を代表すると自称したムスリム政党だった。

会議派州政権は三九年一〇月末に辞職する。第二次大戦の開始とともに九月三日、インド総督リンリスゴウによって一方的にインドの参戦が決定されたことに対する抗議だった。しかし、辞職は、二年数カ月の会議派政権のあいだに明確になってきた諸矛盾(たとえば、会議派内部での左右の対立、腐敗と日和見主義など)が限界点に達する前に栄誉ある撤退を可能にしたという皮肉な見方もできる。会議派政権は抜本的な土地政策を打ち出せず、労働問題についてみるなら、ボンベイの会議派政権は悪名高い労働争議法を三八年に成立させた[Crispin 2007, p. 151; Bandyopadhyay 2008, p. 368]。イギリス帝国主義的見地にたつコープランドは、「後進的で無知な人口が圧倒的である」インドのような国では、イギリスと同じように会議派政権が、自由の侵害に躊躇せず介入したとして、「法と秩序の領域」で「試験に合格した」と評価した[Coupland 1944, Part II, p. 135]。

三〇年代は青年層の間を中心に、社会主義・共産主義の思想が二〇年代に増してさらに浸透した時代であり、すでに二〇年代の末までにイギリスの公安は、産業部門への「共産主義」の蔓延に神経をとがらせていた[Williamson 1976 [1935]]。世界恐慌のもとで主要な資本主義諸国が大打撃を受けているのを横目に経済的な躍進を遂げているかのように見えたロシアは、資本主義の矛盾を解決する唯一のモデルとして、彼らを大いに惹きつけた。三四年には、会議派のなかに社会党が結成された。全インド農民組合 All India Kisan Sabha, 進歩主義作家協会 Progressive Writers' Association の結成はいずれも三六年のことである。

二　国民国家形成への始動とコミュナリズム（「宗教」対立）

サルカールの表現を借りれば、「会議派は植民地権力《ラージ》と対決しながら……自ら権力《ラージ》になりつつあった」［サルカール一九九三、三五四頁］。それでは植民地国家に代わる、いかなる国家が模索されていたのだろうか？　この問題こそ、三〇年代に前景化し、ガンディーとその支持者たちと、ネルーら次世代の会議派左派、会議派右派、そして「マイノリティ」とされたムスリムや下位カースト諸集団との志向が対立し、ときに交差もしながら問われたのだった。ここでは紙幅の都合上、ネルーとガンディーに的を絞って、彼らの国民国家構想について考察する。

前述したように、三〇年代、青年層を中心に社会主義思想が浸透した。彼らのリーダーとして登場したのが、ジャワーハルラール・ネルーである。ネルーは、完全独立の決議を採択したラホール大会（二九年一二月）の議長演説のなかで、「自分は社会主義者でかつ共和主義者である」と公言し（*Selected Works*〈以下SWと略記〉, 4: 192）、急進的な青年層のあいだで絶大な人気を集めた。たとえば、進歩主義作家協会と関係のあったジャーナリスト・作家であるK・A・アッバース（一九一四―八七）は映画館で会議派カルカッタ大会のニュース・リールを見たときから若きリーダー、ネルーに「一目ぼれ」し、それ以降、ネルーはアッバースのアイドルとなった。のちにパンフレットとして出版された、ラホール大会でのネルーの議長演説は「われわれのバイブルであり、多くの文章を暗記していた」とアッバースは自伝に記している［Abbas 1977, p. 86］。

三一年三月、カラーチーで開催された会議派大会は、基本的権利と義務に関する決議を採択したが、決議の背景にはネルーの影響があった[Arnold 2001, p. 190]。決議は「すべての市民は、宗教、カースト、信条、性の別なく、法の前で平等である」ことを謳った[Sitaramayya 1969, p. 463]。カラーチー大会では経済政策に関する決議も採択された。一部の保守派が、社会主義を持ち込んだものとして過剰に反応したとはいえ、その内容は、会議派社会党に参加したカマラデーヴィも指摘したように「社会主義からは程遠いもの」であった。それでも彼女は、基本権決議は、新規なムードを反映し、会議派の新たな一歩をしるしたと評価している[Kamaladevi 1947, p. 32]。三三年に新聞掲載されたのちパンフレットとして刊行されたネルー著『インドは何処へ』は、不服従運動が終息へと向かう沈滞した空気のなか、社会主義インドへの構想を描き、多くの急進派を惹きつけた[Kamaladevi 1947, p. 32; Abbas 1977, p. 87]。

ネルーがラクナウー大会(三六年四月)、ファイズプル大会(同年一二月)と続けて議長に選出されたことは、会議派左派の影響力を示唆していた。ラクナウー大会における議長演説のなかでネルーは次のように述べた。

世界とインドの諸問題を解決する唯一のカギは社会主義にあると、わたしは確信している。この社会主義という言葉を使うとき、わたしは曖昧な人道主義的な意味ではなく、科学的、経済的な意味で使う。……貧困、深刻な失業、インド人民の衰退と従属に終止符を打つ道として、わたしは社会主義以外に道を見出さない。[SW, 7: 180–181]。

ネルーは三六年後半、全国を縦断する選挙活動のなかでも、インド大衆にとっての真の問題は貧困と失業にあると強調し、社会主義がそれを解決すると説いて回ったのだった。

チャンドラ・ボースの議長時代(三八年)、ネルーは国家計画委員会 National Planning Committee の委員長となった。二九の小委員会を抱えた委員会は結局、ネルーの逮捕や第二次大戦勃発で頓挫したが、国家主導の経済発展を目指そうとする潮流の端緒となった。ただし、委員会にはインド資本家もメンバーとして加わっていたことを鑑みるならば、インド資本家層にとっても「後進国」の経済発展のために国家の介入は歓迎されていたことを示している点で興味深い［サルカール　一九九三、四九三頁／Zacharia 2004, p. 96］。

　ネルーがインド・ナショナリズムに国際的視座を付与したことは特筆に値しよう。彼は帝国主義と台頭するファシズムを弾劾し、アジア・アフリカにおける民族運動に対してさかんに連帯を表明した。彼の指導下で、アビシニアの日（三六年五月九日）、パレスチナの日（同年九月二七日）、反戦の日（同年一一月一一日）が設定され、三六年には、彼自身の現時点での最大の関心事は、スペイン内戦であるとまで記した（SW, 7: 493）。日本帝国主義に抗する中国に対して医療使節団を派遣したことも有名である（三八年九月）。こうした国際感覚は、インド独立後のネルーの非同盟外交を予測させるものであった。

　ネルーがめざした国民国家が、平等な諸権利を有する近代的市民からなり、かつ、計画経済による産業化を推し進める国家であったとすれば、ガンディーのそれは、大いに様相を異にした。ガンディーは、三四年一〇月以降、会議派の一党員の身分からも身を引き、新たな「実験」に向かった［Iyer 1990, p. 129］。とはいえ、最高決定機関である執行委員会には出席したし、中央州のワルダーに近い僻村セーヴァグラムにガンディーが三六年、新たに設けた道場には会議派指導者が日参したのであって、会議派に対して絶大な影響力を発揮しつづけたのであるが。

　ガンディーの関心は「建設的プログラム」に傾斜した。「建設的プログラム」として語られる行動のなかには、カーディー（インド製手織り綿布）の普及（国産品愛用《スワデーシー》）、禁酒、ヒンドゥー・ムスリムの融和、不可触制の廃止などが含まれる。とくに三〇年前半以降は、不可触制の廃止、不可触民（彼は、ハリジャン（神の子）という呼称を採用した）の地位向上に力を注いだ。彼は『ハリジャン』紙の創刊、ハリジャン奉仕協会 Harijan Sevak Sangh の結成など、獄中にいる間からハリジャン運動を組織化し始め、釈放されると三三年一一月から数カ月にわたって「ハリジャン・ツアー」で全国をまわり、不可触制に対する人々の意識改革をめざした。この時期にガンディーがハリジャン問題に取り組んだ背景には、前述したような、不可触民への分離選挙権をめぐるアンベードカルとの対立があったであろう。ガンディーによるハリジャンの地位改善をめざす試みについては、その限界が指摘されてきた。もっとも手厳しい批判の一つはアンベードカル自身からのものである[Ambedkar 1991[1945]]。主な批判は、ガンディーがカースト制度そのものを擁護したまま、不可触制を宗教の問題としてとらえ、「真のヒンドゥー教」の汚点、逸脱とみなしたこと、政治権力の分有や不可触民の経済・社会的状況の改善を軽視したこと、運動の主体を不可触民以外のヒンドゥーとしたことなどである。それでも、ガンディーの訴えが不可触制を正当化することを困難にしたという意味で、ハリジャン運動の意義はあった[Parekh 1999]。ネルーはハリジャン運動を含むガンディーの「建設的プログラム」を、「非政治的」な活動として、民族の独立という大義からの逸脱だと感じていたが、ガンディーにとっての「政治」の意味が、狭い意味での政治的独立に限定されていなかったことをネルーは理解しそこなったように思われる。ハリジャンの問題を「土地なしプロレタリアート」の問題とみなし、社会主義によって解決すると予想したネルーはあまりに楽観的であるが(SW, 7: 182)、ネルー的な経済的権利の確立とガンディーが重視した心理的な刷新は、不可触民自身を政治的主体として追及されることになるのである。

ガンディーは一九〇九年の著作『ヒンド・スワラージ』以来、近代的産業化を批判してきた。彼は二五年に結成された全インド手紡ぎ工協会 All India Spinners' Association に加え、三四年、全インド村落産業協会 All India Village Industries Association を立ち上げた。ガンディーは晩年になって基幹産業の国有化を受け入れたと指摘されるが[Hardiman 2003, p. 82]、ガンディーはしばしば、ほぼ自給自足的な村落「共同体《リパブリック》」の集合体を国家の理想として語り、「もっとも統治しない国家が最良の国家である」というソローの言葉をしばしば引用した[Iyer 1990, pp. 128, 347–349, 358–360]。そうした国家に相応しい教育の青写真として提案されたのが「基本的教育に関するワルダー計画」(三七年)といえよう。ワルダー計画は、母語を教授言語とし、学校の自立と、手作業を通じた教育をおもな内容とした[Varkey 1940]。

ネルーと同じくガンディーも貧困と失業の解決に心をくだいた。ただ、前者が社会主義を打ち出したのに対して、後者は農村産業の復興と発展に期待をかけたところに最大の違いがあったといえよう。ロシアの実験に対してガンディーの評価は冷淡であったし、なによりも、ガンディーの意識のなかでは、社会主義と暴力はあまりに強く結びついていた。階級闘争に対峙させてガンディーが打ち出したのが「信託 trusteeship」の理論である。つまり、地主や資本家などが有する財は、農民・労働者の信託を受けて所有しているにすぎず、あたかもわが物のように扱ってはならないとするのである。四一年末に書かれた「建設的プログラム」を集約した文章においても、ガンディーは、「信託ドクトリン」が「揶揄にさらされてきたとはいえ、わたしは固執する」と記した(*Collected Works of Mahatma Gandhi.* LXXV, 1979, p. 158)。実際、共産主義のインドへの浸透を恐れたイギリスは、ガンディーがその歯止めになると期待していたようである[Williamson 1976[1935], pp. 6, 214, 217–218, 297]。

三〇年代は、「ムスリム国家」としてのパキスタン構想を掲げる分離主義的な思想潮流が育ちつつあった時期である。一九三〇年一二月末、アラーハーバードで開催されたムスリム連盟大会において、ウルドゥー詩人・思想家イクバール(一八七七—一九三八)は北西インド地域(パンジャーブ、北西辺境州、バルーチスタン、スィンド)に「ムスリム国家」を築くという構想を提示した[Pirzada 1982, p. 159]。その後、三三—三四年、チョウドリ・ラフマット・アリーら、イギリス留学中のムスリム学生たちによって、上述の地域にカシミールを加えた領域に、構成する地域の頭文字から「パキスタン」という名が与えられた[Cf. Coupland 1947, Part II, p. 199; Hasan 1993]。三七年の選挙後に会議派州政権が成立すると、「ヒンドゥー政党」である会議派による、ムスリムに対する「非道」が横行しているというプロパガンダがムスリム連盟によって行われ(Report of the Inquiry Committee 1938)、会議派内閣の辞任は「解放」として祝われた。

こうした動向は、三八年一〇月、スィンド州ムスリム連盟の会議で採択された決議に「ヒンドゥーとムスリムという二つのネーション」という文言があるように[Pirzada 1982, xx]、ヒンドゥーとムスリムという集団は、宗教のみならず、文化的にも歴史的にも異なった「ネーション」であるという主張(二民族論もしくは二国民論)に収斂していった[*ibid*., p. 341]。さらに「ムスリム国家」が成立すべき地域は、ムスリム多住地域であるベンガルにも拡大し、四〇年三月、ムスリム連盟のラホール大会における決議(パキスタン決議としても知られるが、決議文のなかに「パキスタン」という表現が使われていない)に帰着した。ジンナー(一八七六—一九四八)が主導したパキスタン運動の真意をめぐっては、ジャラールなどから、そもそもパキスタン要求は、会議派やイギリス権力との交渉カードであったにすぎず、分離独立をもたらしたのはむしろ会議派指導部だったという修正主義的見解が示されている[ジャラール 一九九九]。いずれにしろ、ムスリム連盟の主張は、宗教の別なく全インド大衆を代表していると自負してきた会議派にとって挑戦だった。ムスリム固有の権利を主張するイスラーム・コミュナリズムに対して、ヒンドゥー側にもヒンドゥー・コミュナリズムが存在し、三〇年代は、一九二〇年代から引き続き、各地でコミュナル衝突が起こった。ネルー、ガンディーはともにこうした「宗教的」な摩擦に対応をせまられた。

「宗教について、いたって漠然とした考え」しか持っていなかったと『自伝』に記した[Nehru 1980[1936], p. 8]ネルーは、宗教の違いを理由とした対立や政治的要求(コミュナリズム)に対してしばしば苛立ちを隠さなかった。ラクナウ大会の議長演説において、コミュナリズムを「マイナー」な問題だと言及したように(*SW*, 7: 172)、三〇年代を通じて、ネルーはいわゆる「ヒンドゥー・ムスリム問題」は、官職や議席などをめぐる一握りの人間たちのいさかいにすぎず、大衆の関心とはまったく関係ないと繰り返し、コミュナルな思考は「中世的」であるとも見なした(*SW*, 7: 267; 8: 127)。ネルーによれば貧困と失業こそがヒンドゥーやムスリムといった宗教の別なく大衆にかかわる真の問題だった。「政治的、経済的権利がなぜ、宗教的なグループやコミュニティへの帰属に依存するのか、理解に苦しむ」とはネルーの真情だったであろう(*SW*, 4: 187)。インドが独立を達成すれば、宗教コミュニティ間の差異と嫉妬は自然と消える、というのがネルーの（甘い）見通しだった（*SW*, 7: 268）。それでもネルー自身、会議派がムスリム大衆を支持者として取り込み損なっていることも認識し、もっぱらムスリムを対象として「大衆接触《マス・コンタクト》」キャンペーンを開始する（三七年）が、会議派の熱意は感じられず、むしろ、連盟の危機感を煽ることにもなった［Hasan 1993］。

ムスリムの分離主義的な要求に、議会での議席配分などをめぐる権力闘争という側面があったことは間違いない。しかし、アリーガル大学の学生たちが三九—四〇年ころ、「パキスタンを眩い夢、情熱的な目標、地上におけるムスリムのパラダイスの幻想」［*ibid.*, pp. 14–15］として語っていた様子から窺われる熱狂を、ネルーの世俗主義的感性がどこまで理解できただろうか。また、ヒンドゥー・ナショナリストと心性を共有していた、会議派内部の少なからぬメンバーに、ネルーがどこまで有効に対処したであろうか。

ガンディーは『ヒンド・スワラージ』以来、ムスリムとヒンドゥーとの協調がなければスワラージはあり得ないと主張し、いかなる宗教であれ、めざす目標は同じなのだとも説いてきた。ラホール決議に対して、「分離は明白なる偽り untruth を意味します。……（ヒンドゥー教とイスラームが二つの対立する文化、教義であるとする）このような理論を承認することは、私にとって神の否定です。なぜなら、私はコーランの神はギーターの神でもあると全身全霊をもって信ずるからです」［Arnold 2001, pp. 217–218］と、ガンディーらしい抗議の声を挙げた。

あらゆる信仰の根源的な同一性と他宗教への寛容を信じたガンディー自身が、間接的にムスリムの分離主義に隙を与えてしまったように見えるのは皮肉である。理想的な国を「ラーマラージャ」（叙事詩『ラーマーヤナ』に基づく）と呼び、アヒンサー、ダルマ、サティヤーグラハなど、サンスクリット語を多用して独自の世界を築いたガンディーが、二〇年代から三〇年代にかけて「ヒンドゥー」の利害を象徴する人物として受け入れられ［*ibid.*, p. 217］、そのことが、会議派を「ヒンドゥー」の政党であり、会議派の支配は「ヒンドゥー支配《ラージ》」であるといったレトリックへの反論を難しくしたと考えられるのである。

独立後のインドにおいて、少なくとも六〇年代までヘゲモニーを持った、国家と宗教との関係をめぐる理想像は、ネルーの世俗主義とガンディーの宗教的敬虔さの棲み分けだったように思われる。

三　女性の権利とナショナリズム

近代インドの女性の活動に新たな地平を開いた男性指導者としては、ガンディーとネルーが際立っている。ガンディーがインド・ナショナリズムの指導者として登場して以降、民族運動への女性の参加が促進されたことは明らかであるが、その意義について評価は分かれる。バートン・シュタインは、「大量の女性支持者や多くの女性同志associatesにもかかわらず、彼の女性への影響は、個人的にも政治的にも有害だった」[Stein 2010, p. 290]とまで批判する。シュタインの批判はガンディーが繰り返して強調した（女性の）「貞潔」、セックスに対するガンディーの強度な忌避意識を踏まえたものである。

たしかに、第二次フェミニズムの波を経た時代からガンディーの書いた物を読むならば、男女を本質的に相互補完的な存在ととらえたうえでの性的役割分業に対するガンディーの信念は、すぐれて一九世紀ミドルクラス的であり、女性の「貞潔」や性をめぐる立場は息苦しさを覚えるほどである。たとえば四〇年という時期に『ハリジャン』紙に掲載された「女性の役割とは何か？」、「女性と彼女の仕事」という記事には次のようにある。「両者（男女）は基本的に同じであるが、形態において決定的な違いがあるのも同様に真実である。したがって、両者の職業は異ならねばならない。大多数の女性が常に引き受けるであろう母親の責務は、男性がもたない性質を必要とする。女性は受動的で、男性は活動的である。彼女は本質的に家庭の女主人である。彼は稼ぎ手である。」「新たな秩序において、女性はパートタイム労働者であり、彼女の主たる役割は家庭の世話であろう」[Joshi 1988, pp. 315, 317]。

非暴力を唱えたことで有名なガンディーであるが、例外的に「暴力」も許されるとしたのが、強姦の危機に直面した場面であるという点は注目に値しよう。彼によれば、死を恐れず全力で抵抗すれば強姦は防げるのであり、みずから命を絶つことも許された。「売春婦」と見なされていた「デーヴァダーシー」と呼ばれる集団に示したガンディーの潔癖主義的な嫌悪感など、女性の「貞潔」に関するガンディーの執着は強固である。こうしたガンディーの意識を探るとき、南インドの反バラモン運動の指導者E・V・ラーマスワーミ（一八七九—一九七三）が、女性の「貞潔」を重視する価値観こそ女性の抑圧を支えていると主張したことが想起される［Ramasami 1992］。

ガンディーが他の男性インド人政治家と決定的に異なったのは、女性の本質的な性格を固定したうえで（たとえば、「アヒンザー（非暴力）の体現者」といったように）、彼女たち自身にサティヤーグラハ運動のなかに固有の活動の場を提供し、さらには、彼女たちこそ、サティヤーグラハ運動の真の担い手になりえるとして、運動への参加を鼓舞したことであろう。塩の行進に際してガンディーが女性たちにあてて出したメッセージは重要である。

この非暴力の闘いにおいて彼女たちの貢献は男性のそれを上回るべきである。女性を弱き性と呼ぶのは侮辱である。それは男性による女性への不正である。もしも力という言葉で暴力的な力を意味するならば、たしかに女性のほうが暴力的でない。しかし、力をモラルの力とするなら、女性は限りなく男性を凌駕する。……もしも非暴力がわれわれの存在の法であるならば、未来は女性とともにある［Joshi 1988, p. 222］。

ガンディーは同メッセージのなかで、女性に適当な闘争の場として、酒店、外国製布販売店のピケットを提案した。彼によれば、女性によって担われるピケットは非暴力であろうし、モラルに訴えるのに女性ほどふさわしい者はいないからだった。

女性はガンディーの期待を裏切らず、時にはガンディーの思惑を超えて、運動に積極的に参加した。ガンディーの運動はチャルカー（糸紡ぎ車）で糸を紡ぎ、カーディー（インド製手織り綿布）を広めるというように、「家庭」の領域に「政治」を持ち込んだだけではない。酒や外国製布を売る店へのピケットは、「家庭」の女主人とされた女性の責務を公的な領域に拡大するものであり、しかも、それが非暴力的に遂行されるとされるのであるから、既存のジェンダー秩序を大きく踏み外す行為とはみなされにくかったであろう。

女性ナショナリスト、女性運動家、社会主義者アルーナー・アーサフ・アリー(一九〇九—九六)は、ガンディーの聖人のような個性こそ、男性優位の上流・ミドル階層の女性が家を離れて公的な活動に参加する際に男性メンバーから受ける抵抗を乗り越えるのに、もっとも重要な要素だったと回想し、やはり同じような経歴をたどったスチェータ・クリパラーニー(一九〇八—七四)の証言を引用している。「ガンディージー〔「ジー」は敬愛を示す〕のパーソナリティは女性のみならず、彼女の庇護者、つまり夫、父親、兄弟にも信頼を呼び起こした。彼が活動のために提示した行動規範は非常に高かった。したがって、女性が外にでて政治領域で活動しても、家族は彼女がちゃんと保護されているとわかっていた。ガンディージーの指導がなかったならば、こんなに多くの女性が参加しなかっただろう」[Asaf Ali 1991, p. 93; Forbes 1996, pp. 125–126]。

ガンディーがアヒンサー、ダルマといった「ヒンドゥー的」な語彙を駆使し、その結果、運動が「精神化」されたことと相まって、シーター、サヴィートリー、ダマヤンティーといったヒンドゥーの理想的女性像をモデルとして提示したことも、ミドルクラス以上の女性たちにとって「政治参加」を社会的にも心理的にも容易にしたと思われる。ただし、自己犠牲的に夫につくす伝統的なモデルを、インドへの奉仕にまでガンディーが拡大したことに女性たちは自覚的だった[Asaf Ali 1991, pp. 238–239]。ガンディーの影響は、たとえば、北カルナータカ農村部における税不払い運動に参加した女性が、「女性を弱き性と呼ぶのは侮辱である」というガンディーの言葉を引いたというカマラデーヴィの回想を読むならば、都市部のミドルクラスに限定されていなかったことが窺われる[Chattodadhyay 1986, p. 177]。

一方、ネルーの「女性問題」に対するアプローチはより「近代的」である。ネルーは、アラーハーバードの女子高主催の行事にあてたメッセージ（三四年一月）で「われわれの文明、慣習、法はすべて男によってつくられ、自身を優越した地位に置き、女を動産や慰み物として扱うよう手を打った」と断言し、インドの政治的解放とインド大衆の負担を払拭するための運動に参加するほかに、女性独自の解放のための闘いがあると宣言した。さらにネルーは、女子だけに特別の教育が必要であるという説に自分は賛同しないとも、経済的な自立なしには夫への従属が継続するとも述べた（SW, 6: 217–220）。また、同年開催されたマドラスの女性集会でのスピーチでは、「シーター、サヴィートリーなどなどの話が少しばかり多すぎる」と、過去の「栄光」に拘泥する傾向を皮肉った（SW, 7: 481）。

都市部のエリート層を中心として全国的な女性組織が結成されるのは一九一〇年代後半からである。ガンディーはこうした女性組織が掲げた女性選挙権や、家族法の改革、女子教育といった「近代的」な要求をことさら熱心に支持することはなかった。三〇年代半ば、産児制限を支持する声があがり始めるが、ガンディーは自己抑制以外の人工的な方法を断固として否定した。

選挙権をめぐっては、当初、女性への留保議席に否定的でなかった女性活動家も、会議派が成人普通選挙を方針とするとそれにならい、「民族」の要求を優先させた。とはいえ、結局のところ、インド統治法では女性に留保議席が設けられたのであり、その恩恵をうけたのは、エリート女性であったのであるが。

インド統治法によって六〇〇万人ほどの女性が選挙権を得た（これは男性有権者五に対して一であり、このうち二〇〇万人が財産、四〇〇万人が財産をもつ夫の妻として、三〇万人が識字能力による資格だった）［Chattodadhyaya & others 1939, p. 12; Everett 1981］。三七年の選挙では、全国で五六人の女性が選出された。そのうち四一人は女性の留保議席から、一〇人は一般選挙区からの選出、五人は任命だった［Forbes 1996, p. 195; Everett 1981］。ネルーの妹ヴィジャヤ・ラクシュミー・パンディット（一九〇〇―九〇）が連合州の地方自治・公衆衛生大臣となったという事実は、女性の政治決定プロセスへの参与の歴史から重要であるが、議員用住宅に一人で住むことに州首相パントが難色を示し、何かにつけ保護者的ふるまいをしたことをパンディットが回想しているように、女性の行動の自立に困難が伴うという現実は続く[Pandit 2000[1979], pp. 158–159]。

三〇年代、カマラデーヴィのように、社会主義の立場から家事の経済的価値を説く急進的主張も登場する[Chattodadhyaya & others 1939]。こうしたエリート女性による急進的な主張が凝縮しているという意味で、「計画経済における女性の役割」小委員会の報告書は重要である。「計画経済における女性の役割」小委員会は、ネルーを議長として設置された国家計画委員会の下に設けられた二九の小委員会の一つであり（一九三九年六月任命）、委員長のラーニー・ラクシュミバーイー・ラージワデーを含め、三〇人のメンバーすべてが女性から構成されていた。委員会が提出した報告書は、「伝統」を否定しているとか、「男並み」になることを望んでいるかのように読まれないよう注意深く言葉を選びながらも、母、妻、娘といった、家族に結び付いた属性ではなく、市民としての女性個人の権利のあるべき姿を提示している。報告書の起草者たちが希求するところは、以下のように述べられている。

> われわれは男性が新たな世界を征服するためにさっそうと先を進み、女性は赤ん坊を抱えてその後を諦めたように付き従うといった、人種的《ママ》イマジネーションに深く刻印された構図を払拭したい。われわれが思い描く図は、同志である男と女がともに前進し、赤ん坊は両者によって喜びをもってシェアされるという図である[Shah ed. 1947, p. 33]。

同報告書では、教育、職業、団結権、財産、婚姻、選挙権、モラルの同一規範、健康、家事の経済的価値の認知、家事の分担や社会化、さらには時代を先取りするかのように、余暇における平等までが論じられていた。ここで要求された婚姻、相続、離婚、子供の養育権などをめぐる男女の平等への要求は、ヒンドゥーに関しては、インド独立後の一九五〇年代半ば、ネルー政権のもとで本格的に取り組まれることになるのである。

おわりに

一九三五年にインドを訪れたトルコ女性民族主義者・作家ハリデ・エディップ（一八八四—一九六四）がガンディーに、イギリスがインドに与えた最大の貢献は何かと問うたとき、ガンディーはためらうことなく「ネーションフッド」だと答えたという［Edib 2002, p. 56］。「ネーション」の内実については、三〇年代からインド・パキスタン分離独立にいたる時期、様々な潮流が構想と夢を打ち上げ、互いに競った。そのなかで、一部ムスリムによるホームランド構想は、多大な命の損失を伴いながらパキスタンとして帰結した。一方、ガンディーもネルーもそれぞれが、イギリスからの単なる政治的独立にとどまらず（それでは、ガンディーが批判した「イギリス人なしのイギリス支配」でしかない）、より根本的な社会・経済構造の変革や、さらには人々の価値観の変化までを希求したが、その実現はならなかった。ガンディー、ネルーを含む多くの女・男たちの達せられなかった願望の実現は、独立後の困難な道のりの中で、民族運動自体がそうであったように、グローバルな条件に左右されながら模索されていくことになったのである。

【文献一覧】

サルカール、スミット　一九九三『新しいインド近代史Ⅱ』長崎、臼田、中里、粟屋訳、研文出版
ジャラール、アーイシャ　一九九九『パキスタン独立』井上あえか訳、勁草書房
長崎暢子　一九九六『ガンディー——反近代の実験』岩波書店
長崎暢子　二〇〇四「ガンディー時代」辛島昇編『世界各国史7　南アジア史』山川出版社
中村平治　一九六六『ネルー』清水書院
Abbas, Khwaja Ahmad 1977, *I am not an island: An Experiment in Autobiography*, New Delhi: Vikas Publishing House.
Ambedkar, B. R. 1991［1945］, *What Congress and Gandhi have done to the Untouchables*（Dr. Babasaheb Ambedkar Writings

and Speeches, vol. 9), Bombay: Education Department, Government of Maharashtra).
Arnold, David 2001, *Gandhi: Profiles in Power*, Harlow: Pearson Education.
Asaf Ali, Aruna 1991, *The Resurgence of Indian Women*, New Delhi: Radiant Publishers.
Bandyopadhyay, Sekhar 2008, *From Plassey to Partition: A History of Modern India*, Hyderabad: Orient Black Swan.
Bates, Crispin 2007, *Subalterns and Raj: South Asia since 1600*, Abington, Oxon: Routledge.
Bose, Sugata and Ayesha Jalal 1998, *Modern South Asia: History, Culture, Political Economy*, London and New York: Routledge.
Brown, Judith M. 1994, *Modern India: The Origins of an Asian Democracy*, second edition, Oxford: Oxford University Press.
Brown, Judith M. 1977, *Gandhi and Civil Disobedience: The Mahatma in Indian Politics 1928–1934*, Cambridge: Cambridge University Press.
Chattopadhyayya, Kamaladevi & others 1939, *The Awaking of Indian Women*, Madras: Everymans Press.
Chattopadhyay, Kamaladevi 1986, *Inner Recesses Outer Spaces: Memoirs*, New Delhi: Navrang.
Coupland, R. 1944, *The Constitutional Problem in India*, London: Oxford University Press.
Dutt, Kalpana 1979[1945], *Chittagong Armoury Raiders: Reminiscences*, Second Revised edition, New Delhi: People's Publishing House.
Edib, Halidé 2002, *Inside India*, New Delhi: Oxford University Press.
Everett, Jana Matson 1981, *Women and Social Change in India*, New Delhi: Heritage Publishers.
Forbes, Geraldine 1996, *Women in Modern India*, The New Cambridge History of India IV. 2, Cambridge: Cambridge University Press.
Gandhi, M. K. 1979, *The Collected Works of Mahatma Gandhi*, LXXV, New Delhi: The Publications Division, Ministry of Information and Broadcasting, Government of India.
Gandhi, M. K. 1997, *Hind Swaraj and other Writings*, edited by Anthony J. Parel, Cambridge: Cambridge University Press.（田中敏雄訳『真の独立への道（ヒンド・スワラージ）』、二〇〇一年、岩波文庫）
Gandhi, M. K. 2008, *The Essential Writings*, New Edition, ed. by Judith M. Brown, London: Oxford University Press.

Hardiman, David 2003, *Gandhi in His Time and Ours*, Delhi: Permanent Black.
Hasan, Mushirul ed. 1993, *India's Partition: Process, Strategy and Mobilization*, Delhi: Oxford University Press.
Iyer, Raghavan ed. 1990, *The Essential Writings of Mahatma Gandhi*, Delhi: Oxford University Press.
Joshi, Pushpa ed. 1988, *Gandhi on Women*, Ahmedabad: Navajivan Publishing House.
Kamaladevi 1947, *At the Cross-Roads*, edited by Yusuf Meherally, Bombay: The National Information and Publications.
Nehru, Jawaharlal 1973–76, *Selected Works of Jawaharlal Nehru*, vols. 4, 6–8, New Delhi: Orient Longman.
Nehru, Jawaharlal 1980[1936], *An Autobiography*, New Delhi: Oxford University Press.
Pandit, Vijaya Lakshmi 2000[1979], *The Scope of Happiness: A Personal Memoir*, New Delhi: HarperCollins Publishers India.
Parekh, Bhikhu 1999, *Colonialism, Tradition and Reform: An Analysis of Gandhi's Political Discourse*, Revised Edition, New Delhi: Sage Publications.
Pirzada, Syed Sharifuddin ed. 1982, *Foundations of Pakistan: All-India Muslim League Documents: 1906–1947*, vol. II, 1924–1947, Indian Edition, New Delhi: Metropolitan Book Co.
Ramasami, E. V. 1992, *Periyar on Women's Rights*, Madras: Emerald Publishers.
Report of the Inquiry Committee appointed by the Council of the All-India Muslim League to inquire into Muslim Grievances in Congress Provinces, 1938, Delhi: National Printing & Publishing House.
Shah, K. T. ed. 1947, *National Planning Committee Series, Woman's Role in Planned Economy*(*Report of the Sub-Committee*), Bombay: Vora & Co. Publishers.
Sitaramayya, B. Pattabhi 1969[1947], *History of the Indian National Congress*, vol. I(1885–1935), Delhi: S. Chand & Co.
Stein, Burton 2010, *A History of India*, second edition, Chichester: Wiley-Blackwell.
Varkey, C. J. 1940, *The Wardha Scheme of Education: An Exposition and Examination*, Second Edition, London: Oxford University Press.
Vaswani, K. N. ed. 1978, *Sucheta: An Unfinished Autobiography*, Ahmedabad: Navajivan Publishing House.
Williamson, Sir Horace 1976[1935], *India and Communism*, Calcutta: Editions India.
Zachariah, Benjamin 2004, *Nehru*, London and New York: Routledge.

個別史／地域史Ⅲ

在日朝鮮人社会の成立と展開

樋口雄一

はじめに

現在、日本には韓国・朝鮮人五八万人余が居住している。[1]これらの人々は韓国併合以前から労働者、あるいは留学生として居住しはじめて、韓国併合以降は一九四五年の日本の敗戦まで増加し続けていた。この時点で二百数十万人に達していたが、朝鮮の「解放」という事態の中で帰国する人々が多く、戦後日本社会に残ることを選択した人々は六〇万人前後になった。一九四五年以前に渡航し、労働者として働いていたのは大半が農民出身者である。これらの人々は日本による植民地支配下の朝鮮農業の疲弊という事態の中で急激に増加し、日本社会の中で独自の位置を占める在日朝鮮人社会が成立し、現在に至っているのである。在日朝鮮人社会を形成したのは植民地支配の中で暮らせなくなった農民出身者たちであったが、彼らは主に南部米作地域の出身者が多かった。朝鮮農村から、日本にだけでなく「満洲」、中国各地などにも移動しており一九四五年の時点で朝鮮人人口二五〇〇万の内、五〇〇万人が朝鮮外で暮らさざるを得なくなっていた。植民地支配下、労働人口を中心に五分の一の人々が移動した。このこと自体が朝鮮社会に大きな影響を与えていたが、本稿ではこの農民移動の中での在日朝鮮人社会の形成・展開と日本社会の接点を事実に基づいて検証していきたい。

在日朝鮮人史研究、とりわけ戦前期の研究は極めて不十分であり、日本史の中でも関東大震災、戦時労働動員などで一部ふれられることはあっても通史的に位置づけられることは少なかった。さらに韓国史の中でも近年まで問題にされることもなかった。

戦前期の研究状況についていえば、日本国内主要都市、大阪、京都、神戸、横浜、東京などで朝鮮人管理を目的に生活実態調査が実施され、その大半の報告書が復刻刊行されている。戦前期刊行の研究書は存在しない。戦後の研究は当初、在日朝鮮人によって幾つかの研究書が刊行されている。初期には生活史も視野に入れた、朴在一『在日朝鮮人に関する総合調査研究』（新紀元社、一九五七年）があり、その後、在日朝鮮人の労働運動や抵抗を主軸にした朴慶植『在日朝鮮人運動史——八・一五解放前』（三一書房、一九七九年）がある。最近の概説書としてはこの時期を含む姜徳相他著『在日コリアンの歴史』（明石書店、二〇〇六年）などがある。在日朝鮮人の立場から個別テーマの研究は、姜在彦『在日朝鮮人渡航史』（朝鮮研究所、一九五七年）以降、多くの研究書が刊行されている。日本人による研究書は、岩村登志夫『在日朝鮮人と日本労働者階級』（校倉書房、一九七二年）があり、日本労働運動史の中で在日朝鮮人の位置づけをした。この提起に答える在日朝鮮人運動に関する論文も見られる。通史的な研究は、在日朝鮮人の生活史に視点を置いた樋口雄一『日本の朝鮮・韓国人』（同成社、二〇〇二年）、この時期の在日朝鮮人階層分析と「リーダー層」の役割を取り上げた外村大『在日朝鮮人社会の歴史学的研究』（緑蔭書房、二〇〇四年）があり、基礎的統計資料を作成し、その分析を行っている。なお、地域を対象に分析した内藤正中『日本海地域の在日朝鮮人』（多賀出版、一九八九年）、杉原達『越境する民——近代大阪の朝鮮人史』（新幹社、一九九八年）などがある。また、多くの在日朝鮮人の自伝が刊行され、具体的な行動を跡づけることができるが立志伝的なものもある。小熊英二・姜尚中編『在日一世の記憶』（集英社、二〇〇八年）、生活史聞き書き編集委員会編『在日コリアン女性二〇人の軌跡』（明石書店、二〇〇九年）は聞き書きという手法でこの時期を描いている。

ここ一〇年ほどのことであるが韓国におけるこの時期の在日朝鮮人の研究は進み、鄭恵瓊『日帝時代在日朝鮮人民族運動研究』(国学資料院・韓国、二〇〇一年)や金仁徳『日帝時代民族解放運動家研究』(国学資料院・韓国、二〇〇二年)以降に多くの研究者の在日朝鮮人関係図書が刊行されている。

総括的な基礎資料としては、朴慶植編『在日朝鮮人関係資料集成』(第一巻—第五巻、三一書房、一九七五—七六年)、それを補完する朴慶植編『朝鮮問題資料叢書』(一九八二—九一年)の各巻には、強制連行関係資料も含めてこの時期の資料が収録されている。初期の資料集としては小沢有作編『近代民衆の記録一〇　在日朝鮮人』(新人物往来社、一九七八年)がある。個別の資料としては関東大震災関係資料、強制連行関係資料集、協和会資料集などが刊行されている。関東大震災関係資料として最も早い時期に一般書店から刊行されたのは姜徳相・琴秉洞編『現代史資料6　関東大震災と朝鮮人』(みすず書房、一九六三年)であり、その後、琴秉洞編『関東大震災朝鮮人虐殺問題関係史料一—四』(緑蔭書房、一九八九—九六年)、山田昭次編『関東大震災朝鮮人虐殺問題関係史料五(全五冊)』(緑蔭書房、二〇〇四年)がある。強制連行研究については朴慶植『朝鮮人強制連行の記録』(未來社、一九六五年)があり、以降多くの研究書、証言集が刊行されている。資料集としては長沢秀編『戦時下朝鮮人中国人連合軍俘虜強制連行資料集』(緑蔭書房、一九九二年)などがある。現在は資料発掘とそれに基づく実証的な研究が求められている。強制連行研究史については山田昭次・古庄正・樋口雄一『朝鮮人戦時労働動員』(岩波書店、二〇〇五年)の第一章で検討している。

さらに、強制連行については韓国における日帝強占下強制動員被害真相糾明委員会によって、膨大な研究書と資料が刊行されている。炭鉱などのテーマ別、地域別研究書・聞き書き集、写真集、名簿資料集などが刊行されているが少部数である。

なお、この時期を含めた在日朝鮮人史に関する論文は多岐にわたっているが日本国内の専門研究誌としては在日朝鮮人運動史研究会が刊行している一九七七年創刊の『在日朝鮮人史研究』と韓国で刊行されている専門学術誌、韓日民族問題学会編『韓日民族問題研究』は現在も刊行が続けられ、欠くことのできない研究論文が掲載されている。また、各大学紀要などにも論文が散見されるようになっているが、戦時下の在日朝鮮人史研究は蓄積が始まったばかりである。

一　植民地支配下の朝鮮人農民渡航

農民の窮迫

朝鮮は農業国で八割強が農民であり、この内の八割は自小作を含めた小作農民であった。小作条件は厳しく、収穫の六割前後が小作料や水利料、肥料代などの名目で地主に収奪されていた。朝鮮総督府が作成した『朝鮮の農業』(一九四一年)では、「農家戸数二九〇万戸の内、其の約八割二三〇万余戸」の農家の「大部分は年々歳々端境期においては食糧不足を告げ、食を山野に求めて草根木皮を漁り辛うじて一家の糊口を凌ぎつつある」という生活状況にあった。「春窮期」という言葉に象徴されるような窮乏が存在した。また、地主制下に農地を追われた農民は流浪し、総督府官報に掲載されている行路死亡人数だけでも毎年、四千人から五千人に達していた。大半が餓死である(2)。日本渡航者の大半はこうした生活が窮迫した農民の一部であった。また、農民たちの一部は朝鮮南部からも中国東北地区に移住していった。しかし、日本に渡航できたのは最貧層の農民、農業労働者ではなく、日本までの旅費の工面や就労先を見つけることのできた人々であった。植民地下に自作農民が減少し続け、小作農民化していった中で生活の方途として渡航を選択せざるを得なかったのである。日本に渡航するには現地警察の発給する渡航証明が必要で、その発給条件は日本国内に就職先がある者に限られていた。釜山及びその後の渡航港になった麗水での一九三三年以降の渡航阻止数は年間一〇万人を超え、戦時労働動員下にも増加し続けている。この渡航阻止数は戦時労働動員者数より多いのである。この結果、一方で戦時労働動員を行いながら渡航証明の無い者が「密航」という形で渡航し、日本国内では密航取締りが実施され、発見された者は朝鮮に送還されているのである。日本国民とされながら朝鮮人は日本と自由に往来できなかったのである。この日本への管理労働動員者は増大し続けたため、戦時末期には朝鮮内の労働力が著しく不足するまでになっていた。日本国内の朝鮮人導入要因としては、日本労働市場を混乱させないことを前提に日本資本が必要とした者、すなわち就職先が明らかな者のみに渡航証明書が発給されたといえるであろう。

植民地支配下に生活が維持できないという圧力のもとに朝鮮農民の日本渡航者が増大し、一九二四年には一〇万人を超え、四〇年には一〇〇万人を突破し（**表1**）、大阪は朝鮮の「京城」（現在のソウル）に次ぐ朝鮮人の集住地区になっていた。全国の主な土木建築現場、炭鉱・鉱山や主要都市では、必ず朝鮮人の姿を見ることができるようになった。紡績工場などでは多くの朝鮮人女性たちが働いていた。**表1**は内務省警保局調査であるが、一九三〇年の国勢調査では一〇万人余多く、四〇年の同調査では約五万人多い。密航者が多く内務省では把握しきれていなかったと考えられる。したがって、実質人口はさらに多くなり、戦時労働動員者の逃亡者などは把握できなかったと考えられる。

なお、渡航者の中には日本への大学・高等学校などに入学する地主の子弟や商人の子どもたちもいたが、彼らの大半は帰国した。苦学目的で来た人の中には労働者として定住する者もいたが、それも農民出身者であった。

表1　在日朝鮮人増加状況一覧

年	人数（人）
1910	2,246
1915	3,917
1920	30,189
1925	129,870
1930	298,091
1935	625,678
1940	1,190,444
1944	1,936,843

内務省警保局『社会運動の状況』（各年版）などの調査によった.

在日朝鮮人社会の成立と展開

渡航した朝鮮農民たちの前に立ちはだかったのは日本人側からの差別であった。あらゆる業種で日本人労働者との賃金差別があり、職業も限定された職種で、短期間の契約が多かった。条件の良い新しい職を求めて朝鮮人たちは頻繁に移動した。さらに朝鮮人は日本人から住宅を借りることができなかった。このため、国有地など所有権の明確でない場所、飯場跡、河川敷などにまとまって居住するようになり、都市とその周辺には朝鮮人集住地域が成立するようになった。朝鮮人集住地域は一九二三年の関東大震災前後から、大阪、東京、横浜などで成立しはじめていた。朝鮮人集住地域は飯場や朝鮮人が自力で建てた住居も多く、大半が狭く、上・下水道はなく衛生環境も悪かった。こうした永住的な集住地域の成立が在日朝鮮人社会の成立であったと考えてもよいであろう。朝鮮人にとって集住地域は、職の情報や朝鮮食、郷里の情報も得ることができた場所でもあり、とりあえず寝場所も確保できた。助け合いの場所になり、情報交換の拠点になったのである。後には朝鮮食品店や雑貨店、食堂、朝鮮人にとって欠かせない漢方薬店などもできていくようになった。また、郷里との連絡を依頼できる人にも会えた。これが朝鮮人社会が展開する第一歩であったということができよう。こうした経過から同郷者の助け合いによる慶尚南道出身者の多い地域、済州島出身者の地域など、特徴を持つ社会となった。在日朝鮮人社会は日本社会の差別という壁の中で成立し、日本人との混住を伴わない形の集住地域の拡大や居住地域の広がりを持っていくようになった。

在日朝鮮人社会が成立する前後に在日朝鮮人にとって長く語り継がれている衝撃的な事件が、関東大震災であった。

二　帝国本国内の朝鮮人生活

関東大震災下の朝鮮人虐殺

朝鮮人虐殺は、地震という恐怖の中で偶然起きたわけではない。準備されていたというような状況が存在したのである。一つの要因は、主に一九一九年の朝鮮の三・一独立運動以降、朝鮮人を「不逞鮮人」と呼ぶ報道などが浸透し、日本にとって朝鮮人は不逞であるという意識が民衆のなかにも存在したのである。また、朝鮮人を殺害した組織の一つになった自警団が震災前から地域ごとに組織され、活動していたことなどの要因もある。これは松井茂[3]などによって提唱されていた「民衆警察」を具体化した組織が各地にできていたのである。それが警察署で組織していた自警組合・自衛団などであり、地域によって名称が違っていたが、それらの団体が夜回り等をして治安を維持するという活動を行っていた。当然、朝鮮人も警戒対象になっていた。くわえて虐殺数の最も多かったと言われる神奈川県域でも、社会主義者に対し警戒する行動とそれに同調する朝鮮人を危険な者とする見方が新聞などで報じられていた。さらに、地域レベルで日本人労働者と朝鮮人労働者の仕事をめぐる問題や差別に対する抗議行動が「土工」の乱闘として宣伝されていた。こうして朝鮮人を危険と見る考え方が震災前から日本人に浸透し、治安を乱す朝鮮人や社会主義者を警戒するための組織化が地域社会に成立していたのである。朝鮮人に対する流言が広がると同時に各地に自警団が組織され、朝鮮人に対する警戒行動を開始した。日本人被災者の中には、地震の恐怖よりこうした「朝鮮人騒ぎ」の方が恐かったと回想している資料もある。

関東大震災は一九二三年九月一日に起きたが、二日、朝鮮人に対する警戒の呼びかけが政府から行われ、流言が広がった。軍隊と警察、さらに自警団に組織された民衆による朝鮮人に対する虐殺が始まった。その後の政府の隠蔽政策・報道統制と、それ以降、全く調査がされていないために虐殺数は明らかでないが、数千人に達していたと考えられる。埼玉、千葉では、その後報道が解禁されたこともあり、比較的実態が明らかになっているが、殺害数が最も多いと考えられる東京、神奈川は記事の解禁がされず、不明な点が多いのである。これらの地域では個別証言による殺害事実が多く確認できる。[4]

殺害数も重要な論点であるが、歴史的には、日本人民衆が加担したこと、国家が朝鮮人に対する警戒を呼びかけたことは事実として確認する必要があり、植民地を維持しようとしていた国家主導の民衆統制が最も問題とされなければならないであろう。

関東大震災後、朝鮮人殺害の真相糾明と慰霊のための民衆の活動が毎年行われたが、当局による弾圧のため事実糾明と慰霊は敗戦まで待たなければならなかった。また、日本政府による朝鮮人犠牲者の慰霊は、現在に至るまで行われていない。

朝鮮人虐殺の事実は厳しい報道統制の中で朝鮮では広く伝わることなく、その後も東京・神奈川などを含めて震災後の土木工事に従事するため渡航する朝鮮人は増加していった。しかし、在日朝鮮人民衆はこのことを伝え聞いており、敗戦時の混乱の中でふたたび関東大震災のような事態が起きるのではないかと不安を持っていた人々もいた。

在日朝鮮人の言葉と衣食住

渡航当初の在日朝鮮人たちは日本語が不自由であったが、工場では必要最小限の通訳ができる者がいた。土木労働の場合は日本語のわかる親方が数十人の労働者を伴う形で働いている場合が多かった。初期渡航者の中には朝鮮飴売りを職とする者が多く、彼らは簡単な日本語で全国を廻って歩いた。在留期間が長くなり、日本に家族・親戚を呼び寄せて暮らす者が多くなると朝鮮人集住地域が形成され、そこでは朝鮮語で不自由することはなかった。一九三二年に大阪府が一一八三五世帯に生活状態調査しているが、日本語の全くわからない世帯主は二三％になり、よくわかる世帯主は約二三％、日常差し支えのない程度の者が五四％であったとされている［大阪府学務部社会課　一九三四］。なかでも女性の日本語理解は進まず、日本人との接点は主に夫や親方などが担った。

服装については、男性は働きはじめると直ぐに日本の労働服、印半纏などを着用し、外見上は日本人と同様になった。しかし、女性については夫が和服を買い与える場合もあったが大半は朝鮮服のままで、後に協和会統制下に強制されるまでは和服や「もんぺ」を着ることはなかった。

食事については、親方の家族が朝鮮式のそのまま食事を提供していたが、工場で給食のある場合は日本人と同じ食事内容となった。食器は伝統的な真鍮製の食器を持ってきていた場合もあった。しかし、戦時下にこれらの大半は供出させられた。都市集住地域では各種の朝鮮産の食品が販売され、干鱈、朝鮮産の唐辛子などが使われキムチも作られていた。大きな集住地域では朝鮮農村の小規模な市場のような風景も存在したと考えられる。朝鮮人が少ないところでは野菜の種を入手し、唐辛子やニンニクなどを、小規模ではあるが自家用の畑を作って栽培していたのが特徴的である。食事づくりはほとんど男性は行わず女性が担当し、洗濯も朝鮮風に砧《きぬた》でたたいて洗うのが一般的であった。儒教的な生活規範が日本に渡ってからも生きていたのである。したがって、食の内容は女性たちが朝鮮で作っていた食の内容と大きく変わることがなかったと考えられる。

住宅は、作業用の建物が放置されていた所、所有者が明らかでない国有地(河川敷)などに自力で建てた場合、アパート(日本語の堪能な者が借り、入居すると日本人が出ていき朝鮮人のみとなった)、低賃金で雇用するために事業主が建てた場合などがあり、住宅は差別の目に見える象徴でもあった。また、立地は崖下、河川敷など危険な場所もあった。しかし、住みやすくするために寒い地方では朝鮮式のオンドル(床暖房住宅)などが自力で造られていた。

こうした言葉と衣食住をとおして見えてくるのは、彼らが民族としての文化を保持しながら暮らしていたことである。そこには朝鮮人同士の助け合いと伝統が息づいていた。しかも、留学生を除けば渡航者の大半は農村出身者であり、そこの方言と慣行を保持していたのである。また、深刻な差別の壁に取り囲まれていたために、まとまって行動する必要に迫られていた。朝鮮人たちは助け合いのために親戚、あるいは同郷組織や地域組織、労働者組織など、各種団体を作りだしていくようになった。

朝鮮人組織の活動

朝鮮人自身で組織をつくり、活発に活動していた一九三三年の日本全体の朝鮮人団体は**表2**に見られる通りであっ

表2　1933年度の朝鮮人団体一覧(12月末現在)

団体の性格	団体数	構成員数(人)
労働組合など左派系団体	130	12,086
留学生団体	63	3,045
宗教団体	49	5,995
民族主義団体	70	13,524
国家主義団体	13	976
融和親睦団体	659	98,297
計	984	133,923

内務省警保局『社会運動の状況』1933年版から作成．原表では左派系団体は「極左」「社民」「無政府主義」に分類されているがここでは左派系とした．なお，内務省は毎年の『社会運動の状況』の中で団体数などの統計を明らかにしているが，組織人員が10万人を超えている年もある．

た。この年の在日朝鮮人総数は四五万六二一七名であったから、構成員数一三万三九二三人から割り出すと約三〇％弱がなんらかの組織に加盟していたこととなる。加盟者が重複していたこともあると考えられるがかなりの比率である。この時点での女性在住者は一五万〇二一八名で女性の組織率は極めて低かったと考えられ、これに子どもを加算すると約半数以上の男性がなんらかの組織に係わっていたこととなる。特に同郷団体を中心に官憲の分類した融和親睦団体は三九都道府県に存在し、調査年度によって違うが、三三年は秋田、宮城、福島、新潟、徳島、沖縄県を除く、全ての地域になんらかの助け合いのための組織ができていたと考えられる。植民地支配期に本国内での差別の中で暮らす人々の自覚的な行動であった。また、これら団体は機関紙を刊行している組織もあり、非合法の組合機関紙なども刊行されていた。この時点での合法刊行物は五二種に達していた。

在日朝鮮人団体の中で朝鮮人の権利を守る闘いを行っていたのは、一九二五年に結成された在日本朝鮮労働組合総同盟であり、朝鮮の運動とも連繫をとって運動を進めるようになった。社会主義思想の影響を受けた金天海(5)などの人々が中心であった。その後、国際共産主義運動の指示の下に日本共産党と共に活動するようになり、日本労働組合全国協議会(全協)に朝鮮人も参加して活動することになった。朝鮮人女性が民族服を着てメーデーに参加するようにもなっていた。この過程での代表的な争議だけでも、一九三〇年には大阪の岸和田紡績争議、愛知県地方の三信鉄道争議、三一年には多摩川砂利採取労働争議、山梨国道八号線工事の争議などが展開された。当局は朝鮮人の闘いに厳しい弾圧を加え、一九二九年九月時点で在日本朝鮮労働総同盟を中心にした運動に参加していたのは三万二千人に達し、この内、在日本朝鮮労働総同盟は二万三千人を組織していた。しかし、一九三五年には三〇〇人に激減していた。治安維持法で逮捕される朝鮮人も多く、特別高等警察による拷問で死亡した人もいる。さらに労働運動だけではなく、愛知県や大阪などにできた子どもたちのために朝鮮語を教える夜間学校が、当局によって解散させられている。また、大阪、名古屋などの大都市では、ゴム産業などの会社を経営したり廃品回収、各種商業などをはじめる人もおり、在日朝鮮人のなかで資産を蓄え地域有力者として活動するようになる。

一方、朝鮮人の一部には、朝鮮総督府勤務経験のある官僚などと協力し、在日朝鮮人の「内鮮融和」をはかる、とする団体も登場した。その代表的なのは朴春琴(6)などが組織していた相愛会で在日朝鮮人労働運動団体と対立した。しかし、朝鮮人独自の組織と活動は、「内鮮一体」を掲げる団体や相愛会を含めて戦時体制の確立をはかる日本政府と治安当局にとっては、極めて好ましいことではなかった。政府は組織的に対策をとることとなった。

三　戦時統制・動員下の朝鮮人

協和会による朝鮮人統制

日本国内における在日朝鮮人への対応としては、関東大震災直後に総督府の働きかけで「内鮮協和会」などの名称で大阪府、神奈川県、兵庫県に対応組織ができたが、活動は停滞していた。

政府の朝鮮人対策は渡航当初から警察官が担当していた。具体的な朝鮮人の思想調査、移動調査、戸籍把握などが警察管理下に行われていた。このため、一九三四年から大阪府の特別高等警察関係者が中心になり朝鮮人対策を立案し、警察署単位に朝鮮人を組織していく方針が提示され、実践されるようになった。この経過は『特高月報』によって全国の警察に知らされていた。政府による具体的な予算計上のもとで主要都府県で組織化が始まったのは、一九三六年からであった。組織の中心は各警察署で、既存の朝鮮人親睦団体を改編し、警察官を会長にする場合と朝鮮人組織がないところでは警察が直接新たに組織する場合などで、警察中心の矯風会、協和会、内鮮協会などという名称で組織されるようになる。一九三九年には、元朝鮮総督府官僚経験のある関屋貞三朗を会長とする中央協和会が設立された。地域協和会も名称が統一された［樋口　一九八六］。府県の知事が府県会長になっていたが、支部は警察署単位で組織され、支部長は警察署長で特別高等警察課内鮮係が幹事になり、日本人地域有力者や朝鮮人が指導員、補導員という名称で役員になっていた。朝鮮人地域有力者が協和会の役員になったのは特高課の指名であり、断ることなどできなかった。全ての朝鮮人は完全に特別高等課の指導組織の下に参加させられ、戸主には協和会手帳が配布され所持が義務づけられていた。市町村事務は、在日朝鮮人の子どもたちの学校への入学や一部困窮者救済以外は朝鮮人に関与することはなかった。日本人とは別の管理体制下におかれたが、一九四〇年頃から隣組が地域で配給などで機能するようになると朝鮮人はそれにも参加させられるようになり、二重の支配管理下に置かれることになった。朝鮮人集住地域には特高課内鮮係が日常的に出入り、監視していた。

この特高課内鮮係のもとで、神社参拝、日本語学習、和服強要、日本料理の講習会、防火訓練などが実施された。一般日本人と同様に勤労動員にも動員された。朝鮮服への墨塗りや国旗掲揚、神棚の設置なども実施された。これだけではなく、朝鮮で実施された創氏改名、志願兵募集と応募、徴兵は協和会が中心になり、言い換えれば警察が中心になり、在日朝鮮人にも適用された。徴兵は在日朝鮮人にも徹底され、徴兵のための戸籍の整備・届け出が奨励された。在日朝鮮人の「出征」兵を送る風景が日本国内でも見られるようになった。子どもたちに対しては徴兵実施発表以降は就学が奨励され、全国の朝鮮人の子どもに日本人として生きる「協和教育」が行われた。一九四一年末時点で、在日朝鮮人の子どもたちの日本の学校への就学者は一七万六千人余になっていた。この前後に日本で教育を受けたものを合わせると、さらに大きな数字となる。日本語での生活が要求され、朝鮮語を話せない子どもたちが形成され、解放後の朝鮮人としての生活に困難さを加える要因になった。すべて協和会という名のもとで特高課内鮮係の指導下に行われ、逃れることはできなかった。一方、朝鮮人のすべての独自組織は解散させられた。日本政府の政策に賛成する団体である相愛会を含めて朝鮮人同士が連絡することは好ましくないとされ、解体されたのである。こうした経過は日本政府は「内鮮一体」を掲げながら朝鮮人を信じていないことの表れでもあった。朝鮮人の協和会に対する評価は「朝鮮人にとって(その存在は——引用者注)「常識」となり、憎悪の語句となっているものが日本人にとっては全く忘れられている」[朴 一九七四]といわれる存在であった。(7)協和会は在日朝鮮人たちにとって「憎悪」の対象として認識された存在になっていた。

さらに協和会にはもう一つの重要な役割があった。朝鮮からの国家総動員法に基づく戦時労働動員者(8)[山田ほか 二〇〇五]に対する管理・統制であったが戦時労働動員自体についてもふれておきたい。

戦時労働動員と日本国内に於ける処遇

昭和恐慌以降の朝鮮農村では、自作農の減少、小作農化と離村者の増加が一般的になっていた。特に一九三九年の大旱害を契機に日本渡航者が多くなり、一九三八年に成立した国家総動員法に基づいてこの年に五万三千人が動員され、次年度から四五年まで日本国内に限ってみれば総計七〇万人前後が動員された。もちろん、南洋や「満洲国」や中国各地などにも朝鮮人が開拓民などとして組織的に動員されていた。日本国内への動員は深刻な労働力の不足を補うもので、土木、炭鉱、鉱山、工場などに動員された。文字の読めない動員者などは土木、炭鉱へ、皇民化教育を受けた者は工場へ、などの区分をして計画的に動員していた。一九四四年度には国民学校を卒業したばかりの少女まで、不二越、名古屋の三菱重工業などに計五千人前後が動員された。こうした動員は、朝鮮農村内の供出強化、インフレの進行、四二年から四四年までの三年連続の凶作などの植民地支配の強化と矛盾という要因によって、農村社会での生活が困窮の度合いを深め戦時動員が可能になっていたという側面がある。もちろん、動員は強制動員で、徴用期には命令による強制動員に他ならなかった。同時に、朝鮮総督府は農業生産性、すなわち米の増産を計るために、朝鮮南部の米の生産性が低い零細農民を処分する目的で彼らを中心にした動員を示唆していた。一九四三年までの動員は主に朝鮮南部の米作地帯からの動員であった。動員形態は募集・官斡旋・徴用という順に強化され、一九四四年度には日本国内だけで三〇万人を超える人々が強制動員された。

動員された人々の日本国内での労働管理は各企業が行っていたが、当初の訓練などは協和会が要綱を作成し、全国一律に実施されていた。協和会は朝鮮人労働者を管理する労務係を集めて講習会などを開催していた。長時間労働、賃金の強制貯蓄、劣悪な食事、住環境の悪さの中で労働させられた。このため逃亡者が多く、六割以上が逃亡した事業所も珍しくなかった。しかし、彼らには協和会手帳が渡されておらず、捕まる場合が多かった。捕まった際には労務係から暴行を受けることになった。動員は二年契約であったが契約期間の延長を強要された。朝鮮から家族を呼び寄せるなどの手段で動員現場に拘束されることもあった。また、安全無視の増産と労働強化によって多くの犠牲者を出すことになった。死亡者は、炭鉱、鉱山、工場でも日本人より比率が高くなっているが、全国の死亡者数は調査されていない。

協和会は一九四四年一一月に興生会と改称されたが、動員労働者増加に対する管理強化や、一九四四年から徴兵が開始されて、在日朝鮮人、戦時労働動員者も一律に徴兵対象とされていたため、動員強化に対応する目的のものであった。基本的には警察の日本国内の朝鮮人統制の強化であったと言うことができる［樋口 二〇〇九］。

このような管理体制強化下で在日朝鮮人は暮らしていたのであるが、戦時末の空襲では都市に住み続けていた朝鮮人が多かったこと、親戚が田舎にいるわけではなく疎開しにくかったこと、空襲の目標となった工場近くには朝鮮人集住地域もあり、こうした理由から朝鮮人に被害者が多くなった。厚生省の資料によれば総計すると二三万人余の死傷者を出すに至っている。一九四五年での全在住者の一割に達するが、都市居住者に対する比率はさらに大きくなった。一九四五年二―三月にはこれら被災者の帰国が一斉に始まり、規制されていた預金を下ろし帰国しはじめた。総督府は釜山に「帰鮮戦災者相談所」を設置しなければならなくなったほどである(9)(「戦災帰鮮者へ温かい援護の手」朝日新聞西部版、一九四五年三月二二日付記事)。

また、一九四四年末からは重要工場の地下化を強行しており、飛行場などの軍事施設が急増され、工事には多くの朝鮮人が就労していた。

空襲にさらされながらも、朝鮮人集住地域では朝鮮農村で日常的に作られていた濁酒《どぶろく》が作られ、特高が入ってこない夜などには朝鮮語で朝鮮民謡が歌われ、キムチも作られていた。「もんぺ」なども強制されていたが、集住地域では老人と女性の多くは民族服を着ていた。朝鮮語を話せない世代が育っていたものの大人たちは日常的には禁止されていた朝鮮語で暮らしていた〔金 一九七八〕。こうした生活実態の存在が、在日朝鮮人にも「敗戦」「終戦」でなく八月一五日を祖国朝鮮と同じく、「解放」として迎える基盤となっていたのである。在日朝鮮人も朝鮮と同様に「解放」を祝い、翌日から太極旗を作り、宴を設けるような行動が可能であった。朝鮮民族としての主体は失われることなく、植民地支配本国内でも朝鮮人として生き続けていたのである。

おわりに

在日朝鮮人社会の成立は在留する人々が故郷を訪問し、日本への渡航を希望する者を連れ帰り、在日朝鮮人が増加するという側面もあり、戦前期には朝鮮社会と一体となって活発な交流が存在した。なかでも留学生や社会主義運動の経験をした人々は日本在留を認められず送還されたから、朝鮮社会の中に影響を与えていたと考えられる。また、日本に渡航しても差別の厳しさから帰国する人もおり、そうした人を含めると朝鮮社会と往来していた朝鮮人は多く、その社会に一定の影響を与えていたといえる。

一方、日本社会では働く朝鮮人を見ることが多くなり、差別される朝鮮人の姿は、日本社会の奥深くに新たな差別的な朝鮮人認識を増幅させていた。それは植民地支配と重なる形で日本国内の差別意識を高めるという結果をもたらしていた。植民地支配を否定する者を「不逞鮮人」と呼び、日本国内で差別解消を要求する在日朝鮮人を治安を乱す者として、警察による弾圧と監視を強めたのである。日本民衆の大半も警察管理下の在日朝鮮人を危険な存在として監視の目で見るようになっていた。

戦前までの朝鮮人社会は日本人とは居住区も分離し、生活レベルでの日常的な交流は少なく、朝鮮民族としての朝鮮人社会を維持していた。朝鮮人集住地域では、服装は禁止されていた朝鮮服、言葉は朝鮮語が使われており、食事にもキムチや唐辛子が使われていた。また、家庭で行う伝統的な祭祀も維持されていた。警察が強力に進めた協和会による皇民化の影響は朝鮮で育った人々には比較的少なく、朝鮮の生活文化が息づいていた。

深刻だったのは徴兵制と前後して通学が奨励され、協和教育という皇民化教育を受けた人々と日本人社会で働いていた日本育ちの若い朝鮮人男性たちであり、彼らは朝鮮語禁止下で日本語が生活の中心になっていたということから少なからず影響を受けていた。実際、朝鮮語が不自由になっていたのである。そうした人々のために、朝鮮人たちは自力で解放後に民族学校を設立しなければならなかった。さらに解放後に帰国した青年たちが日本に再渡航したのは、郷里で朝鮮語をはなすことが出来なかった、という問題もあった。

なお、戦後体制との関連でいえば、日本政府は朝鮮人の帰国をいそぎ国内治安体制に影響を与えないようにした。警察も協和会に代わる朝鮮人管理組織を残そうとしたが、朝鮮人側から否定された。約六〇万人の朝鮮人が日本での生活を継続したが、協和会に係わった人に対する批判が行われるなど、在日朝鮮人社会に戦前の在日朝鮮人支配のあり方が影響し混乱の要因になっていた。

戦前の日本社会は、異文化、特に朝鮮文化は受け入れられない存在であったが、朝鮮人の活動は日本社会にも影響を与えていた。特に社会運動の中では日本共産党員として行動した朝鮮人たちもあり、多くの争議で共同行動を取ることもあった。この中で朝鮮人を仲間として考える人々も生まれていた。このこと自体が、異質なものを認めないファシズム体制への移行を目指していた当局にとって障害となる存在として弾圧されるが、そのことは歴史的には意義深いことと考えられる。また、一九二五年に日本で設立された朝鮮プロレタリア芸術同盟や作家で芥川賞の候補作品を書いた金史良、詩人の金龍済などは日本社会に広く知られていた。戦時体制移行と共にこうした動きは弾圧・否定されるが在日朝鮮人社会の持っていた側面を象徴しているといえよう。戦前期朝鮮人の植民地支配を否定する独自な動きが日本社会に多様な光を与える可能性を持つ位置にあったことを、在日朝鮮人社会の存在は示していたのである。

（1）　一九四八年の大韓民国と朝鮮民主主義人民共和国の成立以降の叙述は韓国・朝鮮人と表記し、それ以前は在日朝鮮人とする。

（2）　朝鮮人の日本渡航の要因になった植民地下の朝鮮農民の生活状況、農村については樋口雄一『戦時下朝鮮の農民生活誌』（社会評論社、一九九八年）、同『日本の植民地支配と朝鮮農民』（同成社、二〇一〇年）がある。行路死亡人については前者で検証している。

（3）　松井茂は内務官僚。関東大震災前後は警察講習所長で民衆の警察化を提言し、各地の自警団などの設立を奨励していた。韓国内務部警務局長の経験もある。

（4）　関東大震災については個々の殺害事件を含めて、姜徳相『関東大震災・虐殺の記憶』（青丘文化社、二〇〇三年）、山田昭次『関東大震災時の朝鮮人虐殺——その国家責任と民衆責任』（創史社、二〇〇三年）、松尾章一『関東大震災と戒厳令』（吉川弘文館、二〇〇三年）などがある。論文としては国家責任を追及した山田昭次「今日における関東大震災時朝鮮人虐殺の国家責任と民衆責任」（『思想』二〇一〇年一月号）など多数が刊行されている。

(5)　金天海は一八九九年生まれ、本名金鶴義。朝鮮共産党日本総局の責任者で逮捕、釈放を繰り返し、獄中で暮らすことが多かった。一九四五年一〇月に府中刑務所から解放され、戦後在日朝鮮人運動、日本共産党の幹部として活動、朝鮮民主主義人民共和国へ帰国した。金天海の戦前の活動については樋口雄一「金天海について」『在日朝鮮人史研究』一九八八年、がある。

(6)　朴春琴(一八九一―一九七三)は一九三二年と三七年に東京の在日朝鮮人を基盤に衆議院に当選した。相愛会は一九二一年に設立され、全国に支部を組織していたが朴は、実質的な相愛会の指導者。

(7)　協和会については、「満洲国」協和会は知られているものの日本史の世界でも存在に言及した文献は少ない。

(8)　強制連行という用語ではなく戦時労働動員と規定した要因は朝鮮での強制動員、日本での強制労働、民族差別を総称する用語として戦時労働動員と規定した。なお、戦時労働動員数等の数字は主に[山田ほか 二〇〇五]によった。

(9)　在日朝鮮人の大量帰国の始まりであったが、その後の船舶の不足から、朝鮮人の帰国と戦時動員での日本渡航も制限されることとなった。

【文献一覧】

大阪府学務部社会課 一九三四 『在阪朝鮮人の生活状態』大阪府
金鐘在 一九七八 『渡日韓国人一代』図書出版
樋口雄一 一九八六 『協和会――戦時下朝鮮人統制組織の研究』社会評論社
樋口雄一 二〇〇九 「協和会から興生会体制への転換と敗戦後への移行」『海峡』二三号
朴慶植 一九七四 「日帝時期における協和会について」『季刊現代史』五号
山田昭次・古庄正・樋口雄一 二〇〇五 『朝鮮人戦時労働動員』岩波書店

フィリピン独立と国民文化の模索

内山史子

はじめに

一九三五年一一月一五日、フィリピン・コモンウェルス（独立準備政府）が発足した。三四年に米国議会を通過した独立法は、十年後のフィリピン独立と、独立をもって相互無関税の特恵貿易を廃止することを定めており、コモンウェルスはそのための経済構造調整と独立へ向けての統治体制の確立を最重要の課題とした。この独立法は、長年にわたるフィリピン人の独立要求の結果である一方、恐慌の打撃を受けた米国国内の産業利益を保護するために、植民地関係の解消によって米国市場へのフィリピン産農産物の流入とフィリピン人移民を制限し、フィリピン領有の「負担」を減らすことを企図した点で、植民地放棄立法でもあった。満洲事変以降の極東における軍事的緊張の高まりも、フィリピン領有の「負担」を増すものととらえられた。フィリピン国内に目を向けると、三四年独立法は、米国植民地下の特恵的な輸出農業を経済的利益の源泉としてきたフィリピン人エリート層に、米国市場への依存からの脱却と経済的な自立を迫るものであった。一方政治的には、フィリピン人の手になる憲法を制定し、公選制の正副大統領を頂点とする行政府と、同じく公選制のフィリピン議会を有するコモンウェルス体制は、米国植民地下で進行してきたフィリピン国家形成の最終段階であった。

このように、フィリピン・コモンウェルスの成立は宗主国と対峙する民族主義的独立運動の直接の結果ではなく、いわば強いられた自立であった。しかしながら、植民地議会や行政制度を通して統治エリート層の形成が進んでいたフィリピンにおいては、これは「上から」の国家形成の機会ともなり、その動きは国内統治の確立のみならず、国民文化や国民意識の育成にも及んだ。それでは、植民地関係の清算と自立を求められたこの時期に、フィリピンの国民文化として何が構想されたのだろうか。

以下では、米国植民地下におけるフィリピン国家の形成過程と独立法成立の経緯を踏まえて、コモンウェルスの教育政策を手掛かりに、コモンウェルス期の国民文化について考えてみたい。なお、近年出版された米国植民地期フィリピン史研究では、フィリピン通史である[Abinales & Amoroso 2005]、米国植民地統治史である[Golay 1997]、フィリピン独立問題を比米関係から研究する[中野　一九九七、二〇〇二、二〇〇七]などがコモンウェルス期に注目しており、本稿の第一節、第二節においては、出典を示していない部分はこれらを主に利用している。

一　米国植民地下の国家形成

スペインからの独立を目指して一八九六年八月に始まったフィリピン革命は、挫折や混乱を経ながらも、九八年六月のフィリピン共和国独立宣言、そして九九年一月の共和国憲法発布と共和国政府の樹立へと至った。ところが、九八年に米西戦争が勃発し、同年八月に米軍はマニラを占領、一二月にはスペインとの間にパリ平和条約を締結してフィリピンを併合した。このため九九年二月、革命は革命軍と米軍の間のフィリピン・アメリカ戦争(以下、比米戦争)へと突入した。フィリピン革命はフィリピン国家と国民を構想した運動であり、したがってフィリピン側から見れば、比米戦争は生まれたばかりの「国家」を武力で制服しようとする米軍との戦争であった。一九〇二年七月、米軍はフィリピンの平定完了を宣言したが、その後もゲリラ闘争の形をとった地域的な抵抗が各地で続き、フィリピン全土の武力抵抗が制圧されるには、十年近い時間を要した[Ileto 1979; 池端 一九八七/Mojares 1999 等]。

戦闘が続くなか、米国は、フィリピン自治化の方針を掲げ、フィリピン統治の目的はフィリピン人が民主的な政府を運営する能力を身に付けるための後見であると謳った。この方針に従い、公選制議会制度、植民地政府の公職へのフィリピン人登用、大規模な公教育制度などが実施された。このような植民地政策の背景となったのは、ひとつは米国内部で併合反対論が根強かったために米国政府は植民地に人的・物的資源を十分に投入できなかったことと、併合の正当性を主張する必要があったことである。いまひとつは、比米戦争後のフィリピン人の人心掌握、とくに革命軍に関わったエリート層を統治の協力者として取り込まなければならなかったことである[中野 二〇〇二/Abinales & Amoroso 2005 等]。

自治化は、町政府レベルでの公選制導入から始まって漸次拡大し、一九〇七年には一院制のフィリピン議会が開設された。一六年にはフィリピン自治法(ジョーンズ法)が米国議会を通過したことにより、フィリピン議会は全国区制の上院と小選挙区制の下院から成る議会へと改編され(非キリスト教徒地域代表は任命による)、将来の独立が約束された。この選挙制度によって公職に就いたのは、おもに、革命前から地方に政治基盤を持ち、比米戦争では革命軍を指揮した地方エリート層であった。地主層でもあるこれらエリート層の経済権益は、植民地下の特恵的な比米無関税貿易、とりわけ農産品の対米輸出によって拡大した。永野善子によれば、無関税貿易と輸出農業を優遇する植民地政府の金融政策により対米依存の貿易構造が確立するのは一九二〇年代であり、おおむねこの時期に、政治的には自治を特徴とし、経済的にはアメリカに囲い込まれた植民地フィリピンが完成したと考えられる[永野 二〇〇三]。

一九二〇年代にはまた、行政の「フィリピン化」が進み、三〇年代半ばにはいくつかの役職を除いて公職の大部分はフィリピン人によって占められた。これらの人材を養成したのは、英語による大衆的な公教育を底辺とし、一九〇八年に創立された国立フィリピン大学を頂点とする教育制度であった。これにより、国政の上部には、フィリピン大学法学部卒業生を中心に、フィリピン議会を舞台として、地方地主層という政治的・経済的地位や都市での生活を共有する政治エリートが出現した。彼らの多くは独立を自らの政治的主張として支持を集め、革命と比米戦争への関与を政治経歴上の財産とする者も少なくなかった。一方、公教育が輩出した人材の多くは公立学校教員や地方公務員となり、一九二〇年代には英語を共通語とする知識人集団を形成した。またこの頃には、一九〇〇年代初頭に政府奨学生として米国に留学した最初の世代が政治や教育の場で力を持ち始めた。こうして、選挙制度や言論市場を通じて人びとが政治的話題を共有する国民的な政治空間が姿を現した。それはまた、エリート主義的な空間であり、後述するように農民層の間にはこれとは異なる、独立と反米・反地主の主張が結びついた運動が存在した。

このような植民地下フィリピンについて、多くのフィリピン史研究は、長らく、フィリピンをエリートと無知な大衆に二分された社会ととらえ、革命闘争とその後の米国植民地支配下で、私益を追求するエリートが国家の諸制度を利用しつつ、門閥間の結合と政争を通じて利権を争奪し、社会と民衆を支配し続ける様を批判的に描いてきた。そして、民衆を「裏切った」植民地エリートに対する批判は、フィリピン人歴史家にも共有されてきた[McCoy 1994; Constantino 1975 等]。この歴史像は、植民地エリートを無知な大衆を支配する存在と批判し、米国をエリート支配から大衆を守る改革者と定義した、米国の恩恵を語る米国人統治者の言説と通底する。これを最も鋭く批判したのはレイナルド・イレートである。イレートは、比米戦争と植民地化過程における米軍の圧倒的な力の下で、闘争の継続を選択する余地は極めて少なかったことを示唆し、さらにエリートと大衆から成るフィリピン社会像が、この過程で米国人に作られたものであること、その言説が一九二〇年代にはフィリピン人歴史家にも普及したことを論証した[Ileto 1999 等]。

近年のフィリピン史研究は、二〇世紀初頭フィリピンの経験を、比米双方向の相互作用としてとらえ、米国における先住民統治や国民統合の経験がフィリピン統治に投影される一方、植民地における教育、公衆衛生、医療、治安維持等の実施の経験が米国の帝国主義政策を形作ったことに注目する[McCoy 2009等]。また中野聡は、比米戦争の敗戦を受け入れたフィリピンが主権国家として独立するためには、米国が認める「民主的」で「近代的」な統治を確立せざるを得なかったことを論じる[中野 二〇〇七]。これらの研究からは、米国の指導を必要とし続ける「自治に不向きな人種」としてのフィリピン人、さらに、フィリピン人エリートから保護されるべき無知な大衆や後れた非キリスト教徒という枠組みと、米国人―キリスト教徒フィリピン人―非キリスト教徒フィリピン人という人種的に階層化された社会が明らかになる。非キリスト教徒地域が米国の直接統治下に置かれることは、キリスト教徒エリート層にとっては、「国民社会」の分断ではなく、非キリスト教徒地域に対するフィリピン人の統治権の制限として問題化された[Kramer 2009, p. 208]。こうしてフィリピンでは、植民地化と国家形成が一体となって進行し、その過程でフィリピン内部の階層と差別の構造も統治体制に組み込まれた。

二　フィリピン独立法の成立

フィリピン議会では、一九〇七年の開設当初から「独立」が重みを持ち、「即時独立」を主張するフィリピン人と植民地行政府の米国人の間の衝突が繰り返された。とくに与党ナショナリスタ党が支配を確立していく過程では、革命闘争に関わった者たちが、独立要求を政治的主張として支持を集めた。即時独立の要求は、米国から一層の自治化政策を引き出す武器となり、それにより獲得した権限はエリート層の経済的権益を拡大する政策の実施を可能にした。その一方、革命を体験した世代が健在であり、また自治実現の方針が掲げられた米国植民地下のフィリピン社会では、「独立」は政治エリートを超えて共有される理想であったと考えられる。こうしたなか、ジョーンズ法により将来の独立が確約されると、フィリピン議会は、一九一九年から三四年まで九度にわたり米国へ独立使節団を派遣した［Churchill 1983］。

一九二九年、対比無関税措置の是非をめぐる議論をきっかけに米国において独立付与の本格的な検討が始まるなか、同年に大恐慌が米国を襲うと、米国内では農業保護主義と移民排斥論が強まり、その方途としての植民地放棄、すなわちフィリピン独立は一気に現実味を帯びた。とりわけ、フィリピン輸出農業の根幹をなす砂糖と椰子産品は、米国内に競合する農業利害があり、植民地特恵の廃止を求める圧力は強かった。また一九二四年移民法成立後、米国西海岸を中心に安価な労働力としてフィリピン人移民が急増しており、米国内の失業問題とあいまって移民排斥の声が高まっていた。これに対して、一九三〇年の米国議会独立問題公聴会に出席したフィリピン議会独立使節団のマヌエル・ロハス Manuel A. Roxas は、輸出農業の保護を求める議会工作を行う一方、独立の実現を貿易利害より優先することを表明したため、米国議会は独立付与に急速に傾いていった［中野 一九九七、三二一―三三頁］。くわえて、三一年の満洲事変以後の極東情勢は米国議会の孤立主義を刺激し、三三年一月にはハーバート・フーヴァー大統領 Herbert C. Hoover の拒否権行使を覆して、一九三三年独立法（ヘア・ホーズ・カッティング法）が成立した。

同法は、独立手続きとして、自治政府コモンウェルスを発足させ、十年間の準備期間を経て完全独立すること、それに先立ちフィリピンで憲法制定会議を開催し、独立の最終意思確認として憲法承認の国民投票を実施することを定めた。同法はまた、米国への移民を制限する一方、貿易関係については、コモンウェルス前半の五年間は主要な対米輸出品にほぼ現状通りの免税割当を与えるが、六年目からは漸進的に輸出税を課し、独立後は一般関税を課すものとした。無関税貿易に依存するフィリピン輸出農業に深刻な打撃を与える同法に、フィリピン人エリート層は激しく動揺した。使節団を率いて交渉にあたり、米国議会の厳しい空気を知るセルヒオ・オスメーニャ Sergio Osmena はこれを支持したが、マヌエル・ケソン上院議長 Manuel L. Quezon は同法に強く反対し、両者の激しい政争の末にフィリピン議会は同法の受諾を拒否した。しかし、米国にフランクリン・ローズヴェルト政権 Franklin D. Roosevelt 発足後の一九三四年、独立後の陸軍基地放棄の明文化を唯一の修正点とするほぼ同一内容の独立法(タイディングス・マクダフィー法)が再度成立し、ローズヴェルトが将来的な独立法見直しを約束したことを踏まえて、フィリピン議会も一九三四年独立法を全会一致で受諾した。

無関税貿易の廃止という、エリート層にとって厳しい内容にもかかわらず、フィリピン議会が独立法を受諾したことの重要な背景として指摘されるのは、米国内部の事情にくわえて、フィリピンにおける民衆運動の広がりである。一九三一年にはペドロ・カローサ Pedro Calosa の率いるコロルムが、パンガシナン州タユグの町役場を襲撃した。コロルムとは、スペイン植民地期にはキリスト教異端集団を指し、米国植民地下では各地で散発的に発生した千年王国的運動の総称である。植民地政府は彼らを狂信的集団と評したが、彼らが求めたのは独立、土地の分配、警察軍による暴力の排除であった[Terami-Wada 1988, p. 136]。一方、三〇年にベニグノ・ラモス Benigno Ramos に率いられて始まったサクダル運動(サクダルはタガログ語で「抗議」「絶対的(真理)」を意味する)も、ルソン島中部地方を中心に急速に支持を伸ばした。ラモスは、三〇年のカリフォルニア州ワトソンヴィルにおける反フィリピン人暴動とマニラ北高校における米国人教師のフィリピン人差別発言問題を糾弾し、即時独立・反政権・地主支配の打破を掲げて三三年にサクダル党を創設、翌年のフィリピン議会選挙では下院に二名を当選させた。サクダル党は、三四年独立法は即時独立の大義への裏切りだとして憲法制定会議をボイコットし、憲法承認国民投票直前の三五年五月二日に党内急進派がマニラ周辺諸州各地で蜂起、五〇名を超える死者を出した[Terami-Wada 1988, pp. 143–144; 中野 一九九七、五三―五四頁/中野 二〇〇二、一四九頁]。これら二つに共通するのは反米民族主義の主張であり、どちらもエリート層の「親米」的態度と、独立を主張しながら米国との植民地的経済関係の維持に腐心するという欺瞞を糾弾した。またサクダル運動は、一九世紀末の独立運動の中心的人物であったホセ・リサール Jose Rizal を真のリーダーと称え、長く日本に亡命中のフィリピン革命軍将軍アルテミオ・リカルテ Artemio Ricarte の支持を取り付けたことなどにより、米国の植民地化で「未完」に終わったフィリピン革命の「正統な」後継者というイメージを支持者に与えた[Terami-Wada 1988, pp. 148–149；中野 二〇〇七、一四三頁]。

一九三〇年代のルソン島中部地方ではまた、植民地下の農民の階層分化と貧困化を背景に、小作・小農を主体とする農民運動も急速に台頭した。これらの運動はフィリピン社会党(一九二九年創設)やフィリピン共産党(一九三〇年創設)という近代的政治組織と結びつき、地主・小作関係や地主層から成るエリートが支配する政治体制を批判した。コロルムやサクダル運動とは異なり、これらは反米民族主義とは結びつかなかった一方、コモンウェルス下でも勢力を維持し、地主層や政治エリートに脅威を与えた[中野 一九九七、一七八―一八〇頁]。

このように一九三〇年代には、エリートの支配体制に挑戦する運動が活発化すると同時に、議会を中心とした独立運動とは異なる反米民族主義的な独立の主張が、フィリピン革命の記憶と大義に結びつけられて、民衆の間に一定の影響力をもっていた。フィリピン社会では、複数のナショナリズムが、階級と民族の問題と絡み合いながら競合していたと言える。このような状況下で、エリートが独立の大義を軽視することは極めて難しかった。

三　フィリピン・コモンウェルスの発足と一九三五年憲法

独立法の規定に従い、一九三四年七月に憲法制定会議議員選挙が実施され、同月三〇日に二〇二名の議員から成る憲法制定会議が召集された。同会議は、翌三五年二月八日に憲法草案を承認し、二月一九日に一九九名の議員による署名を得て、米国大統領に草案を提出した。三月二三日に米国大統領の承認を受けた後、五月一四日に憲法承認国民投票が実施され、フィリピン共和国憲法(一九三五年憲法)が採択された。その後、憲法に従い正副大統領ならびにフィリピン議会議員選挙を経て、一九三五年一一月一五日に初代大統領をマヌエル・ケソン、副大統領をセルヒオ・オスメーニャとして、フィリピン・コモンウェルスが発足した。フィリピンは、極東の緊張が高まる時期に、対米依存の貿易構造からの脱却と民衆・農民運動の高まりという困難を抱えて、国家形成を進めることになった。このとき、どのような国民共同体が構想されたのか、ここでは憲法制定会議の議論に注目してみたい（以下、憲法制定会議の議論に関しては、内山 一九九九）。

憲法制定会議議員は、非キリスト教徒地域を含むフィリピン全土から選出され、革命経験者から二十代までと幅広い年齢層、約半数が公職経験を持たないという経歴など、従来の政治エリートの枠を超えた「国民的会議」の様相を呈した。その一方、議員は高等教育や弁護士資格の取得を通して比較的均質な知識・文化を共有する知識層でもあり、議論は英語とスペイン語の二言語併用で行われた。フィリピン憲法は、国家のあり方についての、このようなエリート層の総意として起草された。

三五年憲法は、基本理念として、①共和政体の採用、②国家政策としての戦争の放棄、③国防の義務、④子供の養育に対する親の権利・義務と政府の義務、⑤社会正義の推進を掲げた。社会正義の推進とは自作農創設や労働者の保護を指す。そして、これらを実施するための強力な大統領権限がこの憲法の特色である。また、三四年独立法の規定により、英語による教育やコモンウェルス期間中の米国の諸権限なども付則として盛り込まれた。これにくわえて制定会議で議論を呼んだ経済保護主義、国語の制定、婦人参政権なども定められた。

会議では、フィリピン人は「すでに政治的に組織され、民族的伝統に支えられた独自の発展した政治制度を持つ国民」であるという認識が共有されていた[Aruego 1949, p. 93]。この「伝統」とは民主的な統治制度、すなわち米国植民地下で発展してきた議会制度や行政制度の運営と民主主義の精神であるとされ、国家形成とはなによりまず、この「伝統」を維持・発展させることであった。議員たちは、フィリピンが主権国家として認知されるために、この「伝統」を国際的に通用し得る憲法として具現することに心血を注いだ。反面、一九三〇年代に深刻化した社会不安は、「伝統」的体制に対する脅威ととらえられた。そのため、社会主義・共産主義思想の流入を防ぐべく政府に教育機関の監督権が認められる一方、社会の安定には国民の経済生活の向上が不可欠であるという認識のもと、「社会正義」の推進が謳われた。「社会正義」はまた、米国のニューディール政策の理念を取り入れたものでもあり、コモンウェルス下では、強力な大統領権限を手にしたケソンによる「社会正義計画」として遂行されることになった〔中野　一九九七、八一頁〕。

会議を貫いたもう一つの精神はナショナリズムである。とくに民族資本の保護は経済の自立と結びつけられ、天然資源の開発・利用と公益事業への参入をフィリピン国民あるいはフィリピン系比率六〇％以上の資本に限定する条項が採択された。これらは、商業活動において優位を誇る中国人と、麻栽培へ急速に進出した日本人による経済支配に対する警戒感を背景としており、フィリピン国籍の規定にも、国家の経済的利益の保護という観点から血統主義が採用された。ただし、三四年独立法は米国民に対する内国民待遇を定めており、これらの対策は一方で米国との特殊関係を強めるものでもあった〔中野　一九九七、八二―八三頁〕。その一方、独立国家とは独自の文化や文明を持つものであるということは繰り返し表明されたものの、総じて、文化に関する議論は十分に深まらなかった。たとえば国籍条項の議論では、「フィリピン人の血」という表現が繰り返されたが、何が「フィリピン人の血」を成すのかは曖昧なままに終わった。国民文化をめぐっては、唯一、国語制定が重要な議題となったが、何語が国語となるべきかに関しては合意に至らず、フィリピンの言語・地域的多様性を包摂する「独自性」を持つ国語を将来的に作り出すという、いわば理念としての国語が承認された（最終草案において「フィリピン諸語の一つに」基づく国語に修正された）〔内山　二〇〇〇〕。また非キリスト教徒の問題は、主として国会議員の選出方法に関わって議論され、信仰の故でなく「近代的」という基準に照らして「後れている」ことを理由に、非キリスト教徒地域における直接選挙が見送られるなど、

「差別」が憲法で制度化される一方、文化的統合の問題としては認識されていなかった。

このように三五年憲法は、自治によってエリート層が獲得してきた「民主的統治」の経験と知識の集大成であると同時に、国内外の危機に対応して強い政府による「社会正義」の推進とナショナリズムを表明した。この憲法は数度の修正を重ねながら、一九七三年までフィリピン国家の基本法として存続することになる。三八年には女性参政権と非キリスト教徒地域における公選も実現し、この時期に現代フィリピン政治の基本構造が完成したと言える。

コモンウェルス発足後は、ケソン大統領のもと、最低賃金法制定などの「社会正義計画」と、公益事業の設立といった、対米依存的な経済構造からの脱却を目指す経済調整計画が推進された。しかしながら、結果的にこれらの政策は地主制に手を入れることが出来ず、また財政支出の増大を招いて国家財政を圧迫し、ケソンへの権力集中とあわせて、米国との摩擦の要因となった。一方、ローズヴェルトが約束した独立法の見直しは、緊迫の度を増す極東情勢を背景として、米国議会で高まる植民地の即時放棄の気運と、極東外交において日本に対峙する軍事基地として植民地を維持したい米国政府の思惑が相打ちになり、実質的な改正はほとんどなされないまま、第二次世界大戦の勃発を迎えた[中野 二〇〇七等]。コモンウェルス期を通じて、比米関係の将来像は不透明で、フィリピン政府はその関係のなかを揺れ動いたが、その一方、国内においては、「上から」の国家形成が進められた。

四　コモンウェルスの教育政策と国民文化

公教育制度は米国の植民地政策の柱の一つであった。そのため、行政の「フィリピン化」が進み、また早い時期から公立学校教員の大多数はフィリピン人になったが、公教育省長官と公立学校を管轄する教育局長には米国人が就いてきた。コモンウェルスの成立に伴い、この公教育省長官に初めてフィリピン人である副大統領オスメーニャが就任した。教育局長にフィリピン人が就任するのは一九三八年のことになるものの、教育政策は初めてフィリピン政府の方針のもとに決定されることになった。米国植民地下で確立した教育制度の中核は、英語で行われる大衆的で世俗的な初等教育であり、一九三五年の公立小学校数は七七一六校、初等学年（四年間）の就学者数は約九八万人、就学率は約六七％に達していた[Bureau of Education 1936]。また、実業教育の重視や地域住民の啓蒙活動など、学校制度は農村社会の近代化の役割も担ってきた[岡田 二〇〇八／May 2009]。この実績を踏まえて三五年憲法は、無償初等教育制度の維持を明記し、教育の目的を道徳、規律、市民意識、職業能力の育成であると定めた。

コモンウェルス期教育政策の特徴は、教育政策に対する大統領の強い指導力、労農運動の高まりに呼応した道徳教育と実業教育の重視、教育内容の「フィリピン化」――フィリピン社会に即した歴史や地理の教授――の促進であった。大統領主導で実現したのは国語の制定である。一九三六年にケソンの働きかけで国語研究所が設置されると、翌三七年一二月三〇日には大統領令によりタガログ語（マニラ周辺地域の言語）を基礎とする国語の制定が宣言された。この日は国民的英雄ホセ・リサールが一八九六年に処刑された日であり、ケソンは国語の制定を独立の歩みに結びつけてみせた。当時タガログ語を母語としたのは人口の二五％程度であり、この決定は世論の激しい反発を招いたが、一九三九年には正式に国語令が発効し、翌四〇年からは学校における国語の使用が開始されることになった[内山 二〇〇〇]。

コモンウェルス期にはまた、フィリピンの歴史的出来事に関わる行事が数多く制定され、一九三九年には「国民的英雄」や独立闘争の歴史を記した「愛国カレンダー」が作成された。その内容のほとんどは一九世紀の民族運動とフィリピン革命に関わるものであった。なかでもリサールに関わるものが多い。同じ時期、フィリピンの全市町村に対して地域の歴史資料を収集することや（Executive Order no. 138, 1938）、全土の歴史的遺物の調査が指示されるなど（Commonwealth Act no. 169, 1936等）、国民史の構築が進められたと言えるだろう。その反面、米国のマニラ占領四〇周年にあたる一九三八年八月一三日は、主権国家樹立に向かうフィリピンの発展を感謝し、米国の「偉大なる民主主義」に敬意を表するための記念日に指定されるなど、米国支配も国民史に組み込まれた(Proclamation no. 302, 1938)。一方、高校における「農村社会問題」教科の開始、農業問題を理解するための「田植えの日」(Proclamation no. 402, 1939)や労働者を称える「名もなき市民の日」(Bureau of Education Circular no. 4, s. 1937)の実施などは、三〇年代の社会不安に呼応したものであった。

ことにコモンウェルス期の教育内容を特徴付けたのは、愛国心の育成と道徳教育である。愛国心の育成に関わっては、公立小学校と高校に週一度の国旗掲揚式の実施が義務付けられた(Bureau of Education Circular no. 7, s. 1939)。式では、米国国旗とフィリピン国旗が並んで掲揚され、米国国歌斉唱に続いてフィリピン国歌を斉唱、最後に「愛国の誓い」を唱和する。後にこの式の実施は、私立学校にも拡大された。愛国心はまた、一九三八年八月にケソンの号令で始まった「道徳再生」運動の中心的課題とされ、三九年に全学校課程の教育的指針として公布された「国民倫理規定 Code of Ethics」に具体的な行動規範として示された(Executive Order no. 217, 1939)。この頃フィリピン世論は、共産主義と結びついた労農運動の台頭を青年たちの退廃と見なしており、道徳教育の強化を求めて、三八年初頭には公立学校における宗教教育の必修化を求める法案が国論を二分する論争を巻き起こすなど、道徳の育成は社会的関心事であった。「倫理規定」は国民の取るべき行動一六項目を示し、その内容は神への信仰に始まり、市民的義務の遂行(納税、選挙、勤労)、国産品愛用や天然資源開発の国籍規定遵守、清貧な生活等、多岐にわたる。また、これらの道徳の理想的事例はフィリピン史上の人物、とくにリサール、さらにアンドレス・ボニファシオ Andres Bonifacio, アポリナリオ・マビニ Apolinario Mabini 等フィリピン革命の指導者たちの生涯や著作物に求められた。ただし、エミリオ・アギナルド Emilio Aguinaldo(革命政府大統領)やリカルテら、存命中の人物は言及されていない。また、神への信仰にはイスラームも含まれる反面、フィリピン人の「道徳的遺産」はキリスト教に求められた[Boobo 1938]。この一連の運動では、フィリピン人の「怠惰」と「利己主義」が国家的な貧困の原因として繰り返し批判され、とりわけ小地主である「中産階級」と都市の「新興富裕層」が批判の的となった。そして、現在のフィリピン人は過去の英雄たちが勝ち取った自由を謳歌しながらその精神を失っており、過去の理想を取り戻すことが喫緊の課題であるとされた。

このような教育政策は、社会の動揺に対する直接的対応という側面はあるものの、国家形成過程における国民統合と統治体制の強化、すなわち公定ナショナリズムという性格を持っていたと言えるだろう。その下で、国民史の構築や国語の形成など、独自の国民文化も追求された。このナショナリズムは、フィリピン革命と米国植民地下での独立への歩みを結びつけるが、そこからは比米戦争が欠落している。また、フィリピン人の「道徳的遺産」とされたのは、もっぱらキリスト教および自由を求めて闘う精神であり、「東洋で唯一のキリスト教国」という自負からは、非キリスト教徒も欠落していたと言わざるをえない。

五 一九三〇年代の社会と文化

一九三〇年代には「上から」の国家形成が進められる一方で、それに先立つ一九二〇年代には、知識や情報を共有する国民的空間が、選挙制度や教育制度を通じて徐々に姿を現してきた。それでは、この空間はいかなる文化的特徴を持っていたのだろうか。

この国民的空間を担保したのは、まず、交通網・商業網の発達とそれに伴う大衆消費文化の普及であった。比米無関税貿易は、第一次世界大戦後に米国製品の急速なフィリピン進出をもたらし、教育の普及や衛生観念の変化は新たな需要をフィリピン社会に生み出した。また早瀬晋三によれば、一九三〇年代には、高級な米国製品に対して低級だが安価な日本製品の流通が急拡大し、大衆消費文化の拡大に貢献した[早瀬 二〇〇四]。この文化の中心は首都マニラである。米国統治の開始とともに、マニラには、米国人向けの娯楽施設や交流施設が増加した。政治家などマニラに居住するフィリピン人エリートは、そうした施設での交流などを通じて、超地方的な支配階層としての性格を強めていった。一方、千葉芳広によれば、一九二〇年代以降マニラへの労働力移入が増加するとともに、その出身地域が多様化したが、言語集団と地縁・血縁に沿った就業や、フィリピン人、中国人ともに民族別に特定業種に集中するという構造は残った[千葉 二〇〇九]。そうした階層的・民族的に多様な人びとが、商品や娯楽を媒介として、公的空間や商業施設で交わるようになった。

一方、英字新聞や英字雑誌の増加が、新たな文化の浸透を後押しした。新聞・雑誌の総発行部数は一九三三年には九三万一五七三部、三七年には一四七万八一〇八部と拡大を続け、そのうち五割弱を英語紙が占めた[内山 二〇〇〇]。これらは、政治的話題を通じて国民的な政治空間を創出すると同時に、商品広告や家庭欄・社会欄を通じて新たな文化を全土に伝えた。たとえば、公立学校教員向けに発行されていた『*Philippine Journal of Education*』には、石鹸、子供用ミルク、高級文具、革製品、輸入図書などのイラスト入り広告が付きものであり、新聞の社会欄には都市富裕層子弟の社交界デビューや結婚式のニュースが溢れた。知識層は購買層でもあった。一方、山口潔子によれば、この時期に建てられた富裕層の邸宅は米国からの輸入雑誌が伝える米国の風景や建物、家庭生活のイメージを基にしていたが、それは米国人の目には「異国風」であり、いわば「想像のアメリカ」を形にしたものであったという。これらは、現在では、「フィリピン風」家屋と呼ばれている[Yamaguchi 2006]。逆に言えば、米国文化の「フィリピン化」とも呼べるだろう。

こうした文化が地方に波及するうえで、メディアとともに重要な役割を果たしたのが学校である。学校は教育の場であるだけでなく、選挙に関わる啓蒙活動や成人に対する衛生・栄養指導などの校外活動を通して、地域住民の近代化に携わった。同時に学校は、校舎で映画上映が行われることもあるなど、地方社会における知的・物的な「アメリカ的近代」の象徴となり、教員層、なかでも地方には数少なかった米国人教員は、その生活スタイルも含めて「アメリカ」を体現する存在であったと考えられる［岡田 二〇〇八］。一九二〇年代から三〇年代はじめにかけて米国本土への移民が急増したことは、一九二四年移民法やフィリピン農村社会の困窮に加えて、社会のこのような変化の結果、農村部にまで「アメリカへの憧れ」が広まっていたことと無関係ではないだろう。ただし、このような「憧れ」は、比米戦争の忘却と米国の植民地化を恩恵とする植民地言説の受容を前提としていたと、中野聡は指摘する［中野 二〇〇七、一三五―一三七頁］。

この動きは、一面では国民的な文化的空間の出現であるが、文化の均質化の進行でもあり、地方的な民衆文化の衰退は避けられなかった。ただし、この文化的空間は英語だけで満たされたわけではない。一九三九年の英語話者数は依然として全人口の二七％程度にとどまり、また三七年の日刊新聞発行部数は、英語紙八万五四五三部に対して、スペイン語紙が六万二四九七部、タガログ語紙が四万六九八三部を占める。ことにマニラの「タガログ化」は顕著であり、一九三九年センサスによれば、マニラのタガログ語話者数は在住人口の九割を超え、五割強の英語話者数比率を大きく上回る［内山 二〇〇〇］。一九二〇年代以降マニラに非タガログ系移民が増加したことを踏まえると、タガログ語を媒介とする超地方的な空間が限定的ながらも現れつつあったことは確かであり、国語の制定もこの背景を抜きにしては考えられない。また、二〇年代までのタガログ語文学の人気作品は、スペイン統治期から続く韻文を用いた恋愛小説で、場所や時代設定の曖昧さとキリスト教道徳を特徴としていたという［Jurilla 2008］。一九三〇年代には人気作品は新聞小説に移行する一方、タガログ語映画が隆盛を迎えた。その一方、一九二〇年代以降は英語による若い書き手たちも台頭し、同時に、コモンウェルス期になってもフィリピン議会では英語・スペイン語併用が持続するなど、上層エリートを中心にスペイン語文化もいまだ色濃く残っていた。一九三〇年代のフィリピン社会は、地方に地域言語の世界を残しつつ、言語状況的には過渡期を迎えていたと言えるだろう。英語は、確かにスペイン統治期と比べてはるかに広範な国民的空間を生み出した。しかしその空間は階層的に限定され、エリート主義的な性格を持っていたことも否定できず、階級と民族の問題を糾弾する民衆運動とは対立的な関係にあったと言えよう。一方、英語以外の言語では、マニラを中心にタガログ語が言語集団の枠を超え始めていたが、いまだ国民的広がりを持っていたとは言い難い。

おわりに

フィリピン・コモンウェルスの成立は、フィリピン人エリート層に米国からの経済的自立と国家運営の確立を迫るものであった。そのときに彼らが構想した国民共同体はエリート主義的性格を有し、社会経済的階層性や言語的・民族的広がりという点では限界があった。それでもなお、コモンウェルス期には独自の国民文化の育成が追求されたと言えるだろう。同時に、活発化する民衆運動や労農運動は、即時独立や地主制の打破を掲げて、エリートのナショナリズムに挑戦し、それはしばしば、フィリピン革命の正統な後継者をめぐる言説としても現れた。その一方、選挙や植民地教育、さらに消費や娯楽を介して、均質的な文化と意識は広まりつつあったが、この広がりもまだ階層的に限定されていた。

それではコモンウェルスの政策は、フィリピン社会に何らかの文化や意識を生み出したのだろうか。その評価には、その後の日本占領による「中断」と「継続」を繰り込まねばならない。「国民倫理規定」作成委員であったホセ・ラウレル Jose P. Laurel は、占領下の対日協力政府の大統領にすえられたが、日本軍政の「脱アメリカ」と「東洋回帰」の宣伝を好機ととらえて、タガログ語推進など民族主義的政策の実施を試みた。これらは、独立後の国民形成の取り組みに結びついた[Ileto 2004]。また「倫理規定」は、一九七〇年代にフェルディナンド・マルコス大統領Ferdinand E. Marcosによる戒厳令体制下の教育政策で再び注目された。片やサクダル運動を率いたベニグノ・ラモスは、積極的な対日協力を組織してフィリピン史における「裏切り者」となり、共産主義・社会主義系労農運動はフクバラハップ(抗日人民軍)を結成して抗日ゲリラの一角を成したが、独立後は反政府闘争に転じるなど、体制に挑戦した運動は傍流であり続けた。日本占領がもたらしたもう一つの結果は、戦争の破壊によってスペイン統治期の影響も残した植民地文化が文字通り抹殺され[中野 二〇〇八]、苛酷な戦争体験は、フィリピン人にとって米国とともに戦いぬいた戦争となったことである。くわえて、戦争による物的損害の甚大さは、戦後復興における米国への依存を不可避なものとし、フィリピン社会には独立前にも増して米国の影響が強くなった。コモンウェルスの国民文化や国民意識の育成は、このような歴史の展開に位置づけて理解される必要があるだろう。

【文献一覧】

池端雪浦　一九八七　『フィリピン革命とカトリシズム』勁草書房

内山史子　一九九九　「フィリピンにおける国民国家の形成――一九三四年憲法制定議会におけるその方向性」『アジア・アフリカ言語文化研究』五七号

内山史子　二〇〇〇　「フィリピンの国民形成についての一考察――一九三四年憲法制定議会における国語制定議論」『東南アジア　歴史と文化』二九号

岡田泰平　二〇〇八　「関係性の歴史学に向けて――アメリカ植民地期フィリピンの植民地教育をめぐる制度史、史学史、心性史」博士論文、一橋大学大学院言語社会研究科

千葉芳広　二〇〇九　『フィリピン社会経済史――都市と農村の織り成す生活世界』北海道大学出版会

中野聡　一九九七　『フィリピン独立問題史――独立法問題をめぐる米比関係史の研究(一九二九―四六年)』龍渓書舎

中野聡　二〇〇二　「米国植民地下のフィリピン国民国家形成」池端雪浦ほか編『岩波講座　東南アジア史七　植民地抵抗運動

とナショナリズムの展開』岩波書店
中野聡 二〇〇七『歴史経験としてのアメリカ帝国――米比関係史の群像』岩波書店
中野聡 二〇〇八「カルメン・ゲレロ・ナクピルと「マニラの死」――「対象喪失」の同時代史をめぐる予備的考察」『同時代史研究』一号
永野善子 二〇〇三『フィリピン銀行史研究――植民地体制と金融』御茶の水書房
早瀬晋三 二〇〇四「近代大衆消費社会出現の一考察――アメリカ植民地支配下のフィリピンと日本商店・商品」『人文学報』九一号
Abinales, Patricio N. and Amoroso, Donna J. 2005, *State and Society in the Philippines*, Pasig City: Anvil Publishing, Inc.
Aruego, Jose M. 1949, *The Framing of the Philippine Constitution*, Manila, University Publishing Co., Inc.
Churchill, Bernardita Reyes 1983, *The Philippine Independence Mission to the United State 1919–1934*, Manila, National Historical Institute.
Bocobo, Jorge 1938, "Filipino Code of Ethics, Address at the Opening Exercises for Second Semester, University of the Philippines, October 24, 1938", *Philippine Journal of Education*, December Issue.
Bureau of Education 1936, *Thirty-Sixth Annual Report of the Director of Education for the Calendar Year 1935*, Manila.
Constantino, Renato 1975, *The Philippines: A Past Revisited*, Quezon City, Tala Publishing Services.（池端雪浦ほか訳『フィリピン民衆の歴史』井村文化事業社、一九七八年、一、二巻）
Golay, Frank Hindman 1997, *Face of Empire: United States-Philippine Relations, 1898–1946*, Quezon City, Ateneo de Manila University Press.
Ileto, Reynaldo C. 1979, *Pasyon and Revolution: Popular Movement in the Philippines, 1840–1910*, Quezon City, Ateneo de Manila University Press.（永野善子・清水展監修、川田牧人・高野邦夫・宮脇聡訳『キリスト受難詩と革命――一八四〇―一九一〇年のフィリピン民衆運動』法政大学出版局、二〇〇五年）
Ileto, Reynaldo C. 1999, *Knowing America's Colony: A Hundred Years from the Philippine War*, Philippine Studies Occasional Paper Series no. 13, Center for Philippine Studies, University of Hawai'i at Manoa.（一部収録、永野善子編・監訳『フィリピン歴史研究と植民地言説』めこん、二〇〇四年）

Ileto, Reynaldo C. 2004, *The "Unfinished Revolution" of 1943 ?: Rethinking Japanese Occupation and Postwar Nation-Building in the Philippines*. Sophia AGLOS Working Papers Series, no. 1.

Jurilla, Patricia May B. 2008, *Tagalog Bestsellers of the Twentieth Century: A History of the Book in the Philippines*, Quezon City, Ateneo de Manila University Press.

Kramer, Paul A. 2009, "Race, Empire and Transnational History", McCoy & Scarano (eds.), pp. 199–209.

May, Glenn Anthony 2009, "The Business of Education in the Colonial Philippines, 1909–30", McCoy & Scarano (eds.), pp. 151–162.

McCoy, Alfred W. (ed.) 1994, *An Anarchy of Families: State and Family in the Philippines*, Quezon City, Ateneo de Manila University Press.

McCoy, Alfred W. & Scarano, Francisco A. (eds.) 2009, *Colonial Crucible: Empire in the Making of the Modern American State*, Wisconsin, The University of Wisconsin Press.

Mojares, Resil B. 1999, *The War against the Americans: Resistance and Collaboration in Cebu 1899–1906*, Quezon City, Ateneo de Manila University Press.

Terami-Wada, Motoe 1988, "The Sakdal Movement, 1930–34", *Philippine Studies*, vol. 36, no. 2, pp. 131–150.

Yamaguchi, Kiyoko 2006, "The new "American" houses in the colonial Philippines and the rise of the urban Filipino elite", *Philippine Studies*, vol. 54, no. 3, pp. 412–453.

個別史／地域史Ⅲ

タイの立憲革命と文化変容

玉田芳史

はじめに

タイでは一九三二年六月二四日に軍事クーデタが起きた。決行したのは百名余の陸海軍の将校ならびに文官、そして民間人で構成される秘密結社人民党である［村嶋 一九九六、四章］。決起に一般市民は関与していなかった。しかしながら、このクーデタは「革命」とタイで呼び慣わされる通り、政治経済社会文化に大きな影響を与えた。

革命前夜には憲法も国会もなかった。国王は宰相を置かず重要な決定をすべて自ら下していた。この絶対君主親政体制は、生みの親であるチャクリー王朝（一七八二年―現在）の五世王（在位一八六八―一九一〇年）の逝去から二〇年ほどで危機に直面した。一方では、六世王（在位一九一〇―二五年）の散財や第一次世界大戦後の不況で政府財政が逼迫した。そこへ二〇年代末の世界恐慌が追い討ちをかけた。政府は三二年五月の閣議で、「資産家も、商人も、官僚も、王族もみな困り果てている」というお手上げ宣言を検討するほどであった［Nakharin 2003, p. 171］。他方では、民主主義やナショナリズムといった思想が流入し、政治の改革を求める声が登場した。七世王（一九二五―三五年）自身も体制変革の必要性を感じており、憲法公布や代議制導入を模索していた。しかし、踏み切ることができないまま、革命を迎えることになった。直後の三二年九月に、革命は旧体制の「死亡診断書に署名した」に等しい、と王族の一人が記していた[Sirot 1999, p. 154]ように、起こるべくして起きた政変であった。

あらかじめ鳥瞰しておこう。タイは独立を保ったとはいえ、政治面でも経済面でも植民地と大差なく立ち後れていた。進歩や繁栄をもたらしえない絶対王政への不満、ならびに立憲民主主義とナショナリズムへの希求は、教育を受けた人々、すなわち官僚、商人、新聞記者などの間では少なからず共有されていた。人民党も同様である[Nakharin 2003, chap. 4]。同党のナショナリズムには、政府が経済に介入して国民生活の改善を目指すばかりではなく、文化政策を大いに強調するという特色があった。これは、ナショナリズムが主権を奪い取ろうとする相手が、植民地では宗主国であったのに対して、タイでは王室であったことと無縁ではなかろう。人民党は、新体制を安定させるために、王室に代わる忠誠の対象として国民共同体を掲げ、人民に国民意識を抱かせるべく、文化政策に力を入れた。以下では、革命が起きた歴史的背景を眺めた後、革命後に重視された文化政策の内容、政治的歴史的意義を示したい。

一　近代国家形成と絶対王政

近代国家形成と集権化

東南アジアのほぼ全域が欧米列強の植民地となった一九世紀後半に、タイは独立を保ち、近代国家を築き上げた。担ったのは一五歳で即位した五世王チュラーロンコーンである。王は未成年のうちに二度にわたって近隣植民地を訪問して近代的な支配様式に強い感銘を受け、統治改革への意欲を抱いた。首都では貴族が王家を凌ぐ権力を握っていたため、実現するにはまず首都における国王権力の強化を図らねばならなかった。国王は王宮内部で支持勢力の涵養に努めた後、一八九二年四月一日に中央官庁を一新した。大臣一二名中九名は王弟、残る三名のうち二名は七〇年代からの側近であり、もう一名も九四年に引退した。国王はこれにより中央の行政機構をすべて自らの統制下におさめることになった。

五世王が次に取りかかるのは領域支配である。地方に対する支配力は首都からの距離が大きくなるにつれて稀薄になった。英仏の植民地との国境を画定しつつ[Thongchai 1994]、内務省が中央集権化に乗り出した。行政単位を一新して州、県、郡を設置し、首都から派遣する国家公務員を旧来の支配者と置き換えていった。一部が近代的官僚として生き残ることになる首都貴族とは対照的に、地方支配層は近代的教育の価値に気づいたごく少数のものを除き、次世代には庶民の中に埋没していった。旧来の支配者を利用して間接支配が試みられた英領マラヤや蘭領東インドとは異なり、直接支配が徹底されたのである。かくして、一方では地方から首都へ、首都では貴族から国王へという二重の集権化、他方では領域支配を実体化しうる近代的な官僚制の整備を通じて、国王の権力は飛躍的に強化された[玉田 二〇〇一]。

財政や経済の面でも、首都への、王家への資源の集中が進んだ。国家歳入は一九一〇年代半ばまで順調に増加した。一九一九年の歳入は一八九二年の六倍に達していた。新たな税の導入がなかったにもかかわらず、歳入が着実に増えたのは、徴税効率を向上させる近代国家形成の賜物であった。それを助けていたのが、経済規模の拡大であった。一八五五年締結のバウリング条約以降、貿易量は目覚ましく増加していた。輸出額は一八五〇年を一とすると、九〇年には五・七、一九三〇年には二八・九となった。米を筆頭に一次産品が大半を占めていた。そこから生み出される富の多くは首都に集まった。バンコクはチャオプラヤー河の河口近くに位置する河港であり、さらに沿岸航路の便もよかったため、水運中心の時代にすでに物資の最大の集散地であった。政府は一九世紀末以後首都を起点として鉄道網の整備を進め、従来は首都との物流が不便であった地域も首都中心の物流網に組み込んで[柿崎 二〇〇〇]、経済力の首都集中に拍車をかけた。

首都への経済力集中は国王にとって大きな意味を持っていた。王家の家財運営を担う内帑局はタイ最大の資本家であり地主であった。内帑局は一八九〇年の法律により国家予算の一五％を配分されることになり、財政状況が悪化する一九二〇年代半ばまでは一割以上の配分に与り続けた。比率に加えて、国家の財政規模が拡大していたことも重要である。内帑局の資産は利殖のために運用されていた[Chonlada 1986]。一つは株式である。銀行、セメント、石炭、鉄道、電力、海運など様々な民間企業に投資されていた。いずれも当時のタイを代表する企業である[Suehiro 1989]。もう一つは不動産である。とりわけ重要なのは、様々な手法で集積した首都市街地の土地である。内帑局はそこに店舗を建築し賃貸収入を得ていた[田坂・西澤　二〇〇三]。タイの経済規模が拡大し、首都に経済力が集中することは内帑局にとっては好都合であった。王室が、五世王即位時には乏しかった政治力と経済力を飛躍的に強化する過程こそ、近代国家形成の縮図であった。

課税をもっと強化しようとすれば、歳出管理のための代議機関の設置、国王権力に制限をかける憲法の施行といった形での譲歩が必要である。しかしながら、国王はそれに踏み切らなかった。公私の峻別を、国王が嫌ったからではなかろうか。七世王は一九三二年に迎える王朝一五〇周年記念事業に関連して、「何かを作るとすれば、公の利益になるものが大いに好ましい。もし国家の金〔税金〕を使うとすれば、人民の役に立つものを作らなければならない」と内務大臣に指示を出していた[Chatri 2004, p. 257]。これは公私の区別が明瞭ではなかったことを反映している。代議制にしても憲法にしても、監査の対象になるのは私的領域よりも公的領域である。国家が「王家の家産 rat ratcha-sombat」[Nithi 1985, p. 22]であれば、それが公のものとして監査の対象になるのは本意ではなかった。

とはいえ、絶対王政を正当化する努力を怠っていたわけではない。一つは仏教の利用である。仏教徒人民に大きな影響を持つ全国の僧侶を束ねるべく、一九〇二年にサンガ統治法を制定し、仏教僧に単一サンガ組織への帰属を義務づけた。さらに、一〇年にサンガ僧王に就任する五世王の異母弟は、僧が国法をも遵守しなければならないと指摘して、サンガに対する国家の優越を強調していた[石井　一九七五]。

もう一つ大切なのは歴史像の構築である。五世王の別の異母弟ダムロン親王は歴史研究に力を入れ、一九二四年の講演でスコータイ、アユッタヤー、バンコクと続く単線史観を開陳した。石井は、この史観が親王にとって「政治的必然であった可能性が高い」と指摘する[石井 一九九九、九頁]。いつの時代にも首都に権力が集中し、国王が絶対的な権力をふるっていたと親王が説明したのは、現前の絶対王政を擁護するためであった。親王が、他人の手になる一世王年代記に加筆して、国王が絶対的な権力を握っていたと書き改めたのは、その一例である[Saichon 2003, pp. 90–91]。これはタイという国への帰属意識や国王への忠誠心を養う上で一定の効果があった。

官僚制と教育

近代国家の建設は公務員数の増加につながる。常勤の公務員数は一九二五年まで増加の一途をたどっていた。二〇世紀初頭の農務省の職員三千名ほどの学歴を調べてみると、圧倒的多数は中等以下であり、四%あまりが国内の高等教育、三%ほどが外国留学であった。待遇には学歴による差が存在した。初任給でいえば、中等教育組は五〇バーツ前後、高等教育組はその二倍ほど、留学組は四倍ほどであった。入省後の昇給速度にも歴然とした大きな違いが見られた。留学組は断然速かった[玉田 一九九九b]。

留学生の派遣は五世王時代に本格的に始まった。留学費用の主な出所には内帑金(内帑局の資金)、官費、私費があった。最大の留学先であったイギリスの場合、年間およそ四千バーツ(四百ポンドほど)の費用が必要であった。官庁で年間給与総額が四千バーツを超えるものは、職員全体の二%に満たなかった。私費留学が容易ではないため、留学希望者はほぼ例外なく国費留学を目指すこととなった。選抜がもっとも公平な奨学金は一八九八年に始まる国王奨学金であった。これは毎年の中等教育修了試験において全国で成績上位二名に内帑金から下賜された。内帑金がこのように競争式試験に基づいて与えられるのは例外であった。通例は国王の裁量により下賜された。官費つまり官庁の奨学金も競争式のものとそうではないものがあった。試験によらない場合は、情実選抜が横行した。国王が特定の学生に官費を支給するよう命じることも多々あった。こうした裏口が開いていたため、多少裕福で国王や高官と人脈がある場合、まず私費留学をし、後に国費留学生に切り替えてもらうという事例が少なくなかった。

国内の学校教育制度は一九世紀末から整備が始まり、首都集中という特色があった。中等学校は、一九二九年には、総人口の八％を占めるにすぎない首都州に学校の二八％、教員の四九％、生徒の五〇％が集中していた。しかも、中等八年までの教育を一九三二年以前に行った学校は二〇校足らずであり、ほぼすべてが首都に集まっていた。国王奨学金を目指す秀才が集まるのはその中でも数校にすぎなかった。次に、陸軍・海軍・警察の各士官学校、行政官学校、医学校、農学校、師範学校、法律学校、チュラーロンコーン大学といった高等教育機関は、警察士官学校を除いていずれも首都に所在していた。一九一七年創立の唯一の大学チュラーロンコーンで学士号が授与されるようになるのは、医学部で二九年、工・理・文学部で三五年のことであり、それまでは卒業生が学士とはみなされていなかった。革命後まもなく学士号が授与されるようになったという事実は、留学組の特権的地位を温存しようとする政治的な配慮が働いていた可能性をうかがわせる。

身分社会と不満

三二年革命研究の第一人者ナカリンによると、絶対王政を支える二大原則は国王への忠誠と出自であった［Nakharin 1992, p. 7］。身分社会の頂点に君臨する国王こそが留学による身分維持にもっとも熱心であった。五世王は息子や甥の留学に熱心であり、留学帰りの親王を実務経験がほとんどないままに行政官庁や軍の要職に抜擢した。留学は能力にではなく身分にふさわしい官職を求める手段であった。留学は植民地官僚制における本国人を思わせる支配階層を生み出す効果を持っていたといえそうである。植民地のごとき人種の壁がないため、人為的な操作で入手の機会を特権として守る必要がある。恣意的な選抜が行われてこそ身分秩序維持に寄与しよう。典型的には、家柄のよいものが国王からの恩寵により奨学金を下賜され、帰国後は忠勤に励むという仕組みである。見かけ上は学歴、内実では出自がものをいう社会であった[玉田 一九九六b]。これは、現世における不平等は前世に原因があり、来世で上昇を果たそうとすれば現世で徳を積むほかないという仏教の三世因果論には合致していた。

しかし、近代的な教育の普及につれて、そうした伝統的な世界観に疑問を感じるものが増えるのは不可避であった。この点で七世王は時代に逆行していた。治世当初に新設した最高顧問会議のメンバーは五名全員が親王であった。大臣の交代に伴い、閣僚に占める王族の数は六世王治世末の一一名中四名から、一〇名中七名へと倍増した。法律で王族は国王の子と孫に限定されており、公職に就任しうる男性王族は一九二〇年代末には五二名にとどまっていた。これらの王族は多くが留学で高い学歴を備えていたものの、身分にふさわしい官職や権力を願い、身分秩序の維持に格別執着した[Nakharin 2003, pp. 153-156]。たとえば、一九二六年に最高顧問会議で、人民に政治参加の機会を与えるべきかどうかをめぐって議論したとき、とりわけ強く反対したのはイギリス留学から帰国したばかりの若手の王族(四世王の孫の世代)であった[Nakharin 2003, p. 133]。

当時活躍していたジャーナリストは革命直後の七月の新聞に次のように書いた。「王族には賢明なものも愚昧なものもいよう。中には愚昧で尊大なものがいる。これこそが、絶対王政への失望を招いた理由である。出自は当該人物の優秀さを示す指標にはならないということが、日増しに衆目の一致するところとなった」[Sirot 1999, p. 4]。政府は財政状況の悪化に人員削減で対応を試み、官僚の不安や不満をかき立てていた。常勤官僚は一九二八年の四万六四一九名から三二年の四万一七五二名へと四七〇〇名近くが削減された。総数の一割を越える人数である。他方、一九二二年に四万四三一〇名を数えた非常勤官僚は減少傾向となり、三二年には三万五九九名になっていた。三一年には一年間で常勤と非常勤を合わせて六千名以上が削減されていた[SYB No. 18, p. 526]。それに加えて、新規採用も減った結果、歴史上初めて大量の在野知識人が生み出されることになった。そこには新聞記者や著述家として筆を執るものもいた［Nakharin 2003, p. 158］。この点に関連して重要なのは、新聞と読者の増加である。五世王時代には雑誌が四七誌、日刊紙が一七紙であったものが、六世王時代には一二七誌、二二紙へと増加した。さらに七世王時代には一六〇誌、六〇紙へと増え、日刊紙の増加ぶりが顕著であった［Sukanya 1977, p. 102］。官僚に加えて、商売人（たいていは中国系タイ人）の中にもタイ語での受信や発信の能力が優れたものがいた。彼らは出自よりも能力や資力を重視しており、新聞で政治や経済について意見を繰り返し表明した。彼らは、その提言に耳を貸さず眼前の諸問題を解決できない政府への不満を募らせて、統治体制の変革が必要と考えるようになる［Nakharin 2003, p. 160］。新聞のほかに、伝統的には国王に救済や支援を懇願するために用いられていた訴状 dika も重要である。一九二〇年代には、人民の窮状を説明し、打開策を提案する建白書の体裁をとった訴状が登場した［Nakharin 2003, pp. 206–211］。統治対象の臣民ではなく、国民共同体の一員として政治に働きかけようとする人々が姿を現しつつあったといえよう［杉山　一九九七、一〇五頁］。そうした期待に沿うように革命を決行したのが人民党であった。

二　民主主義とナショナリズム

人民党政権の正統性

人民党は革命当日の布告第一号（いわゆる人民党宣言）で、「国は人民のものであって国王のものではない」と述べて人民主権を謳い、①独立維持、②治安秩序維持、③経済生活改善、④平等、⑤自由、⑥教育普及、という統治の六原則を示した。独立維持を筆頭にあげるのは、対外主権を侵害される不平等条約の改正が未了であり、喫緊の課題と目されたためである。人民党は新体制の正統性を人民主権に基づく立憲民主主義におき、一九三二年に憲法を公布施行し、三三年からは総選挙も実施した。しかしながら、立憲民主主義、自由・平等・博愛といった理念を強調しても、それだけでは新体制を安定させるには足りなかった。新体制への反対や批判を行う勢力が存在していたからである。それゆえ、人民党は、経済、社会、教育、外交、軍事など様々な面で改善に尽力し、目に見える具体的な成果を出して人民に新体制の方がよいと納得させ、さらに人民の忠誠を旧体制の象徴である国王から何か他のものに向けさせねばならなかった。

この企てに全面的に取り組むのは、一九三八年に首相に就任したピブーンである。人民党員が最も多く入閣したことからわかるように人民党色の濃い政権であった[Kobkua 1995]。四一年に日本軍が進駐して、文官派指導者プリーディーを閣外に追い出すまでは、挙党政権であった。この政権で、ピブーンは「チャート建設 sang chat」を前面に掲げた。それには二つの顔があり、一つは経済面や軍事面での目に見える成果を出すこと national development であった。殖産興業では「タイ人のためのタイ経済」というスローガンのもと、相次いで国営企業を設立し、外国人の経済活動への規制を強化した[Suehiro 1989, pp. 106–110, 122–130]。同じく経済発展のために、四一年八月一九日には経済問題省を経済省(商工省)と運輸通信省に分割し、前者に工業局を新設した。政府が主導して発展を図るこうした経済ナショナリズムは、革命以前から経済界の一部で待望されていた[Nakharin 1992, pp. 90–97; do 2003, pp. 357–361]。民生面では、四〇年九月一日に公共福祉局を新設し、四〇年一二月からの一年間に土地開墾組合設置法、品種改良法、無職者職業斡旋法、乞食統制法、食品衛生法などの法律を制定し人民の生活改善を目指した。また、教育面では、三九年四月一日に文部省に学術局を設置し職業教育に力を入れ、四〇年八月六日には成人教育部を設置し、学校教育の機会を逸したものへの識字教育に着手した。

もう一つの顔は国民形成 nation building であった。ピブーンは一九四〇年六月二四日の演説で、「タイのチャートはタイ人同胞全員から成り立っています。……チャートとは我々が集まったものであり、我々一四〇〇万人全員がタイのチャートなのです。ですから、チャート建設とはチャートの構成員各自の自己建設なのです」[Phibun 1940, p. 129]と述べている。人民党やピブーンは、チャート（国民＝主権者＝人民全体）を国王よりも上に置く国民主義により新体制の安定を図ろうとした。ところが、大衆の間では国民意識は根付いていなかった。一九三九年の布告では、エスニシティや当人たちの好みに応じて、北タイ人、イサーン・タイ人、南タイ人、イスラーム・タイ人などと分け隔てるのをやめて、皆タイ人と呼ぶべきであるとしている。さらに、四〇年の布告は、タイ人はタイ語の読み書きができなければならず、また出身地・居住地・方言の違いを問わず皆同じタイ人と心得なければならないとしている。これは国民としての一体感がまだ乏しかったことを窺わせる。国民主義に正統性を求めようとするとき、国民が存在しないのであれば、大衆に国民意識を抱かせて国民共同体を実体化することが、論理的に必要であった。そこでピブーンは、チャートの重要性を強調しつつ、国王に代わる主権者の共同体、つまり同じ文化を共有し、仲間意識を抱く人々の集団（＝国民）としての実体をチャートに与えようと努めることになる。

ピブーンは一九三九年に革命記念日の六月二四日をチャートの日（英語なら national day）と定め、以後毎年モニュメントを作り全国各地で大規模な祭典を実施するようになった。最も有名なのは三九年六月二四日に定礎式、翌年六月二四日に落成式が行われた民主記念塔である。もう一つ有名なのは四一年六月二四日に定礎式、翌年六月二四日に落成式が行われた戦勝記念塔である。これは、四〇年一一月から四一年一月にかけてのフランスとの失地回復戦争［村嶋　一九九六、二三二―二三八頁］でチャートのために生命を捧げた人々を慰霊するために建立された。日本の仲裁で領土の回復を果たすことになるその戦争では、国民の支持動員キャンペーンが展開され、「一つの国民という実感を生み出した」[Barmé 1993, p. 170]。当時は重要な政治的意味を与えられていたものをもう一つあげておこう。四二年六月二四日に落成式が行われた「民主主義寺」である。この寺院の正式名称プラシーマハータート寺は仏舎利塔寺院を意味する。仏舎利塔には人民党員一一二名のための納骨場所が用意されていた。建築史家のチャートリーによると、首都に二つ目の仏舎利塔寺を建立するのは一都市に一つという原則から逸脱する挑戦であり、新しい時代の到来を宣言していた[Chatri 2004, pp. 387–404]。

ラッタニヨムと国民文化

ピブーンは記念碑に加えて、最初のチャートの日である一九三九年六月二四日にラッタニヨムと名づけた首相府布告を発表し、「人民がタイという呼称を好んでいる」という理由で、国名を他称のサヤームからタイに変更した。彼はこの日、「タイ人の同胞が外国から十分に賛美される……ようになるには、チャート独自の風習・伝統を持たなければなりません。それについて、政府は今後折に触れて布告を出して、同胞の皆さんに遵守を呼びかける予定です。それは「ラッタニヨム」と呼ぶものです。これを遵守してチャート独自のすぐれた風習へと仕立て上げ、タイ人の子孫の行動指針にするためです。これは文明人が守るべき品行礼儀作法と似通っています」[Phibun 1940, p. 39]と述べていた。ラッタニヨムはこの第一号を皮切りに、四二年一月までに計一二号が出された。その内容を吟味してみると、人民の生活様式や行動様式を改善しようとする文化政策、換言すれば国民文化を創り出そうとする政策であった。

一九四一年一〇月一六日付の「チャートの文化改善の重要性」と題する文書には、チャート建設においては、「国家の様々な面を改善しなければならない。とりわけ文化が重要である。文化はチャートの繁栄、すぐれた規律、調和・進歩と人民のすぐれた道徳を意味し、チャート建設を迅速に達成させ、安定させる手段である。道路や建物が美しく建設され、金銀がうなるほどあっても、住民が低級な文化を持ち、精神が野蛮で衛生観念を知らず、きちんとした服装をせず、理屈抜きにやりやすいことだけをしているならば、我々の国やチャートは文明的と呼ばれず、永遠に発展することもできない。なぜなら安定した土台がないからである。政府はそこでタイ人の同胞の文化を磨き上げ垢を落としきれいにしようと努力している」と記されている[玉田　一九九六a、一三九頁]。ピブーンは文化の改善をチャート建設の一部と位置づけていたのである。

ラッタニヨムは人民の文化を改善しようとする包括的な文化政策に先鞭をつけるものであった。ピブーンはラッタニヨムを補う要請、通達、命令などを次々と打ち出してゆく。それらが遵守された一因は、体系的に政策を推進したことに求めえよう。たとえば政府は一九三九年に、非文明的な習慣である、吐き捨てて公共の場を汚す、口腔衛生に悪いという理由で、キンマを禁止した。口腔衛生に関しては、ピブーンは国防大臣時代の三六年に陸軍医務局に歯科学校を設置し、さらに四〇年には自ら学長を務めるチュラーロンコーン大学に歯学科を開設して、歯科医を育成した。また、歯磨き粉の使用を奨励し、工業省のもとに国営の歯ブラシ工場を開設して生産に努めた［Villa 2006, pp. 92–101］。かけ声だけに終わることなく、口腔衛生推進を支える基盤の整備も行っていたわけである。

とはいえ、多様な文化政策のすべてがただちに遵守されたわけではなかった。このため、政府は一九四〇年一〇月一五日に「チャート文化改善法」を公布・施行し、違反者に罰金刑を科すことを定めた。これに基づいて具体的にどんな文化を遵守しなければならないのかを定めた最初の法律が、四一年九月二三日公布・施行の「タイ人が遵守すべき文化を規定する政令」であった。四二年以後これらの法律や政令は順次改正され、罰則規定が強化される一方、遵守すべき項目が増やされていくことになる。

この点で特筆に値するのは、ピブーンが新しい文化を定着させようとする確固たる姿勢を示していたことである。彼は一九四一年一〇月一六日付の通達でこう述べている。「チャート建設では貧富、性別、年齢を問わず、チャート全体が一緒に進まなければならない。法律による強制にしても、ラッタニヨムの遵守にしても、すべて平等に行わなければならない。たとえば帽子の着用やきちんとした服装について、貧しいものは遵守しなくてもいいなどと政府がいえば、それは貧しいものをタイのチャートの構成員から排除することになる」［玉田 一九九六a、一四二頁］。全員に同一の文化を共有させせようというのは国民文化の創造に他ならず、ナショナリストに典型的な営為であった。ピブーンは新しい文化を浸透させることに精力を傾けていた。彼はタイの指導者としては珍しくたびたびラジオを通じて人民に直接語りかけ、文化改善の必要性を訴えた。また、宣伝局の出版物・ラジオ番組・講演会・映画などを文化政策に積極的に活用し、官僚に文化改善で人民の手本となるよう繰り返し命じてもいた。

振興されたのは、庶民・平等・文明を重視し、大国になるには何が必要かという未来志向の観点から選ばれた文化であった[Chatri 2004, pp. 357-384]。平等重視は特筆に値するように思われる。一九四一年九月一九日付の首相府布告は、誕生日の呼称は、「王族用敬語にならった特別な呼び方を用いる必要はなく、」身分を問わず同一の語 wan koet に統一すべきであると命じている。同趣旨の命令は、太平洋戦争開戦後の事例にいくつか見出せる。四二年五月一五日に、法の前の平等を損ねるという理由で、官等 bandasak を廃止した。同年五月二九日には、重複する一八文字を廃止してタイ語の表記を簡略にし、学習を容易にする首相府布告を出した。同年六月二二日には、微妙な地位や身分の差異を表現するための多数の人称代名詞や諾否表現を、英語並みに簡素化する首相府布告を出した。同年一〇月二八日には、公用文書に用いる数字を「書きやすい」アラビア数字に統一するという通達も出している[玉田 一九九六a、一四二頁]。

ピブーンはこの国民文化創造において「タイ的文化」「タイ文化の復興」というレトリックをたびたび用いた。経済面でのタイ国籍者優先、そしてこうした「タイ」重視のゆえに、彼の文化政策はタイ人を優先し、マイノリティとりわけ中国系住民を差別する人種差別政策であったとの批判を浴びてきた。しかし、ナショナリズムが自国民を大なり小なり優先するのは、ごく自然なことである。それどころか、振興された文化は、精査するならば、「タイ的」あるいは「復興」というレトリックとは裏腹に、また欧化主義という批判に示されるように、すぐれて西洋的であり、タイ人にとっても新奇なものであった。これにはいくつかの理由があったように思われる。何よりもまず、伝統的な固有文化とおぼしきものを強調するのは王室の正当性を強化することになって不都合であった。次に、文明国の装いをまとえば国際社会での気後れがなくなる。最後に、一九二二年に六世王が「私が初めて外国に出かけてから二九年になる。我々の考え方はすっかり様変わりして、ヨーロッパを恐れるのではなく、ひたすら憧れるようになった」と述べた[Phathrawadi 2006, pp. 44–45]ように、西洋化は一九世紀以来目標として多くのものに共有されており、まず上流階級から進み、人民党政権下では庶民へと広まっていった。人民党政権の役割は加速にすぎなかったように思われる。

三　政治とナショナリズム

アンダースンが的確に指摘したように、タイ研究者には国民国家が五世王時代に形成されたと誤解するものが多い[Anderson 1978, pp. 210–211]。その一人は、ピブーンのナショナリズムを厳しく批判して、「官製の国民文化や国民的アイデンティティ」を構築することにより[Chai-anan 1991, p. 72]、国家が国民を呑み込んで同一のものになってしまった[*ibid.*, p. 69]と述べている。しかし、人民全体という意味での国民の形成が成就しないままに三二年革命を迎えたという事実を認識するならば、彼のいう官製国民概念の定着とは、上からの国民形成の完成にほかならないであろう。独立国では政府が大衆の国民化作業を担うのはごく自然なことである。

しかし、その後タイのナショナリズムからは国民主義の色合いが褪せていった。一九四〇年にピブーンは国会で、「警察の捜査によれば、旧体制と新体制はいずれか一方が勝利するまで今後も闘争を続けてゆかなければなりません。終生にわたって、あるいは子供の世代まで、闘争を続けなければなりません。……我々はこの対立に終止符をうちたいのですが、敵〔旧体制支持者〕は子孫代々にわたって戦いを続ける構えを見せています」と語っていた[Phibun 1940, pp. 153–154]。その懸念通りに、人民党時代のチャートに代わって、再び国王が最高の地位に戻った。王室復権は、一九四七年クーデタを決定的な転機としていた。これは、戦時中に抗日運動「自由タイ」の指導者を務め、終戦直後に政界の最高実力者に躍り出た人民党文民派の指導者プリーディーが率いる勢力を打倒するために、陸軍が勤王派と結んで決行した政変であった。翌年首相に返り咲いたピブーンには実権が乏しかった。それを物語るのは、五一年の閣議で民主記念塔を人民党に代えて七世王を顕彰するものへと改造する決定が下されたという逸話である。これは三二年革命の歴史的意義を消し去ろうという企てであった。ピブーンは予算が尽きたという理由で、着手を認めなかった[Chatri 2004, pp. 475-476]。しかし風向きは決していた。五七年クーデタでピブーン政権を打倒すると、チャートの日が六月二四日から、九世王の誕生日一二月五日に変更された。戦前のピブーン政権のナショナリズムは、日本と手を組んだ軍国主義、中国系住民への民族差別、性急な欧化主義といった負の側面ばかりをことさらに強調してほぼ全面的に否定されるようになった。王室は七三年一〇月一四日政変を重要な契機として揺るぎない政治的権威を確立するに至った。さらに七六年一〇月六日クーデタが反発を招くと、王室賛美キャンペーンに一段と力が込められた。こうした政治の変化につれて、ナショナリズムは再びチャートよりも国王を上位におくものへと変質した。歴史家のトンチャイが、「人気取り国王 populist king」を伴った「新しい国王中心ナショナリズム neo-royal nationalism」と呼ぶものである[Thongchai 2001, pp. 62, 64]。

こうした変化が生じたのは、ナショナリズムがきわめて政治的な性格を備えているからである。人民党が国民重視のナショナリズムを謳ったのは、新体制を守るためであった。そこでのチャートにとっての敵とは、煎じ詰めるならば、国王であった。王室が復権を果たせば、反勤王主義としての国民主義の色合いが薄れるのは自然な成り行きであった。ナショナリズムはむしろ王権の擁護に利用されることになる。国民 pracha-chat や民族 chon-chat といった意味明瞭な用語ではなく、国民、民族、国家、あるいはそれ以外の何かの意味が渾然一体となったチャートという用語が使われる限り、この語の意味を読み替えればチャート主義(=ナショナリズム)はカメレオンのように色を変化させうる。たとえば一九九〇年代以後のタイ陸軍は「チャート、仏教、国王、人民のため」というスローガンを掲げており、そこでのチャートは国家を指していると理解すべきであろう。その意味合いが今後も変化しうることはいうまでもない。

【文献一覧】

石井米雄　一九七五　『上座部仏教の政治社会学』創文社
石井米雄　一九九九　『タイ近世史研究序説』岩波書店
柿崎一郎　二〇〇〇　『タイ経済と鉄道一八八五——一九三五年』日本経済評論社
杉山晶子「シャム立憲革命期の「クワーム・キットヘン（意見）」について」『東南アジア——歴史と文化』二六巻、一九九七年、八八——一一二頁
田坂敏雄・西澤希久男　二〇〇三　『バンコク都市所有史序説』日本評論社
玉田芳史　一九九六a　「タイのナショナリズムと国民形成、戦前期ピブーン政権を手がかりとして」『東南アジア研究』三四巻一号、一二七——一五〇頁
玉田芳史　一九九六b　「チャクリー改革と王権強化」『チャクリー改革とタイの近代国家形成』（平成七年度科学研究費補助金・重点領域研究「総合的地域研究」成果報告書シリーズ一一号）、三四——一一一頁
玉田芳史　一九九九a　「タイの官僚養成と教育機会、一八九二——一九三二年」『東南アジア——歴史と文化』二八巻、一九九九年、三——二七頁
玉田芳史　一九九九b　「タイの国民的官僚制と国民形成」木村雅昭・広岡正久編『国家と民族を問いなおす』ミネルヴァ書房
玉田芳史　二〇〇一　「タイの近代国家形成」『岩波講座　東南アジア史五』岩波書店、二一三——二三五頁
村嶋英治　一九九六　『ピブーン』岩波書店
村嶋英治　二〇〇二　「タイ国の立憲革命期における文化とナショナリズム」『岩波講座　東南アジア史七』岩波書店、二四一——二七〇頁
Anderson, Benedict 1978, "Studies of the Thai State: The State of Thai Studies", Eliezer B. Ayal (ed.), *The Study of Thai-*

land, Athens, Ohio: Ohio University Center for International Studies, pp. 195–247.

Barmé, Scot 1993, *Luang Wichit Wathakan and the Creation of a Thai Identity*, Singapore: ISEAS.

Chai-anan Samudavanija 1991, "State-Identity Creation, State-Building and Civil Society", Craig C. Reynolds (ed.), *National Identity and Its Defenders: Thailand, 1939–1989*, Victoria: Centre of Southeast Asian Studies, Monash University, pp. 59–85.

Chatri Prakitnonthakan 2004, *Kanmuang lae sangkhom nai sinlapa sathapattayakam sayam samai thai prayuk chatniyom*, Bangkok: Matichon.

Chonlada Watthanasiri 1986, "Phrakhlangkhangthi kap kanlongthun thurakit nai prathet thai pho. so. 2433–2475," M. A. thesis, Sinlapakon University.

Kobkua Suwannathat-Pian 1995, *Thailand's Durable Premier*, Kuala Lumpur; Oxford UP.

Nakharin Mektrairat 1992, *Kanpatiwat sayam pho. so. 2475*, Bangkok: Munlanithi khrongkan tamra sangkhommasat lae manutsayasat.

Nakharin Mektrairat 2003, *Khwamkhit khwamru lae amnat kanmuang nai kanpatiwat sayam 2475*, 2nd edition, Bangkok: Fadiokan.

Nithi Iosiwong 1985, "Phasathai mattrathan kap kanmuang", *Phasa lae nangsu*, 17(2), pp. 11–37.

Phatthrawadi Phutchadaphirom 2007, *Watthanatham banthoeng nai chat thai: Kanpliang plaeng khong watthanatham khwambanthoeng nai sangkhom Krungthep pho. so. 2491–2500*, Bangkok: Matichon.

Phibun[songkhram], Plaek 1940, *Pramuan khamprasai lae sunthonraphot khong nayokratthamontri*, Bangkok: Krom Khosanakan.

PKPS(*Prachum Kotmai Pracam Sok*), Compiled by Sathien Lailak, *et. al.*, Bangkok: Rongphim Daily Mail.

Pratsani Ketsabut 1987, "Kancat kansuksa phuyai kap nayobai sang chat khong ratthaban comphon po. phibunsongkhram nai chuang pho. so. 2481–2487", M. A. thesis, Chulalongkorn University.

Saichon Sattayanurak 2003, *Somdet kromphraya damrongrachanuphap kansang attalak "muang thai" lae "chan" khong chao sayam*, Bangkok: Matichon.

Sirot Khlamphaibun, 1999, *Raengngan wican cao: prawatisat ratsadon phu hankla thathai sombunranayasit thai*, Bangkok: Matichon.

Sopha Chanamun 2007, *"Chat Thai" nai thatsana panyachon hua kaonao*, Bangkok: Matichon.

Suehiro Akira, 1989, *Capital Accumulation in Thailand 1855–1985*, Tokyo: The Centre for East Asian Cultural Studies.

Sukanya Tirawanit 1977, *Prawat kan nangsu phim nai prathet thai phaitai rabop sombunranayasitthirat*（*pho. so. 2325–2475*）, Bangkok: Thaiwatthanaphanit.

SYB（*Statistical Year Book of the Kingdom of Siam*）*pho. so. 2476–77*（*1933–35*）, No. 18, Bangkok: The Bangkok Times Press, 1935.

Thongchai Winichakul 1994, *Siam Mapped*, Honolulu: University of Hawai'i Press.（石井米雄訳『地図が作ったタイ』明石書店、二〇〇三年）

Thongchai Winichakul 2001, "Prawatisat thai baep racha chatniyom", *Sinlapawatthanatham*, 23（Nov 2001）, pp. 56–65.

Villa Vilaithong 2006, "A Cultural History of Hygiene Advertising in Thailand, 1940s–Early 1980s", Ph.D. thesis, The Australian National University.

トピック・コラム

排日教科書と歴史認識問題

砂山幸雄

日中間の教科書問題と言えば、日本の歴史教科書検定に対して中国側から起こった一連の批判、あるいは近年日本国内で強まった中国の愛国主義教育への批判を思い浮かべる人が多いだろう。いずれにせよ比較的新しい問題と考えられがちである。しかし、実は日中間の教科書問題は一九一四年まで遡り、しかも戦前期を通じてほぼ一貫して日本による「支那排日教科書」批判がその大部分を占めていた。しかも、それは満洲事変から日中戦争への過程で常に日本の外交圧力と軍事行動を正当化する口実の一つに用いられたのである（並木頼寿・大里浩秋・砂山幸雄編『近代中国・教科書と日本』研文出版、二〇一〇年、第三部「教科書の政治学」所収の諸論文を参照）。

排日教科書批判が日本の国内世論に広まるのは満洲事変以後の時期であるが、その先駆けとなったのは事変勃発直前の一九三一年八月に出版された『打倒日本――支那の排日教育』（邦文社）という本であった。この本は当時中国の小中学校で使用されていた各種の教科書の中から「排日記事」を抜粋、翻訳したもので、前満鉄地方部長保々《ほぼ》隆矣《たかし》が監修し、保々が自ら設立した出版社から刊行された。同書はもともと一九二九年に東亜経済調査局が作成し、折から京都で開催された太平洋会議の各国からの出席者に配布された『支那排日教材集』（一九八六年、地久館出版より復刻）に序文と注釈を増補したもので、本文は同一である。保々ら満洲教育関係者は、満洲における「排日教育」の実態をまず国際社会に向かって訴え、さらに満洲事変直前に国内世論に向かって訴えたことになる。彼らの背後には、満蒙獲得を企てる軍部の動きがあったことは想像に難くない。

保々の手になる同書序文は次のように始まる。「人あり、自己の年少子弟に向ひ、其の隣人を指して「彼こそ強盗である、悪魔である、吾等《われら》の仇敵である。汝等《なんじら》成人の後は必ず膺《よう》懲《ちょう》せよ」と日夜教へるとしたならば、世に此《この》隣人位迷惑であり、小気味悪いものはあるまい」。ここでいう「人」とは「支那」を、また「隣人」とは日本を指す。保々は、当時の国民党政権の推進する三民主義教育を「排日教育」と断じ、それが満洲にも及んで「支那側の対日感情」がますます悪化しているのに、依然「日支親善」「同文同種」などの「御世辞を並べて、その御機嫌を取るのに汲々として居る」日本政府を「間抜奴」と痛烈に攻撃した。

同書は多数の教科書から網羅的に「排日記事」を摘録し、歴史的事件、政治、経済、社会に分類しているが、とくに満蒙権益に抵触する記事には敏感に反応し、「註」で反論を加えている。例えば、各租借地条約の経緯を説明した文章に「現在、膠州湾は已《すで》に中国に還り、英、仏亦《また》租借地の還付を許諾せるも未だ実行せず、独り日本は旅大還付を肯んじない」(『三民主義千字課』第一冊)とあれば、「支那が日本の旅大占拠に同意したのは、ロシヤと密かに「攻守同盟」を結んで居た支那の責任観念が要求する最小限度の贖罪的行為である」と批判し、地理教科書(『高級地理読本』第三冊)に、本渓湖一帯は無煙炭で著名であり推定埋蔵量も一億トン以上もあるのに、「惜しいことに已に日本人に侵略されている」とあれば、「支那が放擲して顧みざる満蒙の自然の宝庫を拓き支那生民数十百万に業を授け文化の範を示したる日本に対し支那は感謝するが当然である」と居直っている。

しかし、「大正デモクラシーの申し子」とも評される保々は、「現地適応主義」や「能力主義」のスローガンを掲げて一九二〇年代満洲の教育改革を主導した人物でもある(保々の満洲における教育改革については磯田一雄『「皇国《みくに》の姿」を追って』皓星社、一九九九年、参照)。その保々が中心となって排日教科書批判を展開した最大の理由は、軍部からの使《し》嗾《そう》というより、彼の教育改革が中国ナショナリズムの教育の場への急速な浸透によって事実上挫折しかかっていたことにあろう。同書「解説」によれば、最近の教科書が排日教育の対象を低学年に下げ、一つの教材を多教科で応用できるよう工夫し、また「悲憤慷慨」調を避けて「表面は尋常平静な叙述の如く見せて内容は頗る深刻を極め」ており、巧妙な比喩、多彩な教材とともに、高い教育効果を生んでいる。こうした教科書で教えられた児童は十年後には「熱烈なる排日主義者となって我等に臨んで来るであらう」。

『打倒日本』表紙

満洲事変後、日本は中国の「排日教育」の不当性を国際連盟の場で主張したが、中国側は通常の民族主義教育の域を出ないと反論し、議論は水掛け論で終わった。今日、これら戦前期の教科書問題を振り返って気づかされるのは、日本の『新しい歴史教科書』や中国の愛国主義教育をめぐる日中間の対立の枠組みが、戦前期の教科書問題のなかですでに現れていたことである。日中間の「歴史認識」のズレ自体がほぼ一世紀にわたる歴史を持っていたとも言える。この対立の歴史をより広い視野で相対化し検証することは、日中間の「歴史認識」問題を考える上で有力な手がかりとなるのではなかろうか。

人物コラム

鮎川義介と甘粕正彦

井口治夫

鮎川義介と甘粕正彦。前者は日本の政財界の表舞台で活躍、後者は日本の社会では関東大震災後、異端の人生を歩んだ。

しかし「満洲国」では、鮎川が一九四二年一二月まで初代総裁をつとめた、三七年一二月設立の国策会社満洲重工業株式会社(満業)は、鮎川が描いたような米国資本を大規模に導入することに失敗し、そのため「満洲国」が推進した経済五カ年計画の目標達成そのものの挫折に大きく貢献した。一方、甘粕は、三七年八月設立の国策会社満洲映画協会(満映)の二代目理事長を、三九年一一月からソ連軍の新京侵入直前に服毒自殺した四五年八月二〇日までつとめた。甘粕による指導のもと、満映は、国策会社南満洲鉄道(満鉄)の映画部より継承した、プロパガンダを兼ねたドキュメンタリー映画の製作をさらに発展させたのみならず、プロパガンダ色を帯びた映画作品を、日本人と中国人のスタッフ(監督、俳優、脚本家など)が共同作業で制作していった。甘粕理事長時代の満映は、「満洲国」における映画制作の黄金期であり、ここで培われたノウハウは、日本の敗戦後、日本では後の東映に継承された。一方、中国では、満映の日本人スタッフが中国共産党の映画制作の技術指導を手掛け、こうした技術指導は、東北電影制片廠をへて五五年長春電影制片廠へと引き継がれた。

甘粕の人生が激変したのは、一九二三年の関東大震災直後に世間を驚愕させた「甘粕事件」であった。この事件により甘粕は懲役一〇年の判決を受けたが、二六年に恩赦で出所、翌年から二九年まで渡仏。帰国後、渡満し、満鉄東亜経済調査局奉天主任になった。満洲事変の際、事変拡大のための謀略活動に従事したり、当時天津に幽閉中であった清朝最後の皇帝溥儀の天津脱出工作に参画したとされている。いずれのことも真相は定かでない。

事変後、甘粕は、「満洲国」の民政部警務司長(警察庁長官に相当)や「満洲国」の合法的政治団体満洲国協和会中央本部総務部長に就任した。協和会は、日本の国内政治の大政翼賛会に相当する存在であった。

鮎川と甘粕は、一九三〇年代後半の満洲で活躍することとなった。甘粕の満映二代目理事長就任人事には、「満洲国」総務庁次長岸信介の主導のもと、彼が「満洲国」弘報掛長武藤富男と連携して行った。特に、岸が、「満洲国」を裏面から支配していた関東軍第四課を説得する形で甘粕の満映理事長就任の構想を進めた。

一方、鮎川は、「満洲国」の計画経済がゆき詰まるなか、人事異動による渡満前に参謀本部の作戦部長であった石原莞爾に注目されるようになった。石原は、「満洲国」を対ソ戦のために一大工業拠点にすべく、鮎川率いる日産コンツェルンをそのための中核的任務に据えようと構想したのであった。

鮎川が満業初代総裁に就任することを推進したのは、石原のほか「満洲国」産業部次長（のちに総務庁次長）岸信介と総務庁長官星野直樹であった。

満業も満映も国策会社であったことから「満洲国」の法により様々な統制経済政策下におかれていた。鮎川は、彼が描いていた対満米国資本導入構想が成功することが前提に、日産の本社を新京へ移駐させて、松岡洋右が総裁をつとめていた満鉄の非鉄道部門の産業を引き継いだ満業の傘下に日産系企業を置いた際、満洲の計画経済において指導的役割を果たすはずであった。だが、この資本導入構想が挫折していくなか、ほかのマイナス要因も重なって、「満洲国」の計画経済は、日本に原料と半加工品を供給する位置付けのみとなり、満洲に自給自足の工業拠点を実現させる政策は失敗に終わった。満業の「満洲国」政治経済における地位も弱体化していった。一方、甘粕は、満映の経営改革に着手し、日本人と中国人俳優の賃金格差の是正や、中国人の監督、脚本家、俳優の養成を推進し、満映の映画制作を大きく発展させた。甘粕は、経営者としては、関東軍や「満洲国」から裁量権を維持することに、鮎川と比べるとかなり成功していたと言えよう。もっとも、片方は、国防と成長経済分野の要である重化学工業を傘下に置く大企業集団であったのに対して、もう片方は、プロパガンダを担当するメディアであるという産業分野の違いを念頭に置く必要があろう。

満洲における鮎川の活動は、当時から星野直樹、東条英機、岸信介、松岡洋右、鮎川義介を「弐キ参スケ」と、この五人が一枚岩であるかのように形容する傾向が存在していた。さらに、この五人は、戦後連合国によりA級戦犯容疑者の指定を受け、東条は処刑され、星野は終身刑を宣告された。松岡は極東裁判に出廷する前に病死し、岸と鮎川は、裁判後無罪放免となった。星野と岸は世界観をかなり共有するところがあったかもしれないが、彼らと残りの三人は違った思惑あるいは世界観で「満洲国」に関わっていたと言えよう。甘粕の場合、日本に居場所がなかったため、彼には満洲以外の選択はなかったのであろう。彼は、華やかな映画会社経営の人生と「満洲国」のさまざまな暗部に関わったとされる人生を、大日本帝国崩壊とともに自ら絶ったのであった。

鮎川義介（1938年頃）

甘粕正彦（1944年）

■岩波オンデマンドブックス■

岩波講座 東アジア近現代通史 第5巻
新秩序の模索 1930年代

2011年5月27日 第1刷発行
2019年9月10日 オンデマンド版発行

発行者 岡本 厚

発行所 株式会社 岩波書店
〒101-8002 東京都千代田区一ツ橋2-5-5
電話案内 03-5210-4000
https://www.iwanami.co.jp/

印刷/製本・法令印刷

ISBN 978-4-00-730920-5 Printed in Japan